金融刑法规范指引

HANDBOOK OF FINANCIAL CRIMINAL LAW

郝方昉　王　拓　蔡可尚　编著

法律出版社
LAW PRESS·CHINA
北京

图书在版编目(CIP)数据

金融刑法规范指引 / 郝方昉，王拓，蔡可尚编著. -- 北京：法律出版社，2023
ISBN 978-7-5197-7614-5

Ⅰ. ①金… Ⅱ. ①郝… ②王… ③蔡… Ⅲ. ①金融-刑事犯罪-研究-中国 Ⅳ. ①D924.334

中国国家版本馆 CIP 数据核字(2023)第 030916 号

金融刑法规范指引
JINRONG XINGFA GUIFAN ZHIYIN

郝方昉 王 拓 蔡可尚 编著

责任编辑 许 睿
装帧设计 李 瞻

出版发行 法律出版社
编辑统筹 司法实务出版分社
责任校对 朱轶佳
责任印制 胡晓雅
经　　销 新华书店

开本 710 毫米×1000 毫米 1/16
印张 24.75 **字数** 419 千
版本 2023 年 5 月第 1 版
印次 2023 年 5 月第 1 次印刷
印刷 三河市兴达印务有限公司

地址：北京市丰台区莲花池西里 7 号(100073)
网址：www.lawpress.com.cn
投稿邮箱：info@lawpress.com.cn
举报盗版邮箱：jbwq@lawpress.com.cn

销售电话：010-83938349
客服电话：010-83938350
咨询电话：010-63939796

书号：ISBN 978-7-5197-7614-5
定价：99.00 元

凡购买本社图书，如有印装错误，我社负责退换。电话：010-83938349

序

金融是现代经济的核心，事关国家发展和安全。党的二十大报告要求“加强和完善现代金融监管，强化金融稳定保障体系，依法将各类金融活动全部纳入监管，守住不发生系统性风险底线”。十四届全国人大一次会议表决通过关于国务院机构改革方案的决定，中共中央、国务院印发《党和国家机构改革方案》，加强党中央对金融工作的集中统一领导，进一步理顺金融监管体系，适应高质量发展对金融监管和服务的要求。防范化解金融风险，刑事惩治是最后也是最严厉的一道防线。从刑事立法上看，刑法分则第三章第四节规定了破坏金融管理秩序罪，第五节规定了金融诈骗罪，同时在第三章第三节妨害对公司、企业的管理秩序罪和第八节扰乱市场秩序罪也有关于金融犯罪的相关规定。1998 年《全国人民代表大会常务委员会关于惩治骗购外汇、逃汇和非法买卖外汇犯罪的决定》还增设了骗购外汇罪。并且，1999 年《刑法修正案》、2001 年《刑法修正案（三）》、2005 年《刑法修正案（五）》、2006 年《刑法修正案（六）》、2009 年《刑法修正案（七）》、2011 年《刑法修正案（八）》、2015 年《刑法修正案（九）》先后对金融犯罪相关罪名作出修改完善。2020 年，为进一步防范化解金融风险，保障金融改革，维护金融秩序，《刑法修正案（十一）》又对证券犯罪、贷款犯罪、非法集资犯罪、洗钱犯罪等金融刑法条文作出较大幅度修改。可以说，我国从立法上已经形成了较为完备的金融刑法规范体系。

但是，我们也要清醒地看到，从近些年来暴露的金融犯罪案件来看，金融领域违法犯罪形势依然严峻复杂。资本市场财务造假、内幕交易、操纵市场等行为屡禁不绝，非法集资犯罪案件数量虽有下降但仍存在反弹风险，中小银行、信托、票据等领域大要案不断显现，通过银行账户、第三方支付、地下钱庄等手段洗钱问题依旧突出，利用或者针对虚拟货币的犯罪案件如何定性及处置尚未完全形成共识。上述犯罪严重危害经济金融稳定和人民财产安全，必须依法严厉打击、稳慎处理。

然而，金融犯罪案件“不好办”已成为普遍共识，其中突出表现在法律和政策的适用难。金融犯罪是典型的法定犯，金融犯罪案件的处理，与经济发展大势密切相关，与金融环境变化密切相关，与前端监管走向密切相关。单靠静态的法条、纯粹的法学理论和朴素的法感情，尚不足以准确把握行为性质、犯罪与否、罪行轻重。我认为，办好金融犯罪案件，至少要做到以下几点：

首先要“旁征博引”。充分掌握金融领域的前置行政规范、相关专业知识、金融市场情况，是正确理解刑法条文、准确把握案件要害的基本前提。例如，在保险诈骗案件中，对投保人、被保险人、受益人等概念的理解，就不能脱离《保险法》的规定，另起炉灶作一套解释。

其次要“保持定力”。万变不离其宗。再复杂的金融案件，都要坚持主客观相统一原则，坚持实质重于形式的解释方法，用犯罪构成要件来判断罪的有无，综合案件事实来把握刑的轻重。例如，在一些伪金融创新的案件中，就要善于运用穿透式的认识方法，把握行为本质，准确理解刑法规定的犯罪构成要件，妥当定罪量刑。

最后要“瞻前顾后”。刑事定罪、行政处罚、民事赔偿要统筹考虑，一体安排，形成合力。例如，某种市场行为，行政监管不处罚、民事法律认为合法，但是却被认定构成刑事犯罪，则显然有违法秩序统一性原理，不能发挥司法对社会的引导作用，市场主体也将无所适从；再如，虽然作出刑事定罪，但是因犯罪而遭受巨大损失的被害人却没有得到应有赔偿，这种司法就没有从整体上做到“案结事了”，其政治效果、法律效果和社会效果显然不够理想。

想要做到以上三点，确实十分困难。这是一个“繁——简——繁”的复杂过程：首先要使自己的认知丰富起来，然后要从丰富的认知中抽炼出“构成要件事实”，最后再回归到案件整体，从更宏观层面把握行为性质、拿捏处理方式。在这个复杂过程中，如果没有一个很好的“指引”，新人很难上手，办案很难提速，经验很难传承。

而本书正是这样一种“指引”。之所以这样讲，是基于本书的以下四个特点：

一是“全”。本书以刑法中关于金融犯罪的38个条文（含一个单行刑法条文）、49个罪名为纲，将相关的刑事立法解释、刑事司法解释和刑事规范性文件“一网打尽”，这些文件全部都是处理相关犯罪案件必然用到、必须掌握的。

二是“通”。因为金融犯罪的法定犯性质，多数都有金融法律、行政法规、部门规章乃至监管部门的规范性文件等作为定罪量刑的前置性规范。从广义上讲，这些也属于金融刑法规范的一部分。例如，关于内幕交易罪，刑法没有明确规定什么是“内幕信息的知情人员”，多数刑法规范汇编性著作只汇编刑事司法解释和刑事规范性文件，无法回答读者想要解决的这个问题。这就需要“指引”到《证券法》《期货和衍生品法》乃至行政领域更加细化的规定上去。再如，关于洗钱罪，如果不了解相关国际公约，不了解金融行动特别工作组（FATF）反洗钱和反恐怖融资互评估相关工作情况，就无法对《刑法修正案（十一）》修改洗钱罪构成要件特别是对自洗钱入罪有准确的理解。本书正是在这方面下功夫作了“打通”的工作，旨在帮助读者找全、找准研究和办案所必需的金融刑法规范。

三是“精”。本书收集涉及金融刑法的指导性案例、刑事审判参考案例以及其他有重大影响的典型案例，并摘编案例要旨。一方面是选择案例范围“精”，也就是相关案例有权威性、典型性、代表性；另一方面是编纂案例要旨“精”，力图通过一个案件能解决实践中的一个或者几个常见疑难问题。

四是“专”。金融刑法研究和适用具有“专业槽”，而且“与日俱高”，非专业人员似乎难以随便伸进头来“吃上一嘴”。本书的编著者均是长期研究、办理金融刑法相关案件的实务工作者，具有较高的理论素养和丰富的实践经验。当然，在本书的编写中，为了突出权威性，他们保持了必要的克制，全书的正文均以正式的文件、生效的裁判为内容，没有“越俎代庖”地把学术观点、个人意见掺杂进去。但是，为了帮助读者更好地理解和运用规范条文，他们在必要之处，以“本书注”的形式对相关问题作了注解。注解是他们在长期实践中遇到过的、思考过的、必须提示给读者的一些关键要点，充分体现了专业精神和负责态度，亦是本书的亮眼之处。

通过上述全、通、精、专的梳理，我认为，本书一定能够发挥应有的“指引”作用，成为满足爱好者学习的“教科书”、方便研究者查阅的“工具书”、助力从业者办案的“指南针”和检验办案质效能的“度量衡”。

当然，鉴于金融刑法相关文件面广、量大、更新快，编写难免有错漏之处。希望本书能够在学术界、实务界同仁的批评指正下，定期更新换代，持续为读者服务。

2023 年 3 月

凡　例

1. 本书根据相关金融犯罪罪名在《刑法》分则编中的位置，将其分为四大部分，分别对应《刑法》分则编第三章破坏社会主义市场经济秩序罪的第三节妨害对公司、企业的管理秩序罪，第四节破坏金融管理秩序罪，第五节金融诈骗罪，第八节扰乱市场秩序罪。

2. 每一罪名项下的“刑事司法解释和规范性文件”，是指最高人民法院、最高人民检察院发布的刑事司法解释，最高人民法院、最高人民检察院、公安部、司法部等国家机关或其内设部门发布的刑事规范性文件。需要注意的是：(1)该部分仅列与金融犯罪密切相关的刑事文件，而与所有刑事犯罪均相关联的一般性文件(如如何认定共同犯罪、如何认定自首等)，除在特别必要的情况下(如关于单位能否构成贷款诈骗罪，实践中有一定争议，故在贷款诈骗罪部分列出单位犯罪相关文件)，一般予以省略。(2)该部分对相关重要司法解释(如《最高人民法院关于审理伪造货币等案件具体应用法律若干问题的解释》等)、重要规范性文件(如《全国法院审理金融犯罪案件工作座谈会纪要》等)系全文列出，其余则仅节录重要条文。(3)少量罪名有立法解释的(如《全国人民代表大会常务委员会关于〈中华人民共和国刑法〉有关信用卡规定的解释》等)，在“刑事司法解释和规范性文件”之前列出“立法解释”。

3. 每一罪名项下的“其他相关规范”，是指刑事领域以外，但是与该罪名认定密切相关的其他法律、法规、规章、司法解释、规范性文件。该部分除极少数重要文件(如《上市公司信息披露管理办法》《防范和处置非法集资条例》《国务院关于进一步做好防范和处置非法集资工作的意见》等)外，多系节录。

4. 每一罪名项下的“重点案例要旨”，是指适用该罪名或者与该罪名相关联的重点案例的处理要旨。相关案例的来源主要是：(1)最高人民法院、最高人民检察院发布的指导性案例(其中的金融犯罪案例全部列出)。(2)最高人民法院、最高人民检察院、中国人民银行、中国证监会等单位发布的典型案例(其中的金融犯罪案例全部列出)，主要包括：最高人民法院 2020 年发布的人民法院依法惩处证券、期货犯罪典型案例;最高人民检察院、中国证监会2020年联合发布的证券违法犯罪典型案例;最高人民检察院、中国人民银行2021年发布的惩治洗钱犯罪典型案例;最高人民法院2022年发布的人民法院依法惩治金融犯罪典型案例;最高人民法院、最高人民检察院、公安部、中国证监会2022年联合发布的依法从严打击证券犯罪典型案例、最高人民检察院2022年发布的检察机关惩治洗钱犯罪典型案例等。(3)最高人民法院、最高人民检察院公报案例(选择其中重要的金融犯罪案例列出)。(4)《刑事审判参考》(选择其中重要的金融犯罪案例列出)。(5)其他重要的、已作出生效裁判文书的案例。重点案例的要旨,部分系根据相关案例发布机构撰写的案例要旨摘编,部分系根据裁判文书编写。

5. 法律名称均省略"中华人民共和国"字样。例如,《中华人民共和国刑法》简称《刑法》,《中华人民共和国刑法修正案(十一)》简称2020年《刑法修正案(十一)》。

6. 除法律外,其他文件列明文号、印发或者施行日期。

目　　录

第一部分　妨害对公司、企业的管理秩序罪

第二部分　破坏金融管理秩序罪

第三部分 金融诈骗罪

第四部分 扰乱市场秩序罪

第一部分 妨害对公司、企业的管理秩序罪

第一百六十条 【欺诈发行证券罪】①

第一百六十条 在招股说明书、认股书、公司、企业债券募集办法等发行文件中隐瞒重要事实或者编造重大虚假内容，发行股票或者公司、企业债券、存托凭证或者国务院依法认定的其他证券，数额巨大、后果严重或者有其他严重情节的，处五年以下有期徒刑或者拘役，并处或者单处罚金；数额特别巨大、后果特别严重或者有其他特别严重情节的，处五年以上有期徒刑，并处罚金。②

控股股东、实际控制人组织、指使实施前款行为的，处五年以下有期徒刑或者拘役，并处或者单处非法募集资金金额百分之二十以上一倍以下罚金；数额特别巨大、后果特别严重或者有其他特别严重情节的，处五年以上有期徒刑，并处非法募集资

---

① 在2020年《刑法修正案（十一）》施行之前，本条罪名原为"欺诈发行股票、债券罪"。2020年《刑法修正案（十一）》第八条扩大本条的犯罪对象范围，将"股票或者公司、企业债券"修改为"股票或者公司、企业债券、存托凭证或者国务院依法认定的其他证券"，并作了其他方面的一些修改。相应地，《最高人民法院、最高人民检察院关于执行〈中华人民共和国刑法〉确定罪名的补充规定（七）》将本条的罪名调整为"欺诈发行证券罪"。——本书注

② 在2020年《刑法修正案（十一）》施行之前，本条第一款的罚金刑原规定为"并处或者单处非法募集资金金额百分之一以上百分之五以下罚金"，2020年《刑法修正案（十一）》第八条将其修改为"并处或者单处罚金"。从比例罚金改为无限额罚金，归根结底是因为第一款是自然人犯罪，规定"非法募集资金金额百分之一以上百分之五以下罚金"可能与实际不符。相关权威解读指出："欺诈发行案件中非法募集资金金额一般特别巨大，按照《刑法》第一百六十条的规定，明确设置罚金下限的罚金数额也往往很大。如果对所有涉案人员均设置一样的罚金刑起点，有时存在过于严苛的情况。特别是有些董事、监事、高级管理人员往往受控股股东、实际控制人指挥、操纵，对其判处高额罚金刑不能更好地体现罪责刑相适应的原则，也容易出现罚金刑'空判'难以执行的问题。经过2020年《刑法修正案（十一）》的修改后，将针对自然人的罚金刑调整为不定额的'罚金'，司法机关可以根据案件的实际情况，各行为人在案件中具体发挥的作用，灵活确定罚金刑的数额，做到罪责刑相适应。"参见王爱立主编：《〈中华人民共和国刑法〉释解与适用》（上），人民法院出版社2021年版，第378页。——本书注

金金额百分之二十以上一倍以下罚金。①

单位犯前两款罪的，对单位判处非法募集资金金额百分之二十以上一倍以下罚金，并对其直接负责的主管人员和其他直接责任人员，依照第一款的规定处罚。②

刑事司法解释和规范性文件

1.《全国法院审理金融犯罪案件工作座谈会纪要》(法〔2001〕8号)

为进一步加强人民法院对金融犯罪案件的审判工作，正确理解和适用刑法对金融犯罪的有关规定，更加准确有力地依法打击各种金融犯罪，最高人民法院于2000年9月20日至22日在湖南省长沙市召开了全国法院审理金融犯罪案件工作座谈会。各省、自治区、直辖市高级人民法院和解放军军事法院主管刑事审判工作的副院长、刑事审判庭庭长以及中国人民银行的代表参加了座谈会。最高人民法院副院长刘家琛在座谈会上做了重要讲话。

座谈会总结交流了全国法院审理金融犯罪案件工作的情况和经验，研究讨论了刑法修订以来审理金融犯罪案件中遇到的有关具体适用法律的若干问题，对当前和今后一个时期人民法院审理金融犯罪案件工作提出了明确的要求和意见。纪要如下：

一

座谈会认为，金融是现代经济的核心。随着改革开放的不断深入和社会主义市场经济体制的建立、完善，我国金融体制也发生了重大变革，金融业务大大扩展且日益多元化、国际化，各种现代化的金融手段和信用工具被普遍应用，金融已经广泛深刻地介入我国经济并在其中发挥着越来越重要的作用，成为国民经济的“血液循环系统”，是市场资源配置关系的主要形式和国家宏观调控经济的重要手段。金融的安全、有序、高效、稳健运行，对于经济发展、国家安全以及社会稳定至关重要。如果

---

① 在对控股股东、实际控制人处以罚金(罚款)的基准方面，《刑法》与《证券法》采取了不同的方案。根据本条规定，对控股股东、实际控制人的罚金是“非法募集资金金额”的一定倍比，而根据《证券法》第一百八十一条的规定，对发行人的罚款是“非法所募资金金额”的一定倍比，而对控股股东、实际控制人的罚款是“违法所得”的一定倍比。——本书注

② 在行为主体方面，《刑法》与《证券法》的条文逻辑不完全一致。本条前两款规定的是自然人犯罪，第三款是单位犯罪。同时，根据刑法规定和刑法理论，自然人为实施欺诈发行证券犯罪而设立公司、企业，或者公司、企业设立后以实施欺诈发行证券犯罪为主要活动的，以及盗用单位名义实施欺诈发行犯罪，违法所得由实施犯罪的个人私分的，按照自然人犯罪处理。而根据《证券法》第一百八十一条的规定，实施欺诈发行证券行为的主体是作为公司、企业的发行人，以及发行人的控股股东、实际控制人。控股股东、实际控制人既可能是公司、企业，也可能是自然人。——本书注

金融不稳定，势必会危及经济和社会的稳定，影响改革和发展的进程。保持金融的稳定和安全，必须加强金融法制建设，依法强化金融监管，规范金融秩序，依法打击金融领域内的各种违法犯罪活动。

近年来，人民法院充分发挥刑事审判职能，依法严惩了一大批严重破坏金融管理秩序和金融诈骗的犯罪分子，为保障金融安全，防范和化解金融风险，发挥了重要作用。但是，金融犯罪的情况仍然是严重的。从法院受理案件的情况看，金融犯罪的数量在逐年增加；涉案金额越来越大；金融机构工作人员作案和内外勾结共同作案的现象突出；单位犯罪和跨国（境）、跨区域作案增多；犯罪手段趋向专业化、智能化，新类型犯罪不断出现；犯罪分子作案后大肆挥霍、转移赃款或携款外逃的情况时有发生，危害后果越来越严重。金融犯罪严重破坏社会主义市场经济秩序，扰乱金融管理秩序，危害国家信用制度，侵害公私财产权益，造成国家金融资产大量流失，有的地方还由此引发了局部性的金融风波和群体性事件，直接影响了社会稳定。必须清醒地看到，目前，我国经济体制中长期存在的一些矛盾和困难已经或正在向金融领域转移并积聚，从即将到来的新世纪开始，我国将进入加快推进现代化的新的发展阶段，随着经济的快速发展、改革的不断深化以及对外开放的进一步扩大，我国金融业在获得更大发展机遇的同时，也面临着维护金融稳定更加严峻的形势。依法打击各种金融犯罪是人民法院刑事审判工作一项长期的重要任务。

座谈会认为，人民法院审理金融犯罪案件工作过去虽已取得了很大成绩，但由于修订后的刑法增加了不少金融犯罪的新罪名，审判实践中遇到了大量新情况和新问题，如何进一步提高适用法律的水平，依法审理好不断增多的金融犯罪案件，仍然是各级法院面临的新的课题：各级法院特别是法院的领导，一定要进一步提高打击金融犯罪对于维护金融秩序、防范金融风险、确保国家金融安全，对于保障改革、促进发展和维护稳定重要意义的认识，把审理金融犯罪案件作为当前和今后很长时期内刑事审判工作的重点，切实加强领导和指导，提高审判业务水平，加大审判工作力度，以更好地适应改革开放和现代化建设的新形势对人民法院刑事审判工作的要求。为此，必须做好以下几方面的工作：

首先，金融犯罪是严重破坏社会主义市场经济秩序的犯罪，审理金融犯罪案件要继续贯彻依法从严惩处严重经济犯罪分子的方针。修订后的刑法和全国人大常委会的有关决定，对危害严重的金融犯罪规定了更加严厉的刑罚，体现了对金融犯罪从严惩处的精神，为人民法院审判各种金融犯罪案件提供了有力的法律依据。各级法院要坚决贯彻立法精神，严格依法惩处破坏金融管理秩序和金融诈骗的犯罪单位和犯罪个人。

第二，进一步加强审理金融犯罪案件工作，促进金融制度的健全与完善。各级法院要切实加强对金融犯罪案件审判工作的组织领导，调整充实审判力量，确保起诉到法院的破坏金融管理秩序和金融诈骗犯罪案件依法及时审结。对于针对金融机构的抢劫、盗窃和发生在金融领域的贪污、侵占、挪用、受贿等其他刑事犯罪案件，也要抓紧依法审理，及时宣判。对于各种专项斗争中破获的金融犯罪案件，要集中力量抓紧审理，依法从严惩处。可选择典型案件到案发当地和案发单位公开宣判，并通过各种新闻媒体广泛宣传，形成对金融违法犯罪的强大威慑力，教育广大干部群众增强金融法制观念，维护金融安全，促进金融制度的不断健全与完善。

第三，要加强学习培训，不断提高审判水平。审理金融犯罪案件，是一项政策性很强的工作，而且涉及很多金融方面的专业知识。各级法院要重视对刑事法官的业务学习和培训，采取请进来、走出去等灵活多样的形式，组织刑事审判人员认真学习银行法、证券法、票据法、保险法等金融法律和公司法、担保法、会计法、审计法等相关法律，学习有关金融政策法规以及一些基本业务知识，以确保正确理解和适用刑法，处理好金融犯罪案件。

第四，要结合审判工作加强调查研究。金融犯罪案件比较复杂，新情况、新问题多，审理难，度大，加强调查研究工作尤为必要。各级法院都要结合审理金融犯罪，有针对性地开展调查研究。对办案中发现的管理制度方面存在的漏洞和隐患，要及时提出司法建议。最高法院和高级法院要进一步加强对下级法院的工作指导，及时研究解决实践中遇到的适用法律上的新问题，需要通过制定司法解释加以明确的，要及时逐级报请最高法院研究。

二

座谈会重点研究讨论了人民法院审理金融犯罪案件中遇到的一些有关适用法律问题。与会同志认为，对于修订后的刑法实施过程中遇到的具体适用法律问题，在最高法院相应的新的司法解释出台前，原有司法解释与现行刑法不相冲突的仍然可以参照执行。对于法律和司法解释没有具体规定或规定不够明确，司法实践中又亟需解决的一些问题，与会同志结合审判实践进行了深入的探讨，并形成了一致意见：

（一）关于单位犯罪问题

根据刑法和《最高人民法院关于审理单位犯罪案件具体应用法律有关问题的解释》的规定，以单位名义实施犯罪，违法所得归单位所有的，是单位犯罪。

1. 单位的分支机构或者内设机构、部门实施犯罪行为的处理。以单位的分支机构或者内设机构、部门的名义实施犯罪，违法所得亦归分支机构或者内设机构、部门所有的,应认定为单位犯罪。不能因为单位的分支机构或者内设机构、部门没有可供执行罚金的财产,就不将其认定为单位犯罪,而按照个人犯罪处理。

2. 单位犯罪直接负责的主管人员和其他直接责任人员的认定:直接负责的主管人员,是在单位实施的犯罪中起决定、批准、授意、纵容、指挥等作用的人员,一般是单位的主管负责人,包括法定代表人。其他直接责任人员,是在单位犯罪中具体实施犯罪并起较大作用的人员,既可以是单位的经营管理人员,也可以是单位的职工,包括聘任、雇佣的人员。应当注意的是,在单位犯罪中,对于受单位领导指派或奉命而参与实施了一定犯罪行为的人员,一般不宜作为直接责任人员追究刑事责任。对单位犯罪中的直接负责的主管人员和其他直接责任人员,应根据其在单位犯罪中的地位、作用和犯罪情节,分别处以相应的刑罚,主管人员与直接责任人员,在个案中,不是当然的主、从犯关系,有的案件,主管人员与直接责任人员在实施犯罪行为的主从关系不明显的,可不分主、从犯。但具体案件可以分清主、从犯,且不分清主、从犯,在同一法定刑档次、幅度内量刑无法做到罪刑相适应的,应当分清主、从犯,依法处罚。

3. 对未作为单位犯罪起诉的单位犯罪案件的处理。对于应当认定为单位犯罪的案件,检察机关只作为自然人犯罪案件起诉的,人民法院应及时与检察机关协商,建议检察机关对犯罪单位补充起诉。如检察机关不补充起诉的,人民法院仍应依法审理,对被起诉的自然人根据指控的犯罪事实、证据及庭审查明的事实,依法按单位犯罪中的直接负责的主管人员或者其他直接责任人员追究刑事责任,并应引用刑罚分则关于单位犯罪追究直接负责的主管人员和其他直接责任人员刑事责任的有关条款。

4. 单位共同犯罪的处理。两个以上单位以共同故意实施的犯罪,应根据各单位在共同犯罪中的地位、作用大小,确定犯罪单位的主、从犯。

(二)关于破坏金融管理秩序罪

1. 非金融机构非法从事金融活动案件的处理

1998 年 7 月 13 日,国务院发布了《非法金融机构和非法金融业务活动取缔办法》。1998 年 8 月 11 日,国务院办公厅转发了中国人民银行整顿乱集资、乱批设金融机构和乱办金融业务实施方案,对整顿金融“三乱”工作的政策措施等问题做出了规定。各地根据整顿金融“三乱”工作实施方案的规定,对于未经中国人民银行批准,但是根据地方政府或有关部门文件设立并从事或变相从事金融业务的各类基金会、互助会、储金会等机构和组织,由各地人民政府和各有关部门限期进行清理整顿。超过实施方案规定期限继续从事非法金融业务活动的,依法予以取缔;情节严重、构成犯罪的，依法追究刑事责任。因此，上述非法从事金融活动的机构和组织只要在实施方案规定期限之前停止非法金融业务活动的，对有关单位和责任人员，不应以擅自设立金融机构罪处理；对其以前从事的非法金融活动，一般也不作犯罪处理；这些机构和组织的人员利用职务实施的个人犯罪，如贪污罪、职务侵占罪、挪用公款罪、挪用资金罪等，应当根据具体案情分别依法定罪处罚。

2. 关于假币犯罪

假币犯罪的认定。假币犯罪是一种严重破坏金融管理秩序的犯罪。只要有证据证明行为人实施了出售、购买、运输、使用假币行为，且数额较大，就构成犯罪。伪造货币的，只要实施了伪造行为，不论是否完成全部印制工序，即构成伪造货币罪；对于尚未制造出成品，无法计算伪造、销售假币面额的，或者制造、销售用于伪造货币的版样的，不认定犯罪数额，依据犯罪情节决定刑罚。① 明知是伪造的货币而持有，数额较大，根据现有证据不能认定行为人是为了进行其他假币犯罪的，以持有假币罪定罪处罚；如果有证据证明其持有的假币已构成其他假币犯罪的，应当以其他假币犯罪定罪处罚。

假币犯罪罪名的确定。假币犯罪案件中犯罪分子实施数个相关行为的，在确定罪名时应把握以下原则：

(1)对同一宗假币实施了法律规定为选择性罪名的行为，应根据行为人所实施的数个行为，按相关罪名刑法规定的排列顺序并列确定罪名，数额不累计计算，不实行数罪并罚。

(2)对不同宗假币实施法律规定为选择性罪名的行为，并列确定罪名，数额按全部假币面额累计计算，不实行数罪并罚。

(3)对同一宗假币实施了刑法没有规定为选择性罪名的数个犯罪行为，择一重罪从重处罚。如伪造货币或者购买假币后使用的，以伪造货币罪或购买假币罪定罪，从重处罚。

(4)对不同宗假币实施了刑法没有规定为选择性罪名的数个犯罪行为，分别定

---

① 对于"无法计算伪造、销售假币面额的"假币范围，理论和实务中仍存在不同认识。如对于伪造出尚未裁切的假币成品，或者未完成全部印制工序的假币半成品，实务判决既有认定犯罪既遂，也有认定犯罪未遂。本书倾向认为，伪造货币犯罪严重破坏金融管理秩序，必须依法从严处罚，即只要实施了伪造行为，不论是否完成全部印制工序都构成伪造货币罪，但这只是在解决罪与非罪问题上的考虑。解决是犯罪既遂还是未遂，应当回归到犯罪行为是否全部齐备伪造货币罪的构成要件上。对于伪造尚未裁切的假币成品，单面印刷、部分图案未印刷等假币半成品的，因其无法实际使用或者流通，均宜认定为犯罪未遂。对于仅是尚未裁切的假币成品能够计算出面额的，可以认定为犯罪既遂；对于单面印刷、部分图案未印刷等假币半成品不能够计算出面额的，应当以犯罪情节认定。——本书注

罪,数罪并罚。

出售假币被查获部分的处理。在出售假币时被抓获的,除现场查获的假币应认定为出售假币的犯罪数额外,现场之外在行为人住所或者其他藏匿地查获的假币,亦应认定为出售假币的犯罪数额。但有证据证实后者是行为人有实施其他假币犯罪的除外。

制造或者出售伪造的台币行为的处理。对于伪造台币的,应当以伪造货币罪定罪处罚;出售伪造的台币的,应当以出售假币罪定罪处罚。

3. 用账外客户资金非法拆借、发放贷款行为的认定和处罚

银行或者其他金融机构及其工作人员以牟利为目的,采取吸收客户资金不入账的方式,将客户资金用于非法拆借、发放贷款,造成重大损失的,构成用账外客户资金非法拆借、发放贷款罪。以牟利为目的,是指金融机构及其工作人员为本单位或者个人牟利,不具有这种目的,不构成该罪。这里的"牟利",一般是指谋取用账外客户资金非法拆借、发放贷款所产生的非法收益,如利息、差价等。对于用款人为取得贷款而支付的回扣、手续费等,应根据具体情况分别处理:银行或者其他金融机构用账外客户资金非法拆借、发放贷款,收取的回扣、手续费等,应认定为"牟利";银行或者其他金融机构的工作人员利用职务上的便利,用账外客户资金非法拆借、发放贷款,收取回扣、手续费等,数额较小的,以"牟利"论处;[①]银行或者其他金融机构的工作人员将用款人支付给单位的回扣、手续费秘密占为己有,数额较大的,以贪污罪定罪处罚;银行或者其他金融机构的工作人员利用职务便利,用账外客户资金非法拆借、发放贷款,索取用款人的财物,或者非法收受其他财物,或者收取回扣、手续费等,数额较大的,以受贿罪定罪处罚。吸收客户资金不入账,是指不记入金融机构的法定存款账目,以逃避国家金融监管,至于是否记入法定账目以外设立的账目,不影响该罪成立。

审理银行或者其他金融机构及其工作人员用账外客户资金非法拆借、发放贷款案件,要注意将用账外客户资金非法拆借、发放贷款的行为与挪用公款罪和挪用资金罪区别开来。对于利用职务上的便利,挪用已经记入金融机构法定存款账户的客户资金归个人使用的,或者吸收客户资金不入账,却给客户开具银行存单,客户也认为将款已存入银行,该款却被行为人以个人名义借贷给他人的,均应认定为挪用公款罪或者挪用资金罪。

---

① 2006年《刑法修正案(六)》第十四条已将"以牟利为目的"的主观方面构成要件取消。——本书注

4. 破坏金融管理秩序相关犯罪数额和情节的认定

最高人民法院先后颁行了《关于审理伪造货币等案件具体应用法律若干问题的解释》、《关于审理走私刑事案件具体应用法律若干问题的解释》,对伪造货币,走私、出售、购买、运输假币等犯罪的定罪处刑标准以及相关适用法律问题作出了明确规定。为正确执行刑法,在其他有关的司法解释出台之前,对假币犯罪以外的破坏金融管理秩序犯罪的数额和情节,可参照以下标准掌握:

关于非法吸收公众存款罪。非法吸收或者变相吸收公众存款的,要从非法吸收公众存款的数额、范围以及给存款人造成的损失等方面来判定扰乱金融秩序造成危害的程度。根据司法实践,具有下列情形之一的,可以按非法吸收公众存款罪定罪处罚:

(1)个人非法吸收或者变相吸收公众存款20万元以上的,单位非法吸收或者变相吸收公众存款100万元以上的;

(2)个人非法吸收或者变相吸收公众存款30户以上的,单位非法吸收或者变相吸收公众存款150户以上的;

(3)个人非法吸收或者变相吸收公众存款给存款人造成损失10万元以上的,单位非法吸收或者变相吸收公众存款给存款人造成损失50万元以上的,或者造成其他严重后果的;个人非法吸收或者变相吸收公众存款100万元以上,单位非法吸收或者变相吸收公众存款500万元以上的,可以认定为"数额巨大"。

关于违法向关系人发放贷款罪。银行或者其他金融机构工作人员违反法律、行政法规规定,向关系人发放信用贷款或者发放担保贷款的条件优于其他借款人同类贷款条件,造成10—30万元以上损失的,可以认定为"造成较大损失";造成50—100万元以上损失的,可以认定为"造成重大损失"。

关于违法发放贷款罪。银行或者其他金融机构工作人员违反法律、行政法规规定,向关系人以外的其他人发放贷款,造成50—100万元以上损失的,可以认定为"造成重大损失";造成300—500万元以上损失的,可以认定为"造成特别重大损失"。

关于用账外客户资金非法拆借、发放贷款罪。对于银行或者其他金融机构工作人员以牟利为目的,采取吸收客户资金不入账的方式,将资金用于非法拆借、发放贷款,造成50—100万元以上损失的,可以认定为"造成重大损失";造成300—500万元以上损失的,可以认定为"造成特别重大损失"。

对于单位实施违法发放贷款和用账外客户资金非法拆借、发放贷款造成损失构成犯罪的数额标准,可按个人实施上述犯罪的数额标准二至四倍掌握。

由于各地经济发展不平衡，各省、自治区、直辖市高级人民法院可参照上述数额标准或幅度，根据本地的具体情况，确定在本地区掌握的具体标准。

（三）关于金融诈骗罪

1. 金融诈骗罪中非法占有目的的认定

金融诈骗犯罪都是以非法占有为目的的犯罪。在司法实践中，认定是否具有非法占有为目的，应当坚持主客观相一致的原则，既要避免单纯根据损失结果客观归罪，也不能仅凭被告人自己的供述，而应当根据案件具体情况具体分析。根据司法实践，对于行为人通过诈骗的方法非法获取资金，造成数额较大资金不能归还，并具有下列情形之一的，可以认定为具有非法占有的目的：

（1）明知没有归还能力而大量骗取资金的；

（2）非法获取资金后逃跑的；

（3）肆意挥霍骗取资金的；

（4）使用骗取的资金进行违法犯罪活动的；

（5）抽逃、转移资金、隐匿财产，以逃避返还资金的；

（6）隐匿、销毁账目，或者搞假破产、假倒闭，以逃避返还资金的；

（7）其他非法占有资金、拒不返还的行为。但是，在处理具体案件的时候，对于有证据证明行为人不具有非法占有目的的，不能单纯以财产不能归还就按金融诈骗罪处罚。

2. 贷款诈骗罪的认定和处理。贷款诈骗犯罪是目前案发较多的金融诈骗犯罪之一。审理贷款诈骗犯罪案件，应当注意以下两个问题：

一是单位不能构成贷款诈骗罪。① 根据刑法第三十条和第一百九十三条的规定，单位不构成贷款诈骗罪。对于单位实施的贷款诈骗行为，不能以贷款诈骗罪定罪处罚，也不能以贷款诈骗罪追究直接负责的主管人员和其他直接责任人员的刑事责任。但是，在司法实践中，对于单位十分明显地以非法占有为目的，利用签订、履行借款合同诈骗银行或其他金融机构贷款，符合刑法第二百二十四条规定的合同诈骗罪构成要件的，应当以合同诈骗罪定罪处罚。

---

① 该部分表述应予以废止。根据2014年4月24日第十二届全国人民代表大会常务委员会第八次会议通过的《全国人民代表大会常务委员会关于〈中华人民共和国刑法〉第三十条的解释》的规定，公司、企业、事业单位、机关、团体等单位实施刑法规定的危害社会的行为，刑法分则和其他法律未规定追究单位的刑事责任的，对组织、策划、实施该危害社会行为的人依法追究刑事责任。因此，单位犯罪可以构成贷款诈骗罪，应对单位判处罚金，并对其直接负责的主管人员和其他直接责任人员判处刑罚，不应以合同诈骗罪定罪处罚。——本书注

二是要严格区分贷款诈骗与贷款纠纷的界限。对于合法取得贷款后,没有按规定的用途使用贷款,到期没有归还贷款的,不能以贷款诈骗罪定罪处罚;对于确有证据证明行为人不具有非法占有的目的,因不具备贷款的条件而采取了欺骗手段获取贷款,案发时有能力履行还贷义务,或者案发时不能归还贷款是因为意志以外的原因,如因经营不善、被骗、市场风险等,不应以贷款诈骗罪定罪处罚。

3. 集资诈骗罪的认定和处理:集资诈骗罪和欺诈发行股票、债券罪、非法吸收公众存款罪在客观上均表现为向社会公众非法募集资金。区别的关键在于行为人是否具有非法占有的目的。对于以非法占有为目的而非法集资,或者在非法集资过程中产生了非法占有他人资金的故意,均构成集资诈骗罪。但是,在处理具体案件时要注意以下两点:一是不能仅凭较大数额的非法集资款不能返还的结果,推定行为人具有非法占有的目的;二是行为人将大部分资金用于投资或生产经营活动,而将少量资金用于个人消费或挥霍的,不应仅以此便认定具有非法占有的目的。

4. 金融诈骗犯罪定罪量刑的数额标准和犯罪数额的计算。金融诈骗的数额不仅是定罪的重要标准,也是量刑的主要依据。在没有新的司法解释之前,可参照1996年《最高人民法院关于审理诈骗案件具体应用法律的若干问题的解释》①的规定执行。在具体认定金融诈骗犯罪的数额时,应当以行为人实际骗取的数额计算。对于行为人为实施金融诈骗活动而支付的中介费、手续费、回扣等,或者用于行贿、赠与等费用,均应计入金融诈骗的犯罪数额。但应当将案发前已归还的数额扣除。

(四)死刑的适用②

刑法对危害特别严重的金融诈骗犯罪规定了死刑。人民法院应当运用这一法律武器,有力地打击金融诈骗犯罪。对于罪行极其严重、依法该判死刑的犯罪分子,一定要坚决判处死刑。但需要强调的是,金融诈骗犯罪的数额特别巨大不是判处死刑的惟一标准,只有诈骗"数额特别巨大并且给国家和人民利益造成特别重大损失"的犯罪分子,才能依法选择适用死刑。对于犯罪数额特别巨大,但追缴、退赔后,挽回了损失或者损失不大的,一般不应当判处死刑立即执行;对具有法定从轻、减轻处罚情节的,一般不应当判处死刑。

---

① 该司法解释已被《最高人民法院关于废止1980年1月1日至1997年6月30日期间发布的部分司法解释和司法解释性质文件(第九批)的决定》(法释〔2013〕2号)废止,现行有效司法解释系《最高人民法院、最高人民检察院关于办理诈骗刑事案件具体应用法律若干问题的解释》(法释〔2011〕7号)。——本书注

② 2011年《刑法修正案(八)》、2015年《刑法修正案(九)》陆续删除对金融诈骗罪的死刑规定。——本书注

（五）财产刑的适用

金融犯罪是图利型犯罪，惩罚和预防此类犯罪，应当注重同时从经济上制裁犯罪分子。刑法对金融犯罪都规定了财产刑，人民法院应当严格依法判处。罚金的数额，应当根据被告人的犯罪情节，在法律规定的数额幅度内确定。对于具有从轻、减轻或者免除处罚情节的被告人，对于本应并处的罚金刑原则上也应当从轻、减轻或者免除。

单位金融犯罪中直接负责的主管人员和其他直接责任人员，是否适用罚金刑，应当根据刑法的具体规定。刑法分则条文规定有罚金刑，并规定对单位犯罪中直接负责的主管人员和其他直接责任人员依照自然人犯罪条款处罚的，应当判处罚金刑，但是对直接负责的主管人员和其他直接责任人员判处罚金的数额，应当低于对单位判处罚金的数额；刑法分则条文明确规定对单位犯罪中直接负责的主管人员和其他直接责任人员只判处自由刑的，不能附加判处罚金刑。

2.《最高人民检察院、公安部关于公安机关管辖的刑事案件立案追诉标准的规定（二）》（公通字〔2022〕12号）

第五条 **〔欺诈发行证券案（刑法第一百六十条）〕**在招股说明书、认股书、公司、企业债券募集办法等发行文件中隐瞒重要事实或者编造重大虚假内容，发行股票或者公司、企业债券、存托凭证或者国务院依法认定的其他证券，涉嫌下列情形之一的，应予立案追诉：

（一）非法募集资金金额在一千万元以上的；

（二）虚增或者虚减资产达到当期资产总额百分之三十以上的；

（三）虚增或者虚减营业收入达到当期营业收入总额百分之三十以上的；

（四）虚增或者虚减利润达到当期利润总额百分之三十以上的；

（五）隐瞒或者编造的重大诉讼、仲裁、担保、关联交易或者其他重大事项所涉及的数额或者连续十二个月的累计数额达到最近一期披露的净资产百分之五十以上的；

（六）造成投资者直接经济损失数额累计在一百万元以上的；

（七）为欺诈发行证券而伪造、变造国家机关公文、有效证明文件或者相关凭证、单据的；

（八）为欺诈发行证券向负有金融监督管理职责的单位或者人员行贿的；

（九）募集的资金全部或者主要用于违法犯罪活动的；

（十）其他后果严重或者有其他严重情节的情形。

其他相关规范

1.《公司法》①

第二百一十六条 本法下列用语的含义：

……

（二）控股股东，是指其出资额占有限责任公司资本总额百分之五十以上或者其持有的股份占股份有限公司股本总额百分之五十以上的股东；出资额或者持有股份的比例虽然不足百分之五十，但依其出资额或者持有的股份所享有的表决权已足以对股东会、股东大会的决议产生重大影响的股东。

（三）实际控制人，是指虽不是公司的股东，但通过投资关系、协议或者其他安排，能够实际支配公司行为的人。

……

2.《证券法》②

第二十四条 国务院证券监督管理机构或者国务院授权的部门对已作出的证券发行注册的决定，发现不符合法定条件或者法定程序，尚未发行证券的，应当予以撤销，停止发行。已经发行尚未上市的，撤销发行注册决定，发行人应当按照发行价并加算银行同期存款利息返还证券持有人；发行人的控股股东、实际控制人以及保荐人，应当与发行人承担连带责任，但是能够证明自己没有过错的除外。

股票的发行人在招股说明书等证券发行文件中隐瞒重要事实或者编造重大虚假内容，已经发行并上市的，国务院证券监督管理机构可以责令发行人回购证券，或者责令负有责任的控股股东、实际控制人买回证券。

第一百八十一条 发行人在其公告的证券发行文件中隐瞒重要事实或者编造重大虚假内容，尚未发行证券的，处以二百万元以上二千万元以下的罚款；已经发行证券的，处以非法所募资金金额百分之十以上一倍以下的罚款。对直接负责的主管人员和其他直接责任人员，处以一百万元以上一千万元以下的罚款。

发行人的控股股东、实际控制人组织、指使从事前款违法行为的，没收违法所得，并处以违法所得百分之十以上一倍以下的罚款；没有违法所得或者违法所得不足二千万元的，处以二百万元以上二千万元以下的罚款。对直接负责的主管人员和

---

① 《公司法》第二百一十六条对《刑法》第一百六十条第二款中使用的“控股股东”“实际控制人”的概念作了明确。——本书注

② 《证券法》第二十四条、第一百八十一条分别规定了欺诈发行的行政责任和民事侵权责任，与刑事责任一并形成立体追责态势。——本书注

其他直接责任人员，处以一百万元以上一千万元以下的罚款。

重点案例要旨

1. 丹东欣泰电气股份有限公司、温某乙等欺诈发行股票、违规披露重要信息案①——最高人民法院 2020 年发布的人民法院依法惩处证券、期货犯罪典型案例；最高人民检察院、中国证监会 2020 年联合发布的证券违法犯罪典型案例；最高人民法院 2022 年发布的人民法院依法惩治金融犯罪典型案例

【要旨】(1)依法从严惩治资本市场财务造假行为。上市公司在发行、持续信息披露中的财务造假行为，严重蛀蚀资本市场的诚信基础，破坏市场信心，损害投资者利益，必须严厉惩治。资本市场财务造假行为主要通过信息披露的方式表现出来，损害投资者利益。对于不同阶段涉财务造假信息的违规披露行为，刑法规定了不同的罪名和相应刑罚。司法办案时要注意区分不同时期信息披露行为触犯的刑法规范，根据刑法规定的构成要件分别适用不同罪名，数罪并罚；对于审查发现新的犯罪事实和线索，通过退回公安机关补充侦查或者自行侦查，查清事实，依法追诉。

(2)综合发挥行政执法和刑事司法职能作用。财务造假和信息披露违法行为，可能同时违反行政监管法律规范和刑法规范，触发行政处罚程序和刑事追诉程序。证券监督管理部门和司法机关应当发挥各自职能作用，根据执法司法工作的需要，及时追究相关市场主体的法律责任。证券监督管理部门作出行政处罚后，认为相关人员构成犯罪的，应当及时移送公安机关立案侦查，加强行政执法与刑事司法之间的有效衔接，防止以罚代刑，已经作出的行政处罚决定不影响司法机关追究刑事责任。对于欺诈发行、违规披露信息的上市公司，符合退市条件的，还应当由证券交易所依法强制退市。

(3)注重维护投资者的合法权益。2020 年 3 月实施的《证券法》进一步完善了投资者保护制度，先行赔付、证券代表人诉讼等规定为更好地保护投资人合法权益提供了法律依据。本案办理过程中，主承销商设立先行赔付专项基金，投资人的损失得到相应赔偿，维护了投资者的合法权益，取得了较好的社会效果。

---

① 参见最高人民法院发布 7 件人民法院依法惩处证券、期货犯罪典型案例，载中华人民共和国最高人民法院，https：www. court. gov. cn，最后访问日期：2022 年 10 月 20 日；最高检、证监会联合发布证券违法犯罪典型案例，载中华人民共和国最高人民检察院，https：//www. spp. gov. cn，最后访问日期：2022 年 10 月 20 日；人民法院依法惩治金融犯罪典型案例，载中华人民共和国最高人民法院，https：//www. court. gov. cn，最后访问日期：2022 年 10 月 20 日。

2. 中某通机械制造有限公司、卢某旺等人欺诈发行债券、出具证明文件重大失实、非国家工作人员受贿案[①]——最高人民检察院、中国证监会2020年联合发布的证券违法犯罪典型案例

【要旨】(1)坚持保护资本市场创新发展和惩治证券违法犯罪并重,促进证券市场健康发展。为规范中小企业私募债券业务,拓宽中小微型企业融资渠道,服务实体经济发展,深圳证券交易所和上海证券交易所于2011年开展了中小企业私募债券业务试点;在总结中小企业私募债券试点经验的基础上,证监会于2015年发布《公司债券发行与交易管理办法》,全面建立了非公开发行债券制度。中小企业私募债券市场是多层次资本市场的重要组成部分,是解决中小企业融资问题的有益创新,但一些中小企业的欺诈发行行为,严重损害了私募债券市场信心,侵害了投资者合法权益。对于私募债券、新三板、科创板等资本市场中的创新活动,检察机关应当坚持保护创新和惩治犯罪并重,坚定地维护资本市场正常运行秩序,依法惩治财务造假、信息披露违法等严重破坏资本市场秩序的犯罪,为资本市场健康发展提供司法保障。

(2)严厉惩治中介机构参与财务造假,促进落实"看门人"责任。资本市场中的证券公司、会计师事务所、律师事务所等中介机构是信息披露、投资人保护相关制度得以有效实施的"看门人",中介机构不依法依规履职将严重影响资本市场的健康运行。在惩治市场主体财务造假行为的同时,应当主动开展"一案双查",同步审查相关中介机构是否存在提供虚假证明文件、出具证明文件重大失实以及非国家工作人员受贿等违法犯罪行为,并依法追究相关主体的法律责任,引导市场主体合法经营和中介机构依法依规履职。

(3)注重结合办案提出检察建议,促进资本市场制度机制不断健全。对于办案当中发现的相关中介机构及其执业人员违反职业操守、职业规范,以及相关监督管理缺失问题,检察机关应当深入分析原因,向有关主管机关提出改进工作、完善监管的检察建议,促进社会治理。

---

① 参见最高检、证监会联合发布证券违法犯罪典型案例,载中华人民共和国最高人民检察院,https://www.spp.gov.cn,最后访问日期:2022年10月20日。

第一百六十一条　【违规披露、不披露重要信息罪】[①]

第一百六十一条　依法负有信息披露义务的公司、企业向股东和社会公众提供虚假的或者隐瞒重要事实的财务会计报告，或者对依法应当披露的其他重要信息不按照规定披露，严重损害股东或者其他人利益，或者有其他严重情节的，对其直接负责的主管人员和其他直接责任人员，处五年以下有期徒刑或者拘役，并处或者单处罚金；情节特别严重的，处五年以上十年以下有期徒刑，并处罚金。

前款规定的公司、企业的控股股东、实际控制人实施或者组织、指使实施前款行为的，或者隐瞒相关事项导致前款规定的情形发生的，依照前款的规定处罚。

犯前款罪的控股股东、实际控制人是单位的，对单位判处罚金，并对其直接负责的主管人员和其他直接责任人员，依照第一款的规定处罚。

刑事司法解释和规范性文件

《最高人民检察院、公安部关于公安机关管辖的刑事案件立案追诉标准的规定(二)》(公通字〔2022〕12号)

第六条　〔违规披露、不披露重要信息案(刑法第一百六十一条)〕依法负有信息披露义务的公司、企业向股东和社会公众提供虚假的或者隐瞒重要事实的财务会计报告，或者对依法应当披露的其他重要信息不按照规定披露，涉嫌下列情形之一的，应予立案追诉：

(一)造成股东、债权人或者其他人直接经济损失数额累计在一百万元以上的；

(二)虚增或者虚减资产达到当期披露的资产总额百分之三十以上的；

(三)虚增或者虚减营业收入达到当期披露的营业收入总额百分之三十以上的；

(四)虚增或者虚减利润达到当期披露的利润总额百分之三十以上的；

(五)未按照规定披露的重大诉讼、仲裁、担保、关联交易或者其他重大事项所涉及的数额或者连续十二个月的累计数额达到最近一期披露的净资产百分之五十以上的；

---

① 在2006年《刑法修正案(六)》施行之前，本条罪名为“提供虚假财会报告罪”。2006年《刑法修正案(六)》第五条扩大本条的犯罪对象范围，将“提供虚假的或者隐瞒重要事实的财务会计报告”修改为“提供虚假的或者隐瞒重要事实的财务会计报告，或者对依法应当披露的其他重要信息不按照规定披露”，并作了其他方面的一些修改。相应地，《最高人民法院、最高人民检察院关于执行〈中华人民共和国刑法〉确定罪名的补充规定(三)》将本条的罪名调整为“违规披露、不披露重要信息罪”。2020年《刑法修正案(十一)》第九条又对本条作了进一步修改。——本书注

(六)致使不符合发行条件的公司、企业骗取发行核准或者注册并且上市交易的;

(七)致使公司、企业发行的股票或者公司、企业债券、存托凭证或者国务院依法认定的其他证券被终止上市交易的;

(八)在公司财务会计报告中将亏损披露为盈利,或者将盈利披露为亏损的;

(九)多次提供虚假的或者隐瞒重要事实的财务会计报告,或者多次对依法应当披露的其他重要信息不按照规定披露的;

(十)其他严重损害股东、债权人或者其他人利益,或者有其他严重情节的情形。

其他相关规范

1.《证券法》①

第六十三条 通过证券交易所的证券交易,投资者持有或者通过协议、其他安排与他人共同持有一个上市公司已发行的有表决权股份达到百分之五时,应当在该事实发生之日起三日内,向国务院证券监督管理机构、证券交易所作出书面报告,通知该上市公司,并予公告,在上述期限内不得再行买卖该上市公司的股票,但国务院证券监督管理机构规定的情形除外。

投资者持有或者通过协议、其他安排与他人共同持有一个上市公司已发行的有表决权股份达到百分之五后,其所持该上市公司已发行的有表决权股份比例每增加或者减少百分之五,应当依照前款规定进行报告和公告,在该事实发生之日起至公告后三日内,不得再行买卖该上市公司的股票,但国务院证券监督管理机构规定的情形除外。

投资者持有或者通过协议、其他安排与他人共同持有一个上市公司已发行的有表决权股份达到百分之五后,其所持该上市公司已发行的有表决权股份比例每增加或者减少百分之一,应当在该事实发生的次日通知该上市公司,并予公告。

违反第一款、第二款规定买入上市公司有表决权的股份的,在买入后的三十六个月内,对该超过规定比例部分的股份不得行使表决权。

---

① 准确适用《刑法》第一百六十一条的一个前提是准确认定"信息披露义务"和"依法负有信息披露义务的公司、企业"。显然,这里的"信息披露义务"并非来自《刑法》,而是来自《证券法》等相关部门法的规定。因此,相关部门法对"信息披露义务"和"信息披露义务人"的认定就至关重要。同时需要注意的是,《刑法》第一百六十一条第一款规定的犯罪主体是"依法负有信息披露义务的公司、企业",显然只能是单位。而《证券法》等相关部门法中规定的"信息披露义务人"既可能是单位,也可能是个人。在法律适用时要加以区分。——本书注

第七十八条　发行人及法律、行政法规和国务院证券监督管理机构规定的其他信息披露义务人，应当及时依法履行信息披露义务。①

① 从该款规定可以得知，《证券法》上的“信息披露义务人”分为两大类：一是“发行人”；二是“法律、行政法规和国务院证券监督管理机构规定的其他信息披露义务人”。由此可见，除发行人外，某一主体是否属于证券法上的“信息披露义务人”，取决于法律、行政法规和国务院证券监督管理机构是否为该主体设定了“信息披露义务”。经梳理，可以发现以下主体属于“法律、行政法规和国务院证券监督管理机构规定的信息披露义务人”，也就是证券法意义上的信息披露义务人：

（一）法律直接规定的信息披露义务人

《证券法》直接规定的信息披露义务人主要包括以下几种：

1. 根据《证券法》第十九条第一款、第二十条的规定，申请发行证券的信息披露义务人是“发行人”。

2. 根据《证券法》第六十三条的规定，持有有表决权的股份达到5%，以及此后每增加或者减少1%、每增加或者减少5%时的信息披露义务人是“投资者”。需要注意的是，这里使用的是“投资者”而非“股东”，可以是其本人持有，也可以是通过协议、其他安排与他人共同持有。由此可见，一致行动人有可能根据此条而成为证券法意义上的信息披露义务人。

3. 根据《证券法》第七十九条的规定，年度报告、中期报告的信息披露义务人是“上市公司、公司债券上市交易的公司、股票在国务院批准的其他全国性证券交易场所交易的公司”。

4. 根据《证券法》第八十条、第八十一条的规定，临时报告的信息披露义务人是“上市公司、公司债券上市交易的公司、股票在国务院批准的其他全国性证券交易场所交易的公司”。需要注意的是：

（1）第八十条第二款、第八十一条第二款均有兜底条款“国务院证券监督管理机构规定的其他事项”，说明证监会可以通过规定的方式，对需要临时报告的事项予以增补，也就是对信息披露义务进行增补。例如，证监会2021年修订的《上市公司信息披露管理办法》（证监会令第182号）第二十二条对第八十条第二款的“重大事件”作了进一步补充规定。

（2）《证券法》第八十条的主语是“公司”，不包括自然人。该条第三款规定：“公司的控股股东或者实际控制人对重大事件的发生、进展产生较大影响的，应当及时将其知悉的有关情况书面告知公司，并配合公司履行信息披露义务。”由此可见，控股股东、实际控制人对于临时报告的事项，只有配合公司进行信息披露的义务，其本人并不成为临时报告的信息披露义务人。

5.《证券法》第八十四条第一款规定：“除依法需要披露的信息之外，信息披露义务人可以自愿披露与投资者作出价值判断和投资决策有关的信息，但不得与依法披露的信息相冲突，不得误导投资者。”可见，自愿披露也会使相关主体成为信息披露义务人。

（二）行政法规规定的信息披露义务人

在法律之外通过行政法规规定信息披露义务人，目前尚较为少见，但不排除将来在实践确有需求而法律尚未修改的情况下，先行通过行政法规的方式规定信息披露义务人。

（三）中国证监会规定的信息披露义务人

根据《证券法》第七十八条第一款的规定，中国证监会可以规定信息披露义务人。这是一种授权性的、开放式的规定。2021年修订的《上市公司信息披露管理办法》第六十二条第一款第二项首次对“信息披露义务人”的概念作出规定，即“信息披露义务人，是指上市公司及其董事、监事、高级管理人员、股东、实际控制人，收购人，重大资产重组、再融资、重大交易有关各方等自然人、单位及其相关人员，破产管理人及其成员，以及法律、行政法规和中国证监会规定的其他承担信息披露义务的主体。”当然，上述人员并非在任何场合、对于任何信息都具有披露义务。在具体执法实践中，某一主体是否需要承担信息披露违法的责任，还要结合具体规定进行判断。根据中国证监会的相关规定，除前文所述《证券法》直接规定的信息披露义务人以外，实践中常见的信息披露义务人及其义务来源包括但不限于以下几种：

1. 重大资产重组或者发行股份购买资产的交易对方。根据2023年《上市公司重大资产重组管理办信息披露义务人披露的信息，应当真实、准确、完整，简明清晰，通俗易懂，不得有虚假记载、误导性陈述或者重大遗漏。

证券同时在境内境外公开发行、交易的，其信息披露义务人在境外披露的信息，应当在境内同时披露。

法》第五十二条第一、三款的规定，重大资产重组或者发行股份购买资产的交易对方未及时向上市公司或者其他信息披露义务人提供信息，或者提供的信息有虚假记载、误导性陈述或者重大遗漏的，构成信息披露违法。

2. 上市公司大股东、董监高。《上市公司股东、董监高减持股份的若干规定》（证监会公告〔2017〕9号）第八条第一款规定："上市公司大股东、董监高计划通过证券交易所集中竞价交易减持股份，应当在首次卖出的15个交易日前向证券交易所报告并预先披露减持计划，由证券交易所予以备案。"该条第三款还规定："在预先披露的减持时间区间内，大股东、董监高应当按照证券交易所的规定披露减持进展情况。减持计划实施完毕后，大股东、董监高应当在两个交易日内向证券交易所报告，并予公告；在预先披露的减持时间区间内，未实施减持或者减持计划未实施完毕的，应当在减持时间区间届满后的两个交易日内向证券交易所报告，并予公告。"

3. 大宗持股的投资者及其一致行动人。（1）通过证券交易所的证券交易以外的方式增减持而带来的信息披露义务。2020年《上市公司收购管理办法》第十四条第一款、第二款规定："通过协议转让方式，投资者及其一致行动人在一个上市公司中拥有权益的股份拟达到或者超过一个上市公司已发行股份的5%时，应当在该事实发生之日起3日内编制权益变动报告书，向中国证监会、证券交易所提交书面报告，通知该上市公司，并予公告。前述投资者及其一致行动人拥有权益的股份达到一个上市公司已发行股份的5%后，其拥有权益的股份占该上市公司已发行股份的比例每增加或者减少达到或者超过5%的，应当依照前款规定履行报告、公告义务。"第十五条还规定，投资者及其一致行动人通过行政划转或者变更、执行法院裁定、继承、赠与等方式拥有权益的股份变动达到第十四条规定比例的，也应当履行披露义务。

需要注意的是，《证券法》第六十三条仅规定了"通过证券交易所的证券交易"，而《上市公司收购管理办法》第十四条、第十五条规定的是"通过协议转让""通过行政划转或者变更、执行法院裁定、继承、赠与等方式"，可见，后者仅为证监会规定的信息披露义务，而非《证券法》直接规定的信息披露义务。在具体制度设计上，《上市公司收购管理办法》第十四条、十五条也没有关于增减持1%的披露义务。

（2）根据《上市公司收购管理办法》第十六条的规定，投资者及其一致行动人不是上市公司的第一大股东或者实际控制人，其拥有权益的股份达到或者超过该公司已发行股份的5%，但未达到20%的，应当编制简式权益变动报告书；前述投资者及其一致行动人是上市公司第一大股东或者实际控制人，其拥有权益的股份达到或者超过一个上市公司已发行股份的5%，但未达到20%的，还应当对相关内容作出披露。第十七条规定，投资者及其一致行动人拥有权益的股份达到或者超过一个上市公司已发行股份的20%但未超过30%的，应当编制详式权益变动报告书，并对相关内容作出披露。相应地，《公开发行证券的公司信息披露内容与格式准则第15号——权益变动报告书》（证监会公告〔2020〕20号）第十条也对编制权益变动报告书的情形作出规定。

（3）《上市公司收购管理办法》第六十三条第二款中规定："相关投资者应在前款规定的权益变动行为完成后3日内就股份增持情况做出公告，律师应就相关投资者权益变动行为发表符合规定的专项核查意见并由上市公司予以披露。"

4. 发行债务融资工具的非金融企业。该类企业的信息披露义务源自《银行间债券市场非金融企业债务融资工具管理办法》（中国人民银行令〔2008〕第1号）。根据《中国人民银行、证监会、发展改革委关于进一步加强债券市场执法工作的意见》（银发〔2018〕296号）第一条的规定，对涉及公司债券、企业债券、非金融企业债务融资工具、金融债券等各类债券品种的信息披露违法违规行为，依据《证券法》第一百九十七条等有关规定进行认定和行政处罚。因此，该类主体也应视为中国证监会规定的信息披露义务人。——本书注

第七十九条　上市公司、公司债券上市交易的公司、股票在国务院批准的其他全国性证券交易场所交易的公司,应当按照国务院证券监督管理机构和证券交易场所规定的内容和格式编制定期报告,并按照以下规定报送和公告:

(一)在每一会计年度结束之日起四个月内,报送并公告年度报告,其中的年度财务会计报告应当经符合本法规定的会计师事务所审计;

(二)在每一会计年度的上半年结束之日起二个月内,报送并公告中期报告。

第八十条　发生可能对上市公司、股票在国务院批准的其他全国性证券交易场所交易的公司的股票交易价格产生较大影响的重大事件,投资者尚未得知时,公司应当立即将有关该重大事件的情况向国务院证券监督管理机构和证券交易场所报送临时报告,并予公告,说明事件的起因、目前的状态和可能产生的法律后果。

前款所称重大事件包括:

(一)公司的经营方针和经营范围的重大变化;

(二)公司的重大投资行为,公司在一年内购买、出售重大资产超过公司资产总额百分之三十,或者公司营业用主要资产的抵押、质押、出售或者报废一次超过该资产的百分之三十;

(三)公司订立重要合同、提供重大担保或者从事关联交易,可能对公司的资产、负债、权益和经营成果产生重要影响;

(四)公司发生重大债务和未能清偿到期重大债务的违约情况;

(五)公司发生重大亏损或者重大损失;

(六)公司生产经营的外部条件发生的重大变化;

(七)公司的董事、三分之一以上监事或者经理发生变动,董事长或者经理无法履行职责;

(八)持有公司百分之五以上股份的股东或者实际控制人持有股份或者控制公司的情况发生较大变化,公司的实际控制人及其控制的其他企业从事与公司相同或者相似业务的情况发生较大变化;

(九)公司分配股利、增资的计划,公司股权结构的重要变化,公司减资、合并、分立、解散及申请破产的决定,或者依法进入破产程序、被责令关闭;

(十)涉及公司的重大诉讼、仲裁,股东大会、董事会决议被依法撤销或者宣告无效;

(十一)公司涉嫌犯罪被依法立案调查,公司的控股股东、实际控制人、董事、监事、高级管理人员涉嫌犯罪被依法采取强制措施;

(十二)国务院证券监督管理机构规定的其他事项。

公司的控股股东或者实际控制人对重大事件的发生、进展产生较大影响的,应当及时将其知悉的有关情况书面告知公司，并配合公司履行信息披露义务。

第八十一条 发生可能对上市交易公司债券的交易价格产生较大影响的重大事件，投资者尚未得知时，公司应当立即将有关该重大事件的情况向国务院证券监督管理机构和证券交易场所报送临时报告，并予公告，说明事件的起因、目前的状态和可能产生的法律后果。

前款所称重大事件包括：

（一）公司股权结构或者生产经营状况发生重大变化；

（二）公司债券信用评级发生变化；

（三）公司重大资产抵押、质押、出售、转让、报废；

（四）公司发生未能清偿到期债务的情况；

（五）公司新增借款或者对外提供担保超过上年末净资产的百分之二十；

（六）公司放弃债权或者财产超过上年末净资产的百分之十；

（七）公司发生超过上年末净资产百分之十的重大损失；

（八）公司分配股利，作出减资、合并、分立、解散及申请破产的决定，或者依法进入破产程序、被责令关闭；

（九）涉及公司的重大诉讼、仲裁；

（十）公司涉嫌犯罪被依法立案调查，公司的控股股东、实际控制人、董事、监事、高级管理人员涉嫌犯罪被依法采取强制措施；

（十一）国务院证券监督管理机构规定的其他事项。

第八十四条 除依法需要披露的信息之外，信息披露义务人可以自愿披露与投资者作出价值判断和投资决策有关的信息，但不得与依法披露的信息相冲突，不得误导投资者。

发行人及其控股股东、实际控制人、董事、监事、高级管理人员等作出公开承诺的，应当披露。不履行承诺给投资者造成损失的，应当依法承担赔偿责任。

2.《最高人民法院关于审理证券行政处罚案件证据若干问题的座谈会纪要》①（法〔2011〕225号）

四、关于上市公司信息披露违法责任人的证明问题

会议认为，根据证券法第六十八条规定，上市公司董事、监事、高级管理人员对上市公司信息披露的真实性、准确性和完整性应当承担较其他人员更严格的法定保

① 该文件第四部分“关于上市公司信息披露违法责任人的证明问题”对于违规披露、不披露重要信息罪的责任人员认定有参考意义。——本书注

证责任。人民法院在审理证券法第一百九十三条违反信息披露义务行政处罚案件时，涉及到对直接负责的主管人员和其他直接责任人员处罚的，应当区分证券法第六十八条规定的人员和该范围之外其他人员的不同责任标准与证明方式。

监管机构根据证券法第六十八条、第一百九十三条规定，结合上市公司董事、监事、高级管理人员与信息披露违法行为之间履行职责的关联程度，认定其为直接负责的主管人员或者其他直接责任人员并给予处罚，被处罚人不服提起诉讼的，应当提供其对该信息披露行为已尽忠实、勤勉义务等证据。

对上市公司董事、监事、高级管理人员之外的人员，监管机构认定其为上市公司信息披露违法行为直接负责的主管人员或者其他直接责任人员并给予处罚的，应当证明被处罚人具有下列情形之一：（一）实际履行董事、监事和高级管理人员的职责，并与信息披露违法行为存在直接关联；（二）组织、参与、实施信息披露违法行为或直接导致信息披露违法。

3.《上市公司信息披露管理办法》①（证监会令第182号）

第一章　总　　则

第一条　为了规范上市公司及其他信息披露义务人的信息披露行为，加强信息披露事务管理，保护投资者合法权益，根据《中华人民共和国公司法》（以下简称《公司法》）、《中华人民共和国证券法》（以下简称《证券法》）等法律、行政法规，制定本办法。

第二条　信息披露义务人履行信息披露义务应当遵守本办法的规定，中国证券监督管理委员会（以下简称中国证监会）对首次公开发行股票并上市、上市公司发行证券信息披露另有规定的，从其规定。

第三条　信息披露义务人应当及时依法履行信息披露义务，披露的信息应当真实、准确、完整，简明清晰、通俗易懂，不得有虚假记载、误导性陈述或者重大遗漏。

信息披露义务人披露的信息应当同时向所有投资者披露，不得提前向任何单位和个人泄露。但是，法律、行政法规另有规定的除外。

在内幕信息依法披露前，内幕信息的知情人和非法获取内幕信息的人不得公开或者泄露该信息，不得利用该信息进行内幕交易。任何单位和个人不得非法要求信息披露义务人提供依法需要披露但尚未披露的信息。

证券及其衍生品种同时在境内境外公开发行、交易的，其信息披露义务人在境

---

① 该办法是资本市场规范上市公司信息披露行为的基本文件，对于违规披露、不披露重要信息罪的认定处理具有重要参考价值。——本书注

外市场披露的信息，应当同时在境内市场披露。

第四条 上市公司的董事、监事、高级管理人员应当忠实、勤勉地履行职责，保证披露信息的真实、准确、完整，信息披露及时、公平。

第五条 除依法需要披露的信息之外，信息披露义务人可以自愿披露与投资者作出价值判断和投资决策有关的信息，但不得与依法披露的信息相冲突，不得误导投资者。

信息披露义务人自愿披露的信息应当真实、准确、完整。自愿性信息披露应当遵守公平原则，保持信息披露的持续性和一致性，不得进行选择性披露。

信息披露义务人不得利用自愿披露的信息不当影响公司证券及其衍生品种交易价格，不得利用自愿性信息披露从事市场操纵等违法违规行为。

第六条 上市公司及其控股股东、实际控制人、董事、监事、高级管理人员等作出公开承诺的，应当披露。

第七条 信息披露文件包括定期报告、临时报告、招股说明书、募集说明书、上市公告书、收购报告书等。

第八条 依法披露的信息，应当在证券交易所的网站和符合中国证监会规定条件的媒体发布，同时将其置备于上市公司住所、证券交易所，供社会公众查阅。

信息披露文件的全文应当在证券交易所的网站和符合中国证监会规定条件的报刊依法开办的网站披露，定期报告、收购报告书等信息披露文件的摘要应当在证券交易所的网站和符合中国证监会规定条件的报刊披露。

信息披露义务人不得以新闻发布或者答记者问等任何形式代替应当履行的报告、公告义务，不得以定期报告形式代替应当履行的临时报告义务。

第九条 信息披露义务人应当将信息披露公告文稿和相关备查文件报送上市公司注册地证监局。

第十条 信息披露文件应当采用中文文本。同时采用外文文本的，信息披露义务人应当保证两种文本的内容一致。两种文本发生歧义时，以中文文本为准。

第十一条 中国证监会依法对信息披露文件及公告的情况、信息披露事务管理活动进行监督检查，对信息披露义务人的信息披露行为进行监督管理。

证券交易所应当对上市公司及其他信息披露义务人的信息披露行为进行监督，督促其依法及时、准确地披露信息，对证券及其衍生品种交易实行实时监控。证券交易所制定的上市规则和其他信息披露规则应当报中国证监会批准。

第二章 定期报告

第十二条 上市公司应当披露的定期报告包括年度报告、中期报告。凡是对投资者作出价值判断和投资决策有重大影响的信息,均应当披露。

年度报告中的财务会计报告应当经符合《证券法》规定的会计师事务所审计。

第十三条 年度报告应当在每个会计年度结束之日起四个月内,中期报告应当在每个会计年度的上半年结束之日起两个月内编制完成并披露。

第十四条 年度报告应当记载以下内容:

(一)公司基本情况;

(二)主要会计数据和财务指标;

(三)公司股票、债券发行及变动情况,报告期末股票、债券总额、股东总数,公司前十大股东持股情况;

(四)持股百分之五以上股东、控股股东及实际控制人情况;

(五)董事、监事、高级管理人员的任职情况、持股变动情况、年度报酬情况;

(六)董事会报告;

(七)管理层讨论与分析;

(八)报告期内重大事件及对公司的影响;

(九)财务会计报告和审计报告全文;

(十)中国证监会规定的其他事项。

第十五条 中期报告应当记载以下内容:

(一)公司基本情况;

(二)主要会计数据和财务指标;

(三)公司股票、债券发行及变动情况、股东总数、公司前十大股东持股情况,控股股东及实际控制人发生变化的情况;

(四)管理层讨论与分析;

(五)报告期内重大诉讼、仲裁等重大事件及对公司的影响;

(六)财务会计报告;

(七)中国证监会规定的其他事项。

第十六条 定期报告内容应当经上市公司董事会审议通过。未经董事会审议通过的定期报告不得披露。

公司董事、高级管理人员应当对定期报告签署书面确认意见,说明董事会的编制和审议程序是否符合法律、行政法规和中国证监会的规定,报告的内容是否能够真实、准确、完整地反映上市公司的实际情况。

监事会应当对董事会编制的定期报告进行审核并提出书面审核意见。监事应当签署书面确认意见。监事会对定期报告出具的书面审核意见,应当说明董事会的编制和审议程序是否符合法律、行政法规和中国证监会的规定,报告的内容是否能够真实、准确、完整地反映上市公司的实际情况。

董事、监事无法保证定期报告内容的真实性、准确性、完整性或者有异议的,应当在董事会或者监事会审议、审核定期报告时投反对票或者弃权票。

董事、监事和高级管理人员无法保证定期报告内容的真实性、准确性、完整性或者有异议的,应当在书面确认意见中发表意见并陈述理由,上市公司应当披露。上市公司不予披露的,董事、监事和高级管理人员可以直接申请披露。

董事、监事和高级管理人员按照前款规定发表意见,应当遵循审慎原则,其保证定期报告内容的真实性、准确性、完整性的责任不仅因发表意见而当然免除。

第十七条 上市公司预计经营业绩发生亏损或者发生大幅变动的,应当及时进行业绩预告。

第十八条 定期报告披露前出现业绩泄露,或者出现业绩传闻且公司证券及其衍生品种交易出现异常波动的,上市公司应当及时披露本报告期相关财务数据。

第十九条 定期报告中财务会计报告被出具非标准审计意见的,上市公司董事会应当针对该审计意见涉及事项作出专项说明。

定期报告中财务会计报告被出具非标准审计意见,证券交易所认为涉嫌违法的,应当提请中国证监会立案调查。

第二十条 上市公司未在规定期限内披露年度报告和中期报告的,中国证监会应当立即立案调查,证券交易所应当按照股票上市规则予以处理。

第二十一条 年度报告、中期报告的格式及编制规则,由中国证监会和证券交易所制定。

第三章 临时报告

第二十二条 发生可能对上市公司证券及其衍生品种交易价格产生较大影响的重大事件,投资者尚未得知时,上市公司应当立即披露,说明事件的起因、目前的状态和可能产生的影响。

前款所称重大事件包括:

(一)《证券法》第八十条第二款规定的重大事件;

(二)公司发生大额赔偿责任;

(三)公司计提大额资产减值准备;

(四)公司出现股东权益为负值;

（五）公司主要债务人出现资不抵债或者进入破产程序，公司对相应债权未提取足额坏账准备；

（六）新公布的法律、行政法规、规章、行业政策可能对公司产生重大影响；

（七）公司开展股权激励、回购股份、重大资产重组、资产分拆上市或者挂牌；

（八）法院裁决禁止控股股东转让其所持股份；任一股东所持公司百分之五以上股份被质押、冻结、司法拍卖、托管、设定信托或者被依法限制表决权等，或者出现被强制过户风险；

（九）主要资产被查封、扣押或者冻结；主要银行账户被冻结；

（十）上市公司预计经营业绩发生亏损或者发生大幅变动；

（十一）主要或者全部业务陷入停顿；

（十二）获得对当期损益产生重大影响的额外收益，可能对公司的资产、负债、权益或者经营成果产生重要影响；

（十三）聘任或者解聘为公司审计的会计师事务所；

（十四）会计政策、会计估计重大自主变更；

（十五）因前期已披露的信息存在差错、未按规定披露或者虚假记载，被有关机关责令改正或者经董事会决定进行更正；

（十六）公司或者其控股股东、实际控制人、董事、监事、高级管理人员受到刑事处罚，涉嫌违法违规被中国证监会立案调查或者受到中国证监会行政处罚，或者受到其他有权机关重大行政处罚；

（十七）公司的控股股东、实际控制人、董事、监事、高级管理人员涉嫌严重违纪违法或者职务犯罪被纪检监察机关采取留置措施且影响其履行职责；

（十八）除董事长或者经理外的公司其他董事、监事、高级管理人员因身体、工作安排等原因无法正常履行职责达到或者预计达到三个月以上，或者因涉嫌违法违规被有权机关采取强制措施且影响其履行职责；

（十九）中国证监会规定的其他事项。

上市公司的控股股东或者实际控制人对重大事件的发生、进展产生较大影响的，应当及时将其知悉的有关情况书面告知上市公司，并配合上市公司履行信息披露义务。

第二十三条　上市公司变更公司名称、股票简称、公司章程、注册资本、注册地址、主要办公地址和联系电话等，应当立即披露。

第二十四条　上市公司应当在最先发生的以下任一时点，及时履行重大事件的信息披露义务：

（一）董事会或者监事会就该重大事件形成决议时；

（二）有关各方就该重大事件签署意向书或者协议时；

（三）董事、监事或者高级管理人员知悉该重大事件发生时。

在前款规定的时点之前出现下列情形之一的，上市公司应当及时披露相关事项的现状、可能影响事件进展的风险因素：

（一）该重大事件难以保密；

（二）该重大事件已经泄露或者市场出现传闻；

（三）公司证券及其衍生品种出现异常交易情况。

第二十五条 上市公司披露重大事件后，已披露的重大事件出现可能对上市公司证券及其衍生品种交易价格产生较大影响的进展或者变化的，上市公司应当及时披露进展或者变化情况、可能产生的影响。

第二十六条 上市公司控股子公司发生本办法第二十二条规定的重大事件，可能对上市公司证券及其衍生品种交易价格产生较大影响的，上市公司应当履行信息披露义务。

上市公司参股公司发生可能对上市公司证券及其衍生品种交易价格产生较大影响的事件的，上市公司应当履行信息披露义务。

第二十七条 涉及上市公司的收购、合并、分立、发行股份、回购股份等行为导致上市公司股本总额、股东、实际控制人等发生重大变化的，信息披露义务人应当依法履行报告、公告义务，披露权益变动情况。

第二十八条 上市公司应当关注本公司证券及其衍生品种的异常交易情况及媒体关于本公司的报道。

证券及其衍生品种发生异常交易或者在媒体中出现的消息可能对公司证券及其衍生品种的交易产生重大影响时，上市公司应当及时向相关各方了解真实情况，必要时应当以书面方式问询。

上市公司控股股东、实际控制人及其一致行动人应当及时、准确地告知上市公司是否存在拟发生的股权转让、资产重组或者其他重大事件，并配合上市公司做好信息披露工作。

第二十九条 公司证券及其衍生品种交易被中国证监会或者证券交易所认定为异常交易的，上市公司应当及时了解造成证券及其衍生品种交易异常波动的影响因素，并及时披露。

第四章 信息披露事务管理

第三十条 上市公司应当制定信息披露事务管理制度。信息披露事务管理制度应当包括：

（一）明确上市公司应当披露的信息，确定披露标准；

（二）未公开信息的传递、审核、披露流程；

（三）信息披露事务管理部门及其负责人在信息披露中的职责；

（四）董事和董事会、监事和监事会、高级管理人员等的报告、审议和披露的职责；

（五）董事、监事、高级管理人员履行职责的记录和保管制度；

（六）未公开信息的保密措施，内幕信息知情人登记管理制度，内幕信息知情人的范围和保密责任；

（七）财务管理和会计核算的内部控制及监督机制；

（八）对外发布信息的申请、审核、发布流程；与投资者、证券服务机构、媒体等的信息沟通制度；

（九）信息披露相关文件、资料的档案管理制度；

（十）涉及子公司的信息披露事务管理和报告制度；

（十一）未按规定披露信息的责任追究机制，对违反规定人员的处理措施。

上市公司信息披露事务管理制度应当经公司董事会审议通过，报注册地证监局和证券交易所备案。

第三十一条　上市公司董事、监事、高级管理人员应当勤勉尽责，关注信息披露文件的编制情况，保证定期报告、临时报告在规定期限内披露。

第三十二条　上市公司应当制定定期报告的编制、审议、披露程序。经理、财务负责人、董事会秘书等高级管理人员应当及时编制定期报告草案，提请董事会审议；董事会秘书负责送达董事审阅；董事长负责召集和主持董事会会议审议定期报告；监事会负责审核董事会编制的定期报告；董事会秘书负责组织定期报告的披露工作。

第三十三条　上市公司应当制定重大事件的报告、传递、审核、披露程序。董事、监事、高级管理人员知悉重大事件发生时，应当按照公司规定立即履行报告义务；董事长在接到报告后，应当立即向董事会报告，并敦促董事会秘书组织临时报告的披露工作。

上市公司应当制定董事、监事、高级管理人员对外发布信息的行为规范，明确非经董事会书面授权不得对外发布上市公司未披露信息的情形。

第三十四条　上市公司通过业绩说明会、分析师会议、路演、接受投资者调研等形式就公司的经营情况、财务状况及其他事件与任何单位和个人进行沟通的，不得提供内幕信息。

第三十五条 董事应当了解并持续关注公司生产经营情况、财务状况和公司已经发生的或者可能发生的重大事件及其影响，主动调查、获取决策所需要的资料。

第三十六条 监事应当对公司董事、高级管理人员履行信息披露职责的行为进行监督；关注公司信息披露情况，发现信息披露存在违法违规问题的，应当进行调查并提出处理建议。

第三十七条 高级管理人员应当及时向董事会报告有关公司经营或者财务方面出现的重大事件、已披露的事件的进展或者变化情况及其他相关信息。

第三十八条 董事会秘书负责组织和协调公司信息披露事务，汇集上市公司应予披露的信息并报告董事会，持续关注媒体对公司的报道并主动求证报道的真实情况。董事会秘书有权参加股东大会、董事会会议、监事会会议和高级管理人员相关会议，有权了解公司的财务和经营情况，查阅涉及信息披露事宜的所有文件。董事会秘书负责办理上市公司信息对外公布等相关事宜。

上市公司应当为董事会秘书履行职责提供便利条件，财务负责人应当配合董事会秘书在财务信息披露方面的相关工作。

第三十九条 上市公司的股东、实际控制人发生以下事件时，应当主动告知上市公司董事会，并配合上市公司履行信息披露义务：

（一）持有公司百分之五以上股份的股东或者实际控制人持有股份或者控制公司的情况发生较大变化，公司的实际控制人及其控制的其他企业从事与公司相同或者相似业务的情况发生较大变化；

（二）法院裁决禁止控股股东转让其所持股份，任一股东所持公司百分之五以上股份被质押、冻结、司法拍卖、托管、设定信托或者被依法限制表决权等，或者出现被强制过户风险；

（三）拟对上市公司进行重大资产或者业务重组；

（四）中国证监会规定的其他情形。

应当披露的信息依法披露前，相关信息已在媒体上传播或者公司证券及其衍生品种出现交易异常情况的，股东或者实际控制人应当及时、准确地向上市公司作出书面报告，并配合上市公司及时、准确地公告。

上市公司的股东、实际控制人不得滥用其股东权利、支配地位，不得要求上市公司向其提供内幕信息。

第四十条 上市公司向特定对象发行股票时，其控股股东、实际控制人和发行对象应当及时向上市公司提供相关信息，配合上市公司履行信息披露义务。

第四十一条　上市公司董事、监事、高级管理人员、持股百分之五以上的股东及其一致行动人、实际控制人应当及时向上市公司董事会报送上市公司关联人名单及关联关系的说明。上市公司应当履行关联交易的审议程序,并严格执行关联交易回避表决制度。交易各方不得通过隐瞒关联关系或者采取其他手段,规避上市公司的关联交易审议程序和信息披露义务。

第四十二条　通过接受委托或者信托等方式持有上市公司百分之五以上股份的股东或者实际控制人,应当及时将委托人情况告知上市公司,配合上市公司履行信息披露义务。

第四十三条　信息披露义务人应当向其聘用的证券公司、证券服务机构提供与执业相关的所有资料,并确保资料的真实、准确、完整,不得拒绝、隐匿、谎报。

证券公司、证券服务机构在为信息披露出具专项文件时,发现上市公司及其他信息披露义务人提供的材料有虚假记载、误导性陈述、重大遗漏或者其他重大违法行为的,应当要求其补充、纠正。信息披露义务人不予补充、纠正的,证券公司、证券服务机构应当及时向公司注册地证监局和证券交易所报告。

第四十四条　上市公司解聘会计师事务所的,应当在董事会决议后及时通知会计师事务所,公司股东大会就解聘会计师事务所进行表决时,应当允许会计师事务所陈述意见。股东大会作出解聘、更换会计师事务所决议的,上市公司应当在披露时说明解聘、更换的具体原因和会计师事务所的陈述意见。

第四十五条　为信息披露义务人履行信息披露义务出具专项文件的证券公司、证券服务机构及其人员,应当勤勉尽责、诚实守信,按照法律、行政法规、中国证监会规定、行业规范、业务规则等发表专业意见,保证所出具文件的真实性、准确性和完整性。

证券服务机构应当妥善保存客户委托文件、核查和验证资料、工作底稿以及与质量控制、内部管理、业务经营有关的信息和资料。证券服务机构应当配合中国证监会的监督管理,在规定的期限内提供、报送或者披露相关资料、信息,保证其提供、报送或者披露的资料、信息真实、准确、完整,不得有虚假记载、误导性陈述或者重大遗漏。

第四十六条　会计师事务所应当建立并保持有效的质量控制体系、独立性管理和投资者保护机制,秉承风险导向审计理念,遵守法律、行政法规、中国证监会的规定,严格执行注册会计师执业准则、职业道德守则及相关规定,完善鉴证程序,科学选用鉴证方法和技术,充分了解被鉴证单位及其环境,审慎关注重大错报风险,获取充分、适当的证据,合理发表鉴证结论。

第四十七条 资产评估机构应当建立并保持有效的质量控制体系、独立性管理和投资者保护机制,恪守职业道德,遵守法律、行政法规、中国证监会的规定,严格执行评估准则或者其他评估规范,恰当选择评估方法,评估中提出的假设条件应当符合实际情况,对评估对象所涉及交易、收入、支出、投资等业务的合法性、未来预测的可靠性取得充分证据,充分考虑未来各种可能性发生的概率及其影响,形成合理的评估结论。

第四十八条 任何单位和个人不得非法获取、提供、传播上市公司的内幕信息,不得利用所获取的内幕信息买卖或者建议他人买卖公司证券及其衍生品种,不得在投资价值分析报告、研究报告等文件中使用内幕信息。

第四十九条 媒体应当客观、真实地报道涉及上市公司的情况,发挥舆论监督作用。

任何单位和个人不得提供、传播虚假或者误导投资者的上市公司信息。

第五章 监督管理与法律责任

第五十条 中国证监会可以要求信息披露义务人或者其董事、监事、高级管理人员对有关信息披露问题作出解释、说明或者提供相关资料,并要求上市公司提供证券公司或者证券服务机构的专业意见。

中国证监会对证券公司和证券服务机构出具的文件的真实性、准确性、完整性有疑义的,可以要求相关机构作出解释、补充,并调阅其工作底稿。

信息披露义务人及其董事、监事、高级管理人员,证券公司和证券服务机构应当及时作出回复,并配合中国证监会的检查、调查。

第五十一条 上市公司董事、监事、高级管理人员应当对公司信息披露的真实性、准确性、完整性、及时性、公平性负责,但有充分证据表明其已经履行勤勉尽责义务的除外。

上市公司董事长、经理、董事会秘书,应当对公司临时报告信息披露的真实性、准确性、完整性、及时性、公平性承担主要责任。

上市公司董事长、经理、财务负责人应当对公司财务会计报告的真实性、准确性、完整性、及时性、公平性承担主要责任。

第五十二条 信息披露义务人及其董事、监事、高级管理人员违反本办法的,中国证监会为防范市场风险,维护市场秩序,可以采取以下监管措施:

(一)责令改正;

(二)监管谈话;

(三)出具警示函;

（四）责令公开说明；

（五）责令定期报告；

（六）责令暂停或者终止并购重组活动；

（七）依法可以采取的其他监管措施。

第五十三条　上市公司未按本办法规定制定上市公司信息披露事务管理制度的，由中国证监会责令改正；拒不改正的，给予警告并处国务院规定限额以下罚款。

第五十四条　信息披露义务人未按照《证券法》规定在规定期限内报送有关报告、履行信息披露义务，或者报送的报告、披露的信息有虚假记载、误导性陈述或者重大遗漏的，由中国证监会按照《证券法》第一百九十七条处罚。

上市公司通过隐瞒关联关系或者采取其他手段，规避信息披露、报告义务的，由中国证监会按照《证券法》第一百九十七条处罚。

第五十五条　为信息披露义务人履行信息披露义务出具专项文件的证券公司、证券服务机构及其人员，违反法律、行政法规和中国证监会规定的，中国证监会为防范市场风险，维护市场秩序，可以采取责令改正、监管谈话、出具警示函、责令公开说明、责令定期报告等监管措施；依法应当给予行政处罚的，由中国证监会依照有关规定进行处罚。

第五十六条　任何单位和个人泄露上市公司内幕信息，或者利用内幕信息买卖证券的，由中国证监会按照《证券法》第一百九十一条处罚。

第五十七条　任何单位和个人编造、传播虚假信息或者误导性信息，扰乱证券市场的；证券交易场所、证券公司、证券登记结算机构、证券服务机构及其从业人员，证券业协会、中国证监会及其工作人员，在证券交易活动中作出虚假陈述或者信息误导的；传播媒介传播上市公司信息不真实、不客观的，由中国证监会按照《证券法》第一百九十三条处罚。

第五十八条　上市公司董事、监事在董事会或者监事会审议、审核定期报告时投赞成票，又在定期报告披露时表示无法保证定期报告内容的真实性、准确性、完整性或者有异议的，中国证监会可以对相关人员给予警告并处国务院规定限额以下罚款；情节严重的，可以对有关责任人员采取证券市场禁入的措施。

第五十九条　利用新闻报道以及其他传播方式对上市公司进行敲诈勒索的，由中国证监会责令改正，并向有关部门发出监管建议函，由有关部门依法追究法律责任。

第六十条　信息披露义务人违反本办法的规定，情节严重的，中国证监会可以对有关责任人员采取证券市场禁入的措施。

第六十一条 违反本办法,涉嫌犯罪的,依法移送司法机关追究刑事责任。

第六章 附 则

第六十二条 本办法下列用语的含义:

(一)为信息披露义务人履行信息披露义务出具专项文件的证券公司、证券服务机构,是指为证券发行、上市、交易等证券业务活动制作、出具保荐书、审计报告、资产评估报告、估值报告、法律意见书、财务顾问报告、资信评级报告等文件的证券公司、会计师事务所、资产评估机构、律师事务所、财务顾问机构、资信评级机构等。

(二)信息披露义务人,是指上市公司及其董事、监事、高级管理人员、股东、实际控制人,收购人,重大资产重组、再融资、重大交易有关各方等自然人、单位及其相关人员,破产管理人及其成员,以及法律、行政法规和中国证监会规定的其他承担信息披露义务的主体。

(三)及时,是指自起算日起或者触及披露时点的两个交易日内。

(四)上市公司的关联交易,是指上市公司或者其控股子公司与上市公司关联人之间发生的转移资源或者义务的事项。

关联人包括关联法人(或者其他组织)和关联自然人。

具有以下情形之一的法人(或者其他组织),为上市公司的关联法人(或者其他组织):

1. 直接或者间接地控制上市公司的法人(或者其他组织);

2. 由前项所述法人(或者其他组织)直接或者间接控制的除上市公司及其控股子公司以外的法人(或者其他组织);

3. 关联自然人直接或者间接控制的、或者担任董事、高级管理人员的,除上市公司及其控股子公司以外的法人(或者其他组织);

4. 持有上市公司百分之五以上股份的法人(或者其他组织)及其一致行动人;

5. 在过去十二个月内或者根据相关协议安排在未来十二月内,存在上述情形之一的;

6. 中国证监会、证券交易所或者上市公司根据实质重于形式的原则认定的其他与上市公司有特殊关系,可能或者已经造成上市公司对其利益倾斜的法人(或者其他组织)。

具有以下情形之一的自然人,为上市公司的关联自然人:

1. 直接或者间接持有上市公司百分之五以上股份的自然人;

2. 上市公司董事、监事及高级管理人员;

3. 直接或者间接地控制上市公司的法人的董事、监事及高级管理人员;

4. 上述第1、2项所述人士的关系密切的家庭成员，包括配偶、父母、年满十八周岁的子女及其配偶、兄弟姐妹及其配偶，配偶的父母、兄弟姐妹，子女配偶的父母；

5. 在过去十二个月内或者根据相关协议安排在未来十二个月内，存在上述情形之一的；

6. 中国证监会、证券交易所或者上市公司根据实质重于形式的原则认定的其他与上市公司有特殊关系，可能或者已经造成上市公司对其利益倾斜的自然人。

第六十三条　中国证监会可以对金融、房地产等特定行业上市公司的信息披露作出特别规定。

第六十四条　境外企业在境内发行股票或者存托凭证并上市的，依照本办法履行信息披露义务。法律、行政法规或者中国证监会另有规定的，从其规定。

第六十五条　本办法自2021年5月1日起施行。2007年1月30日发布的《上市公司信息披露管理办法》(证监会令第40号)、2016年12月9日发布的《公开发行证券的公司信息披露编报规则第13号——季度报告的内容与格式》(证监会公告〔2016〕33号)同时废止。

4.《信息披露违法行为行政责任认定规则》①(中国证券监督管理委员会公告〔2011〕11号)

第一章　总　　则

第一条　为规范信息披露违法行政责任认定工作，引导、督促发行人、上市公司及其控股股东、实际控制人、收购人等信息披露义务人(以下统称信息披露义务人)及其有关责任人员依法履行信息披露义务，保护投资者合法权益，根据《中华人民共和国证券法》(以下简称《证券法》)、《中华人民共和国行政处罚法》(以下简称《行政处罚法》)和其他相关法律、行政法规等，结合证券监管实践，制定本规则。

第二条　《证券法》规定的信息披露违法行为行政责任认定适用本规则。

第三条　信息披露义务人应当按照有关信息披露法律、行政法规、规章和规范性文件，以及证券交易所业务规则等规定，真实、准确、完整、及时、公平披露信息。

发行人、上市公司的董事、监事、高级管理人员应当为公司和全体股东的利益服务，诚实守信，忠实、勤勉地履行职责，独立作出适当判断，保护投资者的合法权益，保证信息披露真实、准确、完整、及时、公平。

第四条　认定信息披露违法行为行政责任，应当根据有关信息披露法律、行政

---

①　在违规披露、不披露重要信息罪没有司法解释的情况下，该认定规则对于定罪量刑具有重要参考价值。——本书注

法规、规章和规范性文件，以及证券交易所业务规则等规定，遵循专业标准和职业道德，运用逻辑判断和监管工作经验，审查运用证据，全面、客观、公正地认定事实，依法处理。

第五条 信息披露违法行为情节严重，涉嫌犯罪的，证监会依法移送司法机关追究刑事责任。

依法给予行政处罚或者采取市场禁入措施的，按照规定记入证券期货诚信档案。

依法不予处罚或者市场禁入的，可以根据情节采取相应的行政监管措施并记入证券期货诚信档案。

第六条 在信息披露中保荐人、证券服务机构及其人员未勤勉尽责，或者制作、出具的文件有虚假记载、误导性陈述或者重大遗漏的，证监会依法认定其责任和予以行政处罚。

第二章 信息披露违法行为认定

第七条 信息披露义务人未按照法律、行政法规、规章和规范性文件，以及证券交易所业务规则规定的信息披露（包括报告，下同）期限、方式等要求及时、公平披露信息，应当认定构成未按照规定披露信息的信息披露违法行为。

第八条 信息披露义务人在信息披露文件中对所披露内容进行不真实记载，包括发生业务不入账、虚构业务入账、不按照相关规定进行会计核算和编制财务会计报告，以及其他在信息披露中记载的事实与真实情况不符的，应当认定构成所披露的信息有虚假记载的信息披露违法行为。

第九条 信息披露义务人在信息披露文件中或者通过其他信息发布渠道、载体，作出不完整、不准确陈述，致使或者可能致使投资者对其投资行为发生错误判断的，应当认定构成所披露的信息有误导性陈述的信息披露违法行为。

第十条 信息披露义务人在信息披露文件中未按照法律、行政法规、规章和规范性文件以及证券交易所业务规则关于重大事件或者重要事项信息披露要求披露信息，遗漏重大事项的，应当认定构成所披露的信息有重大遗漏的信息披露违法行为。

第三章 信息披露义务人信息披露违法的责任认定

第十一条 信息披露义务人行为构成信息披露违法的，应当根据其违法行为的客观方面和主观方面等综合审查认定其责任。

第十二条 认定信息披露违法行为的客观方面通常要考虑以下情形：

（一）违法披露信息包括重大差错更正信息中虚增或者虚减资产、营业收入及净利润的数额及其占当期所披露数的比重，是否因此资不抵债，是否因此发生盈亏变化，是否因此满足证券发行、股权激励计划实施、利润承诺条件，是否因此避免被特别处理，是否因此满足取消特别处理要求，是否因此满足恢复上市交易条件等；

（二）未按照规定披露的重大担保、诉讼、仲裁、关联交易以及其他重大事项所涉及的数额及其占公司最近一期经审计总资产、净资产、营业收入的比重，未按照规定及时披露信息时间长短等；

（三）信息披露违法所涉及事项对投资者投资判断的影响大小；

（四）信息披露违法后果，包括是否导致欺诈发行、欺诈上市、骗取重大资产重组许可、收购要约豁免、暂停上市、终止上市，给上市公司、股东、债权人或者其他人造成直接损失数额大小，以及未按照规定披露信息造成该公司证券交易的异动程度等；

（五）信息披露违法的次数，是否多次提供虚假或者隐瞒重要事实的财务会计报告，或者多次对依法应当披露的其他重要信息不按照规定披露；

（六）社会影响的恶劣程度；

（七）其他需要考虑的情形。

第十三条　认定信息披露义务人信息披露违法主观方面通常要考虑以下情形：

（一）信息披露义务人为单位的，在单位内部是否存在违法共谋，信息披露违法所涉及的具体事项是否是经董事会、公司办公会等会议研究决定或者由负责人员决定实施的，是否只是单位内部个人行为造成的；

（二）信息披露义务人的主观状态，信息披露违法是否是故意的欺诈行为，是否是不够谨慎、疏忽大意的过失行为；

（三）信息披露违法行为发生后的态度，公司董事、监事、高级管理人员知道信息披露违法后是否继续掩饰，是否采取适当措施进行补救；

（四）与证券监管机构的配合程度，当发现信息披露违法后，公司董事、监事、高级管理人员是否向证监会报告，是否在调查中积极配合，是否对调查机关欺诈、隐瞒，是否有干扰、阻碍调查情况；

（五）其他需要考虑的情形。

第十四条　其他违法行为引起信息披露义务人信息披露违法的，通常综合考虑以下情形认定责任：

（一）信息披露义务人是否存在过错，有无实施信息披露违法行为的故意，是否存在信息披露违法的过失；

（二）信息披露义务人是否因违法行为直接获益或者以其他方式获取利益，是否因违法行为止损或者避损，公司投资者是否因该项违法行为遭受重大损失；

（三）信息披露违法责任是否能被其他违法行为责任所吸收，认定其他违法行为行政责任、刑事责任是否能更好体现对违法行为的惩处；

（四）其他需要考虑的情形。

前款所称其他违法行为，包括上市公司的董事、监事、高级管理人员违背对公司的忠实义务，利用职务便利，操纵上市公司从事损害公司利益行为；上市公司的控股股东或者实际控制人，指使上市公司董事、监事、高级管理人员从事损害公司利益行为；上市公司董事、监事、高级管理人员和持股5%以上股东违法买卖公司股票行为；公司工作人员挪用资金、职务侵占等行为；配合证券市场内幕交易、操纵市场以及其他可能致使信息披露义务人信息披露违法的行为。

第四章　信息披露违法行为责任人员及其责任认定

第十五条　发生信息披露违法行为的，依照法律、行政法规、规章规定，对负有保证信息披露真实、准确、完整、及时和公平义务的董事、监事、高级管理人员，应当视情形认定其为直接负责的主管人员或者其他直接责任人员承担行政责任，但其能够证明已尽忠实、勤勉义务，没有过错的除外。

第十六条　信息披露违法行为的责任人员可以提交公司章程，载明职责分工和职责履行情况的材料，相关会议纪要或者会议记录以及其他证据来证明自身没有过错。

第十七条　董事、监事、高级管理人员之外的其他人员，确有证据证明其行为与信息披露违法行为具有直接因果关系，包括实际承担或者履行董事、监事或者高级管理人员的职责，组织、参与、实施了公司信息披露违法行为或者直接导致信息披露违法的，应当视情形认定其为直接负责的主管人员或者其他直接责任人员。

第十八条　有证据证明因信息披露义务人受控股股东、实际控制人指使，未按照规定披露信息，或者所披露的信息有虚假记载、误导性陈述或者重大遗漏的，在认定信息披露义务人责任的同时，应当认定信息披露义务人控股股东、实际控制人的信息披露违法责任。信息披露义务人的控股股东、实际控制人是法人的，其负责人应当认定为直接负责的主管人员。

控股股东、实际控制人直接授意、指挥从事信息披露违法行为，或者隐瞒应当披露信息、不告知应当披露信息的，应当认定控股股东、实际控制人指使从事信息披露违法行为。

第十九条　信息披露违法责任人员的责任大小，可以从以下方面考虑责任人员与案件中认定的信息披露违法的事实、性质、情节、社会危害后果的关系，综合分析认定：

（一）在信息披露违法行为发生过程中所起的作用。对于认定的信息披露违法事项是起主要作用还是次要作用，是否组织、策划、参与、实施信息披露违法行为，是积极参加还是被动参加。

（二）知情程度和态度。对于信息披露违法所涉事项及其内容是否知情，是否反映、报告，是否采取措施有效避免或者减少损害后果，是否放任违法行为发生。

（三）职务、具体职责及履行职责情况。认定的信息披露违法事项是否与责任人员的职务、具体职责存在直接关系，责任人员是否忠实、勤勉履行职责，有无懈怠、放弃履行职责，是否履行职责预防、发现和阻止信息披露违法行为发生。

（四）专业背景。是否存在责任人员有专业背景，对于信息披露中与其专业背景有关违法事项应当发现而未予指出的情况，如专业会计人士对于会计问题、专业技术人员对于技术问题等未予指出。

（五）其他影响责任认定的情况。

第二十条　认定从轻或者减轻处罚的考虑情形：

（一）未直接参与信息披露违法行为；

（二）在信息披露违法行为被发现前，及时主动要求公司采取纠正措施或者向证券监管机构报告；

（三）在获悉公司信息披露违法后，向公司有关主管人员或者公司上级主管提出质疑并采取了适当措施；

（四）配合证券监管机构调查且有立功表现；

（五）受他人胁迫参与信息披露违法行为；

（六）其他需要考虑的情形。

第二十一条　认定为不予行政处罚的考虑情形：

（一）当事人对认定的信息披露违法事项提出具体异议记载于董事会、监事会、公司办公会会议记录等，并在上述会议中投反对票的；

（二）当事人在信息披露违法事实所涉及期间，由于不可抗力、失去人身自由等无法正常履行职责的；

（三）对公司信息披露违法行为不负有主要责任的人员在公司信息披露违法行为发生后及时向公司和证券交易所、证券监管机构报告的；

（四）其他需要考虑的情形。

第二十二条　任何下列情形，不得单独作为不予处罚情形认定：

（一）不直接从事经营管理；

（二）能力不足、无相关职业背景；

（三）任职时间短、不了解情况；

（四）相信专业机构或者专业人员出具的意见和报告；

（五）受到股东、实际控制人控制或者其他外部干预。

第二十三条 下列情形认定为应当从重处罚情形：

（一）不配合证券监管机构监管，或者拒绝、阻碍证券监管机构及其工作人员执法，甚至以暴力、威胁及其他手段干扰执法；

（二）在信息披露违法案件中变造、隐瞒、毁灭证据，或者提供伪证，妨碍调查；

（三）两次以上违反信息披露规定并受到行政处罚或者证券交易所纪律处分；

（四）在信息披露上有不良诚信记录并记入证券期货诚信档案；

（五）证监会认定的其他情形。

第五章 附 则

第二十四条 本规则自公布之日起施行。本规则施行前尚未做出处理决定的案件适用本规则。

重点案例要旨

1. 丹东欣泰电气股份有限公司、温某乙等欺诈发行股票、违规披露重要信息案①——最高人民法院2020年发布的人民法院依法惩处证券、期货犯罪典型案例；最高人民检察院、中国证监会2020年联合发布的证券违法犯罪典型案例（略，见“第一百六十条【欺诈发行证券罪】”部分）

2. 博元投资股份有限公司、余某妮等人违规披露、不披露重要信息案②——最高人民检察院检例第66号

【要旨】（1）违规披露、不披露重要信息犯罪不追究单位的刑事责任。上市公司依法负有信息披露义务，违反相关义务的，刑法规定了相应的处罚。由于上市公司所涉利益群体的多元性，为避免中小股东利益遭受双重损害，刑法规定对违规披露、不披露重要信息罪只追究直接负责的主管人员和其他直接责任人员的刑事责任，不

① 参见最高人民法院发布7件人民法院依法惩处证券、期货犯罪典型案例，载中华人民共和国最高人民法院，https://www.court.gov.cn，最后访问日期：2022年10月20日；最高检、证监会联合发布证券违法犯罪典型案例，载中华人民共和国最高人民检察院，https://www.spp.gov.cn，最后访问日期：2022年10月20日。

② 参见第十七批指导性案例，载中华人民共和国最高人民检察院，https://www.spp.gov.cn，最后访问日期：2022年10月20日。

追究单位的刑事责任。《刑法》第一百六十二条妨害清算罪、第一百六十二条之二虚假破产罪、第一百八十五条之一违法运用资金罪等也属于此种情形。对于此类案件,检察机关应当注意审查公安机关移送起诉的内容,区分刑事责任边界,准确把握追诉的对象和范围。

(2)刑法没有规定追究单位刑事责任的,应当对单位作出不起诉决定。对公安机关将单位一并移送起诉的案件,如果刑法没有规定对单位判处刑罚,检察机关应当对构成犯罪的直接负责的主管人员和其他直接责任人员依法提起公诉,对单位应当不起诉。鉴于刑事诉讼法没有规定与之对应的不起诉情形,检察机关可以根据刑事诉讼法规定的最相近的不起诉情形,对单位作出不起诉决定。

(3)对不追究刑事责任的单位,人民检察院应当依法提出检察意见督促有关机关追究行政责任。不追究单位的刑事责任并不表示单位不需要承担任何法律责任。检察机关不追究单位刑事责任,容易引起当事人、社会公众产生单位对违规披露、不披露重要信息没有任何法律责任的误解。由于违规披露、不披露重要信息行为,还可能产生上市公司强制退市等后果,这种误解还会进一步引起当事人、社会公众对证券监督管理部门、证券交易所采取措施的质疑,影响证券市场秩序。检察机关在审查起诉时,应当充分考虑办案效果,根据《证券法》等法律规定认真审查是否需要对单位给予行政处罚;需要给予行政处罚的,应当及时向证券监督管理部门提出检察意见,并进行充分的释法说理,消除当事人、社会公众因检察机关不追究可能产生的单位无任何责任的误解,避免对证券市场秩序造成负面影响。

3. 马某田等人违规披露、不披露重要信息、操纵证券市场案①——最高人民法院、最高人民检察院、公安部、中国证监会 2022 年联合发布的依法从严打击证券犯罪典型案例

【要旨】(1)严格把握信息披露真实、准确、完整的基本原则,依法严惩上市公司财务造假、违规披露"一条龙"犯罪行为。信息披露制度是资本市场规范运行的基础。《证券法》要求,信息披露义务人披露的信息应当真实、准确、完整,不得有虚假记载、误导性陈述或重大遗漏。近年来,资本市场财务造假行为屡禁不绝,部分上市公司经营业绩不佳,但为了获取政策支持、提高融资额度等利益,编造虚假财务信息向市场披露或隐瞒应当披露的财务信息不按规定披露,周期长、涉案金额大,严重侵害投资者合法权益,削弱资本市场资源配置功能,应当依法从严惩处。对信息披露

---

① 参见最高法、最高检、公安部、中国证监会联合发布依法从严打击证券犯罪典型案例,载中华人民共和国最高人民检察院,https://www.spp.gov.cn,最后访问日期:2022 年 10 月 20 日。

义务人违反披露规定构成犯罪的行为，应当区分行为发生在股票发行、持续信息披露等不同时期，分别以欺诈发行证券罪，违规披露、不披露重要信息罪依法追究刑事责任，构成两种犯罪的依法数罪并罚。

（2）切实发挥刑法的警示预防作用，压紧压实“关键少数”主体责任和“看门人”把关责任，提高上市公司质量。上市公司控股股东、实际控制人、董事、监事、高级管理人员是公司治理的“关键少数”；证券公司、会计师事务所、律师事务所等中介机构是信息披露、投资人保护制度等得以有效实施的“看门人”。“关键少数”利用对公司的控制权实施违法犯罪行为、“看门人”不依法依规履职都将严重影响资本市场的健康运行。办理涉上市公司证券犯罪案件，应当重点审查“关键少数”是否存在财务造假，违规披露，侵占、挪用上市公司资产，操纵上市公司股价等违法犯罪行为。同时，应当坚持“一案双查”，查明中介机构存在提供虚假证明文件、出具证明文件重大失实以及非国家工作人员受贿等犯罪的，依法追究“看门人”的刑事责任。

（3）运用新制度充分保护投资者的合法权益。2019 年修订的《证券法》进一步完善了投资者保护措施，其中规定了“特别代表人诉讼”制度。本案系我国首起特别代表人诉讼案件，中证中小投资者服务中心依法接受 50 名以上投资者委托，对康某药业启动特别代表人诉讼，经人民法院登记确认后，对所有投资者按照“默示加入、明示退出”原则，大幅降低了投资者的维权成本和诉讼负担。人民法院经审理，判决康某药业组织策划造假、未勤勉尽责以及存在过失的责任人员和注册会计师事务所的责任人员，按照过错程度承担连带民事责任，5 万余名投资人的损失得到相应赔偿，既维护了投资者的合法权益，也大幅提高了违法犯罪成本，取得了较好的社会效果。

4. 郭某军等人违规披露、不披露重要信息案①——最高人民法院、最高人民检察院、公安部、中国证监会 2022 年联合发布的依法从严打击证券犯罪典型案例

【要旨】（1）刑法规定的“依法负有信息披露义务的公司、企业”不限于上市公司，也包括其他信息披露义务人，其他信息披露义务人提供虚假信息，构成犯罪的，应当依法承担刑事责任。根据《上市公司重大资产重组管理办法》《上市公司信息披露管理办法》等相关规定，《刑法》第一百六十一条规定的“依法负有信息披露义务的公司、企业”，除上市公司外还包括进行收购、重大资产重组、再融资、重大交易的有关各方以及破产管理人等。其他信息披露义务人应当向上市公司提供真实、准

---

① 参见最高法、最高检、公安部、中国证监会联合发布依法从严打击证券犯罪典型案例，载中华人民共和国最高人民检察院，https://www.spp.gov.cn，最后访问日期：2022 年 10 月 20 日。

确、完整的信息，由上市公司向社会公开披露，这些义务人向上市公司提供虚假信息或隐瞒应当披露的重要信息，构成犯罪的，依法以违规披露、不披露重要信息罪追究刑事责任。

（2）准确把握本罪的追责对象，区分单位承担刑事责任的不同情形。由于上市公司等负有信息披露义务的公司、企业所涉利益群体多元，为避免中小股东利益遭受双重损害，刑法规定对依法负有信息披露义务的公司、企业，只追究其直接负责的主管人员和其他直接责任人员的刑事责任，不追究单位的刑事责任。但是，为加大对控股股东、实际控制人等“关键少数”的惩治力度，2020年《刑法修正案（十一）》规定，依法负有信息披露义务的公司、企业的控股股东、实际控制人是单位的，既追究该单位的刑事责任，也追究该单位直接负责的主管人员和其他直接责任人员的刑事责任。实践中，彻底查清事实并准确区分单罚与双罚适用的不同情形需要一定过程，因此行政机关向公安机关移送涉嫌犯罪案件、公安机关向检察机关移送起诉时，追诉对象可能既有单位也有个人，检察机关在审查时则应将单罚与双罚两种情形区分清楚，准确提起公诉。本案根据刑法规定，依法起诉郭某军等自然人而未起诉作为单位的九某集团，是正确的。

（3）依法严惩证券犯罪，根据各被告人的地位作用、退缴违法所得、认罪认罚等情况，区别对待、罚当其罪。本案被告人郭某军虽当庭认罪，但其系犯罪的决策者和组织者，依法判处实刑；被告人宋某生、杜某芳、王某听从郭某军的指挥，地位作用相对较小且自愿认罪认罚，其中王某还成立自首，对该三人均适用缓刑，起到了震慑与分化瓦解罪犯的双重作用。

第一百六十九条之一　【背信损害上市公司利益罪】①

第一百六十九条之一　上市公司的董事、监事、高级管理人员违背对公司的忠实义务，利用职务便利，操纵上市公司从事下列行为之一，致使上市公司利益遭受重大损失的，处三年以下有期徒刑或者拘役，并处或者单处罚金；致使上市公司利益遭受特别重大损失的，处三年以上七年以下有期徒刑，并处罚金：

（一）无偿向其他单位或者个人提供资金、商品、服务或者其他资产的；

（二）以明显不公平的条件，提供或者接受资金、商品、服务或者其他资产的；

（三）向明显不具有清偿能力的单位或者个人提供资金、商品、服务或者其他资

① 本条根据2006年《刑法修正案（六）》第九条的规定增加。——本书注

产的；

（四）为明显不具有清偿能力的单位或者个人提供担保，或者无正当理由为其他单位或者个人提供担保的；

（五）无正当理由放弃债权、承担债务的；

（六）采用其他方式损害上市公司利益的。

上市公司的控股股东或者实际控制人，指使上市公司董事、监事、高级管理人员实施前款行为的，依照前款的规定处罚。

犯前款罪的上市公司的控股股东或者实际控制人是单位的，对单位判处罚金，并对其直接负责的主管人员和其他直接责任人员，依照第一款的规定处罚。

刑事司法解释和规范性文件

《最高人民检察院、公安部关于公安机关管辖的刑事案件立案追诉标准的规定（二）》（公通字〔2022〕12号）

第十三条 〔背信损害上市公司利益案（刑法第一百六十九条之一）〕上市公司的董事、监事、高级管理人员违背对公司的忠实义务，利用职务便利，操纵上市公司从事损害上市公司利益的行为，以及上市公司的控股股东或者实际控制人，指使上市公司董事、监事、高级管理人员实施损害上市公司利益的行为，涉嫌下列情形之一的，应予立案追诉：

（一）无偿向其他单位或者个人提供资金、商品、服务或者其他资产，致使上市公司直接经济损失数额在一百五十万元以上的；

（二）以明显不公平的条件，提供或者接受资金、商品、服务或者其他资产，致使上市公司直接经济损失数额在一百五十万元以上的；

（三）向明显不具有清偿能力的单位或者个人提供资金、商品、服务或者其他资产，致使上市公司直接经济损失数额在一百五十万元以上的；

（四）为明显不具有清偿能力的单位或者个人提供担保，或者无正当理由为其他单位或者个人提供担保，致使上市公司直接经济损失数额在一百五十万元以上的；

（五）无正当理由放弃债权、承担债务，致使上市公司直接经济损失数额在一百五十万元以上的；

（六）致使公司、企业发行的股票或者公司、企业债券、存托凭证或者国务院依法认定的其他证券被终止上市交易的；

（七）其他致使上市公司利益遭受重大损失的情形。

其他相关规范

《公司法》①

第一百四十七条　董事、监事、高级管理人员应当遵守法律、行政法规和公司章程，对公司负有忠实义务和勤勉义务。

董事、监事、高级管理人员不得利用职权收受贿赂或者其他非法收入，不得侵占公司的财产。

第一百四十八条　董事、高级管理人员不得有下列行为：

(一)挪用公司资金；

(二)将公司资金以其个人名义或者以其他个人名义开立账户存储；

(三)违反公司章程的规定，未经股东会、股东大会或者董事会同意，将公司资金借贷给他人或者以公司财产为他人提供担保；

(四)违反公司章程的规定或者未经股东会、股东大会同意，与本公司订立合同或者进行交易；

(五)未经股东会或者股东大会同意，利用职务便利为自己或者他人谋取属于公司的商业机会，自营或者为他人经营与所任职公司同类的业务；

(六)接受他人与公司交易的佣金归为己有；

(七)擅自披露公司秘密；

(八)违反对公司忠实义务的其他行为。

董事、高级管理人员违反前款规定所得的收入应当归公司所有。

第二百一十六条　本法下列用语的含义：

(一)高级管理人员，是指公司的经理、副经理、财务负责人，上市公司董事会秘书和公司章程规定的其他人员。

……

① 《公司法》第一百四十七条、第一百四十八条对《刑法》第一百六十九条之一中使用的“忠实义务”作了规定；第二百一十六条对《刑法》第一百六十九条之一中使用的“高级管理人员”的概念作了解释。——本书注

重点案例要旨

鲜某背信损害上市公司利益、操纵证券市场案①——最高人民法院、最高人民检察院、公安部、中国证监会 2022 年联合发布的依法从严打击证券犯罪典型案例

【要旨】(1)准确把握背信损害上市公司利益罪违背忠实义务,将上市公司利益向个人或其他单位输送的实质。背信损害上市公司利益犯罪的手段多种多样,如与关联公司不正当交易、伪造支付名目、违规担保、无偿提供资金等,并且多采用复杂的资金流转、股权控制方式掩饰违法行为,究其实质,均系违背对上市公司的忠实义务、输送公司利益。本案中,汉某公司系上市公司的并表子公司,鲜某将汉某公司资金转入个人控制账户,相比直接转移上市公司资金隐蔽性更强,由于相关财务数据计入上市公司,最终仍然致使上市公司利益遭受重大损失。办案中,应当透过合同、资金流转、股权关系等表象,准确认识行为实质,依法追究责任。

(2)在信息型操纵证券案件中,应当结合当事人控制信息的手段,对证券交易价格、交易量的影响,情节严重程度等认定是否构成操纵证券市场犯罪。上市公司实际控制人、高级管理人员利用其特殊地位,迎合市场热点,控制信息的生成或信息披露的内容、时点、节奏,进行误导性披露,是信息型操纵证券犯罪的重要手段。其本质是行为人通过控制公开披露的信息,误导投资者作出投资决策,扭曲证券价格正常形成机制,影响证券交易价格或者证券交易量。该类信息型操纵属于《刑法》第一百八十二条第一款第七项(刑法修正案十一之前的第四项)规定的“以其他方法操纵证券、期货市场的”行为,《最高人民检察院、公安部关于公安机关管辖的刑事案件立案追诉标准的规定(二)》(2010 年规定第三十九条第六项、2022 年规定第三十四条第六项)以及《最高人民法院、最高人民检察院关于办理操纵证券、期货市场刑事案件适用法律若干问题的解释》(第一条第四项)对此均作了列举规定。办案中需要注意的是,信息型操纵证券与交易型操纵证券认定“情节严重”的标准不同,前者主要以证券交易成交额、违法所得数额来判断,而后者主要以持股占比、成交量占比来判断。

(3)坚持依法从严惩治,加大违法犯罪成本,遏制资本市场的违法犯罪行为。为维护资本市场秩序、防范化解重大风险,中共中央办公厅、国务院办公厅印发《关于依法从严打击证券违法活动的意见》,要求依法严厉查处证券违法犯罪案件,加强诚信约束惩戒,强化震慑效应。本案系行政机关、司法机关对上市公司实际控制人挑

---

① 参见最高法、最高检、公安部、中国证监会联合发布依法从严打击证券犯罪典型案例,载中华人民共和国最高人民检察院,https://www.spp.gov.cn,最后访问日期:2022 年 10 月 20 日。

战法律底线、屡次实施违法违规行为进行彻查严处的标杆案件。根据鲜某违法犯罪行为性质、情节、违法所得数额等,行政处罚顶格处以违法所得5倍罚金、终身市场禁入;刑事处罚依法认定构成数罪,判处有期徒刑并处罚金,追缴违法所得。通过全方位的从重追责,加大资本市场违法成本,震慑违法犯罪活动,营造崇法守信的市场法治环境。

第二部分　破坏金融管理秩序罪

第一百七十条　【伪造货币罪】[①]

第一百七十条　伪造货币的，处三年以上十年以下有期徒刑，并处罚金；有下列情形之一的，处十年以上有期徒刑或者无期徒刑，并处罚金或者没收财产：

（一）伪造货币集团的首要分子；

（二）伪造货币数额特别巨大的；

（三）有其他特别严重情节的。

刑事司法解释和规范性文件

1.《最高人民法院关于审理伪造货币等案件具体应用法律若干问题的解释》（法释〔2000〕26号）

为依法惩治伪造货币，出售、购买、运输假币等犯罪活动，根据刑法的有关规定，现就审理这类案件具体应用法律的若干问题解释如下：

第一条　伪造货币的总面额在二千元以上不满三万元或者币量在二百张（枚）以上不足三千张（枚）的，依照刑法第一百七十条的规定，处三年以上十年以下有期徒刑，并处五万元以上五十万元以下罚金。

伪造货币的总面额在三万元以上的，属于“伪造货币数额特别巨大”。

行为人制造货币版样或者与他人事前通谋，为他人伪造货币提供版样的，依照刑法第一百七十条的规定定罪处罚。

第二条　行为人购买假币后使用，构成犯罪的，依照刑法第一百七十一条的规定，以购买假币罪定罪，从重处罚。

行为人出售、运输假币构成犯罪，同时有使用假币行为的，依照刑法第一百七十

---

① 2015年《刑法修正案（九）》对本条作了修改，取消了死刑的规定，删去了罚金的具体数额规定。——本书注

一条、第一百七十二条的规定，实行数罪并罚。

第三条　出售、购买假币或者明知是假币而运输，总面额在四千元以上不满五万元的，属于“数额较大”；总面额在五万元以上不满二十万元的，属于“数额巨大”；总面额在二十万元以上的，属于“数额特别巨大”，依照刑法第一百七十一条第一款的规定定罪处罚。

第四条　银行或者其他金融机构的工作人员购买假币或者利用职务上的便利，以假币换取货币，总面额在四千元以上不满五万元或者币量在四百张（枚）以上不足五千张（枚）的，处三年以上十年以下有期徒刑，并处二万元以上二十万元以下罚金；总面额在五万元以上或者币量在五千张（枚）以上或者有其他严重情节的，处十年以上有期徒刑或者无期徒刑，并处二万元以上二十万元以下罚金或者没收财产；总面额不满人民币四千元或者币量不足四百张（枚）或者具有其他情节较轻情形的，处三年以下有期徒刑或者拘役，并处或者单处一万元以上十万元以下罚金。

第五条　明知是假币而持有、使用，总面额在四千元以上不满五万元的，属于“数额较大”；总面额在五万元以上不满二十万元的，属于“数额巨大”；总面额在二十万元以上的，属于“数额特别巨大”，依照刑法第一百七十二条的规定定罪处罚。

第六条　变造货币的总面额在二千元以上不满三万元的，属于“数额较大”；总面额在三万元以上的，属于“数额巨大”，依照刑法第一百七十三条的规定定罪处罚。

第七条　本解释所称“货币”是指可在国内市场流通或者兑换的人民币和境外货币。①

货币面额应当以人民币计算，其他币种以案发时国家外汇管理机关公布的外汇牌价折算成人民币。

2.《最高人民法院关于审理伪造货币等案件具体应用法律若干问题的解释（二）》（法释〔2010〕14号）

为依法惩治伪造货币、变造货币等犯罪活动，根据刑法有关规定和近一个时期的司法实践，就审理此类刑事案件具体应用法律的若干问题解释如下：

第一条　仿照真货币的图案、形状、色彩等特征非法制造假币，冒充真币的行

① 该条关于“货币”的定义已被后续司法解释、司法解释规范性文件所替代，对此需要结合法释〔2010〕14号司法解释第三、四条和公通字〔2022〕号文件第七十九条的规定来理解。——本书注

为,应当认定为刑法第一百七十条规定的“伪造货币”。①

对真货币采用剪贴、挖补、揭层、涂改、移位、重印等方法加工处理,改变真币形态、价值的行为,应当认定为刑法第一百七十三条规定的“变造货币”。②

第二条 同时采用伪造和变造手段,制造真伪拼凑货币的行为,依照刑法第一百七十条的规定,以伪造货币罪定罪处罚。

第三条③ 以正在流通的境外货币为对象的假币犯罪,依照刑法第一百七十条至第一百七十三条的规定定罪处罚。

假境外货币犯罪的数额,按照案发当日中国外汇交易中心或者中国人民银行授权机构公布的人民币对该货币的中间价折合成人民币计算。中国外汇交易中心或

---

① 该条规定是认定伪造货币罪的重要依据。根据法释〔2010〕14 号司法解释的理解与适用文章,实践中需要注意把握以下三点:一是伪造货币应当以“仿照真货币”为前提条件,如伪造 200 元人民币的行为,因不存在破坏货币的公共信用和流通秩序的可能而不构成伪造货币罪,对于非法制造臆造币的行为,以诈骗罪处理更为妥当。二是只要在图案、形状、色彩等方面具备了真币的基本要素的,即可成立伪造货币,伪造出来的假币的外观效果和逼真程度不影响定罪。三是“冒充真币”是伪造货币罪的目的要件,对于伪造后不以“真币”使用为目的,为炫耀画技或者供鉴赏、教学、科研使用而不进入流通领域的,不属于伪造货币行为。参见刘为波:《〈关于审理伪造货币等案件具体应用法律若干问题的解释(二)〉的理解与适用》,载《人民司法》2010 年第 23 期。对于司法实践中出现的印制、买卖“道具币”“冥币”等行为,是否能够认定伪造货币罪,应当审慎处理。对于印制的“道具币”、“冥币”以及其他停止流通的货币与真货币在图案、形状、色彩、尺寸、纸质有较大差距,使一般人不会产生相信是真币的认识错误的,不宜认定为“伪造货币”。印制、买卖“道具币”、“冥币”以及停止流通的货币的行为人,没有出于流通目的或者没有实施使其进入流通领域的行为,不宜认定其具有伪造活动的主观故意。当然,以此骗取财物的,可以依照诈骗罪追究刑事责任。——本书注

② 该条规定是认定变造货币罪的重要依据,根据法释〔2010〕14 号司法解释的理解与适用文章,实践中需要注意把握两点:一是准确理解剪贴、挖补、揭层、涂改、移位、重印等六种变造货币行为方式的含义。二是变造货币不以“升值”为条件,如把 50 元变为 10 元同样是变造。参见刘为波:《〈关于审理伪造货币等案件具体应用法律若干问题的解释(二)〉的理解与适用》,载《人民司法》2010 年第 23 期。对从废旧金属、洋垃圾中分拣的外国残损、变形硬币进行加工修复行为所涉情形较为复杂,应当区分情况处理:对其中内芯、外圈分离的硬币进行重新拼装,加工修复的,可以认定为“变造货币”;对分拣出的外国硬币进行清洗、挑选,或者对扭曲变形的外国硬币进行敲打、压平,不应认定为“变造货币”。参见喻海松编著:《实务刑法评注》,北京大学出版社 2022 年版,第 680 - 681 页。——本书注

③ 根据法释〔2010〕14 号司法解释的理解与适用文章,本条第一款对法释〔2000〕26 号司法解释第七条第一款规定进行了修正,规定凡是现行流通的境外货币均属于假币犯罪的对象,而不论其境内是否可以兑换。主要理由是:(1)相关立法未对假币犯罪的对象范围进行限制。(2)对境外货币予以同等保护,符合当前各国刑事立法的发展方向,有利于国际合作共同打击假币犯。(3)对伪造他国流通使用但在我国境内不可兑换的外国货币的行为以货币犯罪处理,符合货币犯罪的基本构成。对于本条第二款,应当注意把握以下几点:(1)境外假币犯罪的数额应当统一折算成人民币。(2)外汇价格的确定。①国内有外汇价格的,以国内价格为准。②国内没有相应外汇价格的境外货币,通过国际外汇市场以美元为中介进行套算。③当前发布汇率的机构是中国外汇交易中心。(3)外汇价格的计算基准。为方便实践操作,采取“案发当日”的计算基准。参见刘为波:《〈关于审理伪造货币等案件具体应用法律若干问题的解释(二)〉的理解与适用》,载《人民司法》2010 年第 23 期。——本书注

者中国人民银行授权机构未公布汇率中间价的境外货币，按照案发当日境内银行人民币对该货币的中间价折算成人民币，或者该货币在境内银行、国际外汇市场对美元汇率，与人民币对美元汇率中间价进行套算。

第四条　以中国人民银行发行的普通纪念币和贵金属纪念币为对象的假币犯罪，依照刑法第一百七十条至第一百七十三条的规定定罪处罚。

假普通纪念币犯罪的数额，以面额计算；假贵金属纪念币犯罪的数额，以贵金属纪念币的初始发售价格计算。①

第五条　以使用为目的，伪造停止流通的货币，或者使用伪造的停止流通的货币的，依照刑法第二百六十六条的规定，以诈骗罪定罪处罚。②

第六条　此前发布的司法解释与本解释不一致的，以本解释为准。

3.《全国法院审理金融犯罪案件工作座谈会纪要》（法〔2001〕8号）（略，见“第一百六十条【欺诈发行证券罪】”部分）

4.《最高人民检察院、公安部关于公安机关管辖的刑事案件立案追诉标准的规定（二）》（公通字〔2022〕12号）

第十四条　**〔伪造货币案（刑法第一百七十条）〕**伪造货币，涉嫌下列情形之一的，应予立案追诉：

---

①　根据法释〔2010〕14号司法解释的理解与适用文章，制售假纪念币行为应以假币犯罪定罪处罚，主要理由是：(1)贵金属纪念币作为国家货币具有法定性。(2)贵金属纪念币具备货币的基本要素和基本属性。(3)制售假贵金属纪念币的行为符合货币犯罪的侵害客体。(4)制售假贵金属纪念币的行为具有多重社会危害性。假普通纪念币犯罪的数额以面额计算。假贵金属纪念币犯罪则以初始发售价格计算，主要考虑是：(1)以面额计算与贵金属纪念币的实际价值明显不符。(2)以初始发售价格计算符合贵金属纪念币的价格形成机制。(3)以发售价格计算犯罪数额，通常能客观地反映此类犯罪活动的社会危害性，做到不枉不纵。(4)初始发售价格具有确定性和操作上的便利性。参见刘为波：《〈关于审理伪造货币等案件具体应用法律若干问题的解释（二）〉的理解与适用》，载《人民司法》2010年第23期。——本书注

②　根据法释〔2010〕14号司法解释的理解与适用文章，伪造已经停止流通的货币，其主要侵犯的是公私财产的所有权而非货币的公共信用，不构成伪造货币罪，但完全符合诈骗罪的构成要件。适用时注意以下几点：(1)只有以使用为目的的伪造停止流通币的行为才构成诈骗罪。(2)以使用为目的伪造停止流通币，尚未使用的，不影响诈骗罪的定罪，可以视具体情况按诈骗未遂处理。(3)我国停止货币流通的程序严格、准备充分，停止流通币的性质清楚、内涵确定，对此类伪造、使用行为以诈骗罪定罪处罚，具有法律和事实依据。此外，根据本条规定的精神，还可以得出以下几点结论：(1)变造或者使用变造的停止流通币的行为同样应以诈骗罪论处；(2)已经公告决定停止流通但尚未至停止流通之日，因货币仍具流通功能，故期间实施的犯罪应以假币犯罪论处；(3)以已届停止流通之日但仍可兑换的货币为对象实施的犯罪，因货币不再具有流通功能，故应以诈骗罪论处；(4)仿照现行流通币对停止流通币进行加工处理，改变其形态并冒充现行流通币的，因其材质不再属于法律意义上的货币，故应认定为伪造行为而非变造行为。参见刘为波：《〈关于审理伪造货币等案件具体应用法律若干问题的解释（二）〉的理解与适用》，载《人民司法》2010年第23期。——本书注

（一）总面额在二千元以上或者币量在二百张（枚）以上的；

（二）总面额在一千元以上或者币量在一百张（枚）以上，二年内因伪造货币受过行政处罚，又伪造货币的；

（三）制造货币版样或者为他人伪造货币提供版样的；

（四）其他伪造货币应予追究刑事责任的情形。

第七十九条 本规定中的“货币”是指在境内外正在流通的以下货币：

（一）人民币（含普通纪念币、贵金属纪念币）、港元、澳门元、新台币；

（二）其他国家及地区的法定货币。

贵金属纪念币的面额以中国人民银行授权中国金币总公司的初始发售价格为准。

5.《最高人民法院、最高人民检察院、公安部关于严厉打击假币犯罪活动的通知》①（公通字〔2009〕45号）

各省、自治区、直辖市高级人民法院，人民检察院，公安厅、局，新疆维吾尔自治区高级人民法院生产建设兵团分院，新疆生产建设兵团人民检察院、公安局：

近年来，全国公安局司法机关始终把严厉打击假币犯罪作为一项重要任务，依法查处了一大批假币犯罪案件，打击了一大批假币犯罪分子，为维护人民币信誉和国家金融管理秩序，保护广大群众切身利益作出了重要贡献。但是，由于各方面因素的影响，当前假币犯罪形势仍然十分严峻，发案量居高不下，犯罪手段越来越隐蔽，查处难度越来越大。为了依法严厉打击假币犯罪，有效遏制假币犯罪活动的蔓延，现就有关工作要求通知如下：

一、统一思想，提高认识。假币犯罪严重影响国家金融秩序和经济安全，侵害群众利益，破坏社会稳定，影响国家形象。世界各国无不对假币犯罪特别重视，严厉打击。特别是在国际金融危机影响不断加深加剧，人民币国际化已经迈出实质性步伐的背景下，严厉打击假币犯罪，意义特别重大。各地公安司法机关要进一步统一思想，提高认识，深刻认识到假币犯罪的严重危害性，把反假币工作作为一项十分重要的任务，始终摆在突出位置抓紧抓好。

二、密切配合，强化合力。在办理假币犯罪案件中，各地公安机关、人民检察院、人民法院要加强协调配合，及时沟通情况，形成打击合力，提高工作成效。公安机关要主动加强与检察机关的沟通，重大案件请检察机关提前介入；需要补充侦查的，要

① 要注意结合2015年《刑法修正案（九）》取消伪造货币罪死刑的规定来理解该通知。——本书注。

根据检察机关的要求尽快补充侦查。检察机关对公安机关立案侦查的假币犯罪案件，要及时介入，参加对重大案件的讨论，对案件的法律适用和证据的收集、固定等提出意见和建议。人民法院对于重大假币犯罪案件，要加强审理力量，依法快审快结。

根据刑事诉讼法的有关规定，假币犯罪案件的地域管辖应当遵循以犯罪地管辖为主，犯罪嫌疑人居住地管辖为辅的原则。假币犯罪案件中的犯罪地，既包括犯罪预谋地、行为发生地，也包括运输假币的途经地。假币犯罪案件中的犯罪嫌疑人居住地，不仅包括犯罪嫌疑人经常居住地和户籍所在地，也包括其临时居住地。几个公安机关都有权管辖的假币犯罪案件，由最初立案地或者主要犯罪地公安机关管辖；对管辖有争议或者情况特殊的，由共同的上级公安机关指定管辖。如需人民检察院、人民法院指定管辖的，公安机关要及时提出相关建议。经审查需要指定的，人民检察院、人民法院要依法指定管辖。

三、严格依法，从严惩处。各地公安司法机关办理假币犯罪案件要始终坚持依法严惩的原则，坚决杜绝以罚代刑、以拘代刑、重罪轻判、降格处理，充分发挥刑罚的震慑力。公安机关对于涉嫌假币犯罪的，必须依法立案，认真查证；对有证据证明有犯罪事实，可能判处徒刑以上刑罚的犯罪嫌疑人，要尽快提请批准逮捕并抓紧侦办，及时移送审查起诉。检察机关对于公安机关提请批准逮捕、移送审查起诉的假币犯罪案件，符合批捕、起诉条件的，要依法尽快予以批捕、起诉。共同犯罪案件中虽然有同案犯在逃，但对于有证据证明有犯罪事实的已抓获的犯罪嫌疑人，要依法批捕、起诉；对于确实需要补充侦查的案件，要制作具体、详细的补充侦查提纲。人民法院对于假币犯罪要依法从严惩处，对于假币犯罪累犯、惯犯、涉案假币数额巨大或者全部流入社会的犯罪分子，要坚决重判；对于伪造货币集团的首要分子、骨干分子，伪造货币数额特别巨大或有其他特别严重情节，罪行极其严重的犯罪分子，应当判处死刑的，要坚决依法判处死刑。上级法院要加强对下级法院审判工作的指导，保障依法及时正确审判假币犯罪案件。

四、强化宣传，营造声势。各地公安局司法机关要选择典型案例，充分利用各种新闻媒体，采取多种形式，大力开展宣传教育工作，让广大群众充分认识假币犯罪的社会危害性和严重法律后果，自觉抵制并积极检举揭发假币违法犯罪活动，形成严厉打击假币犯罪的强大舆论声势。

各地接此通知后，请迅速传达至各基层人民法院、人民检察院、公安机关，并认真贯彻执行、执行中遇到的问题，请及时报最高人民法院、最高人民检察院、公安部。

其他相关规范

1.《中国人民银行法》

第十九条 禁止伪造、变造人民币。禁止出售、购买伪造、变造的人民币。禁止运输、持有、使用伪造、变造的人民币。禁止故意毁损人民币。禁止在宣传品、出版物或者其他商品上非法使用人民币图样。

第四十二条 伪造、变造人民币,出售伪造、变造的人民币,或者明知是伪造、变造的人民币而运输,构成犯罪的,依法追究刑事责任;尚不构成犯罪的,由公安机关处十五日以下拘留、一万元以下罚款。

2.《人民币管理条例》(国务院令第698号)

第二条 本条例所称人民币,是指中国人民银行依法发行的货币,包括纸币和硬币。

从事人民币的设计、印制、发行、流通和回收等活动,应当遵守本条例。

第八条 人民币由中国人民银行指定的专门企业印制。

第十三条 除中国人民银行指定的印制人民币的企业外,任何单位和个人不得研制、仿制、引进、销售、购买和使用印制人民币所特有的防伪材料、防伪技术、防伪工艺和专用设备。有关管理办法由中国人民银行另行制定。

第三十条 禁止伪造、变造人民币。禁止出售、购买伪造、变造的人民币。禁止走私、运输、持有、使用伪造、变造的人民币。

第四十六条 违反本条例第二十条第三款、第二十六条第一款第三项、第二十八条和第三十条规定的,依照《中华人民共和国中国人民银行法》的有关规定予以处罚;其中,违反本条例第三十条规定,构成犯罪的,依法追究刑事责任。

3.《中国人民银行货币鉴别及假币收缴、鉴定管理办法》(中国人民银行令〔2019〕第3号)

第三条 本办法所称货币是指人民币和外币。人民币是指中国人民银行依法发行的货币,包括纸币和硬币。外币是指在中华人民共和国境内可存取、兑换的其他国家(地区)流通中的法定货币。

本办法所称假币是指不由国家(地区)货币当局发行,仿照货币外观或者理化特性,足以使公众误辨并可能行使货币职能的媒介。

假币包括伪造币和变造币。伪造币是指仿照真币的图案、形状、色彩等,采用各种手段制作的假币。变造币是指在真币的基础上,利用挖补、揭层、涂改、拼凑、移位、重印等多种方法制作,改变真币原形态的假币。

重点案例要旨

1. 杨某茂伪造货币案[①]——《刑事审判参考》第 23 号案例

【要旨】(1)伪造货币罪的对象规则。本罪的对象是"货币",不仅包括我国的国家货币即人民币,也包括外币。这里所说的"外币"是广义的,是指境外正在流通使用的货币,既包括可在中国兑换的外国货币如美元、英镑、马克等,也包括港、澳、台地区的货币,还包括不可在中国兑换的外国货币。伪造了货币所属国未发行过的面值 100 万元和 1 万元的美元,也不应视为犯罪,因为没有这样的真币,也就不存在这样的假币。不管是成品还是半成品,均应视为犯罪行为……但可根据案件具体情况,作为量刑情节予以考虑。[②]

(2)伪造货币罪"其他特别严重情节"的认定规则。司法实践中一般认为其包括以下情形:以暴力抗拒检查、拘留、逮捕,情节严重的;以机械印刷的方法伪造货币的;金融、财政人员利用工作之便伪造货币的;因伪造货币受过刑罚处罚后,又实施伪造货币行为的;伪造货币投放市场后,严重扰乱市场秩序的等。

2. 郭某记、徐某伦等人伪造货币案[③]

【要旨】(1)伪造货币犯罪形态认定。因意志以外的原因未完成制造假币所有的制造工序,属伪造货币行为未遂。能够计算出面额的半成品应当认定为伪造货币犯罪未遂金额。犯罪中既有既遂部分又有未遂部分,分别达到同一量刑幅度的,以既遂进行处罚;分别达到不同量刑幅度的,依照处罚较重的规定处罚。

(2)主从犯区分。应当根据其在伪造货币共同犯罪中的具体行为、实际参与程度、所处的地位、作用及社会危害程度等因素综合判断,不能仅以是否直接实施制造假币行为来认定主犯或从犯。对于提出伪造货币犯意,主动联系他人购买制造假币材料、学习制造假币技术并制造假币,或者主动传授他人制造假币技术,在他人制造假币遇到问题时,在线提供制假技术支持,甚至通过远程控制下游人员电脑直接操作实施制假行为的,应当认定为主犯。对于按照指令从事部分从属性工作,在共同伪造货币过程中起次要、辅助作用的,应当认定为从犯。

(3)犯罪数额认定。事前通谋,下游人员实际使用上游人员提供的设备、材料、

---

① 参见中华人民共和国最高人民法院刑事审判第一庭编:《刑事审判参考》(总第 3 辑),法律出版社 1999 年版,第 40－47 页。

② 本书倾向认为,上述关于认定犯罪数额的观点并不严谨。半成品如果能计算出面额的,也只能作为犯罪未遂金额对待;如半成品无法计算面额的,则仅应按照犯罪情节论处。——本书注

③ 参见江西省九江市庐山区人民法院(2019)赣 0483 刑初 75 号刑事判决书,载中国裁判文书网,https://www.wenshu.court.gov.cn,最后访问日期:2022 年 10 月 20 日。

技术等支持制造假币的，应当将下游人员伪造货币犯罪数额计入上下游人员共同犯罪的数额。

第一百七十一条 【出售、购买、运输假币罪】【金融工作人员购买假币、以假币换取货币罪】

第一百七十一条 出售、购买伪造的货币或者明知是伪造的货币而运输，数额较大的，处三年以下有期徒刑或者拘役，并处二万元以上二十万元以下罚金；数额巨大的，处三年以上十年以下有期徒刑，并处五万元以上五十万元以下罚金；数额特别巨大的，处十年以上有期徒刑或者无期徒刑，并处五万元以上五十万元以下罚金或者没收财产。

银行或者其他金融机构的工作人员购买伪造的货币或者利用职务上的便利，以伪造的货币换取货币的，处三年以上十年以下有期徒刑，并处二万元以上二十万元以下罚金；数额巨大或者有其他严重情节的，处十年以上有期徒刑或者无期徒刑，并处二万元以上二十万元以下罚金或者没收财产；情节较轻的，处三年以下有期徒刑或者拘役，并处或者单处一万元以上十万元以下罚金。

伪造货币并出售或者运输伪造的货币的，依照本法第一百七十条的规定定罪从重处罚。

刑事司法解释和规范性文件

1.《最高人民法院关于审理伪造货币等案件具体应用法律若干问题的解释》（法释〔2000〕26号）（略，见“第一百七十条【伪造货币罪】”部分）

2.《最高人民检察院、公安部关于公安机关管辖的刑事案件立案追诉标准的规定（二）》（公通字〔2022〕12号）

第十五条 〔出售、购买、运输假币案（刑法第一百七十一条第一款）〕出售、购买伪造的货币或者明知是伪造的货币而运输，涉嫌下列情形之一的，应予立案追诉：

（一）总面额在四千元以上或者币量在四百张（枚）以上的；

（二）总面额在二千元以上或者币量在二百张（枚）以上，二年内因出售、购买、运输假币受过行政处罚，又出售、购买、运输假币的；

（三）其他出售、购买、运输假币应予追究刑事责任的情形。

在出售假币时被抓获的，除现场查获的假币应认定为出售假币的数额外，现场之外在行为人住所或者其他藏匿地查获的假币，也应认定为出售假币的数额。

第十六条　〔**金融工作人员购买假币、以假币换取货币案(刑法第一百七十一条第二款)**〕银行或者其他金融机构的工作人员购买伪造的货币或者利用职务上的便利,以伪造的货币换取货币,总面额在二千元以上或者币量在二百张(枚)以上的,应予立案追诉。①

其他相关规范

《中国人民银行法》

第十九条　禁止伪造、变造人民币。禁止出售、购买伪造、变造的人民币。禁止运输、持有、使用伪造、变造的人民币。禁止故意毁损人民币。禁止在宣传品、出版物或者其他商品上非法使用人民币图样。

第四十二条　伪造、变造人民币,出售伪造、变造的人民币,或者明知是伪造、变造的人民币而运输,构成犯罪的,依法追究刑事责任;尚不构成犯罪的,由公安机关处十五日以下拘留、一万元以下罚款。

第四十三条　购买伪造、变造的人民币或者明知是伪造、变造的人民币而持有、使用,构成犯罪的,依法追究刑事责任;尚不构成犯罪的,由公安机关处十五日以下拘留、一万元以下罚款。

重点案例要旨

1. 魏某寿购买、运输假币案②

【要旨】明知是伪造的货币而与他人共同出资并前往他地购买,购得假币后虽自行返回,但授意他人携假币开车走高速返回,亦应认定具有运输假币的犯罪故意,未随车返回目的是逃避打击,不影响对运输假币犯罪事实的认定,行为人构成购买、运输假币罪。

2. 张某慧金融工作人员购买假币、以假币换取货币、职务侵占案③

【要旨】行为人向他人购买假币,利用作为信用社出纳员的职务便利,将假币混

① 刑法之所以将金融工作人员购买假币、以假币换取货币行为单独规定为犯罪而不是包含在购买假币罪、使用假币罪中,是因为金融工作人员从事这类行为较之普通社会民众具有更大的社会危害性,理应从严惩治,故《刑法》第一百七十一条第二款的立案追诉标准是该条第一款规定基本标准的一半。——本书注

② 参见河南省信阳市中级人民法院(2021)豫15刑终336号刑事裁定书,载中国裁判文书网,https://www.wenshu.court.gov.cn,最后访问日期:2022年11月10日。

③ 参见湖南省辰溪县人民法院(2009)辰刑初字第13号刑事判决书,载中国裁判文书网,https://www.wenshu.court.gov.cn,最后访问日期:2022年11月10日。

在入库资金中而存入该信用社现金库房内，后套出相同数额的人民币供自己使用，构成金融工作人员购买假币、以假币换取货币罪。

第一百七十二条 【持有、使用假币罪】

第一百七十二条 明知是伪造的货币而持有、使用，数额较大的，处三年以下有期徒刑或者拘役，并处或者单处一万元以上十万元以下罚金；数额巨大的，处三年以上十年以下有期徒刑，并处二万元以上二十万元以下罚金；数额特别巨大的，处十年以上有期徒刑，并处五万元以上五十万元以下罚金或者没收财产。

刑事司法解释和规范性文件

1.《最高人民法院关于审理伪造货币等案件具体应用法律若干问题的解释》（法释〔2000〕26号）（略，见“第一百七十条【伪造货币罪】”部分）

2.《最高人民检察院、公安部关于公安机关管辖的刑事案件立案追诉标准的规定（二）》（公通字〔2022〕12号）

第十七条 〔持有、使用假币案（刑法第一百七十二条）〕明知是伪造的货币而持有、使用，涉嫌下列情形之一的，应予立案追诉：

（一）总面额在四千元以上或者币量在四百张（枚）以上的；

（二）总面额在二千元以上或者币量在二百张（枚）以上，二年内因持有、使用假币受过行政处罚，又持有、使用假币的；

（三）其他持有、使用假币应予追究刑事责任的情形。

其他相关规范

《中国人民银行法》

第十九条 禁止伪造、变造人民币。禁止出售、购买伪造、变造的人民币。禁止运输、持有、使用伪造、变造的人民币。禁止故意毁损人民币。禁止在宣传品、出版物或者其他商品上非法使用人民币图样。

第四十三条 购买伪造、变造的人民币或者明知是伪造、变造的人民币而持有、使用，构成犯罪的，依法追究刑事责任；尚不构成犯罪的，由公安机关处十五日以下拘留、一万元以下罚款。

重点案例要旨

张某发持有、使用假币案①——《刑事审判参考》第188号案例

【要旨】(1)购买假币后持有、使用的行为应以购买假币罪定罪从重处罚。②

(2)只要购买的数额构成了购买假币罪,那么通常也就同时构成使用假币罪,就应当以购买假币罪从重处罚。也就是说,购买假币后使用的,不能将使用的"数额"仅仅理解为业已使用的假币数额,还应包括准备使用但因各种原因未使用出去的假币数额。

第一百七十三条 【变造货币罪】

第一百七十三条 【变造货币罪】变造货币,数额较大的,处三年以下有期徒刑或者拘役,并处或者单处一万元以上十万元以下罚金;数额巨大的,处三年以上十年以下有期徒刑,并处二万元以上二十万元以下罚金。

刑事司法解释和规范性文件

1.《最高人民法院关于审理伪造货币等案件具体应用法律若干问题的解释》(法释〔2000〕26号)(略,见"第一百七十条【伪造货币罪】"部分)

2.《最高人民法院关于审理伪造货币等案件具体应用法律若干问题的解释(二)》(法释〔2010〕14号)(略,见"第一百七十条【伪造货币罪】"部分)

3.《最高人民检察院、公安部关于公安机关管辖的刑事案件立案追诉标准的规定(二)》(公通字〔2022〕12号)

第十八条 〔变造货币案(刑法第一百七十三条)〕变造货币,涉嫌下列情形之一的,应予立案追诉:

(一)总面额在二千元以上或者币量在二百张(枚)以上的;

(二)总面额在一千元以上或者币量在一百张(枚)以上,二年内因变造货币受过行政处罚,又变造货币的;

---

① 参见中华人民共和国最高人民法院刑事审判第一庭、第二庭编:《刑事审判参考》(总第27辑),法律出版社2002年版,第7-11页。

② 该观点值得商榷。购买假币并持有的,持有行为属于事后不可罚的行为,不能从重处罚。根据《最高人民法院关于审理伪造货币等案件具体应用法律若干问题的解释》(法释〔2000〕26号)和《全国法院审理金融犯罪案件工作座谈会纪要》(法〔2001〕8号)的明确规定,只有购买假币并使用的行为才能以购买假币罪从重处罚。——本书注。

（三）其他变造货币应予追究刑事责任的情形。

4.《公安部经济犯罪侦查局关于马党权变造货币案中变造货币数额认定问题的批复》（公经〔2003〕1329 号）

江西省公安厅经侦总队：

你总队《关于马党权变造货币一案有关司法解释的请示》（赣公传发［2003］569 号）收悉。经研究，现批复如下：

犯罪嫌疑人以货币为基本材料，采用挖补、撕揭、拼凑等方法，改变货币的外在形态，变造货币的数额应以实际变造出的货币的票面数额计算，包括被因挖补、撕揭而改变了外在形态的货币，但已灭失的货币除外。

其他相关规范

《中国人民银行法》

第十九条 禁止伪造、变造人民币。禁止出售、购买伪造、变造的人民币。禁止运输、持有、使用伪造、变造的人民币。禁止故意毁损人民币。禁止在宣传品、出版物或者其他商品上非法使用人民币图样。

第四十二条 伪造、变造人民币，出售伪造、变造的人民币，或者明知是伪造、变造的人民币而运输，构成犯罪的，依法追究刑事责任；尚不构成犯罪的，由公安机关处十五日以下拘留、一万元以下罚款。

重点案例要旨

马某变造货币案[①]

【要旨】（1）利用自动存款机变造货币案中罪名认定方面：①使用剪揭、拼凑方法变造货币的行为构成变造货币罪。②将变造货币通过自动存款机存入银行的行为构成诈骗罪，而非使用假币罪。[②]

（2）利用自动存款机变造货币案中数额认定方面：①变造货币的本质特征是货币形态的改变，而非面值的增大或数量的增多。就损伤币而言，虽然其面额并未增大，但其外在形态发生了改变，符合变造币的本质特征。②在法律意义上，损伤币已经不再具有货币的本质特征——强制流通性，应归入变造币范畴中。③就刑事责任

① 参见杨书文：《利用自动存款机变造货币案的司法认定》，载《人民检察》2004 年第 4 期。

② 使用变造货币的行为，构成使用假币罪还是诈骗罪，需要进一步研究。——本书注

的评价对象而言，损伤币是体现行为人主观恶性及其行为之客观危害的载体。将法定货币剪刻、撕揭成损伤币→将这些损伤币通过自动存款机存入银行→将剪刻、撕揭下的部分拼凑成外形完整的变造币→将这些变造币通过某种方式存入银行或者临柜兑换成法定货币，这些行为都是犯罪嫌疑人基于一个概括的犯罪故意而实施的整个犯罪行为的组成部分，不应将这些损伤币排除在刑法评价范围以外。

(3)行为人构成变造货币罪与诈骗罪，且具有牵连关系，应认定为变造货币罪从重处罚。

第一百七十四条　【擅自设立金融机构罪】【伪造、变造、转让金融机构经营许可证、批准文件罪】

第一百七十四条　未经国家有关主管部门批准，擅自设立商业银行、证券交易所、期货交易所、证券公司、期货经纪公司、保险公司或者其他金融机构的，处三年以下有期徒刑或者拘役，并处或者单处二万元以上二十万元以下罚金；情节严重的，处三年以上十年以下有期徒刑，并处五万元以上五十万元以下罚金。

伪造、变造、转让商业银行、证券交易所、期货交易所、证券公司、期货经纪公司、保险公司或者其他金融机构的经营许可证或者批准文件的，依照前款的规定处罚。

单位犯前两款罪的，对单位判处罚金，并对其直接负责的主管人员和其他直接责任人员，依照第一款的规定处罚。

刑事司法解释和规范性文件

1.《全国法院审理金融犯罪案件工作座谈会纪要》(法〔2001〕8号)(略，见“第一百六十条【欺诈发行证券罪】”部分)

2.《最高人民法院、最高人民检察院、公安部、司法部关于办理黑恶势力犯罪案件若干问题的指导意见》(法发〔2018〕1号)

五、依法打击非法放贷讨债的犯罪活动

19. 在民间借贷活动中，如有擅自设立金融机构、非法吸收公众存款、骗取贷款、套取金融机构资金发放高利贷以及为强索债务而实施故意杀人、故意伤害、非法拘禁、故意毁坏财物等行为的，应当按照具体犯罪侦查、起诉、审判。依法符合数罪并罚条件的，应当并罚。

3.《最高人民法院、最高人民检察院、公安部、司法部关于办理非法放贷刑事案件若干问题的意见》(法发〔2019〕24号)

六、为从事非法放贷活动,实施擅自设立金融机构、套取金融机构资金高利转贷、骗取贷款、非法吸收公众存款等行为,构成犯罪的,应当择一重罪处罚。

4.《最高人民检察院关于充分发挥检察职能 为打好“三大攻坚战”提供司法保障的意见》(高检发〔2018〕8号)

二、从严惩处危害金融安全、妨害精准扶贫、破坏生态环境刑事犯罪

始终坚持“严”字当头,加强审查逮捕、审查起诉工作,强化刑事诉讼法律监督,形成高压态势。要排除阻力和干扰,依法严厉惩处擅自设立金融机构、非法吸收公众存款、集资诈骗、网络传销、高利转贷以及“校园贷”“套路贷”和以故意伤害、非法拘禁、侮辱等非法手段催收民间贷款等严重危害金融安全、破坏社会稳定的犯罪行为;从严惩治金融从业人员搞权钱交易、利益输送、内外勾连的“内鬼”以及进行内幕交易、操纵市场的“金融大鳄”,筑牢金融安全司法防线。依法严厉打击虚报冒领、套取侵吞、截留私分、挤占挪用、盗窃诈骗扶贫资金的犯罪,发生在群众身边、损害群众利益的“蝇贪”“蚁贪”等“微腐败”犯罪,以及“村霸”等黑恶势力犯罪及其背后的“保护伞”,维护农村稳定,确保党和国家精准扶贫的惠民政策落到实处。以零容忍态度坚决打击非法排放、倾倒或者处置有毒有害污染物、非法排放超标污染物等污染环境犯罪,依法严厉惩治群众反映强烈、社会影响恶劣的严重破坏生态环境案事件背后的滥用职权、玩忽职守等职务犯罪,着力保护绿水青山。贯彻宽严相济刑事司法政策,对于认罪认罚、主动退赃挽损、自愿修复生态的涉罪人员,依法区别对待,当宽则宽。

5.《最高人民检察院、公安部关于公安机关管辖的刑事案件立案追诉标准的规定(二)》(公通字〔2022〕12号)

第十九条 〔擅自设立金融机构案(刑法第一百七十四条第一款)〕未经国家有关主管部门批准,擅自设立金融机构,涉嫌下列情形之一的,应予立案追诉:

(一)擅自设立商业银行、证券交易所、期货交易所、证券公司、期货公司、保险公司或者其他金融机构的;

(二)擅自设立金融机构筹备组织的。

第二十条 〔伪造、变造、转让金融机构经营许可证、批准文件案(刑法第一百七十四条第二款)〕伪造、变造、转让商业银行、证券交易所、期货交易所、证券公司、期货公司、保险公司或者其他金融机构的经营许可证或者批准文件的,应予立案追诉。

其他相关规范

1.《银行业监督管理法》

第二条　国务院银行业监督管理机构负责对全国银行业金融机构及其业务活动监督管理的工作。

本法所称银行业金融机构，是指在中华人民共和国境内设立的商业银行、城市信用合作社、农村信用合作社等吸收公众存款的金融机构以及政策性银行。

对在中华人民共和国境内设立的金融资产管理公司、信托投资公司、财务公司、金融租赁公司以及经国务院银行业监督管理机构批准设立的其他金融机构的监督管理，适用本法对银行业金融机构监督管理的规定。

国务院银行业监督管理机构依照本法有关规定，对经其批准在境外设立的金融机构以及前二款金融机构在境外的业务活动实施监督管理。

第十六条　国务院银行业监督管理机构依照法律、行政法规规定的条件和程序，审查批准银行业金融机构的设立、变更、终止以及业务范围。

第十九条　未经国务院银行业监督管理机构批准，任何单位或者个人不得设立银行业金融机构或者从事银行业金融机构的业务活动。

第四十四条　擅自设立银行业金融机构或者非法从事银行业金融机构的业务活动的，由国务院银行业监督管理机构予以取缔；构成犯罪的，依法追究刑事责任；尚不构成犯罪的，由国务院银行业监督管理机构没收违法所得，违法所得五十万元以上的，并处违法所得一倍以上五倍以下罚款；没有违法所得或者违法所得不足五十万元的，处五十万元以上二百万元以下罚款。

第四十五条　银行业金融机构有下列情形之一，由国务院银行业监督管理机构责令改正，有违法所得的，没收违法所得，违法所得五十万元以上的，并处违法所得一倍以上五倍以下罚款；没有违法所得或者违法所得不足五十万元的，处五十万元以上二百万元以下罚款；情节特别严重或者逾期不改正的，可以责令停业整顿或者吊销其经营许可证；构成犯罪的，依法追究刑事责任：

……

（三）违反规定从事未经批准或者未备案的业务活动的；

……

2.《商业银行法》

第十一条　设立商业银行，应当经国务院银行业监督管理机构审查批准。

未经国务院银行业监督管理机构批准，任何单位和个人不得从事吸收公众存款等商业银行业务，任何单位不得在名称中使用"银行"字样。

第十六条 经批准设立的商业银行，由国务院银行业监督管理机构颁发经营许可证，并凭该许可证向工商行政管理部门办理登记，领取营业执照。

第十七条 商业银行的组织形式、组织机构适用《中华人民共和国公司法》的规定。

本法施行前设立的商业银行，其组织形式、组织机构不完全符合《中华人民共和国公司法》规定的，可以继续沿用原有的规定，适用前款规定的日期由国务院规定。

第十九条 商业银行根据业务需要可以在中华人民共和国境内外设立分支机构。设立分支机构必须经国务院银行业监督管理机构审查批准。在中华人民共和国境内的分支机构，不按行政区划设立。

商业银行在中华人民共和国境内设立分支机构，应当按照规定拨付与其经营规模相适应的营运资金额。拨付各分支机构营运资金额的总和，不得超过总行资本金总额的百分之六十。

第二十一条 经批准设立的商业银行分支机构，由国务院银行业监督管理机构颁发经营许可证，并凭该许可证向工商行政管理部门办理登记，领取营业执照。

第二十三条 经批准设立的商业银行及其分支机构，由国务院银行业监督管理机构予以公告。

商业银行及其分支机构自取得营业执照之日起无正当理由超过六个月未开业的，或者开业后自行停业连续六个月以上的，由国务院银行业监督管理机构吊销其经营许可证，并予以公告。

第二十六条 商业银行应当依照法律、行政法规的规定使用经营许可证。禁止伪造、变造、转让、出租、出借经营许可证。

第七十四条 商业银行有下列情形之一，由国务院银行业监督管理机构责令改正，有违法所得的，没收违法所得，违法所得五十万元以上的，并处违法所得一倍以上五倍以下罚款；没有违法所得或者违法所得不足五十万元的，处五十万元以上二百万元以下罚款；情节特别严重或者逾期不改正的，可以责令停业整顿或者吊销其经营许可证；构成犯罪的，依法追究刑事责任：

……

（四）出租、出借经营许可证的；

……

第八十一条 未经国务院银行业监督管理机构批准，擅自设立商业银行，或者非法吸收公众存款、变相吸收公众存款，构成犯罪的，依法追究刑事责任；并由国务院银行业监督管理机构予以取缔。

伪造、变造、转让商业银行经营许可证，构成犯罪的，依法追究刑事责任。

3.《保险法》

第六十七条 设立保险公司应当经国务院保险监督管理机构批准。

国务院保险监督管理机构审查保险公司的设立申请时，应当考虑保险业的发展和公平竞争的需要。

第七十一条 国务院保险监督管理机构应当对设立保险公司的申请进行审查，自受理之日起六个月内作出批准或者不批准筹建的决定，并书面通知申请人。决定不批准的，应当书面说明理由。

第七十二条 申请人应当自收到批准筹建通知之日起一年内完成筹建工作；筹建期间不得从事保险经营活动。

第七十三条 筹建工作完成后，申请人具备本法第六十八条规定的设立条件的，可以向国务院保险监督管理机构提出开业申请。

国务院保险监督管理机构应当自受理开业申请之日起六十日内，作出批准或者不批准开业的决定。决定批准的，颁发经营保险业务许可证；决定不批准的，应当书面通知申请人并说明理由。

第七十四条 保险公司在中华人民共和国境内设立分支机构，应当经保险监督管理机构批准。

保险公司分支机构不具有法人资格，其民事责任由保险公司承担。

第七十六条 保险监督管理机构应当对保险公司设立分支机构的申请进行审查，自受理之日起六十日内作出批准或者不批准的决定。决定批准的，颁发分支机构经营保险业务许可证；决定不批准的，应当书面通知申请人并说明理由。

第七十七条 经批准设立的保险公司及其分支机构，凭经营保险业务许可证向工商行政管理机关办理登记，领取营业执照。

第七十八条 保险公司及其分支机构自取得经营保险业务许可证之日起六个月内，无正当理由未向工商行政管理机关办理登记的，其经营保险业务许可证失效。

第九十三条 保险公司依法终止其业务活动，应当注销其经营保险业务许可证。

第一百五十八条 违反本法规定，擅自设立保险公司、保险资产管理公司或者非法经营商业保险业务的，由保险监督管理机构予以取缔，没收违法所得，并处违法所得一倍以上五倍以下的罚款；没有违法所得或者违法所得不足二十万元的，处二十万元以上一百万元以下的罚款。

第一百五十九条 违反本法规定，擅自设立保险专业代理机构、保险经纪人，或者未取得经营保险代理业务许可证、保险经纪业务许可证从事保险代理业务、保险经纪业务的，由保险监督管理机构予以取缔，没收违法所得，并处违法所得一倍以上五倍以下的罚款；没有违法所得或者违法所得不足五万元的，处五万元以上三十万元以下的罚款。

第一百七十九条 违反本法规定，构成犯罪的，依法追究刑事责任。

4.《证券法》

第九十六条 证券交易所、国务院批准的其他全国性证券交易场所为证券集中交易提供场所和设施，组织和监督证券交易，实行自律管理，依法登记，取得法人资格。

证券交易所、国务院批准的其他全国性证券交易场所的设立、变更和解散由国务院决定。

国务院批准的其他全国性证券交易场所的组织机构、管理办法等，由国务院规定。

第九十七条 证券交易所、国务院批准的其他全国性证券交易场所可以根据证券品种、行业特点、公司规模等因素设立不同的市场层次。

第九十八条 按照国务院规定设立的区域性股权市场为非公开发行证券的发行、转让提供场所和设施，具体管理办法由国务院规定。

第九十九条 证券交易所履行自律管理职能，应当遵守社会公共利益优先原则，维护市场的公平、有序、透明。

设立证券交易所必须制定章程。证券交易所章程的制定和修改，必须经国务院证券监督管理机构批准。

第一百一十八条 设立证券公司，应当具备下列条件，并经国务院证券监督管理机构批准：

（一）有符合法律、行政法规规定的公司章程；

（二）主要股东及公司的实际控制人具有良好的财务状况和诚信记录，最近三年无重大违法违规记录；

（三）有符合本法规定的公司注册资本；

（四）董事、监事、高级管理人员、从业人员符合本法规定的条件；

（五）有完善的风险管理与内部控制制度；

（六）有合格的经营场所、业务设施和信息技术系统；

（七）法律、行政法规和经国务院批准的国务院证券监督管理机构规定的其他条件。

未经国务院证券监督管理机构批准，任何单位和个人不得以证券公司名义开展证券业务活动。

第一百一十九条 国务院证券监督管理机构应当自受理证券公司设立申请之日起六个月内，依照法定条件和法定程序并根据审慎监管原则进行审查，作出批准或者不予批准的决定，并通知申请人；不予批准的，应当说明理由。

证券公司设立申请获得批准的，申请人应当在规定的期限内向公司登记机关申请设立登记，领取营业执照。

证券公司应当自领取营业执照之日起十五日内，向国务院证券监督管理机构申请经营证券业务许可证。未取得经营证券业务许可证，证券公司不得经营证券业务。

第一百二十条 经国务院证券监督管理机构核准，取得经营证券业务许可证，证券公司可以经营下列部分或者全部证券业务：

（一）证券经纪；

（二）证券投资咨询；

（三）与证券交易、证券投资活动有关的财务顾问；

（四）证券承销与保荐；

（五）证券融资融券；

（六）证券做市交易；

（七）证券自营；

（八）其他证券业务。

国务院证券监督管理机构应当自受理前款规定事项申请之日起三个月内，依照法定条件和程序进行审查，作出核准或者不予核准的决定，并通知申请人；不予核准的，应当说明理由。

证券公司经营证券资产管理业务的，应当符合《中华人民共和国证券投资基金法》等法律、行政法规的规定。

除证券公司外，任何单位和个人不得从事证券承销、证券保荐、证券经纪和证券融资融券业务。

证券公司从事证券融资融券业务，应当采取措施，严格防范和控制风险，不得违反规定向客户出借资金或者证券。

第二百条 非法开设证券交易场所的，由县级以上人民政府予以取缔，没收违法所得，并处以违法所得一倍以上十倍以下的罚款；没有违法所得或者违法所得不足一百万元的，处以一百万元以上一千万元以下的罚款。对直接负责的主管人员和其他直接责任人员给予警告，并处以二十万元以上二百万元以下的罚款。

证券交易所违反本法第一百零五条的规定，允许非会员直接参与股票的集中交易的，责令改正，可以并处五十万元以下的罚款。

第二百零二条 违反本法第一百一十八条、第一百二十条第一款、第四款的规定，擅自设立证券公司、非法经营证券业务或者未经批准以证券公司名义开展证券业务活动的，责令改正，没收违法所得，并处以违法所得一倍以上十倍以下的罚款；没有违法所得或者违法所得不足一百万元的，处以一百万元以上一千万元以下的罚款。对直接负责的主管人员和其他直接责任人员给予警告，并处以二十万元以上二百万元以下的罚款。对擅自设立的证券公司，由国务院证券监督管理机构予以取缔。

证券公司违反本法第一百二十条第五款规定提供证券融资融券服务的，没收违法所得，并处以融资融券等值以下的罚款；情节严重的，禁止其在一定期限内从事证券融资融券业务。对直接负责的主管人员和其他直接责任人员给予警告，并处以二十万元以上二百万元以下的罚款。

第二百零三条 提交虚假证明文件或者采取其他欺诈手段骗取证券公司设立许可、业务许可或者重大事项变更核准的，撤销相关许可，并处以一百万元以上一千万元以下的罚款。对直接负责的主管人员和其他直接责任人员给予警告，并处以二十万元以上二百万元以下的罚款。

5.《期货和衍生品法》

第五十九条 期货经营机构是指依照《中华人民共和国公司法》和本法设立的期货公司以及国务院期货监督管理机构核准从事期货业务的其他机构。

第六十条 设立期货公司，应当具备下列条件，并经国务院期货监督管理机构核准：

（一）有符合法律、行政法规规定的公司章程；

（二）主要股东及实际控制人具有良好的财务状况和诚信记录，净资产不低于国务院期货监督管理机构规定的标准，最近三年无重大违法违规记录；

（三）注册资本不低于人民币一亿元，且应当为实缴货币资本；

（四）从事期货业务的人员符合本法规定的条件，董事、监事和高级管理人员具备相应的任职条件；

（五）有良好的公司治理结构、健全的风险管理制度和完善的内部控制制度；

（六）有合格的经营场所、业务设施和信息技术系统；

（七）法律、行政法规和国务院期货监督管理机构规定的其他条件。

国务院期货监督管理机构根据审慎监管原则和各项业务的风险程度，可以提高注册资本最低限额。

国务院期货监督管理机构应当自受理期货公司设立申请之日起六个月内依照法定条件、法定程序和审慎监管原则进行审查，作出核准或者不予核准的决定，并通知申请人；不予核准的，应当说明理由。

第六十三条　期货公司经国务院期货监督管理机构核准可以从事下列期货业务：

（一）期货经纪；

（二）期货交易咨询；

（三）期货做市交易；

（四）其他期货业务。

期货公司从事资产管理业务的，应当符合《中华人民共和国证券投资基金法》等法律、行政法规的规定。

未经国务院期货监督管理机构核准，任何单位和个人不得设立或者变相设立期货公司，经营或者变相经营期货经纪业务、期货交易咨询业务，也不得以经营为目的使用“期货”、“期权”或者其他可能产生混淆或者误导的名称。

第八十条　设立、变更和解散期货交易所，应当由国务院期货监督管理机构批准。

设立期货交易所应当制定章程。期货交易所章程的制定和修改，应当经国务院期货监督管理机构批准。

第八十一条　期货交易所应当在其名称中标明“商品交易所”或者“期货交易所”等字样。其他任何单位或者个人不得使用期货交易所或者其他可能产生混淆或者误导的名称。

第一百三十二条　非法设立期货公司，或者未经核准从事相关期货业务的，予以取缔，没收违法所得，并处以违法所得一倍以上十倍以下的罚款；没有违法所得或者违法所得不足一百万元的，处以一百万元以上一千万元以下的罚款。对直接负责的主管人员和其他直接责任人员给予警告，并处以二十万元以上二百万元以下的罚款。

第一百三十三条　提交虚假申请文件或者采取其他欺诈手段骗取期货公司设立许可、重大事项变更核准或者期货经营机构期货业务许可的，撤销相关许可，没收违法所得，并处以违法所得一倍以上十倍以下的罚款；没有违法所得或者违法所得不足二十万元的，处以二十万元以上二百万元以下的罚款。对直接负责的主管人员和其他直接责任人员给予警告，并处以二十万元以上二百万元以下的罚款。

第一百三十六条 违反本法第十一条、第八十条、第九十二条规定，非法设立期货交易场所、期货结算机构，或者以其他形式组织期货交易的，没收违法所得，并处以违法所得一倍以上十倍以下的罚款；没有违法所得或者违法所得不足一百万元的，处以一百万元以上一千万元以下的罚款。对直接负责的主管人员和其他直接责任人员给予警告，并处以二十万元以上二百万元以下的罚款。非法设立期货交易场所的，由县级以上人民政府予以取缔。

违反本法第三十条规定，未经批准组织开展衍生品交易的，或者金融机构违反本法第三十一条规定，未经批准、核准开展衍生品交易的，依照前款规定处罚。

第一百四十五条 境外期货交易场所和期货经营机构违反本法第一百一十八条和第一百二十条的规定，未向国务院期货监督管理机构申请注册的，责令改正，没收违法所得，并处以违法所得一倍以上十倍以下的罚款；没有违法所得或者违法所得不足五十万元的，处以五十万元以上五百万元以下的罚款。对直接负责的主管人员和其他直接责任人员给予警告，并处以十万元以上一百万元以下的罚款。

第一百五十三条 违反本法规定，构成犯罪的，依法追究刑事责任。

第一百五十四条 违反本法规定，应当承担民事赔偿责任和缴纳罚款、罚金、违法所得，违法行为人的财产不足以支付的，优先用于承担民事赔偿责任。

6.《期货交易管理条例》(国务院令第 676 号)

第四条 期货交易应当在依照本条例第六条第一款规定设立的期货交易所、国务院批准的或者国务院期货监督管理机构批准的其他期货交易场所进行。

禁止在前款规定的期货交易场所之外进行期货交易。

第五条 国务院期货监督管理机构对期货市场实行集中统一的监督管理。

国务院期货监督管理机构派出机构依照本条例的有关规定和国务院期货监督管理机构的授权，履行监督管理职责。

第六条 设立期货交易所，由国务院期货监督管理机构审批。

未经国务院批准或者国务院期货监督管理机构批准，任何单位或者个人不得设立期货交易场所或者以任何形式组织期货交易及其相关活动。

第十五条 期货公司是依照《中华人民共和国公司法》和本条例规定设立的经营期货业务的金融机构。设立期货公司，应当在公司登记机关登记注册，并经国务院期货监督管理机构批准。

未经国务院期货监督管理机构批准，任何单位或者个人不得设立或者变相设立期货公司，经营期货业务。

第十七条 期货公司业务实行许可制度，由国务院期货监督管理机构按照其商品期货、金融期货业务种类颁发许可证。期货公司除申请经营境内期货经纪业务外，还可以申请经营境外期货经纪、期货投资咨询以及国务院期货监督管理机构规定的其他期货业务。

期货公司不得从事与期货业务无关的活动，法律、行政法规或者国务院期货监督管理机构另有规定的除外。

期货公司不得从事或者变相从事期货自营业务。

期货公司不得为其股东、实际控制人或者其他关联人提供融资，不得对外担保。

第二十条　期货公司或者其分支机构有《中华人民共和国行政许可法》第七十条规定的情形或者下列情形之一的，国务院期货监督管理机构应当依法办理期货业务许可证注销手续：

（一）营业执照被公司登记机关依法注销；

（二）成立后无正当理由超过3个月未开始营业，或者开业后无正当理由停业连续3个月以上；

（三）主动提出注销申请；

（四）国务院期货监督管理机构规定的其他情形。

期货公司在注销期货业务许可证前，应当结清相关期货业务，并依法返还客户的保证金和其他资产。期货公司分支机构在注销经营许可证前，应当终止经营活动，妥善处理客户资产。

第二十二条　其他期货经营机构从事期货投资咨询业务，应当遵守国务院期货监督管理机构的规定。

第七十四条　非法设立期货交易场所或者以其他形式组织期货交易活动的，由所在地县级以上地方人民政府予以取缔，没收违法所得，并处违法所得1倍以上5倍以下的罚款；没有违法所得或者违法所得不满20万元的，处20万元以上100万元以下的罚款。对单位直接负责的主管人员和其他直接责任人员给予警告，并处1万元以上10万元以下的罚款。

非法设立期货公司及其他期货经营机构，或者擅自从事期货业务的，予以取缔，没收违法所得，并处违法所得1倍以上5倍以下的罚款；没有违法所得或者违法所得不满20万元的，处20万元以上100万元以下的罚款。对单位直接负责的主管人员和其他直接责任人员给予警告，并处1万元以上10万元以下的罚款。

7.《外资银行管理条例》（国务院令第720号）

第五条　国务院银行业监督管理机构及其派出机构（以下统称银行业监督管理机构）负责对外资银行及其活动实施监督管理。法律、行政法规规定其他监督管理部门或者机构对外资银行及其活动实施监督管理的，依照其规定。

第六条 国务院银行业监督管理机构根据国家区域经济发展战略及相关政策制定有关鼓励和引导的措施，报国务院批准后实施。

第七条 设立外资银行及其分支机构，应当经银行业监督管理机构审查批准。

第十八条 国务院银行业监督管理机构应当自收到完整的开业申请资料之日起 2 个月内，作出批准或者不批准开业的决定，并书面通知申请人。决定批准的，应当颁发金融许可证；决定不批准的，应当说明理由。

第十九条 经批准设立的外资银行营业性机构，应当凭金融许可证向市场监督管理部门办理登记，领取营业执照。

第二十四条 按照合法性、审慎性和持续经营原则，经国务院银行业监督管理机构批准，外国银行可以将其在中华人民共和国境内设立的分行改制为由其单独出资的外商独资银行。申请人应当按照国务院银行业监督管理机构规定的审批条件、程序、申请资料提出设立外商独资银行的申请。

第二十五条 外国银行可以在中华人民共和国境内同时设立外商独资银行和外国银行分行，或者同时设立中外合资银行和外国银行分行。

第六十三条 未经国务院银行业监督管理机构审查批准，擅自设立外资银行或者非法从事银行业金融机构的业务活动的，由国务院银行业监督管理机构予以取缔，自被取缔之日起 5 年内，国务院银行业监督管理机构不受理该当事人设立外资银行的申请；构成犯罪的，依法追究刑事责任；尚不构成犯罪的，由国务院银行业监督管理机构没收违法所得，违法所得 50 万元以上的，并处违法所得 1 倍以上 5 倍以下罚款；没有违法所得或者违法所得不足 50 万元的，处 50 万元以上 200 万元以下罚款。

8.《外资保险公司管理条例》（国务院令第 720 号）

第四条 国务院保险监督管理机构负责对外资保险公司实施监督管理。国务院保险监督管理机构的派出机构根据国务院保险监督管理机构的授权，对本辖区的外资保险公司进行日常监督管理。

第五条 设立外资保险公司，应当经国务院保险监督管理机构批准。

设立外资保险公司的地区，由国务院保险监督管理机构按照有关规定确定。

第六条 设立经营人身保险业务的外资保险公司和经营财产保险业务的外资保险公司，其设立形式、外资比例由国务院保险监督管理机构按照有关规定确定。

第十二条 国务院保险监督管理机构应当自收到设立外资保险公司完整的正式申请文件之日起 60 日内，作出批准或者不批准的决定。决定批准的，颁发经营保险业务许可证;决定不批准的,应当书面通知申请人并说明理由。

经批准设立外资保险公司的,申请人凭经营保险业务许可证向市场监督管理部门办理登记,领取营业执照。

第三十一条　违反本条例规定,擅自设立外资保险公司或者非法从事保险业务活动的,由国务院保险监督管理机构予以取缔;依照刑法关于擅自设立金融机构罪、非法经营罪或者其他罪的规定,依法追究刑事责任;尚不够刑事处罚的,由国务院保险监督管理机构没收违法所得,并处违法所得1倍以上5倍以下的罚款,没有违法所得或者违法所得不足20万元的,处20万元以上100万元以下的罚款。

9.《国务院关于金融体制改革的决定》(国发〔1993〕91号)

一、确立强有力的中央银行宏观调控体系

……

(三)健全金融法规,强化金融监督管理。

……

3. 对未经中国人民银行批准擅自设立金融机构和经营金融业务的,要依法查处。

10.《国务院批转中国人民银行关于加强金融机构监管工作意见的通知》(国发〔1994〕54号)

一、中国人民银行是国务院授权的金融主管部门,依法履行对各类金融机构的设立、变更和终止的审批职责。设立金融机构和开办金融业务必须经中国人民银行批准,未经批准擅自经营金融业务的,一律为非法经营,要依法予以处理。中国人民银行依法对金融机构进行管理、监督和查处,任何单位和个人都不得进行干预。

对未经中国人民银行审批并颁发经营金融业务许可证,由各地区、各部门自行批准经营金融业务的,要依法自查、自纠。确需设立的,要重新向中国人民银行申请报批。

11.《国务院办公厅转发中国人民银行整顿乱集资乱批设金融机构和乱办金融业务实施方案的通知》(国办发〔1998〕126号)

一、整顿金融"三乱"的范围

……

(二)整顿乱批设金融机构。凡未经中国人民银行批准,擅自设立从事或者主要从事吸收存款、发放贷款、办理结算、票据贴现、资金拆借、信托投资、金融租赁、融资担保、外汇买卖等金融业务活动的机构,均属非法金融机构,包括冠以银行、信用社、信托投资公司、财务公司、融资租赁公司、典当行等名称的机构,也包括虽未冠以上述名称,但实际是从事或变相从事金融业务的机构。非法成立的金融机构筹备组织也视为非法金融机构。

12.《互联网金融风险专项整治工作实施方案》(国办发〔2016〕21号)

三、综合运用各类整治措施,提高整治效果

(一)严格准入管理。设立金融机构、从事金融活动,必须依法接受准入管理。未经相关有权部门批准或备案从事金融活动的,由金融管理部门会同工商部门予以认定和查处,情节严重的,予以取缔。工商部门根据金融管理部门的认定意见,依法吊销营业执照;涉嫌犯罪的,公安机关依法查处。非金融机构、不从事金融活动的企业,在注册名称和经营范围中原则上不得使用"交易所"、"交易中心"、"金融"、"资产管理"、"理财"、"基金"、"基金管理"、"投资管理"、"财富管理"、"股权投资基金"、"网贷"、"网络借贷"、"P2P"、"股权众筹"、"互联网保险"、"支付"等字样。凡在名称和经营范围中选择使用上述字样的企业(包括存量企业),工商部门将注册信息及时告知金融管理部门,金融管理部门、工商部门予以持续关注,并列入重点监管对象,加强协调沟通,及时发现识别企业擅自从事金融活动的风险,视情采取整治措施。

13.《国务院办公厅关于促进平台经济规范健康发展的指导意见》(国办发〔2019〕38号)

五、切实保护平台经济参与者合法权益,强化平台经济发展法治保障

……

(三)完善平台经济相关法律法规。

涉及金融领域的互联网平台,其金融业务的市场准入管理和事中事后监管,按照法律法规和有关规定执行。设立金融机构、从事金融活动、提供金融信息中介和交易撮合服务,必须依法接受准入管理。

……

14.《中国人民银行关于金融机构设置或撤并管理的暂行规定》(1984年10月17日发布)

第二条 凡是与货币流通和银行信用有关的一切金融活动,包括货币信贷、信用委托、各种保险,以及国内外汇兑往来等业务,其机构的设置或撤并均须按暂行规定执行。

第三条 中国人民银行是我国金融机构管理的主管机关。任何部门、任何单位开办金融业务及设置或撤并分支机构,都必须经中国人民银行或其授权单位批准;非经批准的,中国人民银行或其授权单位有权采取必要的经济和行政措施,责令其停办金融业务。

第六条 设置金融机构,必须按本暂行规定向审批单位申请。经审核获得批准的,由批准单位发给"经营金融业务许可证"。在本暂行规定公布前设立的金融机

构，应补办审批手续，领取“经营金融业务许可证”。“经营金融业务许可证”由中国人民银行统一制发。

15.《金融机构客户尽职调查和客户身份资料及交易记录保存管理办法》（中国人民银行、中国银行保险监督管理委员会、中国证券监督管理委员会令〔2022〕第1号）

第二条　本办法适用于在中华人民共和国境内依法设立的下列金融机构：

（一）开发性金融机构、政策性银行、商业银行、农村合作银行、农村信用合作社、村镇银行；

（二）证券公司、期货公司、证券投资基金管理公司；

（三）保险公司、保险资产管理公司；

（四）信托公司、金融资产管理公司、企业集团财务公司、金融租赁公司、汽车金融公司、消费金融公司、货币经纪公司、贷款公司、理财公司；

（五）中国人民银行确定并公布的从事金融业务的其他机构。

非银行支付机构、银行卡清算机构、资金清算中心以及从事汇兑业务、基金销售业务、保险专业代理和保险经纪业务的机构履行客户尽职调查、客户身份资料及交易记录保存义务适用本办法关于金融机构的规定。

16.《中国银保监会非银行金融机构行政许可事项实施办法》（银保监会令2020年第6号）

第二条　本办法所称非银行金融机构包括：经银保监会批准设立的金融资产管理公司、企业集团财务公司、金融租赁公司、汽车金融公司、货币经纪公司、消费金融公司、境外非银行金融机构驻华代表处等机构。

第三条　银保监会及其派出机构依照银保监会行政许可实施程序相关规定和本办法，对非银行金融机构实施行政许可。

第四条　非银行金融机构以下事项须经银保监会及其派出机构行政许可：机构设立，机构变更，机构终止，调整业务范围和增加业务品种，董事和高级管理人员任职资格，以及法律、行政法规规定和国务院决定的其他行政许可事项。

行政许可中应当按照《银行业金融机构反洗钱和反恐怖融资管理办法》要求进行反洗钱和反恐怖融资审查，对不符合条件的，不予批准。

17.《中国银保监会行政许可实施程序规定》（银保监会令2020年第7号）

第四条　银保监会的行政许可事项包括银行保险机构及银保监会监督管理的其他金融机构设立、变更和终止许可事项，业务许可事项，银行业金融机构董事（理事）和高级管理人员任职资格许可事项，保险业金融机构董事、监事和高级管理人员任职资格许可事项，法律、行政法规规定和国务院决定的其他许可事项。

18.《银行保险机构许可证管理办法》(银保监会令2021年第3号)

第二条 本办法所称许可证是指中国银行保险监督管理委员会(以下简称银保监会)依法颁发的特许银行保险机构经营金融业务的法律文件。

许可证的颁发、换发、收缴等由银保监会及其授权的派出机构依法行使,其他任何单位和个人不得行使上述职权。

第三条 本办法所称银行保险机构包括政策性银行、大型银行、股份制银行、城市商业银行、民营银行、外资银行、农村中小银行机构等银行机构及其分支机构,保险集团(控股)公司、保险公司、保险资产管理公司、金融资产管理公司、信托公司、企业集团财务公司、金融租赁公司、汽车金融公司、货币经纪公司、消费金融公司、银行理财公司、金融资产投资公司以及经银保监会及其派出机构批准设立的其他非银行金融机构及其分支机构,保险代理集团(控股)公司、保险经纪集团(控股)公司、保险专业代理公司、保险经纪公司、保险兼业代理机构等保险中介机构。

上述银行保险机构开展金融业务,应当依法取得许可证和市场监督管理部门颁发的营业执照。

第四条 本办法所称许可证包括下列几种类型:

(一)金融许可证;

(二)保险许可证;

(三)保险中介许可证。

金融许可证适用于政策性银行、大型银行、股份制银行、城市商业银行、民营银行、外资银行、农村中小银行机构等银行机构及其分支机构,以及金融资产管理公司、信托公司、企业集团财务公司、金融租赁公司、汽车金融公司、货币经纪公司、消费金融公司、银行理财公司、金融资产投资公司等非银行金融机构及其分支机构。

保险许可证适用于保险集团(控股)公司、保险公司、保险资产管理公司等保险机构及其分支机构。

保险中介许可证适用于保险代理集团(控股)公司、保险经纪集团(控股)公司、保险专业代理公司、保险经纪公司、保险兼业代理机构等保险中介机构。

第五条 银保监会对银行保险机构许可证实行分级管理。

银保监会负责其直接监管的政策性银行、大型银行、股份制银行、外资银行,保险集团(控股)公司、保险公司、保险资产管理公司、保险代理集团(控股)公司、保险经纪集团(控股)公司,金融资产管理公司、银行理财公司、金融资产投资公司、保险兼业代理机构等银行保险机构许可证的颁发与管理。

银保监会派出机构根据上级管理单位授权,负责辖内银行保险机构许可证的颁发与管理。

第六条　银保监会及其派出机构根据行政许可决定或备案、报告信息向银行保险机构颁发、换发、收缴许可证。

经批准设立的银行保险机构应当自收到行政许可决定之日起10日内到银保监会或其派出机构领取许可证。对于采取备案或报告管理的机构设立事项，银行保险机构应当在完成报告或备案后10日内到银保监会或其派出机构领取许可证。

第十五条　银行保险机构应当妥善保管和依法使用许可证。

任何单位和个人不得伪造、变造、转让、出租、出借银行保险机构许可证。

第十八条　银行保险机构违反本办法，有下列情形之一的，依照《中华人民共和国银行业监督管理法》、《中华人民共和国商业银行法》、《中华人民共和国保险法》有关规定进行处罚；法律、行政法规没有规定的，由银保监会及其派出机构责令改正，予以警告，对有违法所得的处以违法所得一倍以上三倍以下罚款，但最高不超过三万元，对没有违法所得的处以一万元以下罚款；构成犯罪的，依法追究刑事责任：

（一）转让、出租、出借、伪造、变造许可证；

……

19.《中国证券监督管理委员会行政许可实施程序规定》（证监会令第217号）

第二条　本规定所称行政许可，是指中国证监会根据自然人、法人或者其他组织（以下称申请人）的申请，经依法审查，准予其从事证券期货市场特定活动的行为。

20.《外商投资证券公司管理办法》（证监会令第166号）

第三条　中国证券监督管理委员会（以下简称中国证监会）负责对外商投资证券公司的审批和监督管理。

第十一条　外商投资证券公司应当自营业执照签发之日起15个工作日内，向中国证监会提交下列文件，申请经营证券业务许可证：

（一）营业执照副本复印件；

（二）公司章程；

（三）由中国境内符合证券法规定的会计师事务所出具的验资报告；

（四）董事、监事、高级管理人员和主要业务人员的名单以及符合规定的说明；

（五）内部控制制度文本；

（六）营业场所和业务设施情况说明书；

（七）中国证监会要求的其他文件。

第十二条　中国证监会依照有关法律、行政法规和本办法对第十一条规定的申请文件进行审查，并自接到符合要求的申请文件之日起15个工作日内作出决定。

对符合规定条件的，颁发经营证券业务许可证；对不符合规定条件的，不予颁发，并书面说明理由。

第十三条 未取得中国证监会颁发的经营证券业务许可证，外商投资证券公司不得开业，不得经营证券业务。

重点案例要旨

张某、张某琴非法经营案①——《刑事审判参考》第828号案例

【要旨】构成擅自设立金融机构罪，首先在形式上，行为人非法设立的机构应当具备合法金融机构的一些必要形式特征，包括机构名称、组织部门、公司章程、营业地点等。其次在实质上，行为人非法设立的机构应当具备开展相应金融业务的实质能力，包括资金实力、专业人员等，如果不具备开展相应金融业务的实际能力，就没有可能面向社会开展有关金融业务，更谈不上有严重危害金融秩序和金融安全的危险。就本案而言，"顺发借寄公司"并不具备《刑法》第一百七十四条规定的金融机构的形式要件和实质要件，尚未达到足以威胁金融安全、破坏金融秩序的危害程度，故不能以擅自设立金融机构罪论处。

第一百七十五条 【高利转贷罪】

第一百七十五条 以转贷牟利为目的，套取金融机构信贷资金高利转贷他人，违法所得数额较大的，处三年以下有期徒刑或者拘役，并处违法所得一倍以上五倍以下罚金；数额巨大的，处三年以上七年以下有期徒刑，并处违法所得一倍以上五倍以下罚金。

单位犯前款罪的，对单位判处罚金，并对其直接负责的主管人员和其他直接责任人员，处三年以下有期徒刑或者拘役。

刑事司法解释和规范性文件

1.《最高人民法院、最高人民检察院、公安部、司法部关于办理非法放贷刑事案件若干问题的意见》（法发〔2019〕24号）

六、为从事非法放贷活动，实施擅自设立金融机构、套取金融机构资金高利转

① 参见中华人民共和国最高人民法院刑事审判第一、二、三、四、五庭主办：《刑事审判参考》（总第90集），法律出版社2013年版，第28－32页。

贷、骗取贷款、非法吸收公众存款等行为,构成犯罪的,应当择一重罪处罚。

2.《最高人民检察院关于充分发挥检察职能 为打好"三大攻坚战"提供司法保障的意见》(高检发〔2018〕8号)(略,见"第一百七十四条【擅自设立金融机构罪】【伪造、变造、转让金融机构经营许可证、批准文件罪】"部分)

3.《最高人民检察院、公安部关于公安机关管辖的刑事案件立案追诉标准的规定(二)》(公通字〔2022〕12号)

第二十一条 〔高利转贷案(刑法第一百七十五条)〕以转贷牟利为目的,套取金融机构信贷资金高利转贷他人,违法所得数额在五十万元以上的,应予立案追诉。[①]

其他相关规范

1.《最高人民法院关于进一步加强金融审判工作的若干意见》(法发〔2017〕22号)

9. 依法规制国有企业的贷款通道业务,防范无金融资质的国有企业变相从事金融业务。无金融资质的国有企业变相从事金融业务,套取金融机构信贷资金又高利转贷的,应当根据《最高人民法院关于审理民间借贷案件适用法律若干问题的规定》第十四条的规定,依法否定其放贷行为的法律效力,并通过向相应的主管部门提出司法建议等方式,遏制国有企业的贷款通道业务,引导其回归实体经济。

10. 依法打击资金掮客和资金融通中的违法犯罪行为,有效规范金融秩序。对于民间借贷中涉及商业银行工作人员内外勾结进行高利转贷、利益输送,或者金融机构工作人员违法发放贷款,以及公司、企业在申请贷款过程中虚构事实、隐瞒真相骗取贷款、实施贷款诈骗构成犯罪的,依法追究刑事责任。

2.《全国法院民商事审判工作会议纪要》(法〔2019〕254号)

三、关于合同纠纷案件的审理

……

(三)关于借款合同

人民法院在审理借款合同纠纷案件过程中,要根据防范化解重大金融风险、金融服务实体经济、降低融资成本的精神,区别对待金融借贷与民间借贷,并适用不同规则与利率标准。要依法否定高利转贷行为、职业放贷行为的效力,充分发挥司法的示范、引导作用,促进金融服务实体经济。要注意到,为深化利率市场化改革,推

① 本罪中是否需要区分转贷牟利目的的时间节点存在一定争议,如果认为需要在申请贷款时产生牟利的目的,在实务中可能会陷入难以证明的困境。另外,本罪的"高利"只需要高于取得银行贷款的利率借款,与2020年《刑法修正案(十一)》新增的催收非法债务罪中的"高利"有所不同。——本书注

动降低实体利率水平，自2019年8月20日起，中国人民银行已经授权全国银行间同业拆借中心于每月20日（遇节假日顺延）9时30分公布贷款市场报价利率（LPR），中国人民银行贷款基准利率这一标准已经取消。因此，自此之后人民法院裁判贷款利息的基本标准应改为全国银行间同业拆借中心公布的贷款市场报价利率。应予注意的是，贷款利率标准尽管发生了变化，但存款基准利率并未发生相应变化，相关标准仍可适用。

……

52.【高利转贷】民间借贷中，出借人的资金必须是自有资金。出借人套取金融机构信贷资金又高利转贷给借款人的民间借贷行为，既增加了融资成本，又扰乱了信贷秩序，根据民间借贷司法解释第14条第1项的规定，应当认定此类民间借贷行为无效。人民法院在适用该条规定时，应当注意把握以下几点：一是要审查出借人的资金来源。借款人能够举证证明在签订借款合同时出借人尚欠银行贷款未还的，一般可以推定为出借人套取信贷资金，但出借人能够举反证予以推翻的除外；二是从宽认定“高利”转贷行为的标准，只要出借人通过转贷行为牟利的，就可以认定为是“高利”转贷行为；三是对该条规定的“借款人事先知道或者应当知道的”要件，不宜把握过苛。实践中，只要出借人在签订借款合同时存在尚欠银行贷款未还事实的，一般可以认为满足了该条规定的“借款人事先知道或者应当知道”这一要件。

……

3.《最高人民法院、国家发展和改革委员会关于为新时代加快完善社会主义市场经济体制提供司法服务和保障的意见》（法发〔2020〕25号）

13.促进金融和民间资本为实体经济服务。依法支持能够降低交易成本、实现普惠金融、合法合规的交易模式，为解决中小微企业融资难、融资贵问题提供司法保障。统筹兼顾利率市场化改革与维护正常金融秩序的关系，对于借贷合同中一方主张的利息、复利、罚息、违约金和其他费用总和超出司法保护上限的，不予支持。对于当事人以预扣利息、租金、保证金或加收中介费、服务费等方式变相提高实体经济融资成本、规避民间借贷利率司法保护上限的行为，按照实际形成的借款关系确定各方权利义务。规范、遏制国有企业贷款通道业务，引导其回归实体经济。抓紧修改完善关于审理民间借贷案件适用法律问题的司法解释，大幅度降低民间借贷利率的司法保护上限，坚决否定高利转贷行为、违法放贷行为的效力，维护金融市场秩序，服务实体经济发展。

4.《最高人民法院关于充分发挥司法职能作用 助力中小微企业发展的指导意见》（法发〔2022〕2号）

11.依法规制民间借贷市场秩序。对“高利转贷”“职业放贷”等违法借贷行为，依法认定其无效。推动各地人民法院根据本地区实际情况建立"职业放贷人"名录制度。依法否定规避利率司法保护上限合同条款,对变相高息等超出法律、司法解释规定的利息部分不予支持。在审判执行过程中发现有非法集资、"套路贷"、催收非法债务等犯罪嫌疑的,应当及时将有关材料移送相关部门。

5.《银行外汇信贷资金管理办法(试行)》(1992年10月9日中国人民银行公布)

第四条　外汇信贷资金管理的范围为经营外汇信贷业务银行的下列全部外汇资金来源和资金运用。

一、资金来源:

(一)自有外汇资本金;

(二)银行组织吸收的各项外汇存款;

(三)海外分支机构存回资金;

(四)从境外拆入短期资金;

(五)银行按国家计划从境外自借中长期商业借款(含境外发债筹措资金);

(六)银行借入的国际金融组织贷款;

(七)国家或地方、部门、企业用自借指标委托银行境外专项筹资;

(八)其他资金来源,如暂收应付、境内同业拆入、外汇买卖等。

二、资金运用:

(一)境内各项流动资金贷款;

(二)境内各项固定资产贷款;

(三)拨付海外分支行资金;

(四)存放境外头寸准备(包括存款资金、拆出、购买政府债券、购买股票等);

(五)银行其他投资;

(六)按委托人预定的用途和项目发放的委托贷款;

(七)其他资金运用,如各种暂付资金、境内同业拆出资金等。

6.《中国人民银行信贷资金管理暂行办法》①(银发〔1994〕37号,已废止)

第三条　本办法中的信贷资金系指上述机构人民币下列项目的全部或部分:

1. 资本,包括核心资本及附属资本。

2. 负债,包括各类存款、借入款项及其他负债。

3. 资产,包括贷款、投资、其它金融资产及表外资产。

---

① 该文件虽已废止,但为便于读者了解"信贷资金"的概念,本书仍予以摘录。——本书注

7.《中国银行保险监督管理委员会、中华人民共和国公安部、国家市场监督管理总局、中国人民银行关于规范民间借贷行为维护经济金融秩序有关事项的通知》(银保监发〔2018〕10 号)

五、严禁非法活动

严厉打击利用非法吸收公众存款、变相吸收公众存款等非法集资资金发放民间贷款。严厉打击以故意伤害、非法拘禁、侮辱、恐吓、威胁、骚扰等非法手段催收贷款。严厉打击套取金融机构信贷资金,再高利转贷。严厉打击面向在校学生非法发放贷款,发放无指定用途贷款,或以提供服务、销售商品为名,实际收取高额利息(费用)变相发放贷款行为。严禁银行业金融机构从业人员作为主要成员或实际控制人,开展有组织的民间借贷。

八、依法调查处理

(一)对利用非法吸收公众存款、变相吸收公众存款等非法集资资金发放民间贷款,以故意伤害、非法拘禁、侮辱、恐吓、威胁、骚扰等非法手段催收民间贷款,以及套取银行业金融机构信贷资金,再高利转贷等违反治安管理规定的行为或涉嫌犯罪的行为,公安机关应依法进行调查处理,并将非法发放民间贷款活动的相关材料移送银行业监督管理机构。

……

8.《中国银保监会关于服务煤电行业正常生产和商品市场有序流通保障经济平稳运行有关事项的通知》(银保监发〔2021〕42 号)

三、严防银行保险资金影响商品市场正常秩序。严禁挪用套取信贷资金或绕道理财、信托等方式,违规参与煤炭、钢铁、有色金属等大宗商品投机炒作、牟取暴利。严禁挪用各种贷款包括经营贷、消费贷投机炒作茅台酒、名贵普洱茶等高端消费品,防止资本无序扩张。严禁银行保险资金违规流入股市、债市、期市,影响大宗商品价格,避免脱实向虚、空转套利。严禁对符合支持条件的煤电、煤炭等企业和项目违规抽贷、断贷,防止运动式减碳和信贷"一刀切"。

9.《中国银保监会办公厅关于预防银行业保险业从业人员金融违法犯罪的指导意见》(银保监会办公厅 2020 年 2 月 20 日发布)

二、预防重点领域金融违法犯罪

……

(八)严防资产管理业务领域违法犯罪行为。银行业金融机构要加强对营销人员的监督管理,防范超授权违规开展理财业务、修改理财产品说明书、承诺回报、掩饰风险、误导客户等行为。强化非标投资业务风险管控,防范表外风险传导至表内。

严防套取银行业金融机构理财资金进行高利转贷的行为。严禁从业人员作为主要成员或实际控制人开展有组织的民间借贷。

重点案例要旨

姚某某高利转贷案[1]——《刑事审判参考》第487号案例

【要旨】行为人以转贷牟利为目的,编造虚假交易关系并出具虚假购销合同取得银行承兑汇票的,属于“套取金融机构信贷资金”的行为;不能机械地理解《刑法》第一百七十五条的规定,而应把握高利转贷行为的本质并结合立法精神加以判定,银行承兑汇票是纳入信贷科目管理的,在银行内部的管理模式和性质上是相同的,银行承兑汇票贴现时使用的资金属于银行的信贷资金,票据贴现也是银行借出信贷资金的一种表现形式,因此套取银行承兑汇票然后转让他人进行贴现实质上属于套取了银行的信贷资金。只要转贷的利率高于银行的利率就应当属于高利转贷罪中的“高利”,不必要求转贷利率必须达到一定倍数;对于利率标准的掌握不应过于苛严,只要高于银行贷款利率即可;认定高利转贷罪时,应将重点放在违法所得上。也就是说,只要违法所得较大,且转贷利率高于银行贷款利率,就应认定为高利转贷罪。

第一百七十五条之一　【骗取贷款、票据承兑、金融票证罪】[2]

第一百七十五条之一　以欺骗手段取得银行或者其他金融机构贷款、票据承兑、信用证、保函等,给银行或者其他金融机构造成重大损失的,处三年以下有期徒刑或者拘役,并处或者单处罚金;给银行或者其他金融机构造成特别重大损失或者有其他特别严重情节的,处三年以上七年以下有期徒刑,并处罚金。

单位犯前款罪的,对单位判处罚金,并对其直接负责的主管人员和其他直接责任人员,依照前款的规定处罚。

---

① 参见中华人民共和国最高人民法院刑事审判第一、二、三、四、五庭主办:《刑事审判参考》(总第62集),法律出版社2008年版,第1-6页。

② 1997年《刑法》没有规定骗取贷款、票据承兑、金融票证罪,只规定了贷款诈骗罪。2006年《刑法修正案(六)》设了骗取贷款、票据承兑、金融票证罪,在《刑法》第一百七十五条后增加了一条,作为第一百七十五条之一。2020年《刑法修正案(十一)》再次对本罪作出修改,取消了“其他严重情节”的入罪情形,而单纯以金融机构是否存在重大损失作为入罪标准,但保留了第二档刑罚中的“有其他特别严重情节”。根据刑法理论,适用升格法定刑必须具备造成重大损失这一基本犯的构成,即不存在没有重大损失但有其他特别严重情节的情况。在2020年《刑法修正案(十一)》施行后,本罪亟须新的司法解释出台以解决争议问题。——本书注

刑事司法解释和规范性文件

1.《最高人民法院关于新民间借贷司法解释适用范围问题的批复》(法释〔2020〕27号)[①]

广东省高级人民法院:

你院《关于新民间借贷司法解释有关法律适用问题的请示》(粤高法〔2020〕108号)收悉。经研究,批复如下:

一、关于适用范围问题。经征求金融监管部门意见,由地方金融监管部门监管的小额贷款公司、融资担保公司、区域性股权市场、典当行、融资租赁公司、商业保理公司、地方资产管理公司等七类地方金融组织,属于经金融监管部门批准设立的金融机构,其因从事相关金融业务引发的纠纷,不适用新民间借贷司法解释。

二、其他两问题已在修订后的司法解释中予以明确,请遵照执行。

三、本批复自2021年1月1日起施行。

2.《最高人民检察院、公安部关于公安机关管辖的刑事案件立案追诉标准的规定(二)》(公通字〔2022〕12号)

第二十二条 〔骗取贷款、票据承兑、金融票证案(刑法第一百七十五条之一)〕以欺骗手段取得银行或者其他金融机构贷款、票据承兑、信用证、保函等,给银行或者其他金融机构造成直接经济损失数额在五十万元以上的,应予立案追诉。

3.《最高人民检察院关于充分发挥检察职能服务保障"六稳""六保"的意见》(高检发〔2020〕10号)

3.依法保护企业正常生产经营活动。

二是依法慎重处理贷款类犯罪案件。在办理骗取贷款等犯罪案件时,充分考虑企业"融资难""融资贵"的实际情况,注意从借款人采取的欺骗手段是否属于明显虚构事实或者隐瞒真相,是否与银行工作人员合谋、受其指使,是否非法影响银行放贷决策、危及信贷资金安全,是否造成重大损失等方面,合理判断其行为危害性,不苛求企业等借款人。对于借款人因生产经营需要,在贷款过程中虽有违规行为,但

---

① 应当准确理解本批复的精神。在民商事领域,小额贷款公司属于经金融监管部门批准设立的金融机构,其因从事相关金融业务引发的纠纷不适用新民间借贷司法解释。但是在刑事领域,《刑法》第一百七十五条之一等法条规定的"金融机构",是指经国务院金融管理部门依法批准设立的金融机构,不包括小额贷款公司等地方金融组织。因此,对骗取小额贷款公司贷款的行为,不成立骗取贷款罪,对小额贷款公司工作人员违法发放贷款的,也不成立违法发放贷款罪,构成犯罪的,依照其他犯罪处罚。对刑法条文中的"金融机构"作限制解释,与本批复在民商事领域的适用并不冲突,也不违反法秩序统一原理。——本书注

未造成实际损失的，一般不作为犯罪处理。对于借款人采取欺骗手段获取贷款，虽给银行造成损失，但证据不足以认定借款人有非法占有目的的，不能以贷款诈骗罪定性处理。①

4.《最高人民法院刑事审判第二庭关于针对骗取贷款、票据承兑、金融票证罪和违法发放贷款罪立案追诉标准的意见》(2009 年 6 月 24 日)②

根据《贷款通则》第三十四条的规定，不良贷款是指呆账贷款、呆滞贷款、逾期贷款。《贷款风险分类指导原则》(试行)第三条规定，贷款分为正常、关注、次级、可疑和损失五类，后三类合称为不良贷款。因此，不良贷款根据不同的标准划分为不同级别，各个级别的风险程度也有差别，不宜一概以金融机构出具的“形成不良贷款”

① 一是关于欺骗手段的理解。刑法规定的欺骗手段是指使原本不符合申请贷款等条件的材料通过审核的手段。根据《贷款通则》等有关规定，影响信贷审核的主要有身份证明、资信证明、担保以及贷款用途证明等四个方面因素，因此本罪的欺骗手段是指使用虚假的身份证明、资信证明、担保(包括超出抵押物重复担保)、虚构贷款用途，以及与上述手段具有相当性的其他行为。二是关于因果关系的认定。对于骗取行为与银行等金融机构发放贷款、票据承兑、金融票证(以下为叙述方便仅探讨贷款的情形)之间是否有因果关系，或者银行等金融机构是否因欺骗行为陷入“认识错误”，理论和实务中长期没有定论。有观点认为，不需要银行等金融机构陷入“认识错误”，因为欺骗行为对银行等金融机构发放贷款实质影响难以判断。也有观点认为，根据诈骗罪的传统构造，被害人需要陷入认识错误，但是，这种观点中对于谁能代表金融机构的意志也是众说纷纭。学界比较有力的观点是，具有决策权的工作人员能够代表金融机构的意志。具体而言，如果具有决策权的人员(如行长)知道申请人的欺骗行为仍同意放贷的，则申请人不构成骗取贷款罪(是否构成违法发放贷款罪的共犯亦存在争议)；如果具有决策权的人员不知情，只是下属人员(如信贷员)知情的，则申请人仍构成骗取贷款罪，下属人员构成违法发放贷款罪。实践中，还存在签订贷款合同的银行和发放贷款资金的银行分离的情形，如签订贷款合同的是支行，但是审批及发放贷款资金的是分行，此时到底是支行还是分行陷入认识错误，存在争论。《最高人民检察院关于充分发挥检察职能服务保障“六稳”“六保”的意见》提出“是否非法影响银行放贷决策”，似乎是赞同考虑因果关系及认识错误因素的观点。三是关于损失的理解。比较一致的观点认为，本条规定的损失是指给银行或者其他金融机构造成的直接经济损失，从有利于被告人的解释角度出发，未履行还款义务而产生的罚息、违约金、滞纳金等均不应当计入损失数额。实践中争议较大的是如何界定损失产生的时点，有的将逾期不还即认定为损失，有的将刑事立案前不还的认定为损失，有的则将银行穷尽民事诉讼、仲裁等手段后仍无法弥补的认定为损失。综合考量，本书倾向于认为，应当将刑事立案前作为损失认定的节点，从鼓励行为人退赃退赔、降低金融风险角度，宜将刑事立案前行为人已经向银行或者其他金融机构支付的利息、复利、手续费、承兑费等从损失数额中予以扣除。——本书注

② 参见李立众编：《刑法一本通——中华人民共和国刑法总成》(第 15 版)，法律出版社 2021 年版，第 272－273 页。需要讨论的是，申请人向金融机构提供了担保，或者由他人提供担保的，在尚未履行担保责任时如何计算“损失”的问题，存在争议。有观点认为，未履行担保责任的担保物的价值不影响损失的认定。也有观点认为，担保物的价值应从损失中扣除，如果系足额担保则不存在损失的问题。最高人民法院的意见认为，“若有他人为之提供担保的，银行仍然可以通过民事诉讼实现债权”，似乎是赞同担保是影响损失认定的观点，但是对将未变现的担保物价值从损失中扣除的可操作性存在疑问，如担保物的价值计算难、变现难或者因民事诉讼、仲裁问题久拖不决等。对于上述争议，亟须出台司法解释予以明确。——本书注

的结论来认定“造成重大损失”。例如达到“次级”的贷款，虽然借贷人的还贷能力出现明显问题，依靠其正常经营收入已无法保证足额偿还本息，但若有他人为之提供担保的，银行仍然可以通过民事诉讼实现债权。因此，“不良贷款”不等于“经济损失”，亦不能将“形成不良贷款数额”等同于“重大经济损失数额”。

5.《最高人民检察院公诉厅关于对骗取贷款罪等犯罪立案追诉标准有关问题的回复意见》（2009 年 6 月 30 日）①

……经研究，提出以下意见：

二、如果银行或者其他金融机构仅仅出具“形成不良贷款数额”的结论，不宜认定为“重大经济损失数额”。根据目前国有商业银行、股份制商业银行实行的贷款五级分类制，商业贷款分为正常、关注、次级、可疑、损失五类，其中后三类成为不良贷款，因此不良贷款尽管“不良”但不一定形成了既成的损失，不宜把形成不良贷款数额等同于“重大经济损失数额”。

其他相关规范

1.《中国人民银行法》

第五十二条 本法所称银行业金融机构，是指在中华人民共和国境内设立的商业银行、城市信用合作社、农村信用合作社等吸收公众存款的金融机构以及政策性银行。

在中华人民共和国境内设立的金融资产管理公司、信托投资公司、财务公司、金融租赁公司以及经国务院银行业监督管理机构批准设立的其他金融机构，适用本法对银行业金融机构的规定。

2.《商业银行法》

第二条 本法所称的商业银行是指依照本法和《中华人民共和国公司法》设立的吸收公众存款、发放贷款、办理结算等业务的企业法人。

第三条 商业银行可以经营下列部分或者全部业务：

（一）吸收公众存款；

（二）发放短期、中期和长期贷款；

---

① 参见李立众编：《刑法一本通——中华人民共和国刑法总成》（第 15 版），法律出版社 2021 年版，第 273 页。需要讨论的是，对于银行等金融机构对不良贷款作处置时，如打包卖给资产管理公司，骗取贷款的“损失”如何认定，理论和实务做法存在争议。有的认为银行已打包转让不存在损失，有的认为应当将打包转让价格与不良贷款数额之间的差额作为损失，有的则认为出售不良资产的行为不应从损失中扣除。对于上述争议，亟须出台司法解释予以明确。——本书注

（三）办理国内外结算；

（四）办理票据承兑与贴现；

（五）发行金融债券；

（六）代理发行、代理兑付、承销政府债券；

（七）买卖政府债券、金融债券；

（八）从事同业拆借；

（九）买卖、代理买卖外汇；

（十）从事银行卡业务；

（十一）提供信用证服务及担保；

（十二）代理收付款项及代理保险业务；

（十三）提供保管箱服务；

（十四）经国务院银行业监督管理机构批准的其他业务。

经营范围由商业银行章程规定，报国务院银行业监督管理机构批准。

商业银行经中国人民银行批准，可以经营结汇、售汇业务。

第七条　商业银行开展信贷业务，应当严格审查借款人的资信，实行担保，保障按期收回贷款。

商业银行依法向借款人收回到期贷款的本金和利息，受法律保护。

第十一条　设立商业银行，应当经国务院银行业监督管理机构审查批准。

未经国务院银行业监督管理机构批准，任何单位和个人不得从事吸收公众存款等商业银行业务，任何单位不得在名称中使用“银行”字样。

第三十四条　商业银行根据国民经济和社会发展的需要，在国家产业政策指导下开展贷款业务。

第三十五条　商业银行贷款，应当对借款人的借款用途、偿还能力、还款方式等情况进行严格审查。①

第三十六条　商业银行贷款，借款人应当提供担保。商业银行应当对保证人的偿还能力，抵押物、质物的权属和价值以及实现抵押权、质权的可行性进行严格审查。

经商业银行审查、评估，确认借款人资信良好，确能偿还贷款的，可以不提供担保。

第三十七条　商业银行贷款，应当与借款人订立书面合同。合同应当约定贷款

① 承担资产评估、验资、验证、会计、审计、法律服务等职责的中介组织人员，为申请人提供虚假的资信证明文件，情节严重的，以提供虚假证明文件罪定罪处罚。同时构成骗取贷款、票据承兑、金融票证罪或者贷款诈骗罪共犯的，应当依照处罚较重的规定定罪处罚。——本书注

种类、借款用途、金额、利率、还款期限、还款方式、违约责任和双方认为需要约定的其他事项。

第三十八条 商业银行应当按照中国人民银行规定的贷款利率的上下限，确定贷款利率。

第三十九条 商业银行贷款，应当遵守下列资产负债比例管理的规定：

（一）资本充足率不得低于百分之八；

（二）流动性资产余额与流动性负债余额的比例不得低于百分之二十五；

（三）对同一借款人的贷款余额与商业银行资本余额的比例不得超过百分之十；

（四）国务院银行业监督管理机构对资产负债比例管理的其他规定。

本法施行前设立的商业银行，在本法施行后，其资产负债比例不符合前款规定的，应当在一定的期限内符合前款规定。具体办法由国务院规定。

第四十条 商业银行不得向关系人发放信用贷款；向关系人发放担保贷款的条件不得优于其他借款人同类贷款的条件。

前款所称关系人是指：

（一）商业银行的董事、监事、管理人员、信贷业务人员及其近亲属；

（二）前项所列人员投资或者担任高级管理职务的公司、企业和其他经济组织。

第四十一条 任何单位和个人不得强令商业银行发放贷款或者提供担保。商业银行有权拒绝任何单位和个人强令要求其发放贷款或者提供担保。

第四十二条 借款人应当按期归还贷款的本金和利息。

借款人到期不归还担保贷款的，商业银行依法享有要求保证人归还贷款本金和利息或者就该担保物优先受偿的权利。商业银行因行使抵押权、质权而取得的不动产或者股权，应当自取得之日起二年内予以处分。

借款人到期不归还信用贷款的，应当按照合同约定承担责任。

第四十三条 商业银行在中华人民共和国境内不得从事信托投资和证券经营业务，不得向非自用不动产投资或者向非银行金融机构和企业投资，但国家另有规定的除外。

第四十四条 商业银行办理票据承兑、汇兑、委托收款等结算业务，应当按照规定的期限兑现，收付入账，不得压单、压票或者违反规定退票。有关兑现、收付入账期限的规定应当公布。

第四十五条 商业银行发行金融债券或者到境外借款，应当依照法律、行政法规的规定报经批准。

第四十六条 同业拆借，应当遵守中国人民银行的规定。禁止利用拆入资金发放固定资产贷款或者用于投资。

拆出资金限于交足存款准备金、留足备付金和归还中国人民银行到期贷款之后的闲置资金。拆入资金用于弥补票据结算、联行汇差头寸的不足和解决临时性周转资金的需要。

第四十七条 商业银行不得违反规定提高或者降低利率以及采用其他不正当手段,吸收存款,发放贷款。

第四十八条 企业事业单位可以自主选择一家商业银行的营业场所开立一个办理日常转账结算和现金收付的基本账户,不得开立两个以上基本账户。

任何单位和个人不得将单位的资金以个人名义开立账户存储。

第四十九条 商业银行的营业时间应当方便客户,并予以公告。商业银行应当在公告的营业时间内营业,不得擅自停止营业或者缩短营业时间。

第五十条 商业银行办理业务,提供服务,按照规定收取手续费。收费项目和标准由国务院银行业监督管理机构、中国人民银行根据职责分工,分别会同国务院价格主管部门制定。

第五十一条 商业银行应当按照国家有关规定保存财务会计报表、业务合同以及其他资料。

第五十二条 商业银行的工作人员应当遵守法律、行政法规和其他各项业务管理的规定,不得有下列行为:

(一)利用职务上的便利,索取、收受贿赂或者违反国家规定收受各种名义的回扣、手续费;

(二)利用职务上的便利,贪污、挪用、侵占本行或者客户的资金;

(三)违反规定徇私向亲属、朋友发放贷款或者提供担保;

(四)在其他经济组织兼职;

(五)违反法律、行政法规和业务管理规定的其他行为。

第五十三条 商业银行的工作人员不得泄露其在任职期间知悉的国家秘密、商业秘密。

第九十二条 外资商业银行、中外合资商业银行、外国商业银行分行适用本法规定,法律、行政法规另有规定的,依照其规定。

第九十三条 城市信用合作社、农村信用合作社办理存款、贷款和结算等业务,适用本法有关规定。

3.《票据法》

第二条 在中华人民共和国境内的票据活动,适用本法。

本法所称票据,是指汇票、本票和支票。

第四条 票据出票人制作票据,应当按照法定条件在票据上签章,并按照所记载的事项承担票据责任。

持票人行使票据权利,应当按照法定程序在票据上签章,并出示票据。

其他票据债务人在票据上签章的,按照票据所记载的事项承担票据责任。

本法所称票据权利,是指持票人向票据债务人请求支付票据金额的权利,包括付款请求权和追索权。

本法所称票据责任,是指票据债务人向持票人支付票据金额的义务。

第十条 票据的签发、取得和转让,应当遵循诚实信用的原则,具有真实的交易关系和债权债务关系。

票据的取得,必须给付对价,即应当给付票据双方当事人认可的相对应的代价。

第十四条 票据上的记载事项应当真实,不得伪造、变造。伪造、变造票据上的签章和其他记载事项的,应当承担法律责任。

票据上有伪造、变造的签章的,不影响票据上其他真实签章的效力。

票据上其他记载事项被变造的,在变造之前签章的人,对原记载事项负责;在变造之后签章的人,对变造之后的记载事项负责;不能辨别是在票据被变造之前或者之后签章的,视同在变造之前签章。

第三十八条 承兑是指汇票付款人承诺在汇票到期日支付汇票金额的票据行为。

第三十九条 定日付款或者出票后定期付款的汇票,持票人应当在汇票到期日前向付款人提示承兑。

提示承兑是指持票人向付款人出示汇票,并要求付款人承诺付款的行为。

第四十条 见票后定期付款的汇票,持票人应当自出票日起一个月内向付款人提示承兑。

汇票未按照规定期限提示承兑的,持票人丧失对其前手的追索权。

见票即付的汇票无需提示承兑。

第四十一条 付款人对向其提示承兑的汇票,应当自收到提示承兑的汇票之日起三日内承兑或者拒绝承兑。

付款人收到持票人提示承兑的汇票时,应当向持票人签发收到汇票的回单。回单上应当记明汇票提示承兑日期并签章。

第四十三条 付款人承兑汇票,不得附有条件;承兑附有条件的,视为拒绝承兑。

第四十四条　付款人承兑汇票后，应当承担到期付款的责任。

第一百零二条　有下列票据欺诈行为之一的，依法追究刑事责任：

（一）伪造、变造票据的；

（二）故意使用伪造、变造的票据的；

（三）签发空头支票或者故意签发与其预留的本名签名式样或者印鉴不符的支票，骗取财物的；

（四）签发无可靠资金来源的汇票、本票，骗取资金的；

（五）汇票、本票的出票人在出票时作虚假记载，骗取财物的；

（六）冒用他人的票据，或者故意使用过期或者作废的票据，骗取财物的；

（七）付款人同出票人、持票人恶意串通，实施前六项所列行为之一的。

4.《贷款通则》（中国人民银行令〔1996〕2 号）

第一章　总　　则

第一条　为了规范贷款行为，维护借贷双方的合法权益，保证信贷资产的安全，提高贷款使用的整体效益，促进社会经济的持续发展，根据《中华人民共和国中国人民银行法》、《中华人民共和国商业银行法》等有关法律规定，制定本通则。

第二条　本通则所称贷款人，系指在中国境内依法设立的经营贷款业务的中资金融机构。

本通则所称借款人，系指从经营贷款业务的中资金融机构取得贷款的法人、其他经济组织、个体工商户和自然人。

本通则中所称贷款系指贷款人对借款人提供的并按约定的利率和期限还本付息的货币资金。

本通则中的贷款币种包括人民币和外币。

第三条　贷款的发放和使用应当符合国家的法律、行政法规和中国人民银行发布的行政规章，应当遵循效益性、安全性和流动性的原则。

第四条　借款人与贷款人的借贷活动应当遵循平等、自愿、公平和诚实信用的原则。

第五条　贷款人开展贷款业务，应当遵循公平竞争、密切协作的原则，不得从事不正当竞争。

第六条　中国人民银行及其分支机构是实施《贷款通则》的监管机关。

第二章　贷 款 种 类

第七条　自营贷款、委托贷款和特定贷款：

自营贷款，系指贷款人以合法方式筹集的资金自主发放的贷款，其风险由贷款人承担,并由贷款人收回本金和利息。

委托贷款,系指由政府部门、企事业单位及个人等委托人提供资金,由贷款人(即受托人)根据委托人确定的贷款对象、用途、金额期限、利率等代为发放、监督使用并协助收回的贷款。贷款人(受托人)只收取手续费,不承担贷款风险。

特定贷款,系指国务院批准并对贷款可能造成的损失采取相应补救措施后责成国有独资商业银行发放的贷款。

第八条 短期贷款、中期贷款和长期贷款:

短期贷款,系指贷款期限在 1 年以内(含 1 年)的贷款。

中期贷款,系指贷款期限在 1 年以上(不含 1 年)5 年以下(含 5 年)的贷款。

长期贷款,系指贷款期限在 5 年(不含 5 年)以上的贷款。

第九条 信用贷款、担保贷款和票据贴现:

信用贷款,系指以借款人的信誉发放的贷款。

担保贷款,系指保证贷款、抵押贷款、质押贷款。

保证贷款,系指按《中华人民共和国担保法》规定的保证方式以第三人承诺在借款人不能偿还贷款时,按约定承担一般保证责任或者连带责任而发放的贷款。

抵押贷款,系指按《中华人民共和国担保法》规定的抵押方式以借款人或第三人的财产作为抵押物发放的贷款。

质押贷款,系指按《中华人民共和国担保法》规定的质押方式以借款人或第三人的动产或权利作为质物发放的贷款。

票据贴现,系指贷款人以购买借款人未到期商业票据的方式发放的贷款。

第十条 除委托贷款以外,贷款人发放贷款,借款人应当提供担保。贷款人应当对保证人的偿还能力,抵押物、质物的权属和价值以及实现抵押权、质权的可行性进行严格审查。

经贷款审查、评估,确认借款人资信良好,确能偿还贷款的,可以不提供担保。

第三章 贷款期限和利率

第十一条 贷款期限:

贷款限期根据借款人的生产经营周期、还款能力和贷款人的资金供给能力由借贷双方共同商议后确定,并在借款合同中载明。

自营贷款期限最长一般不得超过 10 年,超过 10 年应当报中国人民银行备案。

票据贴现的贴现期限最长不得超过 6 个月,贴现期限为从贴现之日起到票据到期日止。

第十二条 贷款展期:

不能按期归还贷款的，借款人应当在贷款到期日之前，向贷款人申请贷款展期。是否展期由贷款人决定。申请保证贷款、抵押贷款、质押贷款展期的，还应当由保证人、抵押人、出质人出具同意的书面证明。已有约定的，按照约定执行。

短期贷款展期期限累计不得超过原贷款期限；中期贷款展期期限累计不得超过原贷款期限的一半；长期贷款展期期限累计不得超过3年。国家另有规定者除外。借款人未申请展期或申请展期未得到批准，其贷款从到期日次日起，转入逾期贷款帐户。

第十三条　贷款利率的确定：

贷款人应当按照中国人民银行规定的贷款利率上下限，确定每笔贷款利率，并在借款合同中载明。

第十四条　贷款利息的计收：

贷款人和借款人应当按借款合同和中国人民银行有关计息规定按期计收或交付利息。

贷款的展期期限加上原期限达到新的利率期限档次时，从展期之日起，贷款利息按新的期限档次利率计收。

逾期贷款按规定计收罚息。

第十五条　贷款的贴息：

根据国家政策，为了促进某些产业和地区经济的发展，有关部门可以对贷款补贴利息。

对有关部门贴息的贷款，承办银行应当自主审查发放，并根据本通则有关规定严格管理。

第十六条　贷款停息、减息、缓息和免息；

除国务院决定外，任何单位和个人无权决定停息、减息、缓息和免息。贷款人应当依据国务院决定，按照职责权限范围具体办理停息、减息、缓息和免息。

第四章　借　款　人

第十七条　借款人应当是经工商行政管理机关（或主管机关）核准登记的企（事）业法人、其他经济组织、个体工商户或具有中华人民共和国国籍的具有完全民事行为能力的自然人。

借款人申请贷款，应当具备产品有市场、生产经营有效益、不挤占挪用贷款资金、恪守信用等基本条件，并且应当符合以下要求：

一、有按期还本付息的能力，原应付贷款利息和到期贷款已清偿；没有清偿的，已经做了贷款人认可的偿还计划。

二、除自然人和不需要经工商部门核准登记的事业法人外，应当经过工商部门办理年检手续。

三、已开立基本帐户或一般存款帐户。

四、除国务院规定外，有限责任公司和股份有限公司对外股本权益性投资累计额未超过其净资产总额的50%。

五、借款人的资产负债率符合贷款人的要求。

六、申请中期、长期贷款的，新建项目的企业法人所有者权益与项目所需总投资的比例不低于国家规定的投资项目的资本金比例。

第十八条 借款人的权利：

一、可以自主向主办银行或者其他银行的经办机构申请贷款并依条件取得贷款；

二、有权按合同约定提取和使用全部贷款；

三、有权拒绝借款合同以外的附加条件；

四、有权向贷款人的上级和中国人民银行反映、举报有关情况；

五、在征得贷款人同意后，有权向第三人转让债务。

第十九条 借款人的义务：

一、应当如实提供贷款人要求的资料（法律规定不能提供者除外），应当向贷款人如实提供所有开户行、帐号及存贷款余额情况，配合贷款人的调查、审查和检查；

二、应当接受贷款人对其使用信贷资金情况和有关生产经营、财务活动的监督；

三、应当按借款合同约定用途使用贷款；

四、应当按借款合同约定及时清偿贷款本息；

五、将债务全部或部分转让给第三人的，应当取得贷款人的同意；

六、有危及贷款人债权安全情况时，应当及时通知贷款人，同时采取保全措施。

第二十条 对借款人的限制：

一、不得在一个贷款人同一辖区内的两个或两个以上同级分支机构取得贷款。

二、不得向贷款人提供虚假的或者隐瞒重要事实的资产负债表、损益表等。

三、不得用贷款从事股本权益性投资，国家另有规定的除外。

四、不得用贷款在有价证券、期货等方面从事投机经营。

五、除依法取得经营房地产资格的借款人以外，不得用贷款经营房地产业务；依法取得经营房地产资格的借款人，不得用贷款从事房地产投机。

六、不得套取贷款用于借贷牟取非法收入。

七、不得违反国家外汇管理规定使用外币贷款。

八、不得采取欺诈手段骗取贷款。

第五章 贷 款 人

第二十一条 贷款人必须经中国人民银行批准经营贷款业务，持有中国人民银行颁发的《金融机构法人许可证》或《金融机构营业许可证》，并经工商行政管理部门核准登记。

第二十二条 贷款人的权利：

根据贷款条件和贷款程序自主审查和决定贷款，除国务院批准的特定贷款外，有权拒绝任何单位和个人强令其发放贷款或者提供担保。

一、要求借款人提供与借款有关的资料；

二、根据借款人的条件，决定贷与不贷、贷款金额、期限和利率等；

三、了解借款人的生产经营活动和财务活动；

四、依合同约定从借款人帐户上划收贷款本金和利息；

五、借款人未能履行借款合同规定义务的，贷款人有权依合同约定要求借款人提前归还贷款或停止支付借款人尚未使用的贷款；

六、在贷款将受或已受损失的，可依据合同规定，采取使贷款免受损失的措施。

第二十三条 贷款人的义务：

一、应当公布所经营的贷款的种类、期限和利率，并向借款人提供咨询。

二、应当公开贷款审查的资信内容和发放贷款的条件。

三、贷款人应当审议借款人的借款申请，并及时答复贷与不贷。短期贷款答复时间不得超过1个月，中期、长期贷款答复时间不得超过六个月；国家另有规定者除外。

四、应当对借款人债务、财务、生产、经营情况保密，但对依法查询者除外。

第二十四条 对贷款人的限制：

一、贷款的发放必须严格执行《中华人民共和国商业银行法》第三十九条关于资产负债比例管理的有关规定，第四十条关于不得向关系人发放信用贷款、向关系人发放担保贷款的条件不得优于其他借款人同类贷款条件的规定。

二、借款人有下列情形之一者，不得对其发放贷款：

（一）不具备本通则第四章第十七条所规定的资格和条件的；

（二）生产、经营或投资国家明文禁止的产品、项目的；

（三）违反国家外汇管理规定的；

（四）建设项目按国家规定应当报有关部门批准而未取得批准文件的；

（五）生产经营或投资项目未取得环境保护部门许可的；

（六）在实行承包、租赁、联营、合并（兼并）、合作、分立、产权有偿转让、股份制改造等体制变更过程中，未清偿原有贷款债务、落实原有贷款债务或提供相应担保的；

（七）有其他严重违法经营行为的。

三、未经中国人民银行批准，不得对自然人发放外币币种的贷款。

四、自营贷款和特定贷款，除按中国人民银行规定计收利息之外，不得收取其他任何费用；委托贷款，除按中国人民银行规定计收手续费之外，不得收取其他任何费用。

五、不得给委托人垫付资金，国家另有规定的除外。

六、严格控制信用贷款，积极推广担保贷款。

第六章　贷 款 程 序

第二十五条　贷款申请：

借款人需要贷款，应当向主办银行或者其他银行的经办机构直接申请。

借款人应当填写包括借款金额、借款用途、偿还能力及还款方式等主要内容的《借款申请书》并提供以下资料：

一、借款人及保证人基本情况；

二、财政部门或会计（审计）事务所核准的上年度财务报告，以及申请借款前一期的财务报告；

三、原有不合理占用的贷款的纠正情况；

四、抵押物、质物清单和有处分权人的同意抵押、质押的证明及保证人拟同意保证的有关证明文件；

五、项目建议书和可行性报告；

六、贷款人认为需要提供的其他有关资料。

第二十六条　对借款人的信用等级评估：

应当根据借款人的领导者素质、经济实力、资金结构、履约情况、经营效益和发展前景等因素，评定借款人的信用等级。评级可由贷款人独立进行，内部掌握，也可由有权部门批准的评估机构进行。

第二十七条　贷款调查：

贷款人受理借款人申请后，应当对借款人的信用等级以及借款的合法性、安全性、盈利性等情况进行调查，核实抵押物、质物、保证人情况，测定贷款的风险度。

第二十八条　贷款审批：

贷款人应当建立审贷分离、分级审批的贷款管理制度。审查人员应当对调查人员提供的资料进行核实、评定,复测贷款风险度,提出意见,按规定权限报批。

第二十九条 签订借款合同:

所有贷款应当由贷款人与借款人签订借款合同。借款合同应当约定借款种类,借款用途、金额、利率,借款期限,还款方式,借、贷双方的权利、义务,违约责任和双方认为需要约定的其他事项。

保证贷款应当由保证人与贷款人签订保证合同,或保证人在借款合同上载明与贷款人协商一致的保证条款,加盖保证人的法人公章,并由保证人的法定代表人或其授权代理人签署姓名。抵押贷款、质押贷款应当由抵押人、出质人与贷款人签订抵押合同、质押合同,需要办理登记的,应依法办理登记。

第三十条 贷款发放:

贷款人要按借款合同规定按期发放贷款。贷款人不按合同约定按期发放贷款的,应偿还违约金。借款人不按合同约定用款的,应偿付违约金。

第三十一条 贷后检查:

贷款发放后,贷款人应当对借款人执行借款合同情况及借款人的经营情况进行追踪调查和检查。

第三十二条 贷款归还:

借款人应当按照借款合同规定按时足额归还贷款本息。

贷款人在短期贷款到期1个星期之前、中长期贷款到期1个月之前,应当向借款人发送还本付息通知单;借款人应当及时筹备资金,按时还本付息。

贷款人对逾期的贷款要及时发出催收通知单,做好逾期贷款本息的催收工作。

贷款人对不能按借款合同约定期限归还的贷款,应当按规定加罚利息;对不能归还或者不能落实还本付息事宜的,应当督促归还或者依法起诉。

借款人提前归还贷款,应当与贷款人协商。

第七章 不良贷款监管

第三十三条 贷款人应当建立和完善贷款的质量监管制度,对不良贷款进行分类、登记、考核和催收。

第三十四条 不良贷款系指呆帐贷款、呆滞贷款、逾期贷款。

呆帐贷款,系指按财政部有关规定列为呆帐的贷款。

呆滞贷款,系指按财政部有关规定,逾期(含展期后到期)超过规定年限以上仍未归还的贷款,或虽未逾期或逾期不满规定年限但生产经营已终止、项目已停建的贷款(不含呆帐贷款)。

逾期贷款,系指借款合同约定到期(含展期后到期)未归还的贷款(不含呆滞贷款和呆帐贷款)。

第三十五条 不良贷款的登记:

不良贷款由会计、信贷部门提供数据,由稽核部门负责审核并按规定权限认定,贷款人应当按季填报不良贷款情况表。在报上级行的同时,应当报中国人民银行当地分支机构。

第三十六条 不良贷款的考核:

贷款人的呆帐贷款、呆滞贷款、逾期贷款不得超过中国人民银行规定的比例。贷款人应当对所属分支机构下达和考核呆帐贷款、呆滞贷款和逾期贷款的有关指标。

第三十七条 不良贷款的催收和呆帐贷款的冲销:

信贷部门负责不良贷款的催收,稽核部门负责对催收情况的检查。贷款人应当按照国家有关规定提取呆帐准备金,并按照呆帐冲销的条件和程序冲销呆帐贷款。

未经国务院批准,贷款人不得豁免贷款。除国务院批准外,任何单位和个人不得强令贷款人豁免贷款。

第八章 贷款管理责任制

第三十八条 贷款管理实行行长(经理、主任,下同)负责制。

贷款实行分级经营管理。各级行长应当在授权范围内对贷款的发放和收回负全部责任。行长可以授权副行长或贷款管理部门负责审批贷款,副行长或贷款管理部门负责人应当对行长负责。

第三十九条 贷款人各级机构应当建立有行长或副行长(经理、主任,下同)和有关部门负责人参加的贷款审查委员会(小组),负责贷款的审查。

第四十条 建立审贷分离制:

贷款调查评估人员负责贷款调查评估,承担调查失误和评估失准的责任;贷款审查人员负责贷款风险的审查,承担审查失误的责任;贷款发放人员负责贷款的检查和清收,承担检查失误、清收不力的责任。

第四十一条 建立贷款分级审批制:

贷款人应当根据业务量大小、管理水平和贷款风险度确定各级分支机构的审批权限,超过审批权限的贷款,应当报上级审批。各级分支机构应当根据贷款种类、借款人的信用等级和抵押物、质物、保证人等情况确定每一笔贷款的风险度。

第四十二条 建立和健全信贷工作岗位责任制:

各级贷款管理部门应将贷款管理的每一个环节的管理责任落实到部门、岗位、个人,严格划分各级信贷工作人员的职责。

第四十三条 贷款人对大额借款人建立驻厂信贷员制度。

第四十四条 建立离职审计制：

贷款管理人员在调离原工作岗位时，应当对其在任职期间和权限内所发放的贷款风险情况进行审计。

第九章 贷款债权保全和清偿的管理

第四十五条 借款人不得违反法律规定，借兼并、破产或者股份制改造等途径，逃避银行债务，侵吞信贷资金；不得借承包、租赁等途径逃避贷款人的信贷监管以及偿还贷款本息的责任。

第四十六条 贷款人有权参与处于兼并、破产或股份制改造等过程中的借款人的债务重组，应当要求借款人落实贷款还本付息事宜。

第四十七条 贷款人应当要求实行承包、租赁经营的借款人，在承包、租赁合同中明确落实原贷款债务的偿还责任。

第四十八条 贷款人对实行股份制改造的借款人，应当要求其重新签订借款合同，明确原贷款债务的清偿责任。

对实行整体股份制改造的借款人，应当明确其所欠贷款债务由改造后公司全部承担；对实行部分股份制改造的借款人，应当要求改造后的股份公司按占用借款人的资本金或资产的比例承担原借款人的贷款债务。

第四十九条 贷款人对联营后组成新的企业法人的借款人，应当要求其依据所占用的资本金或资产的比例将贷款债务落实到新的企业法人。

第五十条 贷款人对合并（兼并）的借款人，应当要求其在合并（兼并）前清偿贷款债务或提供相应的担保。

借款人不清偿贷款债务或未提供相应担保，贷款人应当要求合并（兼并）企业或合并后新成立的企业承担归还原借款人贷款的义务，并与之重新签订有关合同或协议。

第五十一条 贷款人对与外商合资（合作）的借款人，应当要求其继续承担合资（合作）前的贷款归还责任，并要求其将所得收益优先归还贷款。借款人用已作为贷款抵押、质押的财产与外商合资（合作）时必须征求贷款人同意。

第五十二条 贷款人对分立的借款人，应当要求其在分立前清偿贷款债务或提供相应的担保。

借款人不清偿贷款债务或未提供相应担保，贷款人应当要求分立后的各企业，按照分立时所占资本或资产比例或协议，对原借款人所欠贷款承担清偿责任。对设立子公司的借款人，应当要求其子公司按所得资本或资产的比例承担和偿还母公司相应的贷款债务。

第五十三条 贷款人对产权有偿转让或申请解散的借款人，应当要求其在产权转让或解散前必须落实贷款债务的清偿。

第五十四条 贷款人应当按照有关法律参与借款人破产财产的认定与债权债务的处置，对于破产借款人已设定财产抵押、质押或其他担保的贷款债权，贷款人依法享有优先受偿权；无财产担保的贷款债权按法定程序和比例受偿。

第十章 贷款管理特别规定

第五十五条 建立贷款主办行制度：

借款人应按中国人民银行的规定与其开立基本帐户的贷款人建立贷款主办行关系。

借款人发生企业分立、股份制改造、重大项目建设等涉及信贷资金使用和安全的重大经济活动，事先应当征求主办行的意见。一个借款人只能有一个贷款主办行，主办行应当随基本帐户的变更而变更。

主办行不包资金，但应当按规定有计划地对借款人提供贷款，为借款人提供必要的信息咨询、代理等金融服务。

贷款主办行制度与实施办法，由中国人民银行另行规定。

第五十六条 银团贷款应当确定一个贷款人为牵头行，并签订银团贷款协议，明确各贷款人的权利和义务，共同评审贷款项目。牵头行应当按协议确定的比例监督贷款的偿还。银团贷款管理办法由中国人民银行另行规定。

第五十七条 特定贷款管理：

国有独资商业银行应当按国务院规定发放和管理特定贷款。

特定贷款管理办法另行规定。

第五十八条 非银行金融机构贷款的种类、对象、范围，应当符合中国人民银行规定。

第五十九条 贷款人发放异地贷款，或者接受异地存款，应当报中国人民银行当地分支机构备案。

第六十条 信贷资金不得用于财政支出。

第六十一条 各级行政部门和企事业单位、供销合作社等合作经济组织、农村合作基金会和其他基金会，不得经营存贷款等金融业务。企业之间不得违反国家规定办理借贷或者变相借贷融资业务。

第十一章 罚 则

第六十二条 贷款人违反资产负债比例管理有关规定发放贷款的，应当依照《中华人民共和国商业银行法》第七十五条，由中国人民银行责令改正，处以罚款，有违法所得的没收违法所得，并且应当依照第七十六条对直接负责的主管人员和其他直接责任人员给予处罚。

第六十三条　贷款人违反规定向关系人发放信用贷款或者发放担保贷款的条件优于其他借款人同类贷款条件的，应当依照《中华人民共和国商业银行法》第七十四条处罚，并且应当依照第七十六条对有关直接责任人员给予处罚。

第六十四条　贷款人的工作人员对单位或者个人强令其发放贷款或者提供担保未予拒绝的，应当依照《中华人民共和国商业银行法》第八十五条给予纪律处分，造成损失的应当承担相应的赔偿责任。

第六十五条　贷款人的有关责任人员违反本通则有关规定，应当给予纪律处分和罚款；情节严重或屡次违反的，应当调离工作岗位，取消任职资格；造成严重经济损失或者构成其他经济犯罪的，应当依照有关法律规定追究刑事责任。

第六十六条　贷款人有下列情形之一，由中国人民银行责令改正；逾期不改正的，中国人民银行可以处以5千元以上1万元以下罚款：

一、没有公布所经营贷款的种类、期限、利率的；

二、没有公开贷款条件和发放贷款时要审查的内容的；

三、没有在规定期限内答复借款人贷款申请的。

第六十七条　贷款人有下列情形之一，由中国人民银行责令改正；有违法所得的，没收违法所得，并处以违法所得1倍以上3倍以下罚款；没有违法所得的，处以五万元以上三十万元以下罚款；构成犯罪的，依法追究刑事责任：

一、贷款人违反规定代垫委托贷款资金的；

二、未经中国人民银行批准，对自然人发放外币贷款的；

三、贷款人违反中国人民银行规定，对自营贷款或者特定贷款在计收利息之外收取其他任何费用的，或者对委托贷款在计收手续费之外收取其他任何费用的。

第六十八条　任何单位和个人强令银行发放贷款或者提供担保的，应当依照《中华人民共和国商业银行法》第八十五条，对直接负责的主管人员和其他直接责任人员或者个人给予纪律处分；造成经济损失的，承担全部或者部分赔偿责任。

第六十九条　借款人采取欺诈手段骗取贷款，构成犯罪的，应当依照《中华人民共和国商业银行法》第八十条等法律规定处以罚款并追究刑事责任。

第七十条　借款人违反本通则第九章第四十五条规定，蓄意通过兼并、破产或者股份制改造等途径侵吞信贷资金的，应当依据有关法律规定承担相应部分赔偿责任并处以罚款；造成贷款人重大经济损失的，应当依照有关法律规定追究直接责任人员的刑事责任。

借款人违反本通则第九章其他条款规定，致使贷款债务落空，由贷款人停止发放新贷款，并提前收回原发放的贷款。造成信贷资产损失的，借款人及其主管人员或其他个人，应当承担部分或全部赔偿责任。在未履行赔偿责任之前，其他任何贷款人不得对其发放贷款。

第七十一条 借款人有下列情形之一，由贷款人对其部分或全部贷款加收利息；情节特别严重的，由贷款人停止支付借款人尚未使用的贷款，并提前收回部分或全部贷款：

一、不按借款合同规定用途使用贷款的。

二、用贷款进行股本权益性投资的。

三、用贷款在有价证券、期货等方面从事投机经营的。

四、未依法取得经营房地产资格的借款人用贷款经营房地产业务的；依法取得经营房地产资格的借款人，用贷款从事房地产投机的。

五、不按借款合同规定清偿贷款本息的。

六、套取贷款相互借贷牟取非法收入的。

第七十二条 借款人有下列情形之一，由贷款人责令改正。情节特别严重或逾期不改正的，由贷款人停止支付借款人尚未使用的贷款，并提前收回部分或全部贷款：

一、向贷款人提供虚假或者隐瞒重要事实的资产负债表、损益表等资料的；

二、不如实向贷款人提供所有开户行、帐号及存贷款余额等资料的；

三、拒绝接受贷款人对其使用信贷资金情况和有关生产经营、财务活动监督的。

第七十三条 行政部门、企事业单位、股份合作经济组织、供销合作社、农村合作基金会和其他基金会擅自发放贷款的；企业之间擅自办理借贷或者变相借贷的，由中国人民银行对出借方按违规收入处以1倍以上至5倍以下罚款，并由中国人民银行予以取缔。

第七十四条 当事人对中国人民银行处罚决定不服的，可按《中国人民银行行政复议办法（试行）》的规定申请复议，复议期间仍按原处罚执行。

第十二章　附　则

第七十五条 国家政策性银行、外资金融机构（含外资、中外合资、外资金融机构的分支机构等）的贷款管理办法，由中国人民银行另行制定。

第七十六条 有关外国政府贷款、出口信贷、外商贴息贷款、出口信贷项下的对外担保以及与上述贷款配套的国际商业贷款的管理办法，由中国人民银行另行制定。

第七十七条 贷款人可根据本通则制定实施细则，报中国人民银行备案。

第七十八条 本通则自实施之日起，中国人民银行和各贷款人在此以前制定的各种规定，与本通则有抵触者，以本通则为准。

第七十九条 本通则由中国人民银行负责解释。

第八十条 本通则自一九九六年八月一日起施行。

5.《国内信用证结算办法》(中国人民银行、中国银行业监督管理委员会公告〔2016〕第10号)

第二条 本办法所称国内信用证(以下简称信用证)，是指银行(包括政策性银行、商业银行、农村合作银行、村镇银行和农村信用社)依照申请人的申请开立的、对相符交单予以付款的承诺。

前款规定的信用证是以人民币计价、不可撤销的跟单信用证。

第四条 信用证业务的各方当事人应当遵守中华人民共和国的法律、法规以及本办法的规定，遵守诚实信用原则，认真履行义务，不得利用信用证进行欺诈等违法犯罪活动，不得损害社会公共利益。

第五条 信用证的开立和转让，应当具有真实的贸易背景。

第六条 信用证只限于转账结算，不得支取现金。

第七条 信用证与作为其依据的贸易合同相互独立，即使信用证含有对此类合同的任何援引，银行也与该合同无关，且不受其约束。

银行对信用证作出的付款、确认到期付款、议付或履行信用证项下其他义务的承诺，不受申请人与开证行、申请人与受益人之间关系而产生的任何请求或抗辩的制约。

受益人在任何情况下，不得利用银行之间或申请人与开证行之间的契约关系。

第九条 信用证业务当事人

(一)申请人指申请开立信用证的当事人，一般为货物购买方或服务接受方。

(二)受益人指接受信用证并享有信用证权益的当事人，一般为货物销售方或服务提供方。

(三)开证行指应申请人申请开立信用证的银行。

(四)通知行指应开证行的要求向受益人通知信用证的银行。

(五)交单行指向信用证有效地点提交信用证项下单据的银行。

(六)转让行指开证行指定的办理信用证转让的银行。

(七)保兑行指根据开证行的授权或要求对信用证加具保兑的银行。

(八)议付行指开证行指定的为受益人办理议付的银行，开证行应指定一家或任意银行作为议付信用证的议付行。

6.《商业银行保理业务管理暂行办法》(银监会令2014年第5号)

第六条 本办法所称保理业务是以债权人转让其应收账款为前提,集应收账款催收、管理、坏账担保及融资于一体的综合性金融服务。债权人将其应收账款转让给商业银行,由商业银行向其提供下列服务中至少一项的,即为保理业务:

(一)应收账款催收:商业银行根据应收账款账期,主动或应债权人要求,采取电话、函件、上门等方式或运用法律手段等对债务人进行催收。

(二)应收账款管理:商业银行根据债权人的要求,定期或不定期向其提供关于应收账款的回收情况、逾期账款情况、对账单等财务和统计报表,协助其进行应收账款管理。

(三)坏账担保:商业银行与债权人签订保理协议后,为债务人核定信用额度,并在核准额度内,对债权人无商业纠纷的应收账款,提供约定的付款担保。

(四)保理融资:以应收账款合法、有效转让为前提的银行融资服务。

以应收账款为质押的贷款,不属于保理业务范围。

第十条 保理业务分类:

(一)国内保理和国际保理

按照基础交易的性质和债权人、债务人所在地,分为国际保理和国内保理。

国内保理是债权人和债务人均在境内的保理业务。

国际保理是债权人和债务人中至少有一方在境外(包括保税区、自贸区、境内关外等)的保理业务。

(二)有追索权保理和无追索权保理

按照商业银行在债务人破产、无理拖欠或无法偿付应收账款时,是否可以向债权人反转让应收账款、要求债权人回购应收账款或归还融资,分为有追索权保理和无追索权保理。

有追索权保理是指在应收账款到期无法从债务人处收回时,商业银行可以向债权人反转让应收账款、要求债权人回购应收账款或归还融资。有追索权保理又称回购型保理。①

① 商业银行从事的有追索权保理业务,类似于贷款业务。但是,行为人骗取商业银行有追索权保理业务融资的,能否构成骗取贷款罪,尚未有定论。实践中,金融机构内部对贷款管理并不规范、统一,有的将贷款以其他名称的金融产品发放,有的将非贷款类产品作为贷款发放管理。引申的一个问题是,骗取贷款罪中的"贷款"是做实质的、穿透式的解释,还是严格按照《贷款通则》中关于贷款的定义,还需要进一步研究。——本书注

无追索权保理是指应收账款在无商业纠纷等情况下无法得到清偿的，由商业银行承担应收账款的坏账风险。无追索权保理又称买断型保理。

（三）单保理和双保理

按照参与保理服务的保理机构个数，分为单保理和双保理。

单保理是由一家保理机构单独为买卖双方提供保理服务。

双保理是由两家保理机构分别向买卖双方提供保理服务。

买卖双方保理机构为同一银行不同分支机构的，原则上可视作双保理。商业银行应当在相关业务管理办法中同时明确作为买方保理机构和卖方保理机构的职责。

有保险公司承保买方信用风险的银保合作，视同双保理。

第十四条　商业银行受理保理融资业务时，应当严格审核卖方和/或买方的资信、经营及财务状况，分析拟做保理融资的应收账款情况，包括是否出质、转让以及账龄结构等，合理判断买方的付款意愿、付款能力以及卖方的回购能力，审查买卖合同等资料的真实性与合法性。对因提供服务、承接工程或其他非销售商品原因所产生的应收账款，或买卖双方为关联企业的应收账款，应当从严审查交易背景真实性和定价的合理性。

第十五条　商业银行应当对客户和交易等相关情况进行有效的尽职调查，重点对交易对手、交易商品及贸易习惯等内容进行审核，并通过审核单据原件或银行认可的电子贸易信息等方式，确认相关交易行为真实合理存在，避免客户通过虚开发票或伪造贸易合同、物流、回款等手段恶意骗取融资。

7.《公安部经济犯罪侦查局关于小额贷款公司是否属于金融机构的批复》（公经金融〔2011〕153 号）

……经研究并征求中国人民银行有关部门的意见，批复如下：

根据《中华人民共和国商业银行法》《非法金融机构和非法金融业务活动取缔办法》等法律、行政法规的规定，我国境内（不含港、澳、台地区）的金融机构必须是由金融监督管理机构批准设立并监管、领取金融业务牌照、从事特许金融业务活动的机构。根据《中国银行业监督管理委员会、中国人民银行关于小额贷款公司试点的指导意见》（银监发〔2008〕23 号），小额贷款公司是由自然人、企业法人与其他社会组织依照《中华人民共和国公司法》投资设立、不吸收公众存款、经营小额贷款业务的有限责任公司或股份有限公司，省级人民政府承担小额贷款公司风险处置责任，并明确一个主管部门（金融办或相关机构）负责对小额贷款公司的监督管理。因此，从现行金额法律规定来看，小额贷款公司属于非持牌的工商企业，目前不宜界定为金额机构。

重点案例要旨

1. 江某昌骗取贷款案①——《刑事审判参考》第962号案例

【要旨】小额贷款公司系依法设立的经营小额贷款金融业务的其他非银行金融机构……符合骗取贷款罪的对象特征。②

2. 吴某合同诈骗、骗取贷款、票据承兑案③

【要旨】骗取贷款罪的"欺骗手段"主要表现为:行为人实施欺骗行为→具有放贷决定权的人陷入认识错误→做出放贷的财产处分决定→行为人获得贷款→银行的贷款遭受风险。银行为了单位业绩考核经讨论后决定给公司问题授信,将银行承兑汇票敞口转为流动资金贷款,银行对公司的流动资金贷款起主导作用。银行对公司的贷款目的、担保人的状况应是知情的,并未陷入错误认识而发放贷款,公司相应获取贷款的行为不符合骗取贷款罪的构成要件。

3. 汤某骗取票据承兑案④

【要旨】厂商银业务,是指生产商、经销商、银行和仓储公司四方合作,银行为经销商向生产商购买货物开具银行承兑汇票,同时经销商将所购买的货物质押给银行,银行指定监管公司对货物进行监管,并根据经销商补存提货保证金状况,通知监管公司释放相应金额质押物,生产商对承兑汇票保证金以外敞口金额提供回购的一种特定票据融资模式。行为人没有非法占有目的,在厂商银业务中提供虚假资信证明骗取银行票据汇兑的行为,构成骗取票据承兑罪,而非骗取贷款罪。

4. 广贸公司、陈某骗取金融票证案⑤——2013年度上海法院金融刑事审判十大案例之一

【要旨】以虚假的贸易合同骗取银行开立信用证后,再将信用证收益权转让给银行,以此换取银行资金,给银行造成重大损失的,构成骗取金融票证罪。

---

① 参见中华人民共和国最高人民法院刑事审判第一、二、三、四、五庭主办:《刑事审判参考》(总第97集),法律出版社2014年版,第34-40页。

② 该案处理结论有争议,实务中引用该案时需要注意在案件判决当时对小额贷款公司是否属于刑法中的其他金融机构尚未定论的背景,对于这一问题需要由司法解释作出明确规定。——本书注

③ 参见山东省东营市中级人民法院(2019)鲁05刑终139号刑事判决书,载中国裁判文书网,https://www.wenshu.court.gov.cn,最后访问日期:2022年11月10日。

④ 参见陈思群、江学:《"厂商银"业务中骗取行为怎样定性》,载《人民检察》2015年第16期。

⑤ 载北大法宝网,https://www.pkulaw.com,最后访问日期:2022年11月10日。

第一百七十六条 【非法吸收公众存款罪】①

第一百七十六条 非法吸收公众存款或者变相吸收公众存款，扰乱金融秩序的，处三年以下有期徒刑或者拘役，并处或者单处罚金；数额巨大或者有其他严重情节的，处三年以上十年以下有期徒刑，并处罚金；数额特别巨大或者有其他特别严重情节的，处十年以上有期徒刑，并处罚金。

单位犯前款罪的，对单位判处罚金，并对其直接负责的主管人员和其他直接责任人员，依照前款的规定处罚。

有前两款行为，在提起公诉前积极退赃退赔，减少损害结果发生的，可以从轻或者减轻处罚。

刑事司法解释和规范性文件

1.《最高人民法院关于审理非法集资刑事案件具体应用法律若干问题的解释》(法释〔2022〕5号)

为依法惩治非法吸收公众存款、集资诈骗等非法集资犯罪活动，根据《中华人民共和国刑法》的规定，现就审理此类刑事案件具体应用法律的若干问题解释如下：

第一条 违反国家金融管理法律规定，向社会公众(包括单位和个人)吸收资金的行为，同时具备下列四个条件的，除刑法另有规定的以外，应当认定为刑法第一百七十六条规定的“非法吸收公众存款或者变相吸收公众存款”：

(一)未经有关部门依法许可或者借用合法经营的形式吸收资金；

(二)通过网络、媒体、推介会、传单、手机信息等途径向社会公开宣传；

(三)承诺在一定期限内以货币、实物、股权等方式还本付息或者给付回报；②

(四)向社会公众即社会不特定对象吸收资金。

未向社会公开宣传，在亲友或者单位内部针对特定对象吸收资金的，不属于非法吸收或者变相吸收公众存款。

第二条 实施下列行为之一，符合本解释第一条第一款规定的条件的，应当依

---

① 2020年《刑法修正案(十一)》对本条作了修改，增设了“数额特别巨大或者有其他严重情节的”量刑档，使最高刑期规定为有期徒刑十年以上，并且罚金数额没有设置上限，同时增设第三款从宽处罚的规定。——本书注

② 实践中具有争议的问题是，仅仅是“给付回报”而未约定“保本”，但回报(利息)在持续一段时间后可以覆盖本金的，能否认定等同于“保本”的效果，进而以非法吸收公众存款罪入罪？本书初步认为，不应作出肯定性结论。因为非法吸收公众存款罪“利诱性”要件认定的核心在于“保本”，但是“保本”不等于“够本”，即“只保本不返息”的仍可以构成本罪，但“返息不保本”的则一定不能构成本罪。——本书注

照刑法第一百七十六条的规定,以非法吸收公众存款罪定罪处罚:

(一)不具有房产销售的真实内容或者不以房产销售为主要目的,以返本销售、售后包租、约定回购、销售房产份额等方式非法吸收资金的;

(二)以转让林权并代为管护等方式非法吸收资金的;

(三)以代种植(养殖)、租种植(养殖)、联合种植(养殖)等方式非法吸收资金的;

(四)不具有销售商品、提供服务的真实内容或者不以销售商品、提供服务为主要目的,以商品回购、寄存代售等方式非法吸收资金的;

(五)不具有发行股票、债券的真实内容,以虚假转让股权、发售虚构债券等方式非法吸收资金的;

(六)不具有募集基金的真实内容,以假借境外基金、发售虚构基金等方式非法吸收资金的;

(七)不具有销售保险的真实内容,以假冒保险公司、伪造保险单据等方式非法吸收资金的;

(八)以网络借贷、投资入股、虚拟币交易等方式非法吸收资金的;

(九)以委托理财、融资租赁等方式非法吸收资金的;

(十)以提供"养老服务"、投资"养老项目"、销售"老年产品"等方式非法吸收资金的;

(十一)利用民间"会""社"等组织非法吸收资金的;

(十二)其他非法吸收资金的行为。

第三条 非法吸收或者变相吸收公众存款,具有下列情形之一的,应当依法追究刑事责任:

(一)非法吸收或者变相吸收公众存款数额在100万元以上的;

(二)非法吸收或者变相吸收公众存款对象150人以上的;

(三)非法吸收或者变相吸收公众存款,给存款人①造成直接经济损失数额在50万元以上的。

非法吸收或者变相吸收公众存款数额在50万元以上或者给存款人造成直接经济损失数额在25万元以上,同时具有下列情节之一的,应当依法追究刑事责任:

---

① 《防范和处置非法集资条例》出台后,此处的"存款人"似乎应改为"集资参与人"。《最高人民检察院、公安部关于公安机关管辖的刑事案件立案追诉标准的规定(二)》对此改用了"集资参与人"。——本书注

(一)曾因非法集资受过刑事追究的;

(二)二年内曾因非法集资受过行政处罚的;

(三)造成恶劣社会影响或者其他严重后果的。

第四条　非法吸收或者变相吸收公众存款,具有下列情形之一的,应当认定为刑法第一百七十六条规定的“数额巨大或者有其他严重情节”:

(一)非法吸收或者变相吸收公众存款数额在500万元以上的;

(二)非法吸收或者变相吸收公众存款对象500人以上的;

(三)非法吸收或者变相吸收公众存款,给存款人造成直接经济损失数额在250万元以上的。

非法吸收或者变相吸收公众存款数额在250万元以上或者给存款人造成直接经济损失数额在150万元以上,同时具有本解释第三条第二款第三项情节的,应当认定为“其他严重情节”。

第五条　非法吸收或者变相吸收公众存款,具有下列情形之一的,应当认定为刑法第一百七十六条规定的“数额特别巨大或者有其他特别严重情节”:

(一)非法吸收或者变相吸收公众存款数额在5000万元以上的;

(二)非法吸收或者变相吸收公众存款对象5000人以上的;

(三)非法吸收或者变相吸收公众存款,给存款人造成直接经济损失数额在2500万元以上的。

非法吸收或者变相吸收公众存款数额在2500万元以上或者给存款人造成直接经济损失数额在1500万元以上,同时具有本解释第三条第二款第三项情节的,应当认定为“其他特别严重情节”。

第六条　非法吸收或者变相吸收公众存款的数额,以行为人所吸收的资金全额计算。在提起公诉前积极退赃退赔,减少损害结果发生的,可以从轻或者减轻处罚;在提起公诉后退赃退赔的,可以作为量刑情节酌情考虑。

非法吸收或者变相吸收公众存款,主要用于正常的生产经营活动,能够在提起公诉前清退所吸收资金,可以免予刑事处罚;情节显著轻微危害不大的,不作为犯罪处理。

对依法不需要追究刑事责任或者免予刑事处罚的,应当依法将案件移送有关行政机关。

第七条　以非法占有为目的,使用诈骗方法实施本解释第二条规定所列行为的,应当依照刑法第一百九十二条的规定,以集资诈骗罪定罪处罚。

使用诈骗方法非法集资,具有下列情形之一的,可以认定为“以非法占有为目的”：

（一）集资后不用于生产经营活动或者用于生产经营活动与筹集资金规模明显不成比例，致使集资款不能返还的；

（二）肆意挥霍集资款，致使集资款不能返还的；

（三）携带集资款逃匿的；

（四）将集资款用于违法犯罪活动的；

（五）抽逃、转移资金、隐匿财产，逃避返还资金的；

（六）隐匿、销毁账目，或者搞假破产、假倒闭，逃避返还资金的；

（七）拒不交代资金去向，逃避返还资金的；

（八）其他可以认定非法占有目的的情形。

集资诈骗罪中的非法占有目的，应当区分情形进行具体认定。行为人部分非法集资行为具有非法占有目的的，对该部分非法集资行为所涉集资款以集资诈骗罪定罪处罚；非法集资共同犯罪中部分行为人具有非法占有目的，其他行为人没有非法占有集资款的共同故意和行为的，对具有非法占有目的的行为人以集资诈骗罪定罪处罚。

第八条 集资诈骗数额在10万元以上的，应当认定为“数额较大”；数额在100万元以上的，应当认定为“数额巨大”。

集资诈骗数额在50万元以上，同时具有本解释第三条第二款第三项情节的，应当认定为刑法第一百九十二条规定的“其他严重情节”。

集资诈骗的数额以行为人实际骗取的数额计算，在案发前已归还的数额应予扣除。行为人为实施集资诈骗活动而支付的广告费、中介费、手续费、回扣，或者用于行贿、赠与等费用，不予扣除。行为人为实施集资诈骗活动而支付的利息，除本金未归还可予折抵本金以外，应当计入诈骗数额。

第九条 犯非法吸收公众存款罪，判处三年以下有期徒刑或者拘役，并处或者单处罚金的，处五万元以上一百万元以下罚金；判处三年以上十年以下有期徒刑的，并处十万元以上五百万元以下罚金；判处十年以上有期徒刑的，并处五十万元以上罚金。

犯集资诈骗罪，判处三年以上七年以下有期徒刑的，并处十万元以上五百万元以下罚金；判处七年以上有期徒刑或者无期徒刑的，并处五十万元以上罚金或者没收财产。

第十条 未经国家有关主管部门批准，向社会不特定对象发行、以转让股权等方式变相发行股票或者公司、企业债券，或者向特定对象发行、变相发行股票或者公司、企业债券累计超过200人的,应当认定为刑法第一百七十九条规定的"擅自发行股票或者公司、企业债券"。构成犯罪的,以擅自发行股票、公司、企业债券罪定罪处罚。

第十一条 违反国家规定,未经依法核准擅自发行基金份额募集基金,情节严重的,依照刑法第二百二十五条的规定,以非法经营罪定罪处罚。

第十二条 广告经营者、广告发布者违反国家规定,利用广告为非法集资活动相关的商品或者服务作虚假宣传,具有下列情形之一的,依照刑法第二百二十二条的规定,以虚假广告罪定罪处罚:

(一)违法所得数额在10万元以上的;

(二)造成严重危害后果或者恶劣社会影响的;

(三)二年内利用广告作虚假宣传,受过行政处罚二次以上的;

(四)其他情节严重的情形。

明知他人从事欺诈发行证券,非法吸收公众存款,擅自发行股票、公司、企业债券,集资诈骗或者组织、领导传销活动等集资犯罪活动,为其提供广告等宣传的,以相关犯罪的共犯论处。

第十三条 通过传销手段向社会公众非法吸收资金,构成非法吸收公众存款罪或者集资诈骗罪,同时又构成组织、领导传销活动罪的,依照处罚较重的规定定罪处罚。

第十四条 单位实施非法吸收公众存款、集资诈骗犯罪的,依照本解释规定的相应自然人犯罪的定罪量刑标准,对单位判处罚金,并对其直接负责的主管人员和其他直接责任人员定罪处罚。

第十五条 此前发布的司法解释与本解释不一致的,以本解释为准。

2.《最高人民法院关于非法集资刑事案件性质认定问题的通知》(法〔2011〕262号)

各省、自治区、直辖市高级人民法院,解放军军事法院,新疆维吾尔自治区高级人民法院生产建设兵团分院:

为依法、准确、及时审理非法集资刑事案件,现就非法集资性质认定的有关问题通知如下:

一、行政部门对于非法集资的性质认定,不是非法集资案件进入刑事程序的必经程序。行政部门未对非法集资作出性质认定的,不影响非法集资刑事案件的审判。

二、人民法院应当依照刑法和最高人民法院《关于审理非法集资刑事案件具体应用法律若干问题的解释》等有关规定认定案件事实的性质,并认定相关行为是否构成犯罪。

三、对于案情复杂、性质认定疑难的案件,人民法院可以在有关部门关于是否符合行业技术标准的行政认定意见的基础上,根据案件事实和法律规定作出性质认定。

四、非法集资刑事案件的审判工作涉及领域广、专业性强,人民法院在审理此类案件当中要注意加强与有关行政主(监)管部门以及公安机关、人民检察院的配合。审判工作中遇到重大问题难以解决的,请及时报告最高人民法院。

3.《最高人民法院、最高人民检察院、公安部关于办理非法集资刑事案件适用法律若干问题的意见》(公通字〔2014〕16号)

各省、自治区、直辖市高级人民法院,人民检察院,公安厅、局,解放军军事法院、军事检察院,新疆维吾尔自治区高级人民法院生产建设兵团分院,新疆生产建设兵团人民检察院、公安局:

为解决近年来公安机关、人民检察院、人民法院在办理非法集资刑事案件中遇到的问题,依法惩治非法吸收公众存款、集资诈骗等犯罪,根据刑法、刑事诉讼法的规定,结合司法实践,现就办理非法集资刑事案件适用法律问题提出以下意见:

一、关于行政认定的问题

行政部门对于非法集资的性质认定,不是非法集资刑事案件进入刑事诉讼程序的必经程序。行政部门未对非法集资作出性质认定的,不影响非法集资刑事案件的侦查、起诉和审判。

公安机关、人民检察院、人民法院应当依法认定案件事实的性质,对于案情复杂、性质认定疑难的案件,可参考有关部门的认定意见,根据案件事实和法律规定作出性质认定。

二、关于"向社会公开宣传"的认定问题

《最高人民法院关于审理非法集资刑事案件具体应用法律若干问题的解释》第一条第一款第二项中的"向社会公开宣传",包括以各种途径向社会公众传播吸收资金的信息,以及明知吸收资金的信息向社会公众扩散而予以放任等情形。

三、关于"社会公众"的认定问题

下列情形不属于《最高人民法院关于审理非法集资刑事案件具体应用法律若干问题的解释》第一条第二款规定的"针对特定对象吸收资金"的行为,应当认定为向社会公众吸收资金:

(一)在向亲友或者单位内部人员吸收资金的过程中,明知亲友或者单位内部人员向不特定对象吸收资金而予以放任的；

（二）以吸收资金为目的，将社会人员吸收为单位内部人员，并向其吸收资金的。

四、关于共同犯罪的处理问题

为他人向社会公众非法吸收资金提供帮助，从中收取代理费、好处费、返点费、佣金、提成等费用，构成非法集资共同犯罪的，应当依法追究刑事责任。能够及时退缴上述费用的，可依法从轻处罚；其中情节轻微的，可以免除处罚；情节显著轻微、危害不大的，不作为犯罪处理。

五、关于涉案财物的追缴和处置问题

向社会公众非法吸收的资金属于违法所得。以吸收的资金向集资参与人支付的利息、分红等回报，以及向帮助吸收资金人员支付的代理费、好处费、返点费、佣金、提成等费用，应当依法追缴。集资参与人本金尚未归还的，所支付的回报可予折抵本金。

将非法吸收的资金及其转换财物用于清偿债务或者转让给他人，有下列情形之一的，应当依法追缴：

（一）他人明知是上述资金及财物而收取的；

（二）他人无偿取得上述资金及财物的；

（三）他人以明显低于市场的价格取得上述资金及财物的；

（四）他人取得上述资金及财物系源于非法债务或者违法犯罪活动的；

（五）其他依法应当追缴的情形。

查封、扣押、冻结的易贬值及保管、养护成本较高的涉案财物，可以在诉讼终结前依照有关规定变卖、拍卖。所得价款由查封、扣押、冻结机关予以保管，待诉讼终结后一并处置。

查封、扣押、冻结的涉案财物，一般应在诉讼终结后，返还集资参与人。涉案财物不足全部返还的，按照集资参与人的集资额比例返还。

六、关于证据的收集问题

办理非法集资刑事案件中，确因客观条件的限制无法逐一收集集资参与人的言词证据的，可结合已收集的集资参与人的言词证据和依法收集并查证属实的书面合同、银行账户交易记录、会计凭证及会计账簿、资金收付凭证、审计报告、互联网电子数据等证据，综合认定非法集资对象人数和吸收资金数额等犯罪事实。

七、关于涉及民事案件的处理问题

对于公安机关、人民检察院、人民法院正在侦查、起诉、审理的非法集资刑事案件，有关单位或者个人就同一事实向人民法院提起民事诉讼或者申请执行涉案财物的，人民法院应当不予受理，并将有关材料移送公安机关或者检察机关。

人民法院在审理民事案件或者执行过程中，发现有非法集资犯罪嫌疑的，应当裁定驳回起诉或者中止执行，并及时将有关材料移送公安机关或者检察机关。

公安机关、人民检察院、人民法院在侦查、起诉、审理非法集资刑事案件中，发现与人民法院正在审理的民事案件属同一事实，或者被申请执行的财物属于涉案财物的，应当及时通报相关人民法院。人民法院经审查认为确属涉嫌犯罪的，依照前款规定处理。

八、关于跨区域案件的处理问题

跨区域非法集资刑事案件，在查清犯罪事实的基础上，可以由不同地区的公安机关、人民检察院、人民法院分别处理。

对于分别处理的跨区域非法集资刑事案件，应当按照统一制定的方案处置涉案财物。

国家机关工作人员违反规定处置涉案财物，构成渎职等犯罪的，应当依法追究刑事责任。

4.《最高人民检察院关于办理涉互联网金融犯罪案件有关问题座谈会纪要》(高检诉〔2017〕14号)

互联网金融是金融与互联网相互融合形成的新型金融业务模式。发展互联网金融，对加快实施创新驱动发展战略、推进供给侧结构性改革、促进经济转型升级具有积极作用。但是，在互联网金融快速发展过程中，部分机构、业态偏离了正确方向，有些甚至打着“金融创新”的幌子进行非法集资、金融诈骗等违法犯罪活动，严重扰乱了金融管理秩序，侵害了人民群众合法权益。2016年4月，国务院部署开展了互联网金融风险专项整治工作，集中整治违法违规行为，防范和化解互联网金融风险。各级检察机关积极参与专项整治工作，依法办理进入检察环节的涉互联网金融犯罪案件。针对办案中遇到的新情况、新问题，高检院公诉厅先后在昆明、上海、福州召开座谈会，对办理涉互联网金融犯罪案件中遇到的有关行为性质、法律适用、证据审查、追诉范围等问题进行了深入研究。纪要如下：

一、办理涉互联网金融犯罪案件的基本要求

促进和保障互联网金融规范健康发展，是检察机关服务经济社会发展的重要内容。各地检察机关公诉部门应当充分认识防范和化解互联网金融风险的重要性、紧迫性和复杂性，立足检察职能，积极参与互联网金融风险专项整治工作，有效预防、依法惩治涉互联网金融犯罪，切实维护人民群众合法权益，维护国家金融安全。

1. 准确认识互联网金融的本质。互联网金融的本质仍然是金融，其潜在的风险与传统金融没有区别，甚至还可能因互联网的作用而被放大。要依据现有的金融管理法律规定，依法准确判断各类金融活动、金融业态的法律性质，准确界定金融创新和金融违法犯罪的界限。在办理涉互联网金融犯罪案件时，判断是否符合"违反国家规定""未经有关国家主管部门批准"等要件时，应当以现行刑事法律和金融管理法律法规为依据。对各种类型互联网金融活动，要深入剖析行为实质并据此判断其性质，从而准确区分罪与非罪、此罪与彼罪、罪轻与罪重、打击与保护的界限，不能机械地被所谓"互联网金融创新"表象所迷惑。

2. 妥善把握刑事追诉的范围和边界。涉互联网金融犯罪案件涉案人员众多，要按照区别对待的原则分类处理，综合运用刑事追诉和非刑事手段处置和化解风险，打击少数、教育挽救大多数。要坚持主客观相统一的原则，根据犯罪嫌疑人在犯罪活动中的地位作用、涉案数额、危害结果、主观过错等主客观情节，综合判断责任轻重及刑事追诉的必要性，做到罪责适应、罚当其罪。对犯罪情节严重、主观恶性大、在犯罪中起主要作用的人员，特别是核心管理层人员和骨干人员，依法从严打击；对犯罪情节相对较轻、主观恶性较小、在犯罪中起次要作用的人员依法从宽处理。

3. 注重案件统筹协调推进。涉互联网金融犯罪跨区域特征明显，各地检察机关公诉部门要按照"统一办案协调、统一案件指挥、统一资产处置、分别侦查诉讼、分别落实维稳"（下称"三统两分"）的要求分别处理好辖区内案件，加强横向、纵向联系，在上级检察机关特别是省级检察院的指导下统一协调推进办案工作，确保辖区内案件处理结果相对平衡统一。跨区县案件由地市级检察院统筹协调，跨地市案件由省级检察院统一协调，跨省案件由高检院公诉厅统一协调。各级检察机关公诉部门要加强与公安机关、地方金融办等相关单位以及检察机关内部侦监、控申等部门的联系，建立健全案件信息通报机制，及时掌握重大案件的立案、侦查、批捕、信访等情况，适时开展提前介入侦查等工作，并及时上报上级检察院。省级检察院公诉部门要发挥工作主动性，主动掌握社会影响大的案件情况，研究制定工作方案，统筹协调解决办案中遇到的问题，重大、疑难、复杂问题要及时向高检院报告。

4. 坚持司法办案"三个效果"有机统一。涉互联网金融犯罪影响广泛，社会各界特别是投资人群体十分关注案件处理。各级检察机关公诉部门要从有利于全案依法妥善处置的角度出发，切实做好提前介入侦查引导取证、审查起诉、出庭公诉等各个阶段的工作，依法妥善处理重大敏感问题，不能机械司法、就案办案。同时，要把办案工作与保障投资人合法权益紧密结合起来，同步做好释法说理、风险防控、追赃挽损、维护稳定等工作，努力实现司法办案的法律效果、社会效果、政治效果有机统一。

二、准确界定涉互联网金融行为法律性质

5. 互联网金融涉及P2P网络借贷、股权众筹、第三方支付、互联网保险以及通过互联网开展资产管理及跨界从事金融业务等多个金融领域，行为方式多样，所涉法律关系复杂。违法犯罪行为隐蔽性、迷惑性强，波及面广，社会影响大，要根据犯罪行为的实质特征和社会危害，准确界定行为的法律性质和刑法适用的罪名。

（一）非法吸收公众存款行为的认定

6. 涉互联网金融活动在未经有关部门依法批准的情形下，公开宣传并向不特定公众吸收资金，承诺在一定期限内还本付息的，应当依法追究刑事责任。其中，应重点审查互联网金融活动相关主体是否存在归集资金、沉淀资金，致使投资人资金存在被挪用、侵占等重大风险等情形。

7. 互联网金融的本质是金融，判断其是否属于“未经有关部门依法批准”，即行为是否具有非法性的主要法律依据是《商业银行法》、《非法金融机构和非法金融业务活动取缔办法》（国务院令第247号）等现行有效的金融管理法律规定。

8. 对以下网络借贷领域的非法吸收公众资金的行为，应当以非法吸收公众存款罪分别追究相关行为主体的刑事责任：

（1）中介机构以提供信息中介服务为名，实际从事直接或间接归集资金、甚至自融或变相自融等行为，应当依法追究中介机构的刑事责任。特别要注意识别变相自融行为，如中介机构通过拆分融资项目期限、实行债权转让等方式为自己吸收资金的，应当认定为非法吸收公众存款。

（2）中介机构与借款人存在以下情形之一的，应当依法追究刑事责任：①中介机构与借款人合谋或者明知借款人存在违规情形，仍为其非法吸收公众存款提供服务的；中介机构与借款人合谋，采取向出借人提供信用担保、通过电子渠道以外的物理场所开展借贷业务等违规方式向社会公众吸收资金的；②双方合谋通过拆分融资项目期限、实行债权转让等方式为借款人吸收资金的。在对中介机构、借款人进行追诉时，应根据各自在非法集资中的地位、作用确定其刑事责任。中介机构虽然没有直接吸收资金，但是通过大肆组织借款人开展非法集资并从中收取费用数额巨大、情节严重的，可以认定为主犯。

（3）借款人故意隐瞒事实，违反规定，以自己名义或借用他人名义利用多个网络借贷平台发布借款信息，借款总额超过规定的最高限额，或将吸收资金用于明确禁止的投资股票、场外配资、期货合约等高风险行业，造成重大损失和社会影响的，应当依法追究借款人的刑事责任。对于借款人将借款主要用于正常的生产经营活动，能够及时清退所吸收资金，不作为犯罪处理。

9. 在非法吸收公众存款罪中，原则上认定主观故意并不要求以明知法律的禁止性规定为要件。特别是具备一定涉金融活动相关从业经历、专业背景或在犯罪活动中担任一定管理职务的犯罪嫌疑人，应当知晓相关金融法律管理规定，如果有证据证明其实际从事的行为应当批准而未经批准，行为在客观上具有非法性，原则上就可以认定其具有非法吸收公众存款的主观故意。在证明犯罪嫌疑人的主观故意时，可以收集运用犯罪嫌疑人的任职情况、职业经历、专业背景、培训经历、此前任职单位或者其本人因从事同类行为受到处罚情况等证据，证明犯罪嫌疑人提出的“不知道相关行为被法律所禁止，故不具有非法吸收公众存款的主观故意”等辩解不能成立。除此之外，还可以收集运用以下证据进一步印证犯罪嫌疑人知道或应当知道其所从事行为具有非法性，比如犯罪嫌疑人故意规避法律以逃避监管的相关证据：自己或要求下属与投资人签订虚假的亲友关系确认书，频繁更换宣传用语逃避监管，实际推介内容与宣传用语、实际经营状况不一致，刻意向投资人夸大公司兑付能力，在培训课程中传授或接受规避法律的方法，等等。

10. 对于无相关职业经历、专业背景，且从业时间短暂，在单位犯罪中层级较低，纯属执行单位领导指令的犯罪嫌疑人提出辩解的，如确实无其他证据证明其具有主观故意的，可以不作为犯罪处理。另外，实践中还存在犯罪嫌疑人提出因信赖行政主管部门出具的相关意见而陷入错误认识的辩解。如果上述辩解确有证据证明，不应作为犯罪处理，但应当对行政主管部门出具的相关意见及其出具过程进行查证，如存在以下情形之一，仍应认定犯罪嫌疑人具有非法吸收公众存款的主观故意：

（1）行政主管部门出具意见所涉及的行为与犯罪嫌疑人实际从事的行为不一致的；

（2）行政主管部门出具的意见未对是否存在非法吸收公众存款问题进行合法性审查，仅对其他合法性问题进行审查的；

（3）犯罪嫌疑人在行政主管部门出具意见时故意隐瞒事实、弄虚作假的；

（4）犯罪嫌疑人与出具意见的行政主管部门的工作人员存在利益输送行为的；

（5）犯罪嫌疑人存在其他影响和干扰行政主管部门出具意见公正性的情形的。

对于犯罪嫌疑人提出因信赖专家学者、律师等专业人士、主流新闻媒体宣传或有关行政主管部门工作人员的个人意见而陷入错误认识的辩解，不能作为犯罪嫌疑人判断自身行为合法性的根据和排除主观故意的理由。

11. 负责或从事吸收资金行为的犯罪嫌疑人非法吸收公众存款金额，根据其实际参与吸收的全部金额认定。但以下金额不应计入该犯罪嫌疑人的吸收金额：

（1）犯罪嫌疑人自身及其近亲属所投资的资金金额；

（2）记录在犯罪嫌疑人名下，但其未实际参与吸收且未从中收取任何形式好处的资金。

吸收金额经过司法会计鉴定的，可以将前述不计入部分直接扣除。但是，前述两项所涉金额仍应计入相对应的上一级负责人及所在单位的吸收金额。

12. 投资人在每期投资结束后，利用投资账户中的资金（包括每期投资结束后归还的本金、利息）进行反复投资的金额应当累计计算，但对反复投资的数额应当作出说明。对负责或从事行政管理、财务会计、技术服务等辅助工作的犯罪嫌疑人，应当按照其参与的犯罪事实，结合其在犯罪中的地位和作用，依法确定刑事责任范围。

13. 确定犯罪嫌疑人的吸收金额时，应当重点审查、运用以下证据：

（1）涉案主体自身的服务器或第三方服务器上存储的交易记录等电子数据；

（2）会计账簿和会计凭证；

（3）银行账户交易记录、POS 机支付记录；

（4）资金收付凭证、书面合同等书证。仅凭投资人报案数据不能认定吸收金额。

（二）集资诈骗行为的认定

14. 以非法占有为目的，使用诈骗方法非法集资，是集资诈骗罪的本质特征。是否具有非法占有目的，是区分非法吸收公众存款罪和集资诈骗罪的关键要件，对此要重点围绕融资项目真实性、资金去向、归还能力等事实进行综合判断。犯罪嫌疑人存在以下情形之一的，原则上可以认定具有非法占有目的：

（1）大部分资金未用于生产经营活动，或名义上投入生产经营但又通过各种方式抽逃转移资金的；

（2）资金使用成本过高，生产经营活动的盈利能力不具有支付全部本息的现实可能性的；

（3）对资金使用的决策极度不负责任或肆意挥霍造成资金缺口较大的；

（4）归还本息主要通过借新还旧来实现的；

（5）其他依照有关司法解释可以认定为非法占有目的的情形。

15. 对于共同犯罪或单位犯罪案件中，不同层级的犯罪嫌疑人之间存在犯罪目的发生转化或者犯罪目的明显不同的，应当根据犯罪嫌疑人的犯罪目的分别认定。

（1）注意区分犯罪目的发生转变的时间节点。犯罪嫌疑人在初始阶段仅具有非法吸收公众存款的故意，不具有非法占有目的，但在发生经营失败、资金链断裂等问题后，明知没有归还能力仍然继续吸收公众存款的，这一时间节点之后的行为应当认定为集资诈骗罪，此前的行为应当认定为非法吸收公众存款罪。

（2）注意区分犯罪嫌疑人的犯罪目的的差异。在共同犯罪或单位犯罪中，犯罪嫌疑人由于层级、职责分工、获取收益方式、对全部犯罪事实的知情程度等不同，其犯罪目的也存在不同。在非法集资犯罪中，有的犯罪嫌疑人具有非法占有的目的，有的则不具有非法占有目的，对此，应当分别认定为集资诈骗罪和非法吸收公众存款罪。

16. 证明主观上是否具有非法占有目的，可以重点收集、运用以下客观证据：

（1）与实施集资诈骗整体行为模式相关的证据：投资合同、宣传资料、培训内容等；

（2）与资金使用相关的证据：资金往来记录、会计账簿和会计凭证、资金使用成本（包括利息和佣金等）、资金决策使用过程、资金主要用途、财产转移情况等；

（3）与归还能力相关的证据：吸收资金所投资项目内容、投资实际经营情况、盈利能力、归还本息资金的主要来源、负债情况、是否存在虚构业绩等虚假宣传行为等；

（4）其他涉及欺诈等方面的证据：虚构融资项目进行宣传、隐瞒资金实际用途、隐匿销毁账簿；等等。司法会计鉴定机构对相关数据进行鉴定时，办案部门可以根据查证犯罪事实的需要提出重点鉴定的项目，保证司法会计鉴定意见与待证的构成要件事实之间的关联性。

17. 集资诈骗的数额，应当以犯罪嫌疑人实际骗取的金额计算。犯罪嫌疑人为吸收公众资金制造还本付息的假象，在诈骗的同时对部分投资人还本付息的，集资诈骗的金额以案发时实际未兑付的金额计算。案发后，犯罪嫌疑人主动退还集资款项的，不能从集资诈骗的金额中扣除，但可以作为量刑情节考虑。

（三）非法经营资金支付结算行为的认定

18. 支付结算业务（也称支付业务）是商业银行或者支付机构在收付款人之间提供的货币资金转移服务。非银行机构从事支付结算业务，应当经中国人民银行批准取得《支付业务许可证》，成为支付机构。未取得支付业务许可从事该业务的行为，违反《非法金融机构和非法金融业务活动取缔办法》①第四条第一款第（三）、（四）项的规定，破坏了支付结算业务许可制度，危害支付市场秩序和安全，情节严重的，适用刑法第二百二十五条第（三）项，以非法经营罪追究刑事责任。具体情形：

① 该办法已被《防范和处置非法集资条例》（2021 年 1 月 26 日发布，2021 年 5 月 1 日实施）废止，但根据《非金融机构支付服务管理办法》第三条规定："非金融机构提供支付服务，应当依据本办法规定取得《支付业务许可证》，成为支付机构。支付机构依法接受中国人民银行的监督管理。未经中国人民银行批准，任何非金融机构和个人不得从事或变相从事支付业务"，对未取得支付业务许可从事支付业务的行为，情节严重的，适用《刑法》第二百二十五条第（三）项，以非法经营罪追究刑事责任。——本书注

(1)未取得支付业务许可经营基于客户支付账户的网络支付业务。无证网络支付机构为客户非法开立支付账户,客户先把资金支付到该支付账户,再由无证机构根据订单信息从支付账户平台将资金结算到收款人银行账户。

(2)未取得支付业务许可经营多用途预付卡业务。无证发卡机构非法发行可跨地区、跨行业、跨法人使用的多用途预付卡,聚集大量的预付卡销售资金,并根据客户订单信息向商户划转结算资金。

19.在具体办案时,要深入剖析相关行为是否具备资金支付结算的实质特征,准确区分支付工具的正常商业流转与提供支付结算服务、区分单用途预付卡与多用途预付卡业务,充分考虑具体行为与“地下钱庄”等同类犯罪在社会危害方面的相当性以及刑事处罚的必要性,严格把握入罪和出罪标准。

三、依法认定单位犯罪及其责任人员

20.涉互联网金融犯罪案件多以单位形式组织实施,所涉单位数量众多、层级复杂,其中还包括大量分支机构和关联单位,集团化特征明显。有的涉互联网金融犯罪案件中分支机构遍布全国,既有具备法人资格的,又有不具备法人资格的;既有受总公司直接领导的,又有受总公司的下属单位领导的。公安机关在立案时做法不一,有的对单位立案,有的不对单位立案,有的被立案的单位不具有独立法人资格,有的仅对最上层的单位立案而不对分支机构立案。对此,检察机关公诉部门在审查起诉时,应当从能够全面揭示犯罪行为基本特征、全面覆盖犯罪活动、准确界定区分各层级人员的地位作用、有利于有力指控犯罪、有利于追缴违法所得等方面依法具体把握,确定是否以单位犯罪追究。

21.涉互联网金融犯罪所涉罪名中,刑法规定应当追究单位刑事责任的,对同时具备以下情形且具有独立法人资格的单位,可以以单位犯罪追究:

(1)犯罪活动经单位决策实施;

(2)单位的员工主要按照单位的决策实施具体犯罪活动;

(3)违法所得归单位所有,经单位决策使用,收益亦归单位所有。但是,单位设立后专门从事违法犯罪活动的,应当以自然人犯罪追究刑事责任。

22.对参与涉互联网金融犯罪,但不具有独立法人资格的分支机构,是否追究其刑事责任,可以区分两种情形处理:

(1)全部或部分违法所得归分支机构所有并支配,分支机构作为单位犯罪主体追究刑事责任;

(2)违法所得完全归分支机构上级单位所有并支配的,不能对分支机构作为单位犯罪主体追究刑事责任,而是应当对分支机构的上级单位(符合单位犯罪主体资格)追究刑事责任。

23. 分支机构认定为单位犯罪主体的,该分支机构相关涉案人员应当作为该分支机构的"直接负责的主管人员"或者"其他直接责任人员"追究刑事责任。仅将分支机构的上级单位认定为单位犯罪主体的,该分支机构相关涉案人员可以作为该上级单位的"其他直接责任人员"追究刑事责任。

24. 对符合追诉条件的分支机构(包括具有独立法人资格的和不具有独立法人资格)及其所属单位,公安机关均没有作为犯罪嫌疑单位移送审查起诉,仅将其所属单位的上级单位作为犯罪嫌疑单位移送审查起诉的,对相关分支机构涉案人员可以区分以下情形处理:

(1)有证据证明被立案的上级单位(比如总公司)在业务、财务、人事等方面对下属单位及其分支机构进行实际控制,下属单位及其分支机构涉案人员可以作为被移送审查起诉的上级单位的"其他直接责任人员"追究刑事责任。在证明实际控制关系时,应当收集、运用公司决策、管理、考核等相关文件,OA 系统等电子数据,资金往来记录等证据。对不同地区同一单位的分支机构涉案人员起诉时,证明实际控制关系的证据体系、证明标准应基本一致。

(2)据现有证据无法证明被立案的上级单位与下属单位及其分支机构之间存在实际控制关系的,对符合单位犯罪构成要件的下属单位或分支机构应当补充起诉,下属单位及其分支机构已不具备补充起诉条件的,可以将下属单位及其分支机构的涉案犯罪嫌疑人直接起诉。

四、综合运用定罪量刑情节

25. 在办理跨区域涉互联网金融犯罪案件时,在追诉标准、追诉范围以及量刑建议等方面应当注意统一平衡。对于同一单位在多个地区分别设立分支机构的,在同一省(自治区、直辖市)范围内应当保持基本一致。分支机构所涉犯罪嫌疑人与上级单位主要犯罪嫌疑人之间应当保持适度平衡,防止出现责任轻重"倒挂"的现象。

26. 单位犯罪中,直接负责的主管人员和其他直接责任人员在涉互联网金融犯罪案件中的地位、作用存在明显差别的,可以区分主犯和从犯。对起组织领导作用的总公司的直接负责的主管人员和发挥主要作用的其他直接责任人员,可以认定为全案的主犯,其他人员可以认定为从犯。

27. 最大限度减少投资人的实际损失是办理涉互联网金融犯罪案件特别是非法集资案件的重要工作。在决定是否起诉、提出量刑建议时,要重视对是否具有认罪认罚、主动退赃退赔等情节的考察。分支机构涉案人员积极配合调查、主动退还违法所得、真诚认罪悔罪的,应当依法提出从轻、减轻处罚的量刑建议。其中,对情节轻微、可以免予刑事处罚的，或者情节显著轻微、危害不大、不认为是犯罪的，应当依法作出不起诉决定。对被不起诉人需要给予行政处罚或者没收违法所得的，应当向行政主管部门提出检察意见。

五、证据的收集、审查与运用

28. 涉互联网金融犯罪案件证据种类复杂、数量庞大、且分散于各地，收集、审查、运用证据的难度大。各地检察机关公诉部门要紧紧围绕证据的真实性、合法性、关联性，引导公安机关依法全面收集固定证据，加强证据的审查、运用，确保案件事实经得起法律的检验。

29. 对于重大、疑难、复杂涉互联网金融犯罪案件，检察机关公诉部门要依法提前介入侦查，围绕指控犯罪的需要积极引导公安机关全面收集固定证据，必要时与公安机关共同会商，提出完善侦查思路、侦查提纲的意见建议。加强对侦查取证合法性的监督，对应当依法排除的非法证据坚决予以排除，对应当补正或作出合理解释的及时提出意见。

30. 电子数据在涉互联网金融犯罪案件的证据体系中地位要，对于指控证实相关犯罪事实具有重要作用。随着互联网技术的不断发展，电子数据的形式、载体出现了许多新的变化，对电子数据的勘验、提取、审查等提出了更高要求，处理不当会对电子数据的真实性、合法性造成不可逆转的损害。检察机关公诉部门要严格执行《最高人民法院、最高人民检察院、公安部关于办理刑事案件收集提取和审查判断电子数据问题的若干规定》（法发〔2016〕22 号），加强对电子数据收集、提取程序和技术标准的审查，确保电子数据的真实性、合法性。对云存储电子数据等新类型电子数据进行提取、审查时，要高度重视程序合法性、数据完整性等问题，必要时主动征求相关领域专家意见，在提取前会同公安机关、云存储服务提供商制定科学合法的提取方案，确保万无一失。

31. 落实"三统两分"要求，健全证据交换共享机制，协调推进跨区域案件办理。对涉及主案犯罪嫌疑人的证据，一般由主案侦办地办案机构负责收集，其他地区提供协助。其他地区办案机构需要主案侦办地提供证据材料的，应当向主案侦办地办案机构提出证据需求，由主案侦办地办案机构收集并依法移送。无法移送证据原件的，应当在移送复制件的同时，按照相关规定作出说明。各地检察机关公诉部门之间要加强协作，加强与公安机关的协调，督促本地公安机关与其他地区公安机关做好证据交换共享相关工作。案件进入审查起诉阶段后，检察机关公诉部门可以根据案件需要，直接向其他地区检察机关调取证据，其他地区检察机关公诉部门应积极协助。此外，各地检察机关在办理案件过程中发现对其他地区案件办理有重要作用的证据，应当及时采取措施并通知相应检察机关，做好依法移送工作。

六、投资人合法权益的保护

32. 涉互联网金融犯罪案件投资人诉求复杂多样，矛盾化解和维护稳定工作任务艰巨繁重，各地检察机关公诉部门在办案过程中要坚持刑事追诉和权益保护并重，根据《刑事诉讼法》等相关法律规定，依法保证互联网金融活动中投资人的合法权益，坚持把追赃挽损等工作贯穿到侦查、起诉、审判各个环节，配合公安、法院等部门最大限度减少投资人的实际损失，加强与本院控申部门、公安机关的联系沟通，及时掌握涉案动态信息，认真开展办案风险评估预警工作，周密制定处置预案，并落实责任到位，避免因部门之间衔接不畅、处置不当造成工作被动。发现重大风险隐患的，及时向有关部门通报情况，必要时逐级上报高检院。

随着互联网金融的发展，涉互联网金融犯罪中的新情况、新问题还将不断出现，各地检察机关公诉部门要按照会议纪要的精神，结合各地办案实际，依法办理涉互联网金融犯罪案件；在办好案件的同时，要不断总结办案经验，加强对重大疑难复杂案件的研究，努力提高办理涉互联网金融犯罪案件的能力和水平，为促进互联网金融规范发展、保障经济社会大局稳定作出积极贡献。在办案过程中遇到疑难问题的，要及时层报高检院公诉厅。

5.《最高人民法院、最高人民检察院、公安部关于办理非法集资刑事案件若干问题的意见》(高检会〔2019〕2 号)

为依法惩治非法吸收公众存款、集资诈骗等非法集资犯罪活动，维护国家金融管理秩序，保护公民、法人和其他组织合法权益，根据刑法、刑事诉讼法等法律规定，结合司法实践，现就办理非法吸收公众存款、集资诈骗等非法集资刑事案件有关问题提出以下意见：

一、关于非法集资的“非法性”认定依据问题

人民法院、人民检察院、公安机关认定非法集资的“非法性”，应当以国家金融管理法律法规作为依据。对于国家金融管理法律法规仅作原则性规定的，可以根据法律规定的精神并参考中国人民银行、中国银行保险监督管理委员会、中国证券监督管理委员会等行政主管部门依照国家金融管理法律法规制定的部门规章或者国家有关金融管理的规定、办法、实施细则等规范性文件的规定予以认定。

二、关于单位犯罪的认定问题

单位实施非法集资犯罪活动，全部或者大部分违法所得归单位所有的，应当认定为单位犯罪。

个人为进行非法集资犯罪活动而设立的单位实施犯罪的，或者单位设立后，以

实施非法集资犯罪活动为主要活动的，不以单位犯罪论处，对单位中组织、策划、实施非法集资犯罪活动的人员应当以自然人犯罪依法追究刑事责任。

判断单位是否以实施非法集资犯罪活动为主要活动，应当根据单位实施非法集资的次数、频度、持续时间、资金规模、资金流向、投入人力物力情况、单位进行正当经营的状况以及犯罪活动的影响、后果等因素综合考虑认定。

三、关于涉案下属单位的处理问题

办理非法集资刑事案件中，人民法院、人民检察院、公安机关应当全面查清涉案单位，包括上级单位（总公司、母公司）和下属单位（分公司、子公司）的主体资格、层级、关系、地位、作用、资金流向等，区分情况依法作出处理。

上级单位已被认定为单位犯罪，下属单位实施非法集资犯罪活动，且全部或者大部分违法所得归下属单位所有的，对该下属单位也应当认定为单位犯罪。上级单位和下属单位构成共同犯罪的，应当根据犯罪单位的地位、作用，确定犯罪单位的刑事责任。

上级单位已被认定为单位犯罪，下属单位实施非法集资犯罪活动，但全部或者大部分违法所得归上级单位所有的，对下属单位不单独认定为单位犯罪。下属单位中涉嫌犯罪的人员，可以作为上级单位的其他直接责任人员依法追究刑事责任。

上级单位未被认定为单位犯罪，下属单位被认定为单位犯罪的，对上级单位中组织、策划、实施非法集资犯罪的人员，一般可以与下属单位按照自然人与单位共同犯罪处理。

上级单位与下属单位均未被认定为单位犯罪的，一般以上级单位与下属单位中承担组织、领导、管理、协调职责的主管人员和发挥主要作用的人员作为主犯，以其他积极参加非法集资犯罪的人员作为从犯，按照自然人共同犯罪处理。

四、关于主观故意的认定问题

认定犯罪嫌疑人、被告人是否具有非法吸收公众存款的犯罪故意，应当依据犯罪嫌疑人、被告人的任职情况、职业经历、专业背景、培训经历、本人因同类行为受到行政处罚或者刑事追究情况以及吸收资金方式、宣传推广、合同资料、业务流程等证据，结合其供述，进行综合分析判断。

犯罪嫌疑人、被告人使用诈骗方法非法集资，符合《最高人民法院关于审理非法集资刑事案件具体应用法律若干问题的解释》第四条规定的，可以认定为集资诈骗罪中“以非法占有为目的”。

办案机关在办理非法集资刑事案件中，应当根据案件具体情况注意收集运用涉及犯罪嫌疑人、被告人的以下证据：是否使用虚假身份信息对外开展业务；是否虚假订立合同、协议；是否虚假宣传，明显超出经营范围或者夸大经营、投资、服务项目及盈利能力；是否吸收资金后隐匿、销毁合同、协议、账目；是否传授或者接受规避法律、逃避监管的方法，等等。

五、关于犯罪数额的认定问题

非法吸收或者变相吸收公众存款构成犯罪，具有下列情形之一的，向亲友或者单位内部人员吸收的资金应当与向不特定对象吸收的资金一并计入犯罪数额：

（一）在向亲友或者单位内部人员吸收资金的过程中，明知亲友或者单位内部人员向不特定对象吸收资金而予以放任的；

（二）以吸收资金为目的，将社会人员吸收为单位内部人员，并向其吸收资金的；

（三）向社会公开宣传，同时向不特定对象、亲友或者单位内部人员吸收资金的。

非法吸收或者变相吸收公众存款的数额，以行为人所吸收的资金全额计算。集资参与人收回本金或者获得回报后又重复投资的数额不予扣除，但可以作为量刑情节酌情考虑。

六、关于宽严相济刑事政策把握问题

办理非法集资刑事案件，应当贯彻宽严相济刑事政策，依法合理把握追究刑事责任的范围，综合运用刑事手段和行政手段处置和化解风险，做到惩处少数、教育挽救大多数。要根据行为人的客观行为、主观恶性、犯罪情节及其地位、作用、层级、职务等情况，综合判断行为人的责任轻重和刑事追究的必要性，按照区别对待原则分类处理涉案人员，做到罚当其罪、罪责刑相适应。

重点惩处非法集资犯罪活动的组织者、领导者和管理人员，包括单位犯罪中的上级单位（总公司、母公司）的核心层、管理层和骨干人员，下属单位（分公司、子公司）的管理层和骨干人员，以及其他发挥主要作用的人员。

对于涉案人员积极配合调查、主动退赃退赔、真诚认罪悔罪的，可以依法从轻处罚；其中情节轻微的，可以免除处罚；情节显著轻微、危害不大的，不作为犯罪处理。

七、关于管辖问题

跨区域非法集资刑事案件按照《国务院关于进一步做好防范和处置非法集资工作的意见》（国发〔2015〕59 号）确定的工作原则办理。如果合并侦查、诉讼更为适宜的，可以合并办理。

办理跨区域非法集资刑事案件，如果多个公安机关都有权立案侦查的，一般由主要犯罪地公安机关作为案件主办地，对主要犯罪嫌疑人立案侦查和移送审查起诉；由其他犯罪地公安机关作为案件分办地根据案件具体情况，对本地区犯罪嫌疑人立案侦查和移送审查起诉。

管辖不明或者有争议的，按照有利于查清犯罪事实、有利于诉讼的原则，由其共同的上级公安机关协调确定或者指定有关公安机关作为案件主办地立案侦查。需要提请批准逮捕、移送审查起诉、提起公诉的，由分别立案侦查的公安机关所在地的人民检察院、人民法院受理。

对于重大、疑难、复杂的跨区域非法集资刑事案件，公安机关应当在协调确定或者指定案件主办地立案侦查的同时，通报同级人民检察院、人民法院。人民检察院、人民法院参照前款规定，确定主要犯罪地作为案件主办地，其他犯罪地作为案件分办地，由所在地的人民检察院、人民法院负责起诉、审判。

本条规定的"主要犯罪地"，包括非法集资活动的主要组织、策划、实施地，集资行为人的注册地、主要营业地、主要办事机构所在地，集资参与人的主要所在地等。

八、关于办案工作机制问题

案件主办地和其他涉案地办案机关应当密切沟通协调，协同推进侦查、起诉、审判、资产处置工作，配合有关部门最大限度追赃挽损。

案件主办地办案机关应当统一负责主要犯罪嫌疑人、被告人涉嫌非法集资全部犯罪事实的立案侦查、起诉、审判，防止遗漏犯罪事实；并应就全案处理政策、追诉主要犯罪嫌疑人、被告人的证据要求及诉讼时限、追赃挽损、资产处置等工作要求，向其他涉案地办案机关进行通报。其他涉案地办案机关应当对本地区犯罪嫌疑人、被告人涉嫌非法集资的犯罪事实及时立案侦查、起诉、审判，积极协助主办地处置涉案资产。

案件主办地和其他涉案地办案机关应当建立和完善证据交换共享机制。对涉及主要犯罪嫌疑人、被告人的证据，一般由案件主办地办案机关负责收集，其他涉案地提供协助。案件主办地办案机关应当及时通报接收涉及主要犯罪嫌疑人、被告人的证据材料的程序及要求。其他涉案地办案机关需要案件主办地提供证据材料的，应当向案件主办地办案机关提出证据需求，由案件主办地收集并依法移送。无法移送证据原件的，应当在移送复制件的同时，按照相关规定作出说明。

九、关于涉案财物追缴处置问题

办理跨区域非法集资刑事案件，案件主办地办案机关应当及时归集涉案财物，为统一资产处置做好基础性工作。其他涉案地办案机关应当及时查明涉案财物，明确其来源、去向、用途、流转情况，依法办理查封、扣押、冻结手续，并制作详细清单，对扣押款项应当设立明细账，在扣押后立即存入办案机关唯一合规账户，并将有关情况提供案件主办地办案机关。

人民法院、人民检察院、公安机关应当严格依照刑事诉讼法和相关司法解释的规定，依法移送、审查、处理查封、扣押、冻结的涉案财物。对审判时尚未追缴到案或者尚未足额退赔的违法所得，人民法院应当判决继续追缴或者责令退赔，并由人民法院负责执行，处置非法集资职能部门、人民检察院、公安机关等应当予以配合。

人民法院对涉案财物依法作出判决后，有关地方和部门应当在处置非法集资职能部门统筹协调下，切实履行协作义务，综合运用多种手段，做好涉案财物清运、财产变现、资金归集、资金清退等工作，确保最大限度减少实际损失。

根据有关规定，查封、扣押、冻结的涉案财物，一般应在诉讼终结后返还集资参与人。涉案财物不足全部返还的，按照集资参与人的集资额比例返还。退赔集资参与人的损失一般优先于其他民事债务以及罚金、没收财产的执行。

十、关于集资参与人权利保障问题

集资参与人，是指向非法集资活动投入资金的单位和个人，为非法集资活动提供帮助并获取经济利益的单位和个人除外。

人民法院、人民检察院、公安机关应当通过及时公布案件进展、涉案资产处置情况等方式，依法保障集资参与人的合法权利。集资参与人可以推选代表人向人民法院提出相关意见和建议；推选不出代表人的，人民法院可以指定代表人。人民法院可以视案件情况决定集资参与人代表人参加或者旁听庭审，对集资参与人提起附带民事诉讼等请求不予受理。①

十一、关于行政执法与刑事司法衔接问题

处置非法集资职能部门或者有关行政主管部门，在调查非法集资行为或者行政执法过程中，认为案情重大、疑难、复杂的，可以商请公安机关就追诉标准、证据固定等问题提出咨询或者参考意见；发现非法集资行为涉嫌犯罪的，应当按照《行政执法机关移送涉嫌犯罪案件的规定》等规定，履行相关手续，在规定的期限内将案件移送公安机关。

人民法院、人民检察院、公安机关在办理非法集资刑事案件过程中，可商请处置非法集资职能部门或者有关行政主管部门指派专业人员配合开展工作，协助查阅、复制有关专业资料，就案件涉及的专业问题出具认定意见。涉及需要行政处理的事项，应当及时移交处置非法集资职能部门或者有关行政主管部门依法处理。

---

①　最高人民法院、最高人民检察院、公安部对非法集资（包括非法吸收公众存款罪和集资诈骗罪）案件的集资参与人作为“准被害人”对待，并未赋予集资参与人以完全被害人的身份。实践中，对于集资参与人是否有权提出申诉往往取决于刑事判决书或裁定书中是否将其列明为“被害人”，各地做法不一，有赖于最高司法机关统一认识，确保法律正确实施。——本书注

十二、关于国家工作人员相关法律责任问题

国家工作人员具有下列行为之一，构成犯罪的，应当依法追究刑事责任：

（一）明知单位和个人所申请机构或者业务涉嫌非法集资，仍为其办理行政许可或者注册手续的；

（二）明知所主管、监管的单位有涉嫌非法集资行为，未依法及时处理或者移送处置非法集资职能部门的；

（三）查处非法集资过程中滥用职权、玩忽职守、徇私舞弊的；

（四）徇私舞弊不向司法机关移交非法集资刑事案件的；

（五）其他通过职务行为或者利用职务影响，支持、帮助、纵容非法集资的。

6.《最高人民检察院、公安部关于公安机关管辖的刑事案件立案追诉标准的规定（二）》（公通字〔2022〕12号）

第二十三条 〔非法吸收公众存款案（刑法第一百七十六条）〕非法吸收公众存款或者变相吸收公众存款，扰乱金融秩序，涉嫌下列情形之一的，应予立案追诉：

（一）非法吸收或者变相吸收公众存款数额在一百万元以上的；

（二）非法吸收或者变相吸收公众存款对象一百五十人以上的；

（三）非法吸收或者变相吸收公众存款，给集资参与人造成直接经济损失数额在五十万元以上的；

非法吸收或者变相吸收公众存款数额在五十万元以上或者给集资参与人造成直接经济损失数额在二十五万元以上，同时涉嫌下列情形之一的，应予立案追诉：

（一）因非法集资受过刑事追究的；

（二）二年内因非法集资受过行政处罚的；

（三）造成恶劣社会影响或者其他严重后果的。

7.《最高人民法院研究室关于认定非法吸收公众存款罪主体问题的复函》（法研〔2001〕71号）①

公安部经济犯罪侦查局：

你局公经〔2001〕630号《关于认定非法吸收公众存款罪犯罪主体资格的函》收悉。经研究，提出以下意见供参考：

金融机构及其工作人员不能构成非法吸收公众存款罪的犯罪主体。对于银行或者其他金融机构及其工作人员以牟利为目的，采用吸收客户资金不入账并将资金

---

① 应当注意，实务中对于"安邦系""明天系"等案件，也有认定金融机构为非法吸收公众存款罪主体的判例。对此，似乎需要进一步研究。——本书注

用于非法拆借、发放贷款，构成犯罪的，依照刑法有关规定定罪处罚。

其他相关规范

1.《防范和处置非法集资条例》(国务院令第737号)

第一章 总 则

第一条 为了防范和处置非法集资，保护社会公众合法权益，防范化解金融风险，维护经济秩序和社会稳定，制定本条例。

第二条 本条例所称非法集资，是指未经国务院金融管理部门依法许可或者违反国家金融管理规定，以许诺还本付息或者给予其他投资回报等方式，向不特定对象吸收资金的行为。

非法集资的防范以及行政机关对非法集资的处置，适用本条例。法律、行政法规对非法从事银行、证券、保险、外汇等金融业务活动另有规定的，适用其规定。

本条例所称国务院金融管理部门，是指中国人民银行、国务院金融监督管理机构和国务院外汇管理部门。

第三条 本条例所称非法集资人，是指发起、主导或者组织实施非法集资的单位和个人；所称非法集资协助人，是指明知是非法集资而为其提供帮助并获取经济利益的单位和个人。

第四条 国家禁止任何形式的非法集资，对非法集资坚持防范为主、打早打小、综合治理、稳妥处置的原则。

第五条 省、自治区、直辖市人民政府对本行政区域内防范和处置非法集资工作负总责，地方各级人民政府应当建立健全政府统一领导的防范和处置非法集资工作机制。县级以上地方人民政府应当明确防范和处置非法集资工作机制的牵头部门(以下简称处置非法集资牵头部门)，有关部门以及国务院金融管理部门分支机构、派出机构等单位参加工作机制；乡镇人民政府应当明确牵头负责防范和处置非法集资工作的人员。上级地方人民政府应当督促、指导下级地方人民政府做好本行政区域防范和处置非法集资工作。

行业主管部门、监管部门应当按照职责分工，负责本行业、领域非法集资的防范和配合处置工作。

第六条 国务院建立处置非法集资部际联席会议(以下简称联席会议)制度。联席会议由国务院银行保险监督管理机构牵头，有关部门参加，负责督促、指导有关部门和地方开展防范和处置非法集资工作，协调解决防范和处置非法集资工作中的重大问题。

第七条 各级人民政府应当合理保障防范和处置非法集资工作相关经费，并列入本级预算。

第二章 防 范

第八条 地方各级人民政府应当建立非法集资监测预警机制，纳入社会治安综合治理体系，发挥网格化管理和基层群众自治组织的作用，运用大数据等现代信息技术手段，加强对非法集资的监测预警。

行业主管部门、监管部门应当强化日常监督管理，负责本行业、领域非法集资的风险排查和监测预警。

联席会议应当建立健全全国非法集资监测预警体系，推动建设国家监测预警平台，促进地方、部门信息共享，加强非法集资风险研判，及时预警提示。

第九条 市场监督管理部门应当加强企业、个体工商户名称和经营范围等商事登记管理。除法律、行政法规和国家另有规定外，企业、个体工商户名称和经营范围中不得包含“金融”、“交易所”、“交易中心”、“理财”、“财富管理”、“股权众筹”等字样或者内容。

县级以上地方人民政府处置非法集资牵头部门、市场监督管理部门等有关部门应当建立会商机制，发现企业、个体工商户名称或者经营范围中包含前款规定以外的其他与集资有关的字样或者内容的，及时予以重点关注。

第十条 处置非法集资牵头部门会同互联网信息内容管理部门、电信主管部门加强对涉嫌非法集资的互联网信息和网站、移动应用程序等互联网应用的监测。经处置非法集资牵头部门组织认定为用于非法集资的，互联网信息内容管理部门、电信主管部门应当及时依法作出处理。

互联网信息服务提供者应当加强对用户发布信息的管理，不得制作、复制、发布、传播涉嫌非法集资的信息。发现涉嫌非法集资的信息，应当保存有关记录，并向处置非法集资牵头部门报告。

第十一条 除国家另有规定外，任何单位和个人不得发布包含集资内容的广告或者以其他方式向社会公众进行集资宣传。

市场监督管理部门会同处置非法集资牵头部门加强对涉嫌非法集资广告的监测。经处置非法集资牵头部门组织认定为非法集资的，市场监督管理部门应当及时依法查处相关非法集资广告。

广告经营者、广告发布者应当依照法律、行政法规查验相关证明文件，核对广告内容。对没有相关证明文件且包含集资内容的广告，广告经营者不得提供设计、制作、代理服务，广告发布者不得发布。

第十二条　处置非法集资牵头部门与所在地国务院金融管理部门分支机构、派出机构应当建立非法集资可疑资金监测机制。国务院金融管理部门及其分支机构、派出机构应当按照职责分工督促、指导金融机构、非银行支付机构加强对资金异常流动情况及其他涉嫌非法集资可疑资金的监测工作。

第十三条　金融机构、非银行支付机构应当履行下列防范非法集资的义务：

（一）建立健全内部管理制度，禁止分支机构和员工参与非法集资，防止他人利用其经营场所、销售渠道从事非法集资；

（二）加强对社会公众防范非法集资的宣传教育，在经营场所醒目位置设置警示标识；

（三）依法严格执行大额交易和可疑交易报告制度，对涉嫌非法集资资金异常流动的相关账户进行分析识别，并将有关情况及时报告所在地国务院金融管理部门分支机构、派出机构和处置非法集资牵头部门。

第十四条　行业协会、商会应当加强行业自律管理、自我约束，督促、引导成员积极防范非法集资，不组织、不协助、不参与非法集资。

第十五条　联席会议应当建立中央和地方上下联动的防范非法集资宣传教育工作机制，推动全国范围内防范非法集资宣传教育工作。

地方各级人民政府应当开展常态化的防范非法集资宣传教育工作，充分运用各类媒介或者载体，以法律政策解读、典型案例剖析、投资风险教育等方式，向社会公众宣传非法集资的违法性、危害性及其表现形式等，增强社会公众对非法集资的防范意识和识别能力。

行业主管部门、监管部门以及行业协会、商会应当根据本行业、领域非法集资风险特点，有针对性地开展防范非法集资宣传教育活动。

新闻媒体应当开展防范非法集资公益宣传，并依法对非法集资进行舆论监督。

第十六条　对涉嫌非法集资行为，任何单位和个人有权向处置非法集资牵头部门或者其他有关部门举报。

国家鼓励对涉嫌非法集资行为进行举报。处置非法集资牵头部门以及其他有关部门应当公开举报电话和邮箱等举报方式、在政府网站设置举报专栏，接受举报，及时依法处理，并为举报人保密。

第十七条　居民委员会、村民委员会发现所在区域有涉嫌非法集资行为的，应当向当地人民政府、处置非法集资牵头部门或者其他有关部门报告。

第十八条　处置非法集资牵头部门和行业主管部门、监管部门发现本行政区域或者本行业、领域可能存在非法集资风险的，有权对相关单位和个人进行警示约谈，责令整改。

第三章 处 置

第十九条 对本行政区域内的下列行为，涉嫌非法集资的，处置非法集资牵头部门应当及时组织有关行业主管部门、监管部门以及国务院金融管理部门分支机构、派出机构进行调查认定：

（一）设立互联网企业、投资及投资咨询类企业、各类交易场所或者平台、农民专业合作社、资金互助组织以及其他组织吸收资金；

（二）以发行或者转让股权、债权，募集基金，销售保险产品，或者以从事各类资产管理、虚拟货币、融资租赁业务等名义吸收资金；

（三）在销售商品、提供服务、投资项目等商业活动中，以承诺给付货币、股权、实物等回报的形式吸收资金；

（四）违反法律、行政法规或者国家有关规定，通过大众传播媒介、即时通信工具或者其他方式公开传播吸收资金信息；

（五）其他涉嫌非法集资的行为。

第二十条 对跨行政区域的涉嫌非法集资行为，非法集资人为单位的，由其登记地处置非法集资牵头部门组织调查认定；非法集资人为个人的，由其住所地或者经常居住地处置非法集资牵头部门组织调查认定。非法集资行为发生地、集资资产所在地以及集资参与人所在地处置非法集资牵头部门应当配合调查认定工作。

处置非法集资牵头部门对组织调查认定职责存在争议的，由其共同的上级处置非法集资牵头部门确定；对跨省、自治区、直辖市组织调查认定职责存在争议的，由联席会议确定。

第二十一条 处置非法集资牵头部门组织调查涉嫌非法集资行为，可以采取下列措施：

（一）进入涉嫌非法集资的场所进行调查取证；

（二）询问与被调查事件有关的单位和个人，要求其对有关事项作出说明；

（三）查阅、复制与被调查事件有关的文件、资料、电子数据等，对可能被转移、隐匿或者毁损的文件、资料、电子设备等予以封存；

（四）经处置非法集资牵头部门主要负责人批准，依法查询涉嫌非法集资的有关账户。

调查人员不得少于 2 人，并应当出示执法证件。

与被调查事件有关的单位和个人应当配合调查，不得拒绝、阻碍。

第二十二条 处置非法集资牵头部门对涉嫌非法集资行为组织调查，有权要求暂停集资行为，通知市场监督管理部门或者其他有关部门暂停为涉嫌非法集资的有关单位办理设立、变更或者注销登记。

第二十三条 经调查认定属于非法集资的，处置非法集资牵头部门应当责令非法集资人、非法集资协助人立即停止有关非法活动；发现涉嫌犯罪的，应当按照规定及时将案件移送公安机关，并配合做好相关工作。

行政机关对非法集资行为的调查认定，不是依法追究刑事责任的必经程序。

第二十四条 根据处置非法集资的需要，处置非法集资牵头部门可以采取下列措施：

（一）查封有关经营场所，查封、扣押有关资产；

（二）责令非法集资人、非法集资协助人追回、变价出售有关资产用于清退集资资金；

（三）经设区的市级以上地方人民政府处置非法集资牵头部门决定，按照规定通知出入境边防检查机关，限制非法集资的个人或者非法集资单位的控股股东、实际控制人、董事、监事、高级管理人员以及其他直接责任人员出境。

采取前款第一项、第二项规定的措施，应当经处置非法集资牵头部门主要负责人批准。

第二十五条 非法集资人、非法集资协助人应当向集资参与人清退集资资金。清退过程应当接受处置非法集资牵头部门监督。

任何单位和个人不得从非法集资中获取经济利益。

因参与非法集资受到的损失，由集资参与人自行承担。

第二十六条 清退集资资金来源包括：

（一）非法集资资金余额；

（二）非法集资资金的收益或者转换的其他资产及其收益；

（三）非法集资人及其股东、实际控制人、董事、监事、高级管理人员和其他相关人员从非法集资中获得的经济利益；

（四）非法集资人隐匿、转移的非法集资资金或者相关资产；

（五）在非法集资中获得的广告费、代言费、代理费、好处费、返点费、佣金、提成等经济利益；

（六）可以作为清退集资资金的其他资产。

第二十七条 为非法集资设立的企业、个体工商户和农民专业合作社，由市场监督管理部门吊销营业执照。为非法集资设立的网站、开发的移动应用程序等互联网应用，由电信主管部门依法予以关闭。

第二十八条 国务院金融管理部门及其分支机构、派出机构，地方人民政府有关部门以及其他有关单位和个人，对处置非法集资工作应当给予支持、配合。

任何单位和个人不得阻挠、妨碍处置非法集资工作。

第二十九条 处置非法集资过程中，有关地方人民政府应当采取有效措施维护社会稳定。

第四章 法律责任

第三十条 对非法集资人，由处置非法集资牵头部门处集资金额20%以上1倍以下的罚款。非法集资人为单位的，还可以根据情节轻重责令停产停业，由有关机关依法吊销许可证、营业执照或者登记证书；对其法定代表人或者主要负责人、直接负责的主管人员和其他直接责任人员给予警告，处50万元以上500万元以下的罚款。构成犯罪的，依法追究刑事责任。

第三十一条 对非法集资协助人，由处置非法集资牵头部门给予警告，处违法所得1倍以上3倍以下的罚款；构成犯罪的，依法追究刑事责任。

第三十二条 非法集资人、非法集资协助人不能同时履行所承担的清退集资资金和缴纳罚款义务时，先清退集资资金。

第三十三条 对依照本条例受到行政处罚的非法集资人、非法集资协助人，由有关部门建立信用记录，按照规定将其信用记录纳入全国信用信息共享平台。

第三十四条 互联网信息服务提供者未履行对涉嫌非法集资信息的防范和处置义务的，由有关主管部门责令改正，给予警告，没收违法所得；拒不改正或者情节严重的，处10万元以上50万元以下的罚款，并可以根据情节轻重责令暂停相关业务、停业整顿、关闭网站、吊销相关业务许可证或者吊销营业执照，对直接负责的主管人员和其他直接责任人员处1万元以上10万元以下的罚款。

广告经营者、广告发布者未按照规定查验相关证明文件、核对广告内容的，由市场监督管理部门责令改正，并依照《中华人民共和国广告法》的规定予以处罚。

第三十五条 金融机构、非银行支付机构未履行防范非法集资义务的，由国务院金融管理部门或者其分支机构、派出机构按照职责分工责令改正，给予警告，没收违法所得；造成严重后果的，处100万元以上500万元以下的罚款，对直接负责的主管人员和其他直接责任人员给予警告，处10万元以上50万元以下的罚款。

第三十六条 与被调查事件有关的单位和个人不配合调查，拒绝提供相关文件、资料、电子数据等或者提供虚假文件、资料、电子数据等的，由处置非法集资牵头部门责令改正，给予警告，处5万元以上50万元以下的罚款。

阻碍调查人员依法执行职务，构成违反治安管理行为的，由公安机关依法给予治安管理处罚；构成犯罪的，依法追究刑事责任。

第三十七条　国家机关工作人员有下列行为之一的，依法给予处分：

（一）明知所主管、监管的单位有涉嫌非法集资行为，未依法及时处理；

（二）未按照规定及时履行对非法集资的防范职责，或者不配合非法集资处置，造成严重后果；

（三）在防范和处置非法集资过程中滥用职权、玩忽职守、徇私舞弊；

（四）通过职务行为或者利用职务影响，支持、包庇、纵容非法集资。

前款规定的行为构成犯罪的，依法追究刑事责任。

第五章　附　　则

第三十八条　各省、自治区、直辖市可以根据本条例制定防范和处置非法集资工作实施细则。

第三十九条　未经依法许可或者违反国家金融管理规定，擅自从事发放贷款、支付结算、票据贴现等金融业务活动的，由国务院金融管理部门或者地方金融管理部门按照监督管理职责分工进行处置。

法律、行政法规对其他非法金融业务活动的防范和处置没有明确规定的，参照本条例的有关规定执行。其他非法金融业务活动的具体类型由国务院金融管理部门确定。①

第四十条　本条例自2021年5月1日起施行。1998年7月13日国务院发布的《非法金融机构和非法金融业务活动取缔办法》同时废止。

2.《国务院关于进一步做好防范和处置非法集资工作的意见》（国发〔2015〕59号）

各省、自治区、直辖市人民政府，国务院各部委、各直属机构：

近年来，在处置非法集资部际联席会议（以下简称部际联席会议）成员单位和地方人民政府的共同努力下，防范和处置非法集资工作取得积极进展。但是，当前非法集资形势严峻，案件高发频发，涉案领域增多，作案方式花样翻新，部分地区案件集中暴露，并有扩散蔓延趋势。按照党中央、国务院决策部署，为有效遏制非法集资高发蔓延势头，加大防范和处置工作力度，切实保护人民群众合法权益，防范系统性区域性金融风险，现提出以下意见：

---

①　在国务院发布的《非法金融机构和非法金融业务活动取缔办法》（国务院令第247号）废止后，本条可以作为非法金融活动所违反的"国家规定"。——本书注

一、充分认识当前形势下做好防范和处置非法集资工作的重要性和紧迫性

长期以来,我国经济社会保持较快发展,资金需求旺盛,融资难、融资贵问题比较突出,民间投资渠道狭窄的现实困难和非法集资高额回报的巨大诱惑交织共存。当前,经济下行压力较大,企业生产经营困难增多,各类不规范民间融资介入较深的行业领域风险集中暴露,非法集资问题日益凸显。一些案件由于参与群众多、财产损失大,频繁引发群体性事件,甚至导致极端过激事件发生,影响社会稳定。

防范和处置非法集资是一项长期、复杂、艰巨的系统性工程。各地区、各有关部门要高度重视,从保持经济平稳发展和维护社会和谐稳定的大局出发,加大防范和处置力度,建立和完善长效机制,坚决守住不发生系统性区域性金融风险底线。

二、总体要求

(一)指导思想。深入贯彻党的十八大和十八届三中、四中全会精神,认真落实党中央、国务院决策部署,主动适应经济发展新常态,坚持系统治理、依法治理、综合治理、源头治理,进一步健全责任明确、上下联动、齐抓共管、配合有力的工作格局,加大防范预警、案件处置、宣传教育等工作力度,开正门、堵邪路,逐步建立防打结合、打早打小、综合施策、标本兼治的综合治理长效机制。

(二)基本原则。

一是防打结合,打早打小。既要解决好浮出水面的问题,讲求策略方法,依法、有序、稳妥处置风险;更要做好防范预警,尽可能使非法集资不发生、少发生,一旦发生要打早打小,在苗头时期、涉众范围较小时解决问题。

二是突出重点,依法打击。抓住非法集资重点领域、重点区域、重大案件,依法持续严厉打击,最大限度追赃挽损,强化跨区域、跨部门协作配合,防范好处置风险的风险,有效维护社会稳定。

三是疏堵结合,标本兼治。进一步深化金融改革,大力发展普惠金融,提升金融服务水平。完善民间融资制度,合理引导和规范民间金融发展。

四是齐抓共管,形成合力。地方各级人民政府牵头,统筹指挥;中央层面,部际联席会议顶层推动、协调督导,各部门协同配合,加强监督管理。强化宣传教育,积极引导和发动广大群众参与到防范和处置非法集资工作中来。

(三)主要目标。非法集资高发势头得到遏制,存量风险及时化解,增量风险逐步减少,大案要案依法、稳妥处置。非法集资监测到位、预警及时、防范得力,一旦发现苗头要及早引导、规范、处置。政策法规进一步完善,处置非法集资工作纳入法治化轨道。广大人民群众相关法律意识和风险意识显著提高,买者自负、风险自担的意识氛围逐步形成。金融服务水平进一步提高,投融资体系进一步完善,非法集资

生存土壤逐步消除。

三、落实责任，强化机制

（四）省级人民政府是防范和处置非法集资的第一责任人。省级人民政府对本行政区域防范和处置非法集资工作负总责，要切实担负起第一责任人的责任。地方各级人民政府要有效落实属地管理职责，充分发挥资源统筹调动、靠近基层一线优势，做好本行政区域内风险排查、监测预警、案件查处、善后处置、宣传教育和维护稳定等工作，确保本行政区域防范和处置非法集资工作组织到位、体系完善、机制健全、保障有力。建立目标责任制，将防范和处置非法集资工作纳入领导班子和领导干部综合考核评价内容，明确责任，表彰奖励先进，对工作失职、渎职行为严肃追究责任。进一步规范约束地方各级领导干部参与民间经济金融活动。

（五）落实部门监督管理职责。各行业主管、监管部门要将防控本行业领域非法集资作为履行监督管理职责的重要内容，加强日常监管。按照监管与市场准入、行业管理挂钩原则，确保所有行业领域非法集资监管防范不留真空。对需要经过市场准入许可的行业领域，由准入监管部门负责本行业领域非法集资的防范、监测和预警工作；对无需市场准入许可，但有明确主管部门指导、规范和促进的行业领域，由主管部门牵头负责本行业领域非法集资的防范、监测和预警工作；对没有明确主管、监管部门的行业领域，由地方各级人民政府组织协调相关部门，充分利用现有市场监管手段，强化综合监管，防范非法集资风险。

（六）完善组织协调机制。进一步完善中央和地方防范和处置非法集资工作机制。中央层面，充分发挥部际联席会议作用，银监会作为牵头单位要进一步强化部门联动，加强顶层推动，加大督促指导力度，增强工作合力。地方各级人民政府要建立健全防范和处置非法集资工作领导小组工作机制，由政府分管领导担任组长，明确专门机构和专职人员，落实职责分工，优化工作程序，强化制度约束，提升工作质效。

四、以防为主，及时化解

（七）全面加强监测预警。各地区要建立立体化、社会化、信息化的监测预警体系，充分发挥网格化管理和基层群众自治的经验和优势，群防群治，贴近一线开展预警防范工作。创新工作方法，充分利用互联网、大数据等技术手段加强对非法集资的监测预警。部际联席会议要积极整合各地区、各有关部门信息资源，推动实现工商市场主体公示信息、人民银行征信信息、公安打击违法犯罪信息、法院立案判决执行信息等相关信息的依法互通共享，进一步发挥好全国统一的信用信息共享交换平台作用，加强风险研判，及时预警提示。

（八）强化事中事后监管。行业主管、监管部门要加强对所主管、监管机构和业务的风险排查和行政执法，做到早发现、早预防、早处置。对一般工商企业，各地区要综合运用信用分类监管、定向抽查检查、信息公示、风险警示约谈、市场准入限制等手段，加强市场监督管理，加强部门间信息共享和对失信主体的联合惩戒，探索建立多部门联动综合执法机制，提升执法效果。对非法集资主体（包括法人、实际控制人、代理人、中间人等）建立经营异常名录和信用记录，并纳入全国统一的信用信息共享交换平台。充分发挥行业协会作用，加强行业自律管理，促进市场主体自我约束、诚信经营。

（九）发挥金融机构监测防控作用。加强金融机构内部管理，确保分支机构和员工不参与非法集资。加强金融机构对社会公众的宣传教育，在营业场所醒目位置张贴警示标识。金融机构在严格执行大额可疑资金报告制度基础上，对各类账户交易中具有分散转入集中转出、定期批量小额转出等特征的涉嫌非法集资资金异动进行分析识别，并将有关情况及时提供给地方各级防范和处置非法集资工作领导小组办公室。人民银行、银监会、证监会、保监会、外汇局要指导和督促金融机构做好对涉嫌非法集资可疑资金的监测工作，建立问责制度。

（十）发动群众防范预警。充分调动广大群众积极性，探索建立群众自动自发、广泛参与的防范预警机制。加快建立非法集资举报奖励制度，强化正面激励，加大奖励力度，鼓励广大群众积极参与，并做好保密、人身安全保护等工作。部际联席会议研究制订举报奖励办法，地方各级人民政府组织实施。

五、依法打击，稳妥处置

（十一）防控重点领域、重点区域风险。各地区、各有关部门要坚决依法惩处非法集资违法犯罪活动，密切关注投资理财、非融资性担保、P2P 网络借贷等新的高发重点领域，以及投资公司、农民专业合作社、民办教育机构、养老机构等新的风险点，加强风险监控。案件高发地区要把防范和处置非法集资工作放在突出重要位置，遏制案件高发态势，消化存量风险，最大限度追赃挽损，维护金融和社会秩序稳定。公安机关要积极统筹调配力量，抓住重点环节，会同有关部门综合采取措施，及时发现并快速、全面、深入侦办案件，提高打击效能。有关部门要全力配合，依法开展涉案资产查封、资金账户查询和冻结等必要的协助工作。

（十二）依法妥善处置跨省案件。坚持统一指挥协调、统一办案要求、统一资产处置、分别侦查诉讼、分别落实维稳的工作原则。牵头省份要积极主动落实牵头责任，依法合规、公平公正地制定统一处置方案，加强与其他涉案地区的沟通协调，定期通报工作进展情况。协办省份要大力支持配合，切实履行协作义务。强化全局观念，加强系统内的指挥、指导和监督，完善内部制约激励机制，切实推动、保障依法办案，防止遗漏犯罪事实；加强沟通、协商及跨区域、跨部门协作，共同解决办案难题，提高案件查处效率。①

（十三）坚持分类施策，维护社会稳定。综合运用经济、行政、法律等措施，讲究执法策略、方式、尺度和时机，依法合理制定涉案资产的处置政策和方案，分类处置非法集资问题，防止矛盾激化，努力实现执法效果与经济效果、社会效果相统一。落实维稳属地责任，畅通群众诉求反映渠道，及时回应群众诉求，积极导入法治轨道，严格依法处置案件，切实有效维护社会稳定。

六、广泛宣传，加强教育

（十四）建立上下联动的宣传教育工作机制。建立部际联席会议统一规划，宣传主管部门协调推动，行业主管、监管部门指导落实，相关部门积极参与，各省（区、市）全面落实，中央和地方上下联动的宣传教育工作机制。

（十五）加大顶层引领和推动力度。中央层面要加强顶层设计，制定防范和处置非法集资宣传总体规划，推动全国范围内宣传教育工作。部际联席会议要组织协调中央媒体大力开展宣传教育，加强舆论引导。行业主管、监管部门要根据行业领域风险特点，制定防范和处置非法集资法律政策宣传方案，有针对性地开展本行业领域宣传教育活动。

（十六）深入推进地方强化宣传教育工作。地方各级人民政府要建立健全常态化的宣传教育工作机制，贴近基层、贴近群众、贴近生活，推动防范和处置非法集资宣传教育活动进机关、进工厂、进学校、进家庭、进社区、进村屯，实现宣传教育广覆盖，引导广大群众对非法集资不参与、能识别、敢揭发。充分运用电视、广播、报刊、网络、电信、公共交通设施等各类媒介或载体，以法律政策解读、典型案件剖析、投资风险教育等方式，提高宣传教育的广泛性、针对性、有效性。加强广告监测和检查，强化媒体自律责任，封堵涉嫌非法集资的资讯信息，净化社会舆论环境。

七、完善法规，健全制度

（十七）进一步健全完善处置非法集资相关法律法规。梳理非法集资有关法律规定适用中存在的问题，对罪名适用、量刑标准、刑民交叉、涉案财物处置等问题进行重点研究，推动制定和完善相关法律法规及司法解释。建立健全非法集资刑事诉讼涉案财物保管移送、审前返还、先行处置、违法所得追缴、执行等制度程序。修订《非法金融机构和非法金融业务活动取缔办法》，研究地方各级人民政府与司法机关

① 该文件首创的“三统两分”原则是处置跨省非法集资案件的重要原则。——本书注

在案件查处和善后处置阶段的职责划分，完善非法集资案件处置依据。

（十八）加快民间融资和金融新业态法规制度建设。尽快出台非存款类放贷组织条例，规范民间融资市场主体，拓宽合法融资渠道。尽快出台 P2P 网络借贷、股权众筹融资等监管规则，促进互联网金融规范发展。深入研究规范投资理财、非融资性担保等民间投融资中介机构的政策措施，及时出台与商事制度改革相配套的有关政策。

（十九）完善工作制度和程序。建立健全跨区域案件执法争议处理机制，完善不同区域间跨执法部门、司法部门查处工作的衔接配合程序。建立健全防范和处置非法集资信息共享、风险排查、事件处置、协调办案、责任追究、激励约束等制度，修订完善处置非法集资工作操作流程。探索在防范和处置有关环节引进法律、审计、评估等中介服务。

八、深化改革，疏堵并举

（二十）加大金融服务实体经济力度。进一步落实国务院决策部署，研究制定新举措，不断提升金融服务实体经济的质量和水平。不断完善金融市场体系，推动健全多层次资本市场体系，鼓励、规范和引导民间资本进入金融服务领域，大力发展普惠金融，增加对中小微企业有效资金供给，加大对经济社会发展薄弱环节的支持力度。

（二十一）规范民间投融资发展。鼓励和引导民间投融资健康发展，大幅放宽民间投资市场准入，拓宽民间投融资渠道。完善民间借贷日常信息监测机制，引导民间借贷利率合理化。推进完善社会信用体系，逐步建立完善全国统一、公开、透明的信用信息共享交换平台，营造诚实守信的金融生态环境。

九、夯实基础，强化保障

（二十二）加强基础支持工作。在当前非法集资高发多发形势下，要进一步做好防范和处置非法集资的人员、经费等保障工作。各级人民政府要合理保障防范和处置非法集资工作相关经费，并纳入同级政府预算。

各地区、各有关部门要认真落实本意见提出的各项任务，结合本地区、本部门实际，研究制定具体工作方案，采取切实有力措施。部际联席会议要督促检查本意见落实情况，重大情况及时向国务院报告。

3.《国务院办公厅关于依法惩处非法集资有关问题的通知》（国办发明电〔2007〕34 号）

各省、自治区、直辖市人民政府，国务院各部委、各直属机构：

近年来，非法集资在我国许多地区重新抬头，并向多领域和职业化发展。2006

年，全国公安机关立案侦查的非法集资案件1999起，涉案总价值296亿元。2007年1至3月，仅非法吸收公众存款、集资诈骗两类案件就立案342起，涉案总价值59.8亿元，分别较去年同期上升101.2%和482.3%。若不采取切实有效措施予以治理整顿，势必造成更大的社会危害。为了维护正常的经济社会秩序，保护人民群众的合法权益，促进国民经济又好又快发展，经国务院同意，现就依法惩处非法集资有关问题通知如下：

一、充分认识非法集资的社会危害性，坚决遏制非法集资案件高发势头

非法集资涉及面广，危害极大。一是扰乱了社会主义市场经济秩序。非法集资活动以高回报为诱饵，以骗取资金为目的，破坏了金融秩序，影响金融市场的健康发展。二是严重损害群众利益，影响社会稳定。非法集资有很强的欺骗性，容易蔓延，犯罪分子骗取群众资金后，往往大肆挥霍或迅速转移、隐匿，使受害者（多数是下岗工人、离退休人员）损失惨重，极易引发群体事件，甚至危害社会稳定。三是损害了政府的声誉和形象。非法集资活动往往以"响应国家林业政策"、"支持生态环境保护"等为名，行违法犯罪之实，既影响了国家政策的贯彻执行，又严重损害了政府的声誉和形象。

为切实做好依法惩处非法集资工作，国务院批准建立了由银监会牵头的"处置非法集资部际联席会议"（以下简称"联席会议"）制度。地方各级人民政府、有关部门务必统一思想，提高认识，共同做好工作。要把思想和行动统一到国务院的部署和要求上来，统一到维护国家经济安全、社会稳定与构建和谐社会的大局上来，充分认识非法集资的危害性，加强组织领导，周密部署，果断处置，有效遏制非法集资案件高发势头。

二、当前非法集资的主要形式和特征

非法集资情况复杂，表现形式多样。有的打着"支持地方经济发展"、"倡导绿色、健康消费"等旗号，有的引用产权式返租、电子商务、电子黄金、投资基金等新概念，手段隐蔽，欺骗性很强。从目前案发情况看，非法集资大致可划分为债权、股权、商品营销、生产经营等四大类。2006年，以生产经营合作为名的非法集资涉案价值占全部非法集资案件涉案价值的60%以上，需要引起高度关注。

非法集资的主要特征：一是未经有关监管部门依法批准，违规向社会（尤其是向不特定对象）筹集资金。如未经批准吸收社会资金；未经批准公开、非公开发行股票、债券等。二是承诺在一定期限内给予出资人货币、实物、股权等形式的投资回报。有的犯罪分子以提供种苗等形式吸收资金，承诺以收购或包销产品等方式支付回报；有的则以商品销售的方式吸收资金，以承诺返租、回购、转让等方式给予回报。

三是以合法形式掩盖非法集资目的。为掩饰其非法目的,犯罪分子往往与受害者签订合同,伪装成正常的生产经营活动,最大限度地实现其骗取资金的最终目的。

三、地方人民政府要切实担负起依法惩处非法集资的责任,确保社会稳定

省级人民政府要把依法惩处非法集资列入重要工作议程,加快建立健全本地区依法惩处非法集资的工作机制和工作制度,做好相关工作。一是加强监测预警。要对本地区的非法集资问题保持高度警惕,进行全程监测,主动排查风险,做到早发现,早预警,防患于未然。二是及时调查取证。发现问题后,要组织当地银监、公安、工商等部门提前介入,开展调查取证工作。对社会影响大、性质恶劣的非法集资案件,要采取适当预防措施,控制涉案人员和资产,保护证据,防止事态扩大和失控。同时,要制定风险处置预案,防止引发群体性事件。三是果断处置。对于事实清楚且可以定性的非法集资,要果断采取措施,依法妥善处置;难以定性的,要及时上报"联席会议"组织认定。涉及多个地区的,有关省级人民政府之间要加强沟通协调,共同做好相关工作。省级人民政府要及时总结经验,依据国家法律法规,参照各行业主管、监管部门的政策规定,制定本地区相关规章,为依法惩处非法集资工作提供法制保障。

四、有关部门要加强协调,认真做好依法惩处非法集资工作

依法惩处非法集资工作政策性强,情况复杂,有关方面要加强协调,齐抓共管。有关部门要逐步建立健全反应灵敏、配合密切、应对有力的工作机制,增强工作的针对性和有效性。行业主管、监管部门要将防控本行业非法集资作为监督管理的重要内容,指定专门机构和人员负责,建立日常信息沟通渠道和工作协调机制,认真做好非法集资情况的监测预警工作。一旦发现非法集资苗头,应及时商省级人民政府依法妥善处置,并通报"联席会议"。要抓紧制定和完善本行业防范、监控和处置非法集资的规章及行业标准。"联席会议"要加大工作力度,对近年来非法集资案件进行深入分析,集中力量查处典型案件,严惩首恶,教育协从,维护人民群众的权益。银监会作为"联席会议"的牵头部门,要主动与有关部门和地方人民政府加强沟通,切实做好组织协调工作。

要坚持预防为主的方针,加大工作力度,加强宣传教育,改善金融服务,逐步构建疏堵并举、防治结合的综合治理长效机制。对于近年来非法集资案件多发的行业,要主动开展风险排查,防止风险进一步积聚。有关行业主管、监管部门要尽快公布举报电话、信箱和电子邮箱,通过有奖举报等方式鼓励公众参与,在门户网站上开辟专门的投资者教育园地,探索建立风险提示和预警的长效机制。要加强对广告的监督管理,依法落实广告审查制度,加强监督检查,对检查发现、群众举报、媒体披露

的线索要及时调查核实，对发布非法集资广告的当事人和有关责任人要严肃查处。

五、加强舆论引导和法制宣传，提高公众对非法集资的识别能力

银监会要牵头制订宣传教育规划，充分利用报刊、电视、广播、互联网等传媒手段，宣传依法惩处非法集资的法律法规，通报非法集资的新形式和新特点，提示风险，提高社会公众的风险意识和识别能力，引导其远离非法集资。要加大对典型案件的公开报道力度，以专栏文章、专题节目等方式揭露犯罪分子的惯用伎俩，震慑犯罪分子，形成对非法集资的强大舆论攻势。要在广大农村、城市街道、社区、车站等公共场所设置宣传栏，张贴宣传画，扩大覆盖面，强化宣传效果。要按照国务院的统一部署，组织协调相关部门开展宣传教育活动，正确引导社会舆论。地方人民政府要进一步根据本地区的特点，加强舆论引导和法制宣传。

4.《国务院办公厅关于立即停止利用发行会员证进行非法集资等活动的通知》（国办发〔1996〕33号）

各省、自治区、直辖市人民政府，国务院各部委、各直属机构：

最近，一些地方和企业违反国家金融管理的有关规定，利用发行会员证（包括席位证、优惠卡等）进行非法集资，并从事炒买炒卖活动，个别地区还设立了会员证交易所，模仿国内证券交易所的管理办法，为会员证提供上市交易服务。会员证不是资本市场上的有价证券，利用发行会员证进行非法集资、炒买炒卖以至上市交易的行为，严重背离了发行会员证的本来目的，干扰了正常的金融秩序，妨碍了证券市场的健康发展。为此，经国务院批准，现就有关事项通知如下：

一、在国务院有关部门公布会员证管理办法之前，一律暂停各种形式会员证的发行和交易活动。

二、禁止设立会员证交易所，已设立的会员证交易所必须立即停止业务活动。

三、由中国人民银行会同有关部门组成调查组，全面了解会员证的发行和交易情况，制定统一的管理办法。

5.《证券投资基金法》

第八十七条　非公开募集基金应当向合格投资者募集，合格投资者累计不得超过二百人。

前款所称合格投资者，是指达到规定资产规模或者收入水平，并且具备相应的风险识别能力和风险承担能力、其基金份额认购金额不低于规定限额的单位和个人。

合格投资者的具体标准由国务院证券监督管理机构规定。

第八十八条　除基金合同另有约定外，非公开募集基金应当由基金托管人托管。

第八十九条 担任非公开募集基金的基金管理人,应当按照规定向基金行业协会履行登记手续,报送基本情况。

第九十条 未经登记,任何单位或者个人不得使用“基金”或者“基金管理”字样或者近似名称进行证券投资活动;但是,法律、行政法规另有规定的除外。

第九十一条 非公开募集基金,不得向合格投资者之外的单位和个人募集资金,不得通过报刊、电台、电视台、互联网等公众传播媒体或者讲座、报告会、分析会等方式向不特定对象宣传推介。

第九十二条 非公开募集基金,应当制定并签订基金合同。基金合同应当包括下列内容:

(一)基金份额持有人、基金管理人、基金托管人的权利、义务;

(二)基金的运作方式;

(三)基金的出资方式、数额和认缴期限;

(四)基金的投资范围、投资策略和投资限制;

(五)基金收益分配原则、执行方式;

(六)基金承担的有关费用;

(七)基金信息提供的内容、方式;

(八)基金份额的认购、赎回或者转让的程序和方式;

(九)基金合同变更、解除和终止的事由、程序;

(十)基金财产清算方式;

(十一)当事人约定的其他事项。

基金份额持有人转让基金份额的,应当符合本法第八十七条、第九十一条的规定。

第九十三条 按照基金合同约定,非公开募集基金可以由部分基金份额持有人作为基金管理人负责基金的投资管理活动,并在基金财产不足以清偿其债务时对基金财产的债务承担无限连带责任。

前款规定的非公开募集基金,其基金合同还应载明:

(一)承担无限连带责任的基金份额持有人和其他基金份额持有人的姓名或者名称、住所;

(二)承担无限连带责任的基金份额持有人的除名条件和更换程序;

(三)基金份额持有人增加、退出的条件、程序以及相关责任;

(四)承担无限连带责任的基金份额持有人和其他基金份额持有人的转换程序。

第九十四条 非公开募集基金募集完毕,基金管理人应当向基金行业协会备案。对募集的资金总额或者基金份额持有人的人数达到规定标准的基金，基金行业协会应当向国务院证券监督管理机构报告。

非公开募集基金财产的证券投资，包括买卖公开发行的股份有限公司股票、债券、基金份额，以及国务院证券监督管理机构规定的其他证券及其衍生品种。

第九十五条　基金管理人、基金托管人应当按照基金合同的约定，向基金份额持有人提供基金信息。

第九十六条　专门从事非公开募集基金管理业务的基金管理人，其股东、高级管理人员、经营期限、管理的基金资产规模等符合规定条件的，经国务院证券监督管理机构核准，可以从事公开募集基金管理业务。

6.《私募投资基金监督管理暂行办法》（证监会令第105号）

第二条　本办法所称私募投资基金（以下简称私募基金），是指在中华人民共和国境内，以非公开方式向投资者募集资金设立的投资基金。

私募基金财产的投资包括买卖股票、股权、债券、期货、期权、基金份额及投资合同约定的其他投资标的。

非公开募集资金，以进行投资活动为目的设立的公司或者合伙企业，资产由基金管理人或者普通合伙人管理的，其登记备案、资金募集和投资运作适用本办法。

证券公司、基金管理公司、期货公司及其子公司从事私募基金业务适用本办法，其他法律法规和中国证券监督管理委员会（以下简称中国证监会）有关规定对上述机构从事私募基金业务另有规定的，适用其规定。

第三条　从事私募基金业务，应当遵循自愿、公平、诚实信用原则，维护投资者合法权益，不得损害国家利益和社会公共利益。

第四条　私募基金管理人和从事私募基金托管业务的机构（以下简称私募基金托管人）管理、运用私募基金财产，从事私募基金销售业务的机构（以下简称私募基金销售机构）及其他私募服务机构从事私募基金服务活动，应当恪尽职守，履行诚实信用、谨慎勤勉的义务。

私募基金从业人员应当遵守法律、行政法规，恪守职业道德和行为规范。

第五条　中国证监会及其派出机构依照《证券投资基金法》、本办法和中国证监会的其他有关规定，对私募基金业务活动实施监督管理。

设立私募基金管理机构和发行私募基金不设行政审批，允许各类发行主体在依法合规的基础上，向累计不超过法律规定数量的投资者发行私募基金。建立健全私募基金发行监管制度，切实强化事中事后监管，依法严厉打击以私募基金为名的各类非法集资活动。

建立促进经营机构规范开展私募基金业务的风险控制和自律管理制度，以及各类私募基金的统一监测系统。

第六条 中国证券投资基金业协会（以下简称基金业协会）依照《证券投资基金法》、本办法、中国证监会其他有关规定和基金业协会自律规则，对私募基金业开展行业自律，协调行业关系，提供行业服务，促进行业发展。

第七条 各类私募基金管理人应当根据基金业协会的规定，向基金业协会申请登记，报送以下基本信息：

（一）工商登记和营业执照正副本复印件；

（二）公司章程或者合伙协议；

（三）主要股东或者合伙人名单；

（四）高级管理人员的基本信息；

（五）基金业协会规定的其他信息。

基金业协会应当在私募基金管理人登记材料齐备后的20个工作日内，通过网站公告私募基金管理人名单及其基本情况的方式，为私募基金管理人办结登记手续。

第八条 各类私募基金募集完毕，私募基金管理人应当根据基金业协会的规定，办理基金备案手续，报送以下基本信息：

（一）主要投资方向及根据主要投资方向注明的基金类别；

（二）基金合同、公司章程或者合伙协议。资金募集过程中向投资者提供基金招募说明书的，应当报送基金招募说明书。以公司、合伙等企业形式设立的私募基金，还应当报送工商登记和营业执照正副本复印件；

（三）采取委托管理方式的，应当报送委托管理协议。委托托管机构托管基金财产的，还应当报送托管协议；

（四）基金业协会规定的其他信息。

基金业协会应当在私募基金备案材料齐备后的20个工作日内，通过网站公告私募基金名单及其基本情况的方式，为私募基金办结备案手续。

第九条 基金业协会为私募基金管理人和私募基金办理登记备案不构成对私募基金管理人投资能力、持续合规情况的认可；不作为对基金财产安全的保证。

第十条 私募基金管理人依法解散、被依法撤销、或者被依法宣告破产的，其法定代表人或者普通合伙人应当在20个工作日内向基金业协会报告，基金业协会应当及时注销基金管理人登记并通过网站公告。

第十一条 私募基金应当向合格投资者募集，单只私募基金的投资者人数累计不得超过《证券投资基金法》、《公司法》、《合伙企业法》等法律规定的特定数量。

投资者转让基金份额的，受让人应当为合格投资者且基金份额受让后投资者人数应当符合前款规定。

第十二条　私募基金的合格投资者是指具备相应风险识别能力和风险承担能力，投资于单只私募基金的金额不低于100万元且符合下列相关标准的单位和个人：

（一）净资产不低于1000万元的单位；

（二）金融资产不低于300万元或者最近三年个人年均收入不低于50万元的个人。

前款所称金融资产包括银行存款、股票、债券、基金份额、资产管理计划、银行理财产品、信托计划、保险产品、期货权益等。

第十三条　下列投资者视为合格投资者：

（一）社会保障基金、企业年金等养老基金，慈善基金等社会公益基金；

（二）依法设立并在基金业协会备案的投资计划；

（三）投资于所管理私募基金的私募基金管理人及其从业人员；

（四）中国证监会规定的其他投资者。

以合伙企业、契约等非法人形式，通过汇集多数投资者的资金直接或者间接投资于私募基金的，私募基金管理人或者私募基金销售机构应当穿透核查最终投资者是否为合格投资者，并合并计算投资者人数。但是，符合本条第（一）、（二）、（四）项规定的投资者投资私募基金的，不再穿透核查最终投资者是否为合格投资者和合并计算投资者人数。

第十四条　私募基金管理人、私募基金销售机构不得向合格投资者之外的单位和个人募集资金，不得通过报刊、电台、电视、互联网等公众传播媒体或者讲座、报告会、分析会和布告、传单、手机短信、微信、博客和电子邮件等方式，向不特定对象宣传推介。

第十五条　私募基金管理人、私募基金销售机构不得向投资者承诺投资本金不受损失或者承诺最低收益。

第二十三条　私募基金管理人、私募基金托管人、私募基金销售机构及其他私募服务机构及其从业人员从事私募基金业务，不得有以下行为：

（一）将其固有财产或者他人财产混同于基金财产从事投资活动；

（二）不公平地对待其管理的不同基金财产；

（三）利用基金财产或者职务之便，为本人或者投资者以外的人牟取利益，进行利益输送；

（四）侵占、挪用基金财产；

（五）泄露因职务便利获取的未公开信息，利用该信息从事或者明示、暗示他人从事相关的交易活动；

（六）从事损害基金财产和投资者利益的投资活动；

（七）玩忽职守，不按照规定履行职责；

（八）从事内幕交易、操纵交易价格及其他不正当交易活动；

（九）法律、行政法规和中国证监会规定禁止的其他行为。

第二十四条 私募基金管理人、私募基金托管人应当按照合同约定，如实向投资者披露基金投资、资产负债、投资收益分配、基金承担的费用和业绩报酬、可能存在的利益冲突情况以及可能影响投资者合法权益的其他重大信息，不得隐瞒或者提供虚假信息。信息披露规则由基金业协会另行制定。

第三十八条 私募基金管理人、私募基金托管人、私募基金销售机构及其他私募服务机构及其从业人员违反本办法第七条、第八条、第十一条、第十四条至第十七条、第二十四条至第二十六条规定的，以及有本办法第二十三条第一项至第七项和第九项所列行为之一的，责令改正，给予警告并处三万元以下罚款；对直接负责的主管人员和其他直接责任人员，给予警告并处三万元以下罚款；有本办法第二十三条第八项行为的，按照《证券法》和《期货交易管理条例》的有关规定处罚；构成犯罪的，依法移交司法机关追究刑事责任。

7.《中国人民银行、工业和信息化部、公安部、财政部、工商总局、法制办、银监会、证监会、保监会、国家互联网信息办公室关于促进互联网金融健康发展的指导意见》（银发〔2015〕221号）

二、分类指导，明确互联网金融监管责任

互联网金融本质仍属于金融，没有改变金融风险隐蔽性、传染性、广泛性和突发性的特点。加强互联网金融监管，是促进互联网金融健康发展的内在要求。同时，互联网金融是新生事物和新兴业态，要制定适度宽松的监管政策，为互联网金融创新留有余地和空间。通过鼓励创新和加强监管相互支撑，促进互联网金融健康发展，更好地服务实体经济。互联网金融监管应遵循“依法监管、适度监管、分类监管、协同监管、创新监管”的原则，科学合理界定各业态的业务边界及准入条件，落实监管责任，明确风险底线，保护合法经营，坚决打击违法和违规行为。

（七）互联网支付。互联网支付是指通过计算机、手机等设备，依托互联网发起支付指令、转移货币资金的服务。互联网支付应始终坚持服务电子商务发展和为社会提供小额、快捷、便民小微支付服务的宗旨。银行业金融机构和第三方支付机构从事互联网支付，应遵守现行法律法规和监管规定。第三方支付机构与其他机构开展合作的，应清晰界定各方的权利义务关系，建立有效的风险隔离机制和客户权益保障机制。要向客户充分披露服务信息，清晰地提示业务风险，不得夸大支付服务中介的性质和职能。互联网支付业务由人民银行负责监管。

（八）网络借贷。网络借贷包括个体网络借贷（即 P2P 网络借贷）和网络小额贷款。个体网络借贷是指个体和个体之间通过互联网平台实现的直接借贷。在个体网络借贷平台上发生的直接借贷行为属于民间借贷范畴，受合同法、民法通则等法律法规以及最高人民法院相关司法解释规范。个体网络借贷要坚持平台功能，为投资方和融资方提供信息交互、撮合、资信评估等中介服务。个体网络借贷机构要明确信息中介性质，主要为借贷双方的直接借贷提供信息服务，不得提供增信服务，不得非法集资。网络小额贷款是指互联网企业通过其控制的小额贷款公司，利用互联网向客户提供的小额贷款。网络小额贷款应遵守现有小额贷款公司监管规定，发挥网络贷款优势，努力降低客户融资成本。网络借贷业务由银监会负责监管。①

（九）股权众筹融资。股权众筹融资主要是指通过互联网形式进行公开小额股权融资的活动。股权众筹融资必须通过股权众筹融资中介机构平台（互联网网站或其他类似的电子媒介）进行。股权众筹融资中介机构可以在符合法律法规规定前提下，对业务模式进行创新探索，发挥股权众筹融资作为多层次资本市场有机组成部分的作用，更好服务创新创业企业。股权众筹融资方应为小微企业，应通过股权众筹融资中介机构向投资人如实披露企业的商业模式、经营管理、财务、资金使用等关键信息，不得误导或欺诈投资者。投资者应当充分了解股权众筹融资活动风险，具备相应风险承受能力，进行小额投资。股权众筹融资业务由证监会负责监管。

（十）互联网基金销售。基金销售机构与其他机构通过互联网合作销售基金等理财产品的，要切实履行风险披露义务，不得通过违规承诺收益方式吸引客户；基金管理人应当采取有效措施防范资产配置中的期限错配和流动性风险；基金销售机构及其合作机构通过其他活动为投资人提供收益的，应当对收益构成、先决条件、适用

① 针对网络借贷，当时的银监会等部门先后出台了《网络借贷信息中介机构业务活动管理暂行办法》，以及《网络借贷信息中介机构备案登记管理指引》《网络借贷资金存管业务指引》《网络借贷信息中介机构业务活动信息披露指引》，即“一办法三指引”。但是，随着 2020 年 11 月全国网络借贷信息中介全部清零，曾经红极一时的 P2P 网贷终于宣告落幕，上述“一办法三指引”实际上已失去了存在的意义。在司法实践中，对于以 P2P 网贷形式从事非法集资的案件，完全可以通过对非法吸收公众存款罪“四性”进行穿透式的认定予以解决。故本书未再引用“一办法三指引”。——本书注

情形等进行全面、真实、准确表述和列示,不得与基金产品收益混同。第三方支付机构在开展基金互联网销售支付服务过程中,应当遵守人民银行、证监会关于客户备付金及基金销售结算资金的相关监管要求。第三方支付机构的客户备付金只能用于办理客户委托的支付业务,不得用于垫付基金和其他理财产品的资金赎回。互联网基金销售业务由证监会负责监管。

(十一)互联网保险。保险公司开展互联网保险业务,应遵循安全性、保密性和稳定性原则,加强风险管理,完善内控系统,确保交易安全、信息安全和资金安全。专业互联网保险公司应当坚持服务互联网经济活动的基本定位,提供有针对性的保险服务。保险公司应建立对所属电子商务公司等非保险类子公司的管理制度,建立必要的防火墙。保险公司通过互联网销售保险产品,不得进行不实陈述、片面或夸大宣传过往业绩、违规承诺收益或者承担损失等误导性描述。互联网保险业务由保监会负责监管。

(十二)互联网信托和互联网消费金融。信托公司、消费金融公司通过互联网开展业务的,要严格遵循监管规定,加强风险管理,确保交易合法合规,并保守客户信息。信托公司通过互联网进行产品销售及开展其他信托业务的,要遵守合格投资者等监管规定,审慎甄别客户身份和评估客户风险承受能力,不能将产品销售给与风险承受能力不相匹配的客户。信托公司与消费金融公司要制定完善产品文件签署制度,保证交易过程合法合规,安全规范。互联网信托业务、互联网消费金融业务由银监会负责监管。

8.《中国人民银行、中央网信办、工业和信息化部、工商总局、银监会、证监会、保监会关于防范代币发行融资风险的公告》(2017 年 9 月 4 日)

近期,国内通过发行代币形式包括首次代币发行(ICO)进行融资的活动大量涌现,投机炒作盛行,涉嫌从事非法金融活动,严重扰乱了经济金融秩序。为贯彻落实全国金融工作会议精神,保护投资者合法权益,防范化解金融风险,依据《中华人民共和国人民银行法》、《中华人民共和国商业银行法》、《中华人民共和国证券法》、《中华人民共和国网络安全法》、《中华人民共和国电信条例》、《非法金融机构和非法金融业务活动取缔办法》等法律法规,现将有关事项公告如下:

一、准确认识代币发行融资活动的本质属性

代币发行融资是指融资主体通过代币的违规发售、流通,向投资者筹集比特币、以太币等所谓"虚拟货币",本质上是一种未经批准非法公开融资的行为,涉嫌非法发售代币票券、非法发行证券以及非法集资、金融诈骗、传销等违法犯罪活动。有关部门将密切监测有关动态,加强与司法部门和地方政府的工作协同,按照现行工作机制，严格执法，坚决治理市场乱象。发现涉嫌犯罪问题，将移送司法机关。

代币发行融资中使用的代币或“虚拟货币”不由货币当局发行，不具有法偿性与强制性等货币属性，不具有与货币等同的法律地位，不能也不应作为货币在市场上流通使用。

二、任何组织和个人不得非法从事代币发行融资活动

本公告发布之日起，各类代币发行融资活动应当立即停止。已完成代币发行融资的组织和个人应当做出清退等安排，合理保护投资者权益，妥善处置风险。有关部门将依法严肃查处拒不停止的代币发行融资活动以及已完成的代币发行融资项目中的违法违规行为。

三、加强代币融资交易平台的管理

本公告发布之日起，任何所谓的代币融资交易平台不得从事法定货币与代币、“虚拟货币”相互之间的兑换业务，不得买卖或作为中央对手方买卖代币或“虚拟货币”，不得为代币或“虚拟货币”提供定价、信息中介等服务。

对于存在违法违规问题的代币融资交易平台，金融管理部门将提请电信主管部门依法关闭其网站平台及移动 App，提请网信部门对移动 App 在应用商店做下架处置，并提请工商管理部门依法吊销其营业执照。

四、各金融机构和非银行支付机构不得开展与代币发行融资交易相关的业务

各金融机构和非银行支付机构不得直接或间接为代币发行融资和“虚拟货币”提供账户开立、登记、交易、清算、结算等产品或服务，不得承保与代币和“虚拟货币”相关的保险业务或将代币和“虚拟货币”纳入保险责任范围。金融机构和非银行支付机构发现代币发行融资交易违法违规线索的，应当及时向有关部门报告。

五、社会公众应当高度警惕代币发行融资与交易的风险隐患

代币发行融资与交易存在多重风险，包括虚假资产风险、经营失败风险、投资炒作风险等，投资者须自行承担投资风险，希望广大投资者谨防上当受骗。

对各类使用“币”的名称开展的非法金融活动，社会公众应当强化风险防范意识和识别能力，及时举报相关违法违规线索。

六、充分发挥行业组织的自律作用

各类金融行业组织应当做好政策解读，督促会员单位自觉抵制与代币发行融资交易及“虚拟货币”相关的非法金融活动，远离市场乱象，加强投资者教育，共同维护正常的金融秩序。

重点案例要旨

1. 杨某国等人非法吸收公众存款案[①]——最高人民检察院检例第64号

【要旨】(1)向不特定社会公众吸收存款是商业银行专属金融业务,任何单位和个人未经批准不得实施。根据《商业银行法》第十一条规定,未经国务院银行业监督管理机构批准,任何单位和个人不得从事吸收公众存款等商业银行业务,这是判断吸收公众存款行为合法与非法的基本法律依据。任何单位或个人,包括非银行金融机构,未经国务院银行业监督管理机构批准,面向社会吸收公众存款或者变相吸收公众存款均属非法。国务院《非法金融机构和非法金融业务活动取缔办法》进一步明确规定,未经依法批准,非法吸收公众存款、变相吸收公众存款、以任何名义向社会不特定对象进行的非法集资都属于非法金融活动,必须予以取缔。为了解决传统金融机构覆盖不了、满足不了的社会资金需求,缓解个体经营者、小微企业经营当中的小额资金困难,国务院金融监管机构于2016年、2017年先后发布了《网络借贷信息中介机构业务活动管理暂行办法》等"一个办法、三个指引",允许单位或个人在规定的借款余额范围内通过网络借贷信息中介机构进行小额借贷,并且对单一组织、单一个人在单一平台、多个平台的借款余额上限作了明确限定。检察机关在办案中要准确把握法律法规、金融管理规定确定的界限、标准和原则精神,准确区分融资借款活动的性质,对于违反规定达到追诉标准的,依法追究刑事责任。

(2)金融创新必须遵守金融管理法律规定,不得触犯刑法规定。金融是现代经济的核心和血脉,金融活动引发的风险具有较强的传导性、扩张性、潜在性和不确定性。为了发挥金融服务经济社会发展的作用,有效防控金融风险,国家制定了完善的法律法规,对商业银行、保险、证券等金融业务进行严格的规制和监管。金融也需要发展和创新,但金融创新必须要有效地防控可能产生的风险,必须遵守金融管理法律法规,尤其是依法须经许可才能从事的金融业务,不允许未经许可而以创新的名义擅自开展。检察机关办理涉金融案件,要深入分析、清楚认识各类新金融现象,准确把握金融的本质,透过复杂多样的表现形式,准确区分是真的金融创新还是披着创新外衣的"伪创新",是合法金融活动还是以金融创新为名实施金融违法犯罪活动,为防范化解金融风险提供及时、有力的司法保障。

(3)网络借贷中介机构非法控制、支配资金,构成非法吸收公众存款。网络借贷

---

① 参见最高人民检察院发布第十七批指导性案例,载中华人民共和国最高人民检察院,https://www.spp.gov.cn。关于该案的详细评释,参见最高人民检察院第四检察厅编著:《最高人民检察院第十七批指导性案例适用指引(金融犯罪)》,中国检察出版社2020年版,第32页。——本书注。

信息中介机构依法只能从事信息中介业务，为借款人与出借人实现直接借贷提供信息搜集、信息公布、资信评估、信息交互、借贷撮合等服务。信息中介机构不得提供增信服务，不得直接或间接归集资金，包括设立资金池控制、支配资金或者为自己控制的公司融资。网络借贷信息中介机构利用互联网发布信息归集资金，不仅超出了信息中介业务范围，同时也触犯了《刑法》第一百七十六条的规定。检察机关在办案中要通过对网络借贷平台的股权结构、实际控制关系、资金来源、资金流向、中间环节和最终投向的分析，综合全流程信息，分析判断是规范的信息中介，还是假借信息中介名义从事信用中介活动，是否存在违法设立资金池、自融、变相自融等违法归集、控制、支配、使用资金的行为，准确认定行为性质。

2. 陕西省渭南市人民检察院诉渭南市尤湖塔园有限责任公司、惠某祥、陈某、冯某达非法吸收公众存款，惠某祥挪用资金案①——最高人民法院公报案例

【要旨】非法吸收公众存款，是指未经中国人民银行批准，向社会不特定对象吸收资金，出具凭证，承诺在一定期限内还本付息的活动；变相吸收公众存款，是指未经中国人民银行批准，不以吸收公众存款的名义，向社会不特定对象吸收资金，但承诺履行的义务与吸收公众存款性质相同的活动。以返本付息为诱饵，不以吸收公众存款的名义，向社会不特定对象吸收大量资金，符合变相吸收公众存款的特征。同时，由于该行为扰乱了我国的金融秩序，根据我国《刑法》第一百七十六条的规定，单位变相吸收公众存款的，构成非法吸收公众存款罪，依法对单位判处罚金；对该单位直接负责的主管人员和其他直接责任人员，以非法吸收公众存款罪定罪处罚。

3. "昆明泛亚"非法吸收公众存款案②——最高人民法院 2022 年发布的人民法院依法惩治金融犯罪典型案例

【要旨】本案是借用合法经营的形式实施非法集资犯罪的典型案例。本案中，作为合法设立的被告单位昆明泛亚公司，以"稀有金属买卖融资融货"为名，推行"委托交割受托申报""受托委托"业务，将其打造为类金融交易所机构，伙同部分金属生产、销售实体企业在昆明泛亚公司交易平台上制造虚假资金需求、营造交易火爆假象，借助大型网络媒介、电视电话、经济学者咨询会、户外广告，甚至在银行柜台展示等途径，包装成收益与金属涨跌无关、资金随进随出的类金融理财产品，诱使社会公众投资，形成大量资金沉淀，并控制、分配沉淀资金，实现变相吸收公众存款的目

---

① 参见《最高人民法院公报》2008 年第 6 期(总第 140 期)。

② 参见人民法院依法惩治金融犯罪典型案例，载中华人民共和国最高人民法院，https://www.court.gov.cn，最后访问日期：2022 年 11 月 20 日。

的，其行为符合非法吸收公众存款罪的构成要件，依法应当追究刑事责任。

4. 江西"老庆祥"非法吸收公众存款执行案[①]——最高人民法院2022年发布的人民法院依法惩治金融犯罪典型案例

【要旨】本案是人民法院在打击整治养老诈骗专项行动中全力追赃挽损的典型案例。在本案中，人民法院紧紧依靠党委的领导，综合运用执行措施，深入分析研判、科学谋划，妥善破解了财产处置、信息核实、资金清退等执行清退工作中的堵点难点，全力以赴为受损群众追赃挽损，最大程度挽回受害群众经济损失，最大限度维护老年人合法权益。彰显了人民法院坚持法治思维，切实维护人民群众利益的责任担当。探索推出的"线上线下双轨登记制"为涉众型财产执行清退工作中信息核实难题提供了可复制、可推广的经验。妥善化解涉众涉稳风险矛盾，实现政治效果、法律效果和社会效果的统一，有力地提升了人民群众的安全感、幸福感和获得感。

5. 毛某东等非法吸收公众存款案[②]——《刑事审判参考》第1188号案例

【要旨】本案并没有完全清退所吸收资金，故难以适用免予刑事处罚或作无罪处理，但本案实际上已基本具备"主要用于生产经营所需"和"积极清退所吸资金"两个关键条件，可以从轻处罚：(1)从借款动因及款项用途视角考察，主要是用于生产经营所需。(2)从退赃角度考察，非法吸收的资金基本退清。(3)从社会效果角度考察，本案的裁判结果可被社会接受。

第一百七十七条 【伪造、变造金融票证罪】

第一百七十七条 有下列情形之一，伪造、变造金融票证的，处五年以下有期徒刑或者拘役，并处或者单处二万元以上二十万元以下罚金；情节严重的，处五年以上十年以下有期徒刑，并处五万元以上五十万元以下罚金；情节特别严重的，处十年以上有期徒刑或者无期徒刑，并处五万元以上五十万元以下罚金或者没收财产：

（一）伪造、变造汇票、本票、支票的；

（二）伪造、变造委托收款凭证、汇款凭证、银行存单等其他银行结算凭证的；

（三）伪造、变造信用证或者附随的单据、文件的；

---

① 参见人民法院依法惩治金融犯罪典型案例，载中华人民共和国最高人民法院，https://www.court.gov.cn，最后访问日期：2022年11月20日。

② 参见中华人民共和国最高人民法院刑事审判第一、二、三、四、五庭主办：《刑事审判参考》（总第109集），法律出版社2017年版，第48-54页。

（四）伪造信用卡[①]的。

单位犯前款罪的，对单位判处罚金，并对其直接负责的主管人员和其他直接责任人员，依照前款的规定处罚。

立法解释

《全国人民代表大会常务委员会关于〈中华人民共和国刑法〉有关信用卡规定的解释》（2004 年 12 月 29 日第十届全国人民代表大会常务委员会第十三次会议通过）（略，见“第一百九十六条【信用卡诈骗罪】”部分）

刑事司法解释和规范性文件

1.《最高人民法院、最高人民检察院关于办理妨害信用卡管理刑事案件具体应用法律若干问题的解释》（法释〔2018〕19 号）（略，见“第一百九十六条【信用卡诈骗罪】”部分）

2.《最高人民检察院、公安部关于公安机关管辖的刑事案件立案追诉标准的规定（二）》（公通字〔2022〕12 号）

第二十四条　〔伪造、变造金融票证案（刑法第一百七十七条）〕伪造、变造金融票证，涉嫌下列情形之一的，应予立案追诉：

（一）伪造、变造汇票、本票、支票，或者伪造、变造委托收款凭证、汇款凭证、银行存单等其他银行结算凭证，或者伪造、变造信用证或者附随的单据、文件，总面额在一万元以上或者数量在十张以上的；

（二）伪造信用卡一张以上，或者伪造空白信用卡十张以上的。

3.《最高人民法院研究室关于对贩卖假金融票证行为如何适用法律问题的复函》（法研〔2002〕21 号）

公安部经济犯罪侦查局：

……

明知是伪造、变造的金融票证而贩卖，或者明知他人实施金融诈骗行为而为其提供伪造、变造的金融票证的，以伪造、变造金融票证罪或者金融诈骗犯罪的共犯论处。

---

① 本书涉及《刑法》条文中的“信用卡”，均以《全国人民代表大会常务委员会关于〈中华人民共和国刑法〉有关信用卡规定的解释》中关于“信用卡”的含义为准。——本书注

4.《公安部经济犯罪侦查局关于银行现金缴款单是否属于金融票证的批复》(公经〔2006〕2697 号)

经研究,并征求中国人民银行条法司意见,现批复如下:

现金缴款单是客户到银行办理现金缴款业务的专用凭证,证明银行与客户之间发生了资金收付关系,应为银行结算凭证的一种,属于金融票证的范畴。

5.《公安部经济犯罪侦查局关于伪造银行履约保函的行为是否构成伪造、变造金融票证罪的批复》(公经〔2006〕2769 号)

经研究并征求中国人民银行条法司意见,现批复如下:

银行履约保函是保函的一种,属于《刑法》第一百八十八条所列的金融票证的范畴。但只有在经济活动中具有给付货币和资金清算作用,并表明银行与客户之间已受理或已办结相关支付结算业务的凭据,才能认定为银行结算凭证。因此,《刑法》第一百七十七条"伪造、变造金融票证罪"规定的金融票证种类中并未包括银行履约保函。

6.《公安部经济犯罪侦查局关于对伪造、变造金额凭证罪法律适用问题的批复》(公经〔2007〕1900 号)

经征求最高人民检察院侦查监督厅和中国人民银行条法司意见,现批复如下:

一、刑法意义上的伪造、变造金融票证行为,其核心是对金融票证的物理性状进行改变。本案中犯罪嫌疑人先将资金存入 × × 信用分社取得存单,再假称存单丢失,通过办理存单挂失手续将存款提现的方法取得已挂失的存单,犯罪嫌疑人的行为不属于刑法规定的伪造、变造金融票证的范畴。

二、银行质押凭证止付通知书不属于《刑法》第一百七十七条中的金融票证。

7.《公安部经济犯罪侦查局关于银行进账单、支票存根联、支付系统专用凭证、转账贷方传票是否属于银行结算凭证的批复》(公经金融〔2008〕116 号)

广东省公安厅经济犯罪侦查局:

你局《关于银行进账单、支票存根联、支付系统专用凭证、转账贷方传票是否属于银行结算凭证的请示》[广公(经)字〔2008〕878 号]收悉。经研究并征求中国人民银行意见,银行进账单、支付系统专用凭证、转账贷方传票属于银行结算凭证,而支票存根联是出票人自行留存、用于核对账务的内部凭证,不属于银行结算凭证。

8.《公安部经济犯罪侦查局关于银行现金缴纳单和进账单是否属于银行结算凭证的批复》(公经〔2009〕96 号)

……

经研究,并根据中国人民银行前期就此问题的复函,银行现金缴纳单、进账单均属于《刑法》第一百七十七条所指的银行结算凭证。

9.《公安部经济犯罪侦查局关于"12·24"票据诈骗案件有关法律问题的批复》(公经金融〔2012〕182号)

涉案的商业承兑汇票(不可撤销)保证函、不可撤销的还款担保函属于银行履约保函的一种。根据我局2006年12月1日《关于伪造银行履约保函的行为是否构成伪造、变造金融票证罪的批复》(公经〔2006〕2769号),银行履约保函是保函的一种,属于《刑法》第一百八十八条所列的金融票证的范畴。但只有在经济活动中具有给付货币和资金清算作用,并表明银行与客户之间已受理或已办结相关支付结算业务的凭证,才能认定为银行结算凭证。因此,《刑法》第一百七十七条"伪造、变造金融票证罪"规定的金融票证种类并未包括银行履约保函。

其他相关规范

1.《票据法》

第二条　在中华人民共和国境内的票据活动,适用本法。

本法所称票据,是指汇票、本票和支票。

第一百零二条　有下列票据欺诈行为之一的,依法追究刑事责任:

(一)伪造、变造票据的;

(二)故意使用伪造、变造的票据的;

(三)签发空头支票或者故意签发与其预留的本名签名式样或者印鉴不符的支票,骗取财物的;

(四)签发无可靠资金来源的汇票、本票,骗取资金的;

(五)汇票、本票的出票人在出票时作虚假记载,骗取财物的;

(六)冒用他人的票据,或者故意使用过期或者作废的票据,骗取财物的;

(七)付款人同出票人、持票人恶意串通,实施前六项所列行为之一的。

2.《最高人民法院关于审理票据纠纷案件若干问题的规定》(法释〔2020〕18号)

第六十六条　依照票据法第十四条、第一百零二条、第一百零三条的规定,伪造、变造票据者除应当依法承担刑事、行政责任外,给他人造成损失的,还应当承担民事赔偿责任。被伪造签章者不承担票据责任。

第六十八条　付款人或者代理付款人未能识别出伪造、变造的票据或者身份证件而错误付款,属于票据法第五十七条规定的"重大过失",给持票人造成损失的,应当依法承担民事责任。付款人或者代理付款人承担责任后有权向伪造者、变造者依法追偿。

持票人有过错的,也应当承担相应的民事责任。

3.《最高人民法院关于审理信用证纠纷案件若干问题的规定》(法释〔2005〕13号,2020年修正)

第八条 凡有下列情形之一的,应当认定存在信用证欺诈:

(一)受益人伪造单据或者提交记载内容虚假的单据;

(二)受益人恶意不交付货物或者交付的货物无价值;

(三)受益人和开证申请人或者其他第三方串通提交假单据,而没有真实的基础交易;

(四)其他进行信用证欺诈的情形。

4.《国内信用证结算办法》(中国人民银行、中国银行业监督管理委员会公告〔2016〕第10号)

第二条 本办法所称国内信用证(以下简称信用证),是指银行(包括政策性银行、商业银行、农村合作银行、村镇银行和农村信用社)依照申请人的申请开立的、对相符交单予以付款的承诺。

前款规定的信用证是以人民币计价、不可撤销的跟单信用证。

第八条 在信用证业务中,银行处理的是单据,而不是单据所涉及的货物或服务。

第十三条 开证银行与申请人在开证前应签订明确双方权利义务的协议。开证行可要求申请人交存一定数额的保证金,并可根据申请人资信情况要求其提供抵押、质押、保证等合法有效的担保。

开证申请人申请开立信用证,须提交其与受益人签订的贸易合同。

开证行应根据贸易合同及开证申请书等文件,合理、审慎设置信用证付款期限、有效期、交单期、有效地点。

第四十二条 交单行在交单时,应附寄一份交单面函(寄单通知书),注明单据金额、索偿金额、单据份数、寄单编号、索款路径、收款账号、受益人名称、申请人名称、信用证编号等信息,并注明此次交单是在正本信用证项下进行并已在信用证正本背面批注交单情况。

受益人直接交单时,应提交信用证正本及信用证通知书、信用证修改书正本及信用证修改通知书(如有)、开证行(保兑行、转让行、议付行)认可的身份证明文件。

第五十条 银行收到单据时,应仅以单据本身为依据,认真审核信用证规定的所有单据,以确定是否为相符交单。

相符交单指与信用证条款、本办法的相关适用条款、信用证审单规则及单据之内、单据之间相互一致的交单。

第五十一条 银行只对单据进行表面审核。

银行不审核信用证没有规定的单据。银行收到此类单据,应予退还或将其照转。

如信用证含有一项条件,却未规定用以表明该条件得到满足的单据,银行将视为未作规定不予理会,但提交的单据中显示的相关信息不得与上述条件冲突。

第五十二条 信用证要求提交运输单据、保险单据和发票以外的单据时,应对单据的出单人及其内容作出明确规定。未作规定的,只要所提交的单据内容表面形式满足单据功能且与信用证及其他规定单据不矛盾,银行可予接受。

除发票外,其他单据中的货物或服务或行为描述可使用统称,但不得与信用证规定的描述相矛盾。

发票须是税务部门统一监制的原始正本发票。

第五十三条 信用证要求某种单据提交多份的,所提交的该种单据中至少应有一份正本。

除信用证另有规定外,银行应将任何表面上带有出单人的原始签名或印章的单据视为正本单据(除非单据本身表明其非正本),但此款不适用于增值税发票或其他类型的税务发票。

第五十四条 所有单据的出单日期均不得迟于信用证的有效期、交单期截止日以及实际交单日期。

受益人和开证申请人的开户银行、账号和地址出现在任何规定的单据中时,无须与信用证或其他规定单据中所载相同。

第五十五条 信用证审单规则由行业协会组织会员单位拟定并推广执行。行业协会应根据信用证业务开展实际,适时修订审单规则。

5.《中国人民银行关于调整票据、结算凭证种类和格式的通知》(银发〔2004〕235号)

为适应支付结算业务发展的需要,规范客户和银行的支付结算行为,中国人民银行决定对现行票据和结算凭证(以下简称票证)的种类和格式进行调整。现就有关事项通知如下:

一、关于票证调整的内容

……

(二)调整格式、要素的票证

……

银行汇票申请书、银行承兑协议、贴现凭证、挂失止付通知书、银行汇票挂失电报格式及银行卡专用的汇计单、签购单、取现单、存款单、转账单等结算凭证，人民银行不再统一规范格式，各银行可按照支付结算制度的有关规定自主确定格式。

二、关于网上支付业务跨行使用的结算凭证

各行提交他行的跨行网上支付结算凭证，除必须记载收款人名称、汇款人名称、汇入地点、汇入行名称、汇出地点、汇出行名称、委托日期、金额等必要记载事项外，还可根据自身管理需要增设其他记载事项，具体格式可参照电汇凭证。网上支付使用的凭证既可直接输出打印，也可采用手工填写方式。提交他行的跨行网上支付结算凭证上应加盖统一规定的结算专用章。对符合上述要求的网上支付结算凭证，提入行应予受理。

6.《中国银保监会办公厅关于预防银行业保险业从业人员金融违法犯罪的指导意见》（银保监办发〔2020〕18号）

二、预防重点领域金融违法犯罪

……

（九）严防信用卡业务领域违法犯罪行为。银行业金融机构要加强信用卡业务管理，严格资信审查，杜绝为追求业绩不顾申请人实际还款能力滥发信用卡的行为。防范从业人员与外部机构或个人勾结进行信用卡大额套现、伪造信用卡、非法买卖信用卡客户信息资料等行为。

重点案例要旨

杨某虚假出资、非法占用农用地、合同诈骗、单位行贿、对单位行贿、伪造金融票证案①——最高人民检察院公报案例

【要旨】公司为虚增公司业绩，伪造金融票证，情节特别严重，其行为已构成伪造金融票证罪，该单位实施上述犯罪直接负责的主管人员，亦构成伪造金融票证罪。

第一百七十七条之一 【妨害信用卡管理罪】【窃取、收买、非法提供信用卡信息罪】

第一百七十七条之一 有下列情形之一，妨害信用卡管理的，处三年以下有期

① 参见最高人民检察院公报案例，载 http://www.faxin.cn/lib/cpal/AlyzContent.aspx? isAlyz = 1&gid = C1263220&userinput，最后访问日期：2022年9月10日。

徒刑或者拘役，并处或者单处一万元以上十万元以下罚金；数量巨大或者有其他严重情节的，处三年以上十年以下有期徒刑，并处二万元以上二十万元以下罚金：

（一）明知是伪造的信用卡而持有、运输的，或者明知是伪造的空白信用卡而持有、运输，数量较大的；

（二）非法持有他人信用卡，数量较大的；

（三）使用虚假的身份证明骗领信用卡的；

（四）出售、购买、为他人提供伪造的信用卡或者以虚假的身份证明骗领的信用卡的。

窃取、收买或者非法提供他人信用卡信息资料的，依照前款规定处罚。

银行或者其他金融机构的工作人员利用职务上的便利，犯第二款罪的，从重处罚。

刑事司法解释和规范性文件

1.《最高人民法院、最高人民检察院关于办理妨害信用卡管理刑事案件具体应用法律若干问题的解释》（法释〔2018〕19号）（略，见“第一百九十六条【信用卡诈骗罪】”部分）

2.《最高人民法院、最高人民检察院、公安部关于办理电信网络诈骗等刑事案件适用法律若干问题的意见》（法发〔2016〕32号）

三、全面惩处关联犯罪

……

（四）非法持有他人信用卡，没有证据证明从事电信网络诈骗犯罪活动，符合刑法第一百七十七条之一第一款第（二）项规定的，以妨害信用卡管理罪追究刑事责任。

3.《最高人民法院、最高人民检察院、公安部关于办理电信网络诈骗等刑事案件适用法律若干问题的意见（二）》（法发〔2021〕22号）

四、无正当理由持有他人的单位结算卡的，属于刑法第一百七十七条之一第一款第（二）项规定的“非法持有他人信用卡”。

4.《最高人民法院刑事审判第三庭、最高人民检察院第四检察厅、公安部刑事侦查局关于“断卡”行动中有关法律适用问题的会议纪要》（2022年3月22日）

七、关于收购、出售、出租信用卡的行为，可否以窃取、收买、非法提供信用卡信息罪追究刑事责任的问题。《刑法修正案（五）》设立了窃取、收买、非法提供信用卡信息罪,主要考虑是:利用信用卡信息资料复制磁条卡的问题在当时比较突出,严重危害持卡人的财产安全和国家金融安全,故设立本罪,相关司法解释将本罪入罪门槛规定为1张(套)信用卡。其中的"信用卡信息资料",是指用于伪造信用卡的电子数据等基础信息,如有关发卡行代码、持卡人账户、密码等内容的加密电子数据。在"断卡"行动破获的此类案件中,行为人非法交易信用卡的主要目的在于直接使用信用卡,而非利用其中的信息资料伪造信用卡。故当前办理"断卡"行动中的此类案件,一般不以窃取、收买、非法提供信用卡信息罪追究刑事责任。

八、关于收购、出售、出租信用卡"四件套"行为的处理。行为人收购、出售、出租信用卡"四件套"(一般包括信用卡,身份信息,U盾,网银),数量较大的,可能同时构成帮助信息网络犯罪活动罪、妨害信用卡管理罪等。"断卡"行动中破获的此类案件,行为人收购、出售、出租的信用卡"四件套",主要流向电信网络诈骗犯罪团伙或人员手中,用于非法接收、转移诈骗资金,一般以帮助信息网络犯罪活动罪论处。对于涉案信用卡"四件套"数量巨大,同时符合妨害信用卡管理罪构成要件的,择一重罪论处。

5.《最高人民检察院、公安部关于公安机关管辖的刑事案件立案追诉标准的规定(二)》(公通字〔2022〕12号)

第二十五条 〔妨害信用卡管理案(刑法第一百七十七条之一第一款)〕妨害信用卡管理,涉嫌下列情形之一的,应予立案追诉:

(一)明知是伪造的信用卡而持有、运输的;

(二)明知是伪造的空白信用卡而持有、运输,数量累计在十张以上的;

(三)非法持有他人信用卡,数量累计在五张以上的;

(四)使用虚假的身份证明骗领信用卡的;

(五)出售、购买、为他人提供伪造的信用卡或者以虚假的身份证明骗领的信用卡的。

违背他人意愿,使用其居民身份证、军官证、士兵证、港澳居民往来内地通行证、台湾居民来往大陆通行证、护照等身份证明申领信用卡的,或者使用伪造、变造的身份证明申领信用卡的,应当认定为"使用虚假的身份证明骗领信用卡"。

第二十六条 〔窃取、收买、非法提供信用卡信息案(刑法第一百七十七条之一第二款)〕窃取、收买或者非法提供他人信用卡信息资料,足以伪造可进行交易的信用卡,或者足以使他人以信用卡持卡人名义进行交易,涉及信用卡一张以上的,应予立案追诉。

6.《公安部经济犯罪侦查局关于对以虚假的工作单位证明及收入证明骗领信用卡是否可以认定为妨害信用卡管理罪请示的批复》(公经金融〔2008〕107 号)

山东省公安厅经侦总队:

你总队《关于以虚假的工作单位证明及收入证明骗领信用卡是否可以认定为妨害信用卡管理罪的请示》(鲁公经〔2008〕335 号)收悉。经研究,并征求人民银行意见,以虚假的工作单位证明及收入证明骗领信用卡不能认定为妨害信用卡管理罪。

其他相关规范

1.《商业银行信用卡业务监督管理办法》(银监会令 2011 年第 2 号)

第二条 商业银行经营信用卡业务,应当严格遵守国家法律、法规、规章和有关政策规定,遵循平等、自愿和诚实信用的原则。

第三条 商业银行经营信用卡业务,应当依法保护客户合法权益和相关信息安全。未经客户授权,不得将相关信息用于本行信用卡业务以外的其他用途。

2.《金融机构客户尽职调查和客户身份资料及交易记录保存管理办法》(中国人民银行、中国银行业监督管理委员会、中国证券业监督管理委员会令〔2022〕第 1 号)

第四条 金融机构应当按照安全、准确、完整、保密的原则,妥善保存客户身份资料及交易记录,确保足以重现每笔交易,以提供客户尽职调查、监测分析交易、调查可疑交易活动以及查处洗钱和恐怖融资案件所需的信息。

3.《银保监会、人民银行关于进一步促进信用卡业务规范健康发展的通知》(银保监规〔2022〕13 号)

一、强化信用卡业务经营管理

……

(四)银行业金融机构应当严格实施信用卡业务的员工行为管理,开展持续监督和定期排查,实施对重要岗位、重点人员业务行为的全流程监督,建立并完善违法违规行为问责和记录机制,有效监测、识别、预警和防范信用卡业务从业人员违法违规行为。

四、严格管控资金流向

……

(十六)银行业金融机构、收单机构、清算机构应当建立健全对套现、盗刷等异常用卡行为和非法资金交易的监测分析和拦截机制,对可疑信用卡、可疑交易依法采取管控措施,持续有效防控套现、欺诈风险,防范信用卡被用于违法犯罪活动。依法完整记录、保存信用卡交易等信息，并持续满足我国境内金融管理部门监督检查和司法机关调查取证的要求。

重点案例要旨

张某、李某某妨害信用卡管理案[①]——《刑事审判参考》第386号案例

【要旨】实施通过邮局邮寄伪造的空白信用卡的行为是为了将大量伪造的信用卡运输出去，邮寄行为的本质为运输，实施此类行为的，构成妨害信用卡管理罪。依照《刑法》第十二条第一款规定的从旧兼从轻原则，适用《刑法修正案（五）》第一条处理案件时，不需要在裁判文书中同时援引《刑法》第一百七十七条和《刑法修正案（五）》第一条，只须援引《刑法》第一百七十七条之一。

第一百七十八条 【伪造、变造国家有价证券罪】【伪造、变造股票、公司、企业债券罪】

第一百七十八条 伪造、变造国库券或者国家发行的其他有价证券，数额较大的，处三年以下有期徒刑或者拘役，并处或者单处二万元以上二十万元以下罚金；数额巨大的，处三年以上十年以下有期徒刑，并处五万元以上五十万元以下罚金；数额特别巨大的，处十年以上有期徒刑或者无期徒刑，并处五万元以上五十万元以下罚金或者没收财产。

伪造、变造股票或者公司、企业债券，数额较大的，处三年以下有期徒刑或者拘役，并处或者单处一万元以上十万元以下罚金；数额巨大的，处三年以上十年以下有期徒刑，并处二万元以上二十万元以下罚金。

单位犯前两款罪的，对单位判处罚金，并对其直接负责的主管人员和其他直接责任人员，依照前两款的规定处罚。

刑事司法解释和规范性文件

《最高人民检察院、公安部关于公安机关管辖的刑事案件立案追诉标准的规定（二）》（公通字〔2022〕12号）

第二十七条 〔伪造、变造国家有价证券案（刑法第一百七十八条第一款）〕伪

---

① 参见中华人民共和国最高人民法院刑事审判第一、二、三、四、五庭主办：《刑事审判参考》（总第49集），法律出版社2006年版，第1-7页。

造、变造国库券或者国家发行的其他有价证券，总面额在二千元以上的，应予立案追诉。

第二十八条　〔伪造、变造股票、公司、企业债券案（刑法第一百七十八条第二款）〕伪造、变造股票或者公司、企业债券，总面额在三万元以上的，应予立案追诉。

其他相关规范

1.《国库券条例》（国务院令第588号）

第十一条　对伪造国库券的，依法追究刑事责任。

2.《企业债券管理条例》（国务院令第588号）

第五条　本条例所称企业债券，是指企业依照法定程序发行、约定在一定期限内还本付息的有价证券。

3.《中国人民银行关于统一管理有价证券印制的通知》（1992年4月11日）

一、全国发行的有价证券的印制必须经中国人民银行审批，然后由中国印钞造币总公司根据中国人民银行批准的有价证券数量及有关印制的要求，具体负责印制。

二、地方发行的有价证券的印制，分别由人民银行省、自治区、直辖市分行、计划单列市分行统一管理，并由其指定人有印制有价证券条件的印制企业承印。承印有价证券的印制企业必须具备以下条件：具有严密的特殊的管理方式以确保印数的准确和安全保密；具备特殊的工艺和防伪技术；使用与普通印制品有明显区别的证券印制的专用原材料。否则，不得承印。

三、有价证券的票面内容、格式、尺寸、纸张等，须经中国人民银行或省级分行（含计划单列市分行）审查。有价证券的票面应标明下列内容：

（一）发行单位的名称、地址；

（二）票面额；

（三）利息或分红利的支付方式；

（四）发行日期和编号；

（五）发行单位印章和法人代表的签章；

（六）审批机关批准的发行文号和日期；

（七）有价证券的利率，还本期和方式。

4.《储蓄国债（凭证式）管理办法》（银发〔2021〕20号）

第二十九条　承销团成员若发现有伪造、涂改“中华人民共和国储蓄国债（凭证式）收款凭证”和冒名办理提前兑取和到期还本付息的，应当拒绝办理相关业务，并及时向当地中国人民银行分支机构和财政部门报告。

重点案例要旨

杨某冰伪造国家有价证券罪案①

【要旨】伙同他人伪造凭证式国债收款凭证，属于伪造国家发行的其他有价证券，构成伪造国家有价证券罪。

第一百七十九条 【擅自发行股票、公司、企业债券罪】

第一百七十九条 未经国家有关主管部门批准，擅自发行②股票或者公司、企业债券，数额巨大、后果严重或者有其他严重情节的，处五年以下有期徒刑或者拘役，并处或者单处非法募集资金金额百分之一以上百分之五以下罚金。

单位犯前款罪的，对单位判处罚金，并对其直接负责的主管人员和其他直接责任人员，处五年以下有期徒刑或者拘役。③

刑事司法解释和规范性文件

1.《最高人民法院关于审理非法集资刑事案件具体应用法律若干问题的解释》（法释〔2010〕18号）

第六条 未经国家有关主管部门批准，向社会不特定对象发行、以转让股权等方式变相发行股票或者公司、企业债券，或者向特定对象发行、变相发行股票或者公司、企业债券累计超过200人的，应当认定为刑法第一百七十九条规定的“擅自发行股票、公司、企业债券”。构成犯罪的，以擅自发行股票、公司、企业债券罪定罪处罚。

2.《最高人民检察院、公安部关于公安机关管辖的刑事案件立案追诉标准的规定（二）》（公通字〔2022〕12号）

第二十九条 〔擅自发行股票、公司、企业债券案（刑法第一百七十九条）〕未经国家有关主管部门批准或者注册，擅自发行股票或者公司、企业债券，涉嫌下列情形

---

① 参见浙江省高级人民法院（2019）浙09刑终68号刑事裁定书，载北大法宝，https://www.pkulaw.com。

② 擅自发行包括超额发行、重复发行、变相发行等。——本书注

③ 成立本罪以“未经国家有关主管部门批准”为要件。随着注册制的全面施行，对该要件似应作出修改完善。——本书注

之一的，应予立案追诉：

（一）非法募集资金金额在一百万元以上的；

（二）造成投资者直接经济损失数额累计在五十万元以上的；

（三）募集的资金全部或者主要用于违法犯罪活动的；

（四）其他后果严重或者有其他严重情节的情形。

本条规定的"擅自发行股票或者公司、企业债券"，是指向社会不特定对象发行、以转让股权等方式变相发行股票或者公司、企业债券，或者向特定对象发行、变相发行股票或者公司、企业债券累计超过二百人的行为。

其他相关规范

1.《证券法》①

第九条　公开发行证券，必须符合法律、行政法规规定的条件，并依法报经国务院证券监督管理机构或者国务院授权的部门注册。未经依法注册，任何单位和个人不得公开发行证券。证券发行注册制的具体范围、实施步骤，由国务院规定。

有下列情形之一的，为公开发行：

（一）向不特定对象发行证券；

（二）向特定对象发行证券累计超过二百人，但依法实施员工持股计划的员工人数不计算在内；

（三）法律、行政法规规定的其他发行行为。

非公开发行证券，不得采用广告、公开劝诱和变相公开方式。

2.《国务院办公厅关于严厉打击非法发行股票和非法经营证券业务有关问题的通知》（国办发〔2006〕99号）

近年来，非法发行股票和非法经营证券业务（以下简称非法证券活动）在我国部分地区时有发生，个别地区甚至出现蔓延势头，严重危害社会稳定和金融安全。为贯彻落实公司法和证券法有关规定，维护证券市场正常秩序和广大投资者的合法权益，经国务院同意，现就严厉打击非法证券活动有关问题通知如下：

一、提高认识，统一思想，坚决遏制非法证券活动蔓延势头

非法证券活动具有手段隐蔽、欺骗性强、蔓延速度快、易反复等特点，涉及人数众多，投资者多为退休人员、下岗职工等困难群众，容易引发群体事件。当前，非法

① 《证券法》第九条是擅自发行股票、公司、企业债券罪的前置性规范。——本书注

证券活动的主要形式为:一是编造公司即将在境内外上市或股票发行获得政府部门批准等虚假信息,诱骗社会公众购买所谓“原始股”;二是非法中介机构以“投资咨询机构”、“产权经纪公司”、“外国资本公司或投资公司驻华代表处”的名义,未经法定机关批准,向社会公众非法买卖或代理买卖未上市公司股票;三是不法分子以证券投资为名,以高额回报为诱饵,诈骗群众钱财。

地方各级人民政府、国务院有关部门要进一步统一思想,高度重视,充分认识非法证券活动的危害性,增强政治责任感。要完善打击非法证券活动的政策法规和联合执法机制,查处一批大案要案,依法追究有关人员的责任,建立健全防范和打击非法证券活动的长效机制,从根本上遏制非法证券活动蔓延势头。

二、明确分工,加强配合,形成打击非法证券活动的执法合力

为加强组织领导,由证监会牵头,公安部、工商总局、银监会并邀请高法院、高检院等有关单位参加,成立打击非法证券活动协调小组,负责打击非法证券活动的组织协调、政策解释、性质认定等工作。协调小组办公室设在证监会。证监会要组织专门机构和得力人员,明确职责,加强沟通,与相关部门和省级人民政府建立反应灵敏、配合密切、应对有力的工作机制。

非法证券活动查处和善后处理工作按属地原则由各省、自治区、直辖市及计划单列市人民政府负责。非法证券活动经证监会及其派出机构认定后,省级人民政府要负责做好本地区案件查处和处置善后工作。涉及多个省(区、市)的,由公司注册地的省级人民政府牵头负责,相关省(区、市)要予以积极支持配合。发现涉嫌犯罪的,应及时移送公安机关立案查处,并依法追究刑事责任。未构成犯罪的,由证券监管部门、工商行政管理部门根据各自职责依法作出行政处罚。

地方各级人民政府要高度重视,统筹安排,周密部署,建立起群众举报、媒体监督、日常监管和及时查处相结合的非法证券活动防范和预警机制,制订风险处置预案。对近年来案件多发的地区,有关地方人民政府要迅速开展查处、取缔工作,果断处置,集中查处一批典型案件并公开报道,震慑犯罪分子,教育人民群众,维护社会稳定。

三、明确政策界限,依法进行监管

(一)严禁擅自公开发行股票。向不特定对象发行股票或向特定对象发行股票后股东累计超过 200 人的,为公开发行,应依法报经证监会核准。未经核准擅自发行的,属于非法发行股票。

(二)严禁变相公开发行股票。向特定对象发行股票后股东累计不超过 200 人的,为非公开发行。非公开发行股票及其股权转让,不得采用广告、公告、广播、电

话、传真、信函、推介会、说明会、网络、短信、公开劝诱等公开方式或变相公开方式向社会公众发行。严禁任何公司股东自行或委托他人以公开方式向社会公众转让股票。向特定对象转让股票，未依法报经证监会核准的，转让后，公司股东累计不得超过200人。

(三)严禁非法经营证券业务。股票承销、经纪(代理买卖)、证券投资咨询等证券业务由证监会依法批准设立的证券机构经营，未经证监会批准，其他任何机构和个人不得经营证券业务。

违反上述三项规定的，应坚决予以取缔，并依法追究法律责任。

证监会要根据公司法和证券法有关规定，尽快研究制订有关公开发行股票但不在证券交易所上市的股份有限公司(以下简称非上市公众公司)管理规定，明确非上市公众公司设立和发行的条件、发行审核程序、登记托管及转让规则等，将非上市公众公司监管纳入法制轨道。

四、加强舆论引导和对投资者教育

证监会、公安部等有关部门要指导地方各级人民政府，广泛利用报纸、电视、广播、互联网等传媒手段，多方位、多角度地宣传非法证券活动的表现形式、特点、典型案例及其严重危害，提高广大投资者对非法证券活动的风险意识和辨别能力，预防非法证券活动的发生，防患于未然。

3.《最高人民法院、最高人民检察院、公安部、中国证券监督管理委员会关于整治非法证券活动有关问题的通知》(证监发〔2008〕1号)

国务院办公厅《关于严厉打击非法发行股票和非法经营证券业务有关问题的通知》(国办发〔2006〕99号，以下简称"国办发99号文")和国务院《关于同意建立整治非法证券活动协调小组工作制度的批复》(国函〔2007〕14号)下发后，整治非法证券活动协调小组(以下简称"协调小组")各成员单位和地方人民政府高度重视，周密部署，重点查处了一批大案要案，初步遏制了非法证券活动的蔓延势头，各类非法证券活动新发量明显减少，打击非法证券活动工作取得了明显成效，相当一部分案件已进入司法程序。但在案件办理过程中，相关单位也遇到了一些分工协作、政策法律界限不够明确等问题。为此，协调小组专门召开会议对这些问题进行了研究。根据协调小组会议精神，现就打击非法证券活动工作中的有关问题通知如下：

一、统一思想，高度重视非法证券类案件办理工作

非法证券活动是一种典型的涉众型的违法犯罪活动，严重干扰正常的经济金融秩序，破坏社会和谐与稳定。从近期办理的一些案件看，非法证券活动具有以下特征：一是按照最高人民检察院、公安部《关于经济犯罪案件追诉标准的规定》(公发

〔2001〕11 号),绝大多数非法证券活动都涉嫌犯罪。二是花样不断翻新,隐蔽性强,欺骗性大,仿效性高。三是案件涉及地域广,涉案金额大,涉及人员多,同时资产易被转移,证据易被销毁,人员易潜逃,案件办理难度大。四是不少案件涉及到境外资本市场,办理该类案件政策性强,专业水平要求高。五是投资者多为离退休人员、下岗职工等困难群众,承受能力差,极易引发群体事件。各有关部门要进一步统一思想,高度重视,充分认识此类违法犯罪活动的严重性、危害性,增强政治责任感,密切分工协作,提高工作效率,及时查处一批大案要案,维护法律法规权威,维护社会公平正义,维护投资者的合法权益。

二、明确法律政策界限,依法打击非法证券活动

(一)关于公司及其股东向社会公众擅自转让股票行为的性质认定。《证券法》第十条第三款规定:“非公开发行证券,不得采用广告、公开劝诱和变相公开方式。”国办发 99 号文规定:“严禁任何公司股东自行或委托他人以公开方式向社会公众转让股票。向特定对象转让股票,未依法报经证监会核准的,转让后,公司股东累计不得超过 200 人。”公司、公司股东违反上述规定,擅自向社会公众转让股票,应当追究其擅自发行股票的责任。公司与其股东合谋,实施上述行为的,公司与其股东共同承担责任。

(二)关于擅自发行证券的责任追究。未经依法核准,擅自发行证券,涉嫌犯罪的,依照《刑法》第一百七十九条之规定,以擅自发行股票、公司、企业债券罪追究刑事责任。未经依法核准,以发行证券为幌子,实施非法证券活动,涉嫌犯罪的,依照《刑法》第一百七十六条、第一百九十二条等规定,以非法吸收公众存款罪、集资诈骗罪等罪名追究刑事责任。未构成犯罪的,依照《证券法》和有关法律的规定给予行政处罚。

(三)关于非法经营证券业务的责任追究。任何单位和个人经营证券业务,必须经证监会批准。未经批准的,属于非法经营证券业务,应予以取缔;涉嫌犯罪的,依照《刑法》第二百二十五条之规定,以非法经营罪追究刑事责任。对于中介机构非法代理买卖非上市公司股票,涉嫌犯罪的,应当依照《刑法》第二百二十五条之规定,以非法经营罪追究刑事责任;所代理的非上市公司涉嫌擅自发行股票,构成犯罪的,应当依照《刑法》第一百七十九条之规定,以擅自发行股票罪追究刑事责任。非上市公司和中介机构共谋擅自发行股票,构成犯罪的,以擅自发行股票罪的共犯论处。未构成犯罪的,依照《证券法》和有关法律的规定给予行政处罚。

(四)关于非法证券活动性质的认定。非法证券活动是否涉嫌犯罪,由公安机关、司法机关认定。公安机关、司法机关认为需要有关行政主管机关进行性质认定

的，行政主管机关应当出具认定意见。对因案情复杂、意见分歧，需要进行协调的，协调小组应当根据办案部门的要求，组织有关单位进行研究解决。

（五）关于修订后的《证券法》与修订前的《证券法》中针对擅自发行股票和非法经营证券业务规定的衔接。修订后的《证券法》与修订前的《证券法》针对擅自发行股票和非法经营证券业务的规定是一致的，是相互衔接的，因此在修订后的《证券法》实施之前发生的擅自发行股票和非法经营证券业务行为，也应予以追究。

（六）关于非法证券活动受害人的救济途径。根据1998年3月25日《国务院办公厅转发证监会关于清理整顿场外非法股票交易方案的通知》（国办发〔1998〕10号）的规定，最高人民法院于1998年12月4日发布了《关于中止审理、中止执行涉及场外非法股票交易经济纠纷案件的通知》（法〔1998〕145号），目的是为配合国家当时解决STAQ、NET交易系统发生的问题，而非针对目前非法证券活动所产生的纠纷。如果非法证券活动构成犯罪，被害人应当通过公安、司法机关刑事追赃程序追偿；如果非法证券活动仅是一般违法行为而没有构成犯罪，当事人符合民事诉讼法规定的起诉条件的，可以通过民事诉讼程序请求赔偿。

三、加强协作配合，提高办案效率

涉嫌犯罪的非法证券类案件从调查取证到审理终结，主要涉及证监、公安、检察、法院四个部门。从工作实践看，大部分地区的上述四个部门能够做到既有分工，也有协作，案件办理进展顺利，但也有部分地区的一些案件久拖不决，有的甚至出现“踢皮球”的现象，案件办理周期过长。究其原因，有的是工作不扎实，有的是认识上存在差距，有的是协调沟通不畅。协调小组工作会议高度重视存在的问题，并对各相关部门的工作分工及协调配合做了总体部署。

证监系统要督促、协调、指导各地落实已出台的贯彻国办发99号文实施意见，将打击非法证券活动长效机制落到实处；根据司法机关需要，对非法证券类案件及时出具性质认定意见；创新办案模式，在当地政府的领导下，密切与其他行政执法机关的联合执法，提高快速反应能力；根据工作需要，可组织当地公、检、法等部门相关人员进行业务培训或案情会商；加强对境外资本市场的跟踪研究。

公安机关对涉嫌犯罪的非法证券类案件要及时进行立案侦查，并做好与证监、工商等部门的工作衔接；上级公安机关要加强案件的协调、指导、督办工作，提高办案效率；密切与检察院、法院的协调配合，及时交流信息，通报情况，加大对大要案的侦办力度。

检察机关要及时做好此类案件的批捕、起诉和诉讼监督工作；加强与相关部门的沟通联系,及时处理需要协调的事项。

人民法院要加强与相关部门的沟通协调,及时受理、审理各类涉及非法证券活动的民事、刑事案件,对性质恶劣、社会危害大的案件依法予以严惩。

各相关部门在办理非法证券类案件过程中遇到重大问题的,可提请协调小组协助解决。

重点案例要旨

1. 赵某友擅自发行股票案①

【要旨】依照《公司法》和《证券法》的规定,股票是股份公司签发的证明股东所持股份数的凭证,包括上市公司的股票,也包括未上市股份公司的股权。涉案公司发给投资人的原始股权证中,记载有公司名称、成立时间、法人代码、注册资金、股东姓名、持股数量、编号及法定代表人印章等,符合股票的特征和要件。由于涉案公司承诺即将上市且股票能够获利,投资者的主观目的是通过先期购买股票,待公司上市后依靠股票升值赚钱,即投资者购买的是未上市股份公司的股票,因此,友邦股份公司出售股权的行为就是发行股票。未经国家证券管理部门批准,擅自发行股票,数额巨大,不能及时清退的,构成擅自发行股票罪。

2. 上海安某生物科技股份有限公司等擅自发行股票案②

【要旨】非上市股份有限公司经单位集体研究决定,为筹集经营资金,未经证券监管部门批准,委托中介向不特定社会公众转让公司股东的股权,部分受让人在托管中心托管并到工商部门备案,其行为属于未经批准擅自发行股票的行为,数额巨大、后果严重或者有其他严重情节的,应当以擅自发行股票罪定罪处罚。

第一百八十条 【内幕交易、泄露内幕信息罪】【利用未公开信息交易罪】③

第一百八十条 证券、期货交易内幕信息的知情人员或者非法获取证券、期货

① 参见黑龙江省牡丹江市阳明区人民法院(2018)黑1003刑初8号刑事判决书、黑龙江省牡丹江市中级人民法院(2019)黑10刑终28号刑事裁定书,载中国裁判文书网,https://www.wenshu.court.gov.cn,最后访问日期:2022年11月20日。

② 参见刘娟娟:《非上市股份有限公司向社会公众转让股权构成擅自发行股票罪》,载《人民司法·案例》2011年第4期。

③ 1999年《刑法修正案》第四条对本条相关内容作出修改;2009年《刑法修正案(七)》第二条作了进一步修改,并增加本条第四款,即利用未公开信息交易罪。——本书注

交易内幕信息的人员，在涉及证券的发行，证券、期货交易或者其他对证券、期货交易价格有重大影响的信息尚未公开前，买入或者卖出该证券，或者从事与该内幕信息有关的期货交易，[①]或者泄露该信息，[②]或者明示、暗示他人从事上述交易活动，[③]情节严重的，处五年以下有期徒刑或者拘役，并处或者单处违法所得一倍以上五倍以下罚金；情节特别严重的，处五年以上十年以下有期徒刑，并处违法所得一倍以上五倍以下罚金。

单位犯前款罪的，对单位判处罚金，并对其直接负责的主管人员和其他直接责任人员，处五年以下有期徒刑或者拘役。

内幕信息、知情人员的范围，依照法律、行政法规的规定确定。

证券交易所、期货交易所、证券公司、期货经纪公司、基金管理公司、商业银行、保险公司等金融机构的从业人员以及有关监管部门或者行业协会的工作人员，利用因职务便利获取的内幕信息以外的其他未公开的信息，[④]违反规定，从事与该信息相关的证券、期货交易活动，或者明示、暗示他人从事相关交易活动，情节严重的，依照第一款的规定处罚。

刑事司法解释和规范性文件

1.《最高人民法院、最高人民检察院关于办理内幕交易、泄露内幕信息刑事案件具体应用法律若干问题的解释》(法释〔2012〕6号)

为维护证券、期货市场管理秩序，依法惩治证券、期货犯罪，根据刑法有关规定，现就办理内幕交易、泄露内幕信息刑事案件具体应用法律的若干问题解释

---

① 该条明确要求构成本罪需有“买入或者卖出该证券”的交易举动。行为人仅仅是在获知内幕信息后，停止了原先准备采取的买入或者卖出证券行为的，因不存在本罪的实行行为，不应认定构成本罪。——本书注

② 一般而言，内幕交易罪的主观心态都是故意；但是泄露内幕信息的，有可能是过失导致内幕信息泄露。至于过失泄露的是否有刑事处罚的必要，留待实践进一步探索。——本书注

③ 2009年《刑法修正案(七)》之前，本罪只有两种行为方式，内幕交易、泄露内幕信息，相应地，罪名是内幕交易、泄露内幕信息罪。2009年《刑法修正案(七)》增加了一种行为方式，即“明示、暗示他人从事上述交易活动”，但是罪名没有变化。那么，明示、暗示他人从事内幕交易活动的，认定内幕交易罪，还是泄露内幕信息罪？学者有不同主张。本书认为，不可一概而论，应根据行为人是共谋或者安排实施交易，还是仅仅泄露信息给其他人，分别认定其构成内幕交易罪或者泄露内幕信息罪。——本书注

④ 经比较可发现，内幕交易罪的条文中没有强调“利用内幕信息”，但是利用未公开信息交易罪的条文中强调“利用因职务便利获取的内幕信息以外的其他未公开的信息”。本书认为，上述表述差异并不构成该二罪在认定上的根本差异，也即内幕交易罪也隐含着“利用内幕信息”实施交易的要件。如果行为人的交易行为没有利用内幕信息，那么其主观上就没有实施内幕交易的故意，客观行为也不具有内幕交易的性质，不应认定构成本罪。——本书注

如下：

第一条 下列人员应当认定为刑法第一百八十条第一款规定的“证券、期货交易内幕信息的知情人员”：

（一）证券法第七十四条①规定的人员；

（二）期货交易管理条例第八十五条第十二项②规定的人员。

第二条 具有下列行为的人员应当认定为刑法第一百八十条第一款规定的“非法获取证券、期货交易内幕信息的人员”：③

（一）利用窃取、骗取、套取、窃听、利诱、刺探或者私下交易等手段获取内幕信息的；

（二）内幕信息知情人员的近亲属或者其他与内幕信息知情人员关系密切的人员，在内幕信息敏感期内，从事或者明示、暗示他人从事，或者泄露内幕信息导致他人从事与该内幕信息有关的证券、期货交易，相关交易行为明显异常，且无正当理由或者正当信息来源的；

（三）在内幕信息敏感期内，与内幕信息知情人员联络、接触，从事或者明示、暗示他人从事，或者泄露内幕信息导致他人从事与该内幕信息有关的证券、期货交易，相关交易行为明显异常，且无正当理由或者正当信息来源的。④

第三条 本解释第二条第二项、第三项规定的“相关交易行为明显异常”，要综合以下情形，从时间吻合程度、交易背离程度和利益关联程度等方面予以认定：

（一）开户、销户、激活资金账户或者指定交易（托管）、撤销指定交易（转托管）的时间与该内幕信息形成、变化、公开时间基本一致的；

（二）资金变化与该内幕信息形成、变化、公开时间基本一致的；

（三）买入或者卖出与内幕信息有关的证券、期货合约时间与内幕信息的形成、变化和公开时间基本一致的；

---

① 2005 年《证券法》第七十四条即 2019 年《证券法》第五十一条。——本书注

② 2007 年《期货交易管理条例》第八十五条第十二项即 2017 年《期货交易管理条例》第八十一条第十二项。《期货和衍生品法》出台后，相关内容规定在第十五条，详见下文。——本书注

③ “非法获取”在本罪中应当理解为“不该获取而获取”，而并不仅仅指“采用非法手段获取”。该条第二项、第三项所规范的，均非采用非法手段获取内幕信息的情形。——本书注

④ 第二条第三项作了两个限定：一是被动的消息受领人，该解释的理解与适用文章明确提出，该解释未将被动型获取内幕信息的人员明确规定为非法获取内幕信息的人员。参见刘晓虎等：《〈关于办理内幕交易、泄露内幕信息刑事案件具体应用法律若干问题的解释〉的理解与适用》，载《人民司法》2012 年第 15 期。二是该项限于“与内幕信息知情人员联络、接触”，至于“与非法获取内幕信息的人联络、接触”的，似不在此列。——本书注

（四）买入或者卖出与内幕信息有关的证券、期货合约时间与获悉内幕信息的时间基本一致的；

（五）买入或者卖出证券、期货合约行为明显与平时交易习惯不同的；

（六）买入或者卖出证券、期货合约行为，或者集中持有证券、期货合约行为与该证券、期货公开信息反映的基本面明显背离的；

（七）账户交易资金进出与该内幕信息知情人员或者非法获取人员有关联或者利害关系的；

（八）其他交易行为明显异常情形。

第四条 具有下列情形之一的，不属于刑法第一百八十条第一款规定的从事与内幕信息有关的证券、期货交易：

（一）持有或者通过协议、其他安排与他人共同持有上市公司百分之五以上股份的自然人、法人或者其他组织收购该上市公司股份的；

（二）按照事先订立的书面合同、指令、计划从事相关证券、期货交易的；

（三）依据已被他人披露的信息而交易的；

（四）交易具有其他正当理由或者正当信息来源的。

第五条 本解释所称“内幕信息敏感期”是指内幕信息自形成至公开的期间。

证券法第六十七条第二款①所列“重大事件”的发生时间，第七十五条②规定的“计划”、“方案”以及期货交易管理条例第八十五条第十一项③规定的“政策”、“决定”等的形成时间，应当认定为内幕信息的形成之时。

影响内幕信息形成的动议、筹划、决策或者执行人员，其动议、筹划、决策或者执行初始时间，应当认定为内幕信息的形成之时。

内幕信息的公开，是指内幕信息在国务院证券、期货监督管理机构指定的报刊、网站等媒体披露。

第六条 在内幕信息敏感期内从事或者明示、暗示他人从事或者泄露内幕信息导致他人从事与该内幕信息有关的证券、期货交易，具有下列情形之一的，应当认定为刑法第一百八十条第一款规定的“情节严重”：

（一）证券交易成交额在五十万元以上的；

（二）期货交易占用保证金数额在三十万元以上的；

---

① 2005年《证券法》第六十七条第二款即2019年《证券法》第八十条第二款。——本书注

② 2019年《证券法》已删除该条中的相关内容。——本书注

③ 2007年《期货交易管理条例》第八十五条第十一项即2017年《期货交易管理条例》第八十一条第十一项。《期货和衍生品法》出台后，相关内容规定在第十四条，详见下文。——本书注

（三）获利或者避免损失数额在十五万元以上的；

（四）三次以上的；

（五）具有其他严重情节的。

第七条　在内幕信息敏感期内从事或者明示、暗示他人从事或者泄露内幕信息导致他人从事与该内幕信息有关的证券、期货交易，具有下列情形之一的，应当认定为刑法第一百八十条第一款规定的“情节特别严重”：

（一）证券交易成交额在二百五十万元以上的；

（二）期货交易占用保证金数额在一百五十万元以上的；

（三）获利或者避免损失数额在七十五万元以上的；

（四）具有其他特别严重情节的。

第八条　二次以上实施内幕交易或者泄露内幕信息行为，未经行政处理或者刑事处理的，应当对相关交易数额依法累计计算。

第九条　同一案件中，成交额、占用保证金额、获利或者避免损失额分别构成情节严重、情节特别严重的，按照处罚较重的数额定罪处罚。

构成共同犯罪的，按照共同犯罪行为人的成交总额、占用保证金总额、获利或者避免损失总额定罪处罚，但判处各被告人罚金的总额应掌握在获利或者避免损失总额的一倍以上五倍以下。

第十条　刑法第一百八十条第一款规定的“违法所得”，是指通过内幕交易行为所获利益或者避免的损失。

内幕信息的泄露人员或者内幕交易的明示、暗示人员未实际从事内幕交易的，其罚金数额按照因泄露而获悉内幕信息人员或者被明示、暗示人员从事内幕交易的违法所得计算。①

第十一条　单位实施刑法第一百八十条第一款规定的行为，具有本解释第六条规定情形之一的，按照刑法第一百八十条第二款的规定定罪处罚。

2.《最高人民法院、最高人民检察院关于办理利用未公开信息交易刑事案件适用法律若干问题的解释》（法释〔2019〕10号）

为依法惩治证券、期货犯罪，维护证券、期货市场管理秩序，促进证券、期货市场稳定健康发展，保护投资者合法权益，根据《中华人民共和国刑法》《中华人民共和

---

① 从第十条第二款的本义看，该款似仅用于解决对泄露人员或者明示、暗示人员如何判处罚金的问题。但是司法实践中，该款也普遍被用于泄露内幕信息罪的定罪量刑标准。用不完全受泄露人员或者明示、暗示人员控制的其他人的违法所得金额，来决定泄露人员或者明示、暗示人员的定罪量刑，似有值得探讨的空间。——本书注

国刑事诉讼法》的规定，现就办理利用未公开信息交易刑事案件适用法律的若干问题解释如下：

第一条　刑法第一百八十条第四款规定的“内幕信息以外的其他未公开的信息”，包括下列信息：

（一）证券、期货的投资决策、交易执行信息；

（二）证券持仓数量及变化、资金数量及变化、交易动向信息；①

（三）其他可能影响证券、期货交易活动的信息。

第二条　内幕信息以外的其他未公开的信息难以认定的，司法机关可以在有关行政主（监）管部门的认定意见的基础上，根据案件事实和法律规定作出认定。

第三条　刑法第一百八十条第四款规定的“违反规定”，是指违反法律、行政法规、部门规章、全国性行业规范有关证券、期货未公开信息保护的规定，以及行为人所在的金融机构有关信息保密、禁止交易、禁止利益输送等规定。

第四条　刑法第一百八十条第四款规定的行为人“明示、暗示他人从事相关交易活动”，应当综合以下方面进行认定：

（一）行为人具有获取未公开信息的职务便利；

（二）行为人获取未公开信息的初始时间与他人从事相关交易活动的初始时间具有关联性；

（三）行为人与他人之间具有亲友关系、利益关联、交易终端关联等关联关系；

（四）他人从事相关交易的证券、期货品种、交易时间与未公开信息所涉证券、期货品种、交易时间等方面基本一致；

（五）他人从事的相关交易活动明显不具有符合交易习惯、专业判断等正当理由；

（六）行为人对明示、暗示他人从事相关交易活动没有合理解释。

第五条　利用未公开信息交易，具有下列情形之一的，应当认定为刑法第一百八十条第四款规定的“情节严重”：

（一）违法所得数额在一百万元以上的；

（二）二年内三次以上利用未公开信息交易的；

---

① 需要注意的是，根据《期货和衍生品法》第十四条的规定，期货交易场所会员、交易者的资金和交易动向也属于期货交易的内幕信息。因此，在期货领域，利用此类信息进行非法交易的，应当以内幕交易、泄露内幕信息罪论处。——本书注

（三）明示、暗示三人以上从事相关交易活动的。

第六条 利用未公开信息交易，违法所得数额在五十万元以上，或者证券交易成交额在五百万元以上，或者期货交易占用保证金数额在一百万元以上，具有下列情形之一的，应当认定为刑法第一百八十条第四款规定的"情节严重"：

（一）以出售或者变相出售未公开信息等方式，明示、暗示他人从事相关交易活动的；

（二）因证券、期货犯罪行为受过刑事追究的；

（三）二年内因证券、期货违法行为受过行政处罚的；

（四）造成恶劣社会影响或者其他严重后果的。

第七条 刑法第一百八十条第四款规定的"依照第一款的规定处罚"，包括该条第一款关于"情节特别严重"的规定。

利用未公开信息交易，违法所得数额在一千万元以上的，应当认定为"情节特别严重"。

违法所得数额在五百万元以上，或者证券交易成交额在五千万元以上，或者期货交易占用保证金数额在一千万元以上，具有本解释第六条规定的四种情形之一的，应当认定为"情节特别严重"。

第八条 二次以上利用未公开信息交易，依法应予行政处理或者刑事处理而未经处理的，相关交易数额或者违法所得数额累计计算。

第九条 本解释所称"违法所得"，是指行为人利用未公开信息从事与该信息相关的证券、期货交易活动所获利益或者避免的损失。

行为人明示、暗示他人利用未公开信息从事相关交易活动，被明示、暗示人员从事相关交易活动所获利益或者避免的损失，应当认定为"违法所得"。

第十条 行为人未实际从事与未公开信息相关的证券、期货交易活动的，其罚金数额按照被明示、暗示人员从事相关交易活动的违法所得计算。

第十一条 符合本解释第五条、第六条规定的标准，行为人如实供述犯罪事实，认罪悔罪，并积极配合调查，退缴违法所得的，可以从轻处罚；其中犯罪情节轻微的，可以依法不起诉或者免予刑事处罚。

符合刑事诉讼法规定的认罪认罚从宽适用范围和条件的，依照刑事诉讼法的规定处理。

第十二条 本解释自 2019 年 7 月 1 日起施行。

3.《最高人民检察院、公安部关于公安机关管辖的刑事案件立案追诉标准的规定(二)》(公通字〔2022〕12号)

第三十条 〔内幕交易、泄露内幕信息案(刑法第一百八十条第一款)〕证券、期货交易内幕信息的知情人员、单位或者非法获取证券、期货交易内幕信息的人员、单位,在涉及证券的发行,证券、期货交易或者其他对证券、期货交易价格有重大影响的信息尚未公开前,买入或者卖出该证券,或者从事与该内幕信息有关的期货交易,或者泄露该信息,或者明示、暗示他人从事上述交易活动,涉嫌下列情形之一的,应予立案追诉:

(一)获利或者避免损失数额在五十万元以上的;

(二)证券交易成交额在二百万元以上的;

(三)期货交易占用保证金数额在一百万元以上的;

(四)二年内三次以上实施内幕交易、泄露内幕信息行为的;

(五)明示、暗示三人以上从事与内幕信息相关的证券、期货交易活动的;

(六)具有其他严重情节的。

内幕交易获利或者避免损失数额在二十五万元以上,或者证券交易成交额在一百万元以上,或者期货交易占用保证金数额在五十万元以上,同时涉嫌下列情形之一的,应予立案追诉:

(一)证券法规定的证券交易内幕信息的知情人实施或者与他人共同实施内幕交易行为的;

(二)以出售或者变相出售内幕信息等方式,明示、暗示他人从事与该内幕信息相关的交易活动的;

(三)因证券、期货犯罪行为受过刑事追究的;

(四)二年内因证券、期货违法行为受过行政处罚的;

(五)造成其他严重后果的。

第三十一条 〔利用未公开信息交易案(刑法第一百八十条第四款)〕证券交易所、期货交易所、证券公司、期货公司、基金管理公司、商业银行、保险公司等金融机构的从业人员以及有关监管部门或者行业协会的工作人员,利用因职务便利获取的内幕信息以外的其他未公开的信息,违反规定,从事与该信息相关的证券、期货交易活动,或者明示、暗示他人从事相关交易活动,涉嫌下列情形之一的,应予立案追诉:

(一)获利或者避免损失数额在一百万元以上的;

(二)二年内三次以上利用未公开信息交易的;

(三)明示、暗示三人以上从事相关交易活动的;

(四)具有其他严重情节的。

利用未公开信息交易,获利或者避免损失数额在五十万元以上,或者证券交易成交额在五百万元以上,或者期货交易占用保证金数额在一百万元以上,同时涉嫌下列情形之一的,应予立案追诉:

(一)以出售或者变相出售未公开信息等方式,明示、暗示他人从事相关交易活动的;

(二)因证券、期货犯罪行为受过刑事追究的;

(三)二年内因证券、期货违法行为受过行政处罚的;

(四)造成其他严重后果的。

4.《公安部经济犯罪侦查局关于转证监会〈关于韩×等人涉嫌利用未公开信息交易案有关问题的认定函〉的通知》(公证券〔2010〕86号)①

一、本案涉及的“未公开信息”是指韩×担任××基金管理公司××证券投资基金(以下简称××基金)经理期间,因管理该基金而掌握的有关投资决策、交易等方面的重要信息,包括××基金投资股票的名称、数量、价格、盈利预期以及投资(买卖)时点等。

二、本案有关证券交易账户利用“未公开信息”所进行的股票交易与××基金投资的关联性是指涉案账户和××基金在股票交易品种及交易时机上的关联,即涉嫌账户先于或同步于××基金买入或卖出同一只股票。

其他相关规范

1.《证券法》②

第五十条 禁止证券交易内幕信息的知情人和非法获取内幕信息的人利用内幕信息从事证券交易活动。

第五十一条 证券交易内幕信息的知情人包括:

(一)发行人及其董事、监事、高级管理人员;

(二)持有公司百分之五以上股份的股东及其董事、监事、高级管理人员,公司的实际控制人及其董事、监事、高级管理人员;

---

① 参见何帆编著:《刑法注释书》(第二版),中国民主法制出版社2021年版,第411页。

② 《证券法》第五十一条规定了“证券交易内幕信息的知情人”范围;第五十二条、第八十条第二款、第八十一条第二款规定了“内幕信息”的内涵和外延。——本书注

（三）发行人控股或者实际控制的公司及其董事、监事、高级管理人员；

（四）由于所任公司职务或者因与公司业务往来可以获取公司有关内幕信息的人员；

（五）上市公司收购人或者重大资产交易方及其控股股东、实际控制人、董事、监事和高级管理人员；

（六）因职务、工作可以获取内幕信息的证券交易场所、证券公司、证券登记结算机构、证券服务机构的有关人员；

（七）因职责、工作可以获取内幕信息的证券监督管理机构工作人员；

（八）因法定职责对证券的发行、交易或者对上市公司及其收购、重大资产交易进行管理可以获取内幕信息的有关主管部门、监管机构的工作人员；

（九）国务院证券监督管理机构规定的可以获取内幕信息的其他人员。

第五十二条　证券交易活动中，涉及发行人的经营、财务或者对该发行人证券的市场价格有重大影响的尚未公开的信息，为内幕信息。

本法第八十条第二款、第八十一条第二款所列重大事件属于内幕信息。①

第五十三条　证券交易内幕信息的知情人和非法获取内幕信息的人，在内幕信息公开前，不得买卖该公司的证券，或者泄露该信息，或者建议他人买卖该证券。

持有或者通过协议、其他安排与他人共同持有公司百分之五以上股份的自然人、法人、非法人组织收购上市公司的股份，本法另有规定的，适用其规定。

内幕交易行为给投资者造成损失的，应当依法承担赔偿责任。

第五十四条　禁止证券交易场所、证券公司、证券登记结算机构、证券服务机构和其他金融机构的从业人员、有关监管部门或者行业协会的工作人员，利用因职务便利获取的内幕信息以外的其他未公开的信息，违反规定，从事与该信息相关的证券交易活动，或者明示、暗示他人从事相关交易活动。

利用未公开信息进行交易给投资者造成损失的，应当依法承担赔偿责任。

第八十条　发生可能对上市公司、股票在国务院批准的其他全国性证券交易场

---

①　对于并非2019年《证券法》第五十二条第二款所列明的“内幕信息”，能否依据第五十二条第一款直接认定为“内幕信息”？换言之，第二款是提示性规定，还是第一款的具体化规定？该问题此前在实践中存在一定争议，北京金融法院2022年3月23日发布的“十大典型案例”之“可能引发公司控制权变更的‘重大债务危机’事项在依法公开前属于内幕信息——蒋某等诉中国证券监督管理委员会厦门监管局、中国证券监督管理委员会没收违法所得、罚款及行政复议案”中明确指出：“证券监督管理机构有权依据《中华人民共和国证券法》第五十二条第一款有关内幕信息的定义条款，依法认定‘对该发行人证券的市场价格有重大影响的尚未公开的信息’属于内幕信息”，载https://www.bjcourt.gov.cn，最后访问日期：2022年11月20日。——本书注

所交易的公司的股票交易价格产生较大影响的重大事件，投资者尚未得知时，公司应当立即将有关该重大事件的情况向国务院证券监督管理机构和证券交易场所报送临时报告，并予公告，说明事件的起因、目前的状态和可能产生的法律后果。

前款所称重大事件包括：

（一）公司的经营方针和经营范围的重大变化；

（二）公司的重大投资行为，公司在一年内购买、出售重大资产超过公司资产总额百分之三十，或者公司营业用主要资产的抵押、质押、出售或者报废一次超过该资产的百分之三十；

（三）公司订立重要合同、提供重大担保或者从事关联交易，可能对公司的资产、负债、权益和经营成果产生重要影响；

（四）公司发生重大债务和未能清偿到期重大债务的违约情况；

（五）公司发生重大亏损或者重大损失；

（六）公司生产经营的外部条件发生的重大变化；

（七）公司的董事、三分之一以上监事或者经理发生变动，董事长或者经理无法履行职责；

（八）持有公司百分之五以上股份的股东或者实际控制人持有股份或者控制公司的情况发生较大变化，公司的实际控制人及其控制的其他企业从事与公司相同或者相似业务的情况发生较大变化；

（九）公司分配股利、增资的计划，公司股权结构的重要变化，公司减资、合并、分立、解散及申请破产的决定，或者依法进入破产程序、被责令关闭；

（十）涉及公司的重大诉讼、仲裁，股东大会、董事会决议被依法撤销或者宣告无效；

（十一）公司涉嫌犯罪被依法立案调查，公司的控股股东、实际控制人、董事、监事、高级管理人员涉嫌犯罪被依法采取强制措施；

（十二）国务院证券监督管理机构规定的其他事项。

公司的控股股东或者实际控制人对重大事件的发生、进展产生较大影响的，应当及时将其知悉的有关情况书面告知公司，并配合公司履行信息披露义务。

第八十一条 发生可能对上市交易公司债券的交易价格产生较大影响的重大事件，投资者尚未得知时，公司应当立即将有关该重大事件的情况向国务院证券监督管理机构和证券交易场所报送临时报告，并予公告，说明事件的起因、目前的状态和可能产生的法律后果。

前款所称重大事件包括：

（一）公司股权结构或者生产经营状况发生重大变化；

（二）公司债券信用评级发生变化；

（三）公司重大资产抵押、质押、出售、转让、报废；

（四）公司发生未能清偿到期债务的情况；

（五）公司新增借款或者对外提供担保超过上年末净资产的百分之二十；

（六）公司放弃债权或者财产超过上年末净资产的百分之十；

（七）公司发生超过上年末净资产百分之十的重大损失；

（八）公司分配股利，作出减资、合并、分立、解散及申请破产的决定，或者依法进入破产程序、被责令关闭；

（九）涉及公司的重大诉讼、仲裁；

（十）公司涉嫌犯罪被依法立案调查，公司的控股股东、实际控制人、董事、监事、高级管理人员涉嫌犯罪被依法采取强制措施；

（十一）国务院证券监督管理机构规定的其他事项。

2.《期货和衍生品法》①

第十四条　本法所称内幕信息，是指可能对期货交易或者衍生品交易的交易价格产生重大影响的尚未公开的信息。

期货交易的内幕信息包括：

（一）国务院期货监督管理机构以及其他相关部门正在制定或者尚未发布的对期货交易价格可能产生重大影响的政策、信息或者数据；

（二）期货交易场所、期货结算机构作出的可能对期货交易价格产生重大影响的决定；

（三）期货交易场所会员、交易者的资金和交易动向；

（四）相关市场中的重大异常交易信息；

（五）国务院期货监督管理机构规定的对期货交易价格有重大影响的其他信息。

第十五条　本法所称内幕信息的知情人，是指由于经营地位、管理地位、监督地位或者职务便利等，能够接触或者获得内幕信息的单位和个人。

期货交易的内幕信息的知情人包括：

（一）期货经营机构、期货交易场所、期货结算机构、期货服务机构的有关人员；

---

① 《期货和衍生品法》第十四条规定了“内幕信息”的内涵和外延，第十五条规定了“期货交易的内幕信息的知情人”的内涵和外延。——本书注

(二)国务院期货监督管理机构和其他有关部门的工作人员；

(三)国务院期货监督管理机构规定的可以获取内幕信息的其他单位和个人。

3.《证券投资基金法》[①]

第二十条 公开募集基金的基金管理人及其董事、监事、高级管理人员和其他从业人员不得有下列行为：

(一)将其固有财产或者他人财产混同于基金财产从事证券投资；

(二)不公平地对待其管理的不同基金财产；

(三)利用基金财产或者职务之便为基金份额持有人以外的人牟取利益；

(四)向基金份额持有人违规承诺收益或者承担损失；

(五)侵占、挪用基金财产；

(六)泄露因职务便利获取的未公开信息、利用该信息从事或者明示、暗示他人从事相关的交易活动；

(七)玩忽职守，不按照规定履行职责；

(八)法律、行政法规和国务院证券监督管理机构规定禁止的其他行为。

第一百二十三条 基金管理人、基金托管人及其董事、监事、高级管理人员和其他从业人员有本法第二十条所列行为之一的，责令改正，没收违法所得，并处违法所得一倍以上五倍以下罚款；没有违法所得或者违法所得不足一百万元的，并处十万元以上一百万元以下罚款；基金管理人、基金托管人有上述行为的，还应当对其直接负责的主管人员和其他直接责任人员给予警告，暂停或者撤销基金从业资格，并处三万元以上三十万元以下罚款。

基金管理人、基金托管人及其董事、监事、高级管理人员和其他从业人员侵占、挪用基金财产而取得的财产和收益，归入基金财产。但是，法律、行政法规另有规定的，依照其规定。

4.《私募投资基金监督管理暂行办法》[②]**(中国证券监督管理委员会令第105号)**

第二十三条 私募基金管理人、私募基金托管人、私募基金销售机构及其他私

---

① 《证券投资基金法》第二十条、第一百二十三条对公募基金机构及个人从事“老鼠仓”行为作出禁止性规定。需要注意的是，对于“老鼠仓”违法行为，根据《证券投资基金法》可以处罚机构，但是根据《刑法》和《证券法》则只能处罚个人。——本书注

② 《私募投资基金监督管理暂行办法》第二十三条、第三十八条对私募基金机构及个人从事“老鼠仓”行为作出禁止性规定。因为对于私募基金机构是否属于“金融机构”争议较大，《刑法》第一百八十条第四款利用未公开信息交易罪的犯罪主体似不包括私募基金从业人员，但是不排除将来根据监管需要作出调整。——本书注

募服务机构及其从业人员从事私募基金业务，不得有以下行为：

（一）将其固有财产或者他人财产混同于基金财产从事投资活动；

（二）不公平地对待其管理的不同基金财产；

（三）利用基金财产或者职务之便，为本人或者投资者以外的人牟取利益，进行利益输送；

（四）侵占、挪用基金财产；

（五）泄露因职务便利获取的未公开信息，利用该信息从事或者明示、暗示他人从事相关的交易活动；

（六）从事损害基金财产和投资者利益的投资活动；

（七）玩忽职守，不按照规定履行职责；

（八）从事内幕交易、操纵交易价格及其他不正当交易活动；

（九）法律、行政法规和中国证监会规定禁止的其他行为。

第三十八条　私募基金管理人、私募基金托管人、私募基金销售机构及其他私募服务机构及其从业人员违反本办法第七条、第八条、第十一条、第十四条至第十七条、第二十四条至第二十六条规定的，以及有本办法第二十三条第一项至第七项和第九项所列行为之一的，责令改正，给予警告并处三万元以下罚款；对直接负责的主管人员和其他直接责任人员，给予警告并处三万元以下罚款；有本办法第二十三条第八项行为的，按照《证券法》和《期货交易管理条例》的有关规定处罚；构成犯罪的，依法移交司法机关追究刑事责任。

5.《最高人民法院关于审理证券行政处罚案件证据若干问题的座谈会纪要》①**（法〔2011〕225号）**

五、关于内幕交易行为的认定问题

会议认为，监管机构提供的证据能够证明以下情形之一，且被处罚人不能作出合理说明或者提供证据排除其存在利用内幕信息从事相关证券交易活动的，人民法院可以确认被诉处罚决定认定的内幕交易行为成立：（一）证券法第七十四条规定的证券交易内幕信息知情人，进行了与该内幕信息有关的证券交易活动；（二）证券法第七十四条规定的内幕信息知情人的配偶、父母、子女以及其他有密切关系的人，其证券交易活动与该内幕信息基本吻合；（三）因履行工作职责知悉上述内幕信息并进行了与该信息有关的证券交易活动；（四）非法获取内幕信息，并进行了与该内幕信

① 该文件第五部分"关于内幕交易行为的认定问题"明确了在行政诉讼中认定内幕交易的基本规则，对于刑事审判中的内幕交易认定有参考意义。——本书注

息有关的证券交易活动;(五)内幕信息公开前与内幕信息知情人或知晓该内幕信息的人联络、接触,其证券交易活动与内幕信息高度吻合。

重点案例要旨

1. 周某伟内幕交易案[①]——最高人民法院2020年发布的人民法院依法惩处证券、期货犯罪典型案例

【要旨】内幕交易违反证券市场公开、公平、公正的证券交易原则,严重扰乱证券市场秩序,损害广大投资者合法利益。根据证券法的规定,证券交易内幕信息的知情人员和非法获取内幕信息的人员,在内幕信息公开前,不得买卖该公司的证券,或者泄露该信息,或者建议他人买卖该证券。本案被告人周某伟作为证券交易内幕信息知情人员,利用证券交易内幕信息从事内幕交易,证券交易成交额特别巨大,应当认定为"情节特别严重"。

2. 顾某安内幕交易案[②]——最高人民法院2020年发布的人民法院依法惩处证券、期货犯罪典型案例

【要旨】本案是非法获取证券交易内幕信息的人员从事内幕交易的典型案例。《最高人民法院、最高人民检察院关于办理内幕交易、泄露内幕信息刑事案件具体应用法律若干问题的解释》明确了"非法获取证券交易内幕信息的人员"的范围,并明确了内幕交易"情节严重""情节特别严重"的认定标准。本案中,顾某安作为非法获取证券交易内幕信息的人员,从内幕信息知情人员处非法获取内幕信息后,从事与该内幕信息有关的证券交易。根据上述司法解释的规定,本案证券交易成交额和违法所得数额均已达到"情节特别严重"的认定标准。

3. 陈某啸内幕交易、泄露内幕信息案[③]——最高人民法院2020年发布的人民法院依法惩处证券、期货犯罪典型案例

【要旨】本案是内幕交易、泄露内幕信息的典型案例。根据《最高人民法院、最高人民检察院关于办理内幕交易、泄露内幕信息刑事案件具体应用法律若干问题的解释》的规定,非法获取证券、期货内幕信息的人员包括三类:一是利用窃取、骗取、套

---

① 参见最高人民法院发布7件人民法院依法惩处证券、期货犯罪典型案例,载中华人民共和国最高人民法院,https://www.court.gov.cn,最后访问日期:2022年10月20日。

② 参见最高人民法院发布7件人民法院依法惩处证券、期货犯罪典型案例,载中华人民共和国最高人民法院,https://www.court.gov.cn,最后访问日期:2022年10月20日。

③ 参见最高人民法院发布7件人民法院依法惩处证券、期货犯罪典型案例,载中华人民共和国最高人民法院,https://www.court.gov.cn,最后访问日期:2022年10月20日。

取、窃听、利诱、刺探或者私下交易等手段获取内幕信息的;二是内幕信息知情人员的近亲属或者其他与内幕信息知情人员关系密切的人员获取内幕信息的;三是在内幕信息敏感期内,与内幕信息知情人员联络、接触并获取内幕信息的。本案中,被告人陈某啸为了牟取非法利益,积极联系、接触证券交易内幕信息知情人,非法获取内幕信息,从事内幕交易,并泄露内幕信息导致他人从事内幕交易,情节特别严重,应依法严惩。

4. 王某、李某内幕交易案①——最高人民法院、最高人民检察院、公安部、中国证监会2022年联合发布的依法从严打击证券犯罪典型案例

【要旨】(1)以风险、收益是否共担为标准,准确区分内幕交易的共同犯罪与泄露内幕信息罪。内幕信息知情人将内幕信息泄露给他人,并对内幕交易共担风险、共享收益的,属于内幕交易的共同犯罪。内幕信息知情人仅泄露内幕信息给他人,不承担风险、不参与分赃的,单独认定为泄露内幕信息罪。本案中,虽然用于交易的证券账户和资金账户均在李某名下,但王某和李某资金混合,作为共同财产支配使用,二人不是泄露内幕信息与利用内幕信息交易的前后手犯罪关系,而是合谋利用内幕信息进行证券交易的共同犯罪,均应对内幕交易的成交总额、占用保证金总额、获利或避免损失总额承担责任。

(2)被告人不供述犯罪,间接证据形成完整证明体系的,可以认定被告人有罪和判处刑罚。内幕交易犯罪隐蔽性强,经常出现内幕信息知情人与内幕交易行为人订立攻守同盟、否认信息传递,企图以拒不供认来逃避惩罚的现象。对此,应通过收集行为人职务职责、参与涉内幕信息相关工作等证据证明其系内幕信息知情人;通过收集内幕信息知情人与内幕交易行为人之间的联络信息证明双方传递内幕信息的动机和条件;通过收集交易数据、资金往来、历史交易、大盘基本面等证据,证明相关交易行为是否存在明显异常等。对于间接证据均查证属实且相互印证,形成完整的证明体系,能够得出唯一结论的,应当依法定案。

(3)在内幕信息敏感期反复交易的,对交易成交额累计计算;实施内幕交易并亏损,交易成交额符合追诉标准的,也要依法追究刑事责任。内幕交易犯罪以谋利为意图,破坏证券市场公平交易秩序,司法解释、立案追诉标准均规定,证券交易成交额、获利或者避免损失数额等其中之一达到相关标准的,即应当认定为《刑法》第一百八十条第一款规定的"情节严重"。内幕交易成交额达到"情节严重"标准的,严

① 参见最高法、最高检、公安部、中国证监会联合发布依法从严打击证券犯罪典型案例,载中华人民共和国最高人民检察院,https://www.spp.gov.cn,最后访问日期:2022年10月20日。

重破坏了证券市场公平交易秩序，无论获利或者亏损，均应当依法追究刑事责任，且数次交易的交易数额应当依法累计计算。本案中，李某从王某处获悉内幕信息后两次实施内幕交易，虽然亏损 9 万元，但两次交易累计成交额为 412 万元，属于情节特别严重，依法判处其有期徒刑 5 年，体现了司法机关依法从严惩处证券犯罪、维护资本市场公平交易秩序的决心和力度。

5. 王某、王某玉等人内幕交易、泄露内幕信息案[①]——最高人民检察院、中国证监会 2020 年联合发布的证券违法犯罪典型案例

【要旨】(1)依法惩治内幕交易违法犯罪，促使内幕信息知情人严格依法履职。证券期货从业人员及上市公司高管、员工应当恪守职业道德，严格依照证券期货法律法规的规定，对可能影响市场行情的敏感信息履行保密义务，不得主动、被动向第三人透露相关内幕信息，不得直接或变相利用掌握的相关内幕信息谋取利益，自觉维护证券从业市场生态。

(2)准确把握内幕交易犯罪的证据特点和证据运用规则，全面准确认定案件事实。犯罪嫌疑人、被告人不供认犯罪事实，依靠间接证据同样可以证明犯罪事实。在指控证明过程中，要根据内幕交易行为的特征，围绕内幕信息知情人员与内幕交易行为人之间的密切关系、联络行为，相关交易行为与内幕信息敏感期的时间吻合程度、交易背离程度、利益关联程度等证明要求，有针对性地引导侦查取证，全面收集交易数据、行程轨迹、通讯记录、资金往来、社会关系等相关证据，按照证据特点和证据运用规则，对各类证据进行综合分析判断，构建证明体系。犯罪嫌疑人、被告人不供述犯罪事实，其他在案证据能够形成证明链条，排除其他可能性，证明结论唯一的，可以认定犯罪事实，依法追究刑事责任。

(3)贯彻落实宽严相济刑事政策，当宽则宽、该严则严。在办理共同犯罪案件时，对于主动认罪悔罪、退赃退赔的犯罪嫌疑人、被告人，应当依法从宽处理；对于拒不供认犯罪事实的犯罪嫌疑人、被告人，应当依法从严惩处。检察机关在办案当中要注重做好对犯罪嫌疑人、被告人的释法说理工作，通过讲法律、讲政策、讲危害、讲后果，促使其认识犯罪行为的社会危害性，主动认罪认罚、退缴违法所得，尽可能挽回犯罪造成的损失。

---

① 参见最高检、证监会联合发布证券违法犯罪典型案例，载中华人民共和国最高人民检察院，https://www.spp.gov.cn，最后访问日期：2022 年 10 月 20 日。

6. 王某某泄露内幕信息、金某某内幕交易案①——最高人民检察院2022年发布的涉案企业合规典型案例(第三批)

【要旨】(1)积极稳妥探索可能判处较重刑罚案件适用合规改革的全流程办案机制。本案中犯罪嫌疑人可能判处3年以上有期徒刑,但在涉案企业的经营活动中具有难以替代的作用,简单化起诉、判刑不利于涉案企业正常经营发展,且企业具有强烈的合规意愿。检察机关在侦查、起诉与审判三个主要程序环节上均充分利用了合规工作的有效措施,通过在侦查程序中慎重采取强制措施、在审查起诉环节督促开展专项合规整改、起诉后基于合规整改情况提出宽缓的量刑建议,融通了三个主要程序环节中的合规工作,对可能判处较重刑罚案件如何适用合规改革作出有益探索。

(2)充分发挥检察职能优势,探索检察机关全流程主导的合规路径。检察机关多措并举进行合理安排、科学衔接、有效配置,积极实践"检察建议宏观把控+检察主导第三方考察+检察听证事后监督"的企业合规路径。一方面借助案件审查和检察建议调查程序,深入挖掘犯罪成因,避免"头痛医头,脚痛医脚"式合规;另一方面积极推动检察建议与第三方监督评估相互融通,并通过第三方组织的工作周报、定期书面报告等联动机制动态掌握整改进程,及时解决整改问题;此外,在整改结束后向第三方组织和专家学者借智借力,以第三方组织量化式评估验收确保评价体系公开透明,以公开听证展示合规依法公正。

(3)因案施治,依托专项合规推动民营企业完善法人治理结构。本案虽是针对泄露内幕信息和内幕交易犯罪案件开展的专项合规,但检察机关发现并通过第三方组织调查了解到,K公司存在家族式治理、关键人控制、实际决策人与职权分离等民营企业常见的内控失调现象,如脱离个案的特殊情况片面开展专项合规势必不能取得良好效果。为此,检察机关决定以内幕信息保密合规为契机,推动涉案企业向现代企业法人治理结构积极转变,为企业的健康发展打牢法治根基。

(4)依托涉案企业合规改革试点,强化资本市场非上市公司内幕信息保密合规管理,涵养资本市场法治生态。资本市场是信息市场加信心市场,健全内幕信息保密合规管理是提振投资信心的重要体现。但内幕交易案件暴露出,企业内幕信息保密管理缺失会引起内幕信息泄密风险,诱发内幕交易,在扰乱证券市场秩序的同时,侵害了广大投资者的合法权益。尤其是作为上市公司交易对方的非上市公

① 参见最高检发布第三批涉案企业合规典型案例,载中华人民共和国最高人民检察院,https://www.spp.gov.cn,最后访问日期:2022年10月20日。

司，在行政监管相对薄弱的情况下，更应该加强自身合规管理。该案作为全国首例开展涉案企业合规工作的证券犯罪案件，检察机关坚持惩治犯罪与助力维护资本市场秩序并重，依托涉案企业合规改革积极推动资本市场非上市公司更新合规理念，对标上市公司健全自身合规管理体系，培养全链条合规意识，将外部监管规定内化为自律合规要求，提高资本运作规范化水平，助力营造资本市场良好法治环境。

7. 齐某、乔某平利用未公开信息交易案①——最高人民法院 2020 年发布的人民法院依法惩处证券、期货犯罪典型案例

【要旨】本案系证券公司工作人员利用未公开信息交易（俗称“老鼠仓”）的典型案例。近年来，在我国证券、期货交易活动中，某些金融机构从业人员利用职务便利获取金融机构股票投资等未公开信息，以自己名义，或假借他人名义，或者告知其亲属、朋友、关系户，先于、同期于或者稍晚于公司账户交易，然后用客户资金拉升到高位后自己率先卖出获得巨额非法利益，不仅对其任职单位的财产利益造成损害，而且严重破坏了公开、公平、公正的证券、期货市场原则，对资产管理和基金、证券、期货市场的健康发展产生负面影响，社会危害性日益凸显，应依法惩处。《最高人民法院、最高人民检察院关于办理利用未公开信息交易刑事案件适用法律若干问题的解释》明确了“情节严重”“情节特别严重”的认定标准。本案审理期间，上述司法解释尚未施行。原审法院根据本案犯罪事实和刑法规定，认定被告人齐某、乔某平犯利用未公开信息交易罪，情节特别严重，并依法作出判决，符合上述司法解释的规定，充分体现了从严惩处“老鼠仓”犯罪的精神。

8. 马某利用未公开信息交易案②——最高人民法院指导案例 61 号、最高人民检察院检例第 24 号

【要旨】《刑法》第一百八十条第四款利用未公开信息交易罪为援引法定刑的情形，应当是对第一款法定刑的全部援引。其中，“情节严重”是入罪标准，在处罚

---

① 参见最高人民法院发布 7 件人民法院依法惩处证券、期货犯罪典型案例，载中华人民共和国最高人民法院，https://www.court.gov.cn，最后访问日期：2022 年 10 月 20 日。

② 参见最高人民法院指导案例 61 号：马某利用未公开信息交易案，载中华人民共和国最高人民法院，https://www.court.gov.cn，最后访问日期：2022 年 10 月 22 日；最高人民检察院第七批指导性案例，载中华人民共和国最高人民检察院，https://www.spp.gov.cn，最后访问日期：2022 年 10 月 22 日。该案的裁判要旨已被《最高人民法院、最高人民检察院关于办理利用未公开信息交易刑事案件适用法律若干问题的解释》第七条所吸收。但是，也有学者对这一做法提出不同意见，认为对利用未公开信息交易罪与内幕交易、泄露内幕信息罪适用完全相同的法定刑并不妥当，可备一说。参见刘宪权：《涉证券、期货犯罪研究》，上海人民出版社 2021 年版，第 140－143 页。——本书注

上应当依照本条第一款内幕交易、泄露内幕信息罪的全部法定刑处罚,即区分不同情形分别依照第一款规定的“情节严重”和“情节特别严重”两个量刑档次处罚。

9. 王某等人利用未公开信息交易案[①]——最高人民检察院检例第65号

【要旨】本案系首例成功追责的“零口供”传递型“老鼠仓”刑事案件。具有获取未公开信息职务便利条件的金融机构从业人员及其近亲属从事相关证券交易行为明显异常,且与未公开信息相关交易高度趋同,即使其拒不供述未公开信息传递过程等犯罪事实,但其他证据之间相互印证,也能够形成证明利用未公开信息犯罪的完整证明体系,足以排除其他可能的,可以依法认定犯罪事实。

10. 姜某君、柳某利用未公开信息交易案[②]——最高人民法院、最高人民检察院、公安部、中国证监会2022年联合发布的依法从严打击证券犯罪典型案例

【要旨】(1)私募基金从业人员可以成为利用未公开信息交易罪的共犯,私募基金账户趋同交易金额和获利金额应计入交易成交额和违法所得数额。利用未公开信息交易罪的犯罪主体是金融机构从业人员,根据《证券投资基金法》等规定,公募基金管理公司属于金融机构,公募基金从业人员与私募基金从业人员共同利用公募基金从业人员职务便利获取的未公开信息,从事相关证券、期货交易活动的,构成利用未公开信息交易罪共同犯罪。利用未公开信息交易行为严重破坏证券市场的公平交易秩序,其社会危害性以及对证券市场秩序的侵害程度,应当以所有趋同交易的成交数额和违法所得数额来衡量,即不仅包括实际利益归属于被告人的相关账户趋同交易数额,也包括实际利益归属于特定投资人的私募基金账户趋同交易数额。

(2)全面把握利用未公开信息交易犯罪的特点和证明标准,准确认定案件事实。利用未公开信息交易行为具有专业、隐蔽的特征,行为人也具有智商高、脱罪能力强的特点,常以自身金融专业判断等理由进行辩解,侦查取证和指控证明的难度较大。行政调查和司法办案中,应当全面把握本罪的特点和证明方法,准确认定犯罪事实,防止打击不力。工作中一般应当注意以下问题:一是重点调取、对比审查客观证据,如未公开信息所涉证券(期货)品种、交易时间记录与涉案的相应品种、记录等,以对比证明交易的趋同性;行为人的职务权限、行为信息等,以证明交易信息的来源;二

---

① 参见最高人民检察院发布第十七批指导性案例,载中华人民共和国最高人民检察院,https://www.spp.gov.cn。

② 参见最高法、最高检、公安部、中国证监会联合发布依法从严打击证券犯罪典型案例,载中华人民共和国最高人民检察院,https://www.spp.gov.cn,最后访问日期:2022年10月22日。

是在证明方法上，本罪的构成要件和隐蔽实施的行为特点决定了能够证明行为人知悉未公开信息并实施了趋同交易的，就认为行为人"利用"了未公开信息，至于该未公开信息是否系行为人决定交易的唯一信息，即行为人是否同时使用了"自身研究成果"，不影响本罪的认定。

(3)金融从业人员要依法履行保密、忠实义务。基金、银行、保险、券商等金融机构从业人员，在履行职责过程中掌握、知悉大量投资决策、交易动向、资金变化等未公开信息，应当严格依照《商业银行法》、《证券法》、《保险法》、《证券投资基金法》等法律法规的规定履行保密、忠实义务，无论主动被动均不得向第三人透露相关未公开信息，不得直接或变相利用未公开信息谋取利益。触碰、逾越上述界限，属于违法犯罪行为，将会受到法律的惩治。

11. 胡某夫利用未公开信息交易案①——最高人民检察院、中国证监会 2020 年联合发布的证券违法犯罪典型案例

【要旨】(1)充分认识"老鼠仓"行为对证券市场的危害，依法严肃查处犯罪。基金公司从业人员利用未公开信息交易行为，违背了基金从业人员对基金公司的忠实义务，破坏了证券市场公平交易秩序，损害基金管理人的声誉和投资者对有关基金及基金管理人的信赖和信心，同时也危害了有关基金的长期运作和基金份额持有人利益。基金公司从业人员知悉未公开信息后，不论是在基金公司下单前交易，还是在基金公司下单同期交易，都属于利用未公开信息交易，司法机关应当根据犯罪情节及认罪悔罪、退赃退赔表现等因素综合评价其刑事责任。基金公司从业人员应当从案件中深刻汲取教训，杜绝侥幸心理，强化守法意识，严格依法履职，共同维护证券市场秩序。

(2)重视客观性证据的证明作用，以证据证明反驳不合理辩解。随着证券市场监管力度加大，证券市场犯罪活动日趋隐蔽，犯罪手段狡猾多变，案发后规避责任、企图以拒不供认犯罪事实逃避惩罚的现象日趋增多。检察机关办理证券期货犯罪案件，应当加强与证券监管机构和公安机关的协作配合，加强对客观证据的收集固定和审查运用，依靠严谨的证据体系和科学的证明方法，准确认定案件事实，以有力的指控打消犯罪嫌疑人、被告人的侥幸心理，使其受到应有惩罚。

---

① 参见最高检、证监会联合发布证券违法犯罪典型案例，载中华人民共和国最高人民检察院，https://www.spp.gov.cn，最后访问日期：2022 年 11 月 20 日。

第一百八十一条　【编造并传播证券、期货交易虚假信息罪】【诱骗投资者买卖证券、期货合约罪】[1]

第一百八十一条　编造并且传播影响证券、期货交易的虚假信息，扰乱证券、期货交易市场，造成严重后果的，处五年以下有期徒刑或者拘役，并处或者单处一万元以上十万元以下罚金。

证券交易所、期货交易所、证券公司、期货经纪公司的从业人员，证券业协会、期货业协会或者证券期货监督管理部门的工作人员，故意提供虚假信息或者伪造、变造、销毁交易记录，诱骗投资者买卖证券、期货合约，造成严重后果的，处五年以下有期徒刑或者拘役，并处或者单处一万元以上十万元以下罚金；情节特别恶劣的，处五年以上十年以下有期徒刑，并处二万元以上二十万元以下罚金。

单位犯前两款罪的，对单位判处罚金，并对其直接负责的主管人员和其他直接责任人员，处五年以下有期徒刑或者拘役。

刑事司法解释和规范性文件

《最高人民检察院、公安部关于公安机关管辖的刑事案件立案追诉标准的规定（二）》（公通字〔2022〕12 号）

第三十二条　〔编造并传播证券、期货交易虚假信息案（刑法第一百八十一条第一款）〕编造并且传播影响证券、期货交易的虚假信息，扰乱证券、期货交易市场，涉嫌下列情形之一的，应予立案追诉：

（一）获利或者避免损失数额在五万元以上的；

（二）造成投资者直接经济损失数额在五十万元以上的；

（三）虽未达到上述数额标准，但多次编造并且传播影响证券、期货交易的虚假信息的；

（四）致使交易价格或者交易量异常波动的；

（五）造成其他严重后果的。

第三十三条　〔诱骗投资者买卖证券、期货合约案（刑法第一百八十一条第二款）〕证券交易所、期货交易所、证券公司、期货公司的从业人员，证券业协会、期货业协会或者证券期货监督管理部门的工作人员，故意提供虚假信息或者伪造、变造、销毁交易记录，诱骗投资者买卖证券、期货合约，涉嫌下列情形之一的，应予立案

[1] 1999 年《刑法修正案》第五条对本条相关内容作出修改。——本书注

追诉：

（一）获利或者避免损失数额在五万元以上的；

（二）造成投资者直接经济损失数额在五十万元以上的；

（三）虽未达到上述数额标准，但多次诱骗投资者买卖证券、期货合约的；

（四）致使交易价格或者交易量异常波动的；

（五）造成其他严重后果的。

其他相关规范

1.《证券法》①

第五十六条 禁止任何单位和个人编造、传播虚假信息或者误导性信息，扰乱证券市场。

禁止证券交易场所、证券公司、证券登记结算机构、证券服务机构及其从业人员，证券业协会、证券监督管理机构及其工作人员，在证券交易活动中作出虚假陈述或者信息误导。

各种传播媒介传播证券市场信息必须真实、客观，禁止误导。传播媒介及其从事证券市场信息报道的工作人员不得从事与其工作职责发生利益冲突的证券买卖。

编造、传播虚假信息或者误导性信息，扰乱证券市场，给投资者造成损失的，应当依法承担赔偿责任。

2.《期货和衍生品法》

第十六条 禁止任何单位和个人编造、传播虚假信息或者误导性信息，扰乱期货市场和衍生品市场。

禁止期货经营机构、期货交易场所、期货结算机构、期货服务机构及其从业人员，组织、开展衍生品交易的场所、机构及其从业人员，期货和衍生品行业协会、国务院期货监督管理机构、国务院授权的部门及其工作人员，在期货交易和衍生品交易及相关活动中作出虚假陈述或者信息误导。

各种传播媒介传播期货市场和衍生品市场信息应当真实、客观，禁止误导。传播媒介及其从事期货市场和衍生品市场信息报道的工作人员不得从事与其工作职责发生利益冲突的期货交易和衍生品交易及相关活动。

---

① 《证券法》第五十六条、《期货和衍生品法》第十六条是编造并传播证券、期货交易虚假信息罪，诱骗投资者买卖证券、期货合约罪的前置性规范。——本书注

重点案例要旨

滕某雄、林某山编造并传播证券交易虚假信息案[①]——最高人民检察院、中国证监会2020年联合发布的证券违法犯罪典型案例

【要旨】(1)依法惩治编造、传播虚假信息行为,净化证券市场交易环境。信息披露制度是维护证券市场秩序、保护投资人利益的制度保障。信息披露义务人以及其他具有市场影响力的人员发布的信息,是证券市场投资者作出投资决策的重要依据,一旦出现虚假信息,往往造成证券交易价格剧烈波动,产生恶劣影响。为此,《证券法》禁止任何单位和个人编造、传播虚假信息或者误导性信息,并对各类利用虚假信息行为设置了不同的法律责任。检察机关要准确把握《证券法》等相关法律的具体规定和立法精神,对涉虚假信息类证券期货犯罪依法从严追诉,维护证券市场信息传播正常秩序。

(2)严格区分编造、传播虚假信息行为和利用虚假信息操纵证券市场行为的法律边界,准确指控犯罪。刑法规定的多个证券期货犯罪罪名与证券交易信息有关,但具体构成要件有所不同。编造并传播证券交易虚假信息和利用虚假信息操纵证券市场(又称"蛊惑交易操纵")客观上均实施了编造、传播虚假信息的行为,且足以造成证券价格的异常波动,但构成操纵证券市场犯罪还要求行为人利用证券交易价格波动进行相关交易或谋取相关利益,且刑罚更重。利用虚假信息操纵证券市场是犯罪,编造并传播证券交易虚假信息同样应受刑罚处罚。对于不能证明行为人有操纵证券市场故意及从中谋取相关利益,但其编造并传播证券交易虚假信息行为扰乱证券市场秩序,造成严重后果的,可以以编造并传播证券交易虚假信息罪追究刑事责任,做到不枉不纵。

第一百八十二条 【操纵证券、期货市场罪】[②]

第一百八十二条 有下列情形之一,操纵证券、期货市场,影响证券、期货交易价格或者证券、期货交易量,情节严重的,处五年以下有期徒刑或者拘役,并处或者

① 参见最高检、证监会联合发布证券违法犯罪典型案例,载中华人民共和国最高人民检察院,https://www.spp.gov.cn,最后访问日期:2022年11月20日。

② 在2006年《刑法修正案(六)》之前,本条罪名原为"操纵证券、期货交易价格罪"。1999年《刑法修正案》、2006年《刑法修正案(六)》、2020年《刑法修正案(十一)》均对本条作了修改。——本书注

单处罚金；情节特别严重的，处五年以上十年以下有期徒刑，并处罚金：①

（一）单独或者合谋，集中资金优势、持股或者持仓优势或者利用信息优势联合或者连续买卖的；

（二）与他人串通，以事先约定的时间、价格和方式相互进行证券、期货交易的；

（三）在自己实际控制的帐户之间进行证券交易，或者以自己为交易对象，自买自卖期货合约的；

（四）不以成交为目的，频繁或者大量申报买入、卖出证券、期货合约并撤销申报的；

（五）利用虚假或者不确定的重大信息，诱导投资者进行证券、期货交易的；

（六）对证券、证券发行人、期货交易标的公开作出评价、预测或者投资建议，同时进行反向证券交易或者相关期货交易的；

（七）以其他方法操纵证券、期货市场的。

单位犯前款罪的，对单位判处罚金，并对其直接负责的主管人员和其他直接责任人员，依照前款的规定处罚。

刑事司法解释和规范性文件

1.《最高人民法院、最高人民检察院关于办理操纵证券、期货市场刑事案件适用法律若干问题的解释》（法释〔2019〕9号）

为依法惩治证券、期货犯罪，维护证券、期货市场管理秩序，促进证券、期货市场稳定健康发展，保护投资者合法权益，根据《中华人民共和国刑法》《中华人民共和国刑事诉讼法》的规定，现就办理操纵证券、期货市场刑事案件适用法律的若干问题解释如下：

第一条 行为人具有下列情形之一的，可以认定为刑法第一百八十二条第一款第四项规定的"以其他方法操纵证券、期货市场"：

（一）利用虚假或者不确定的重大信息，诱导投资者作出投资决策，影响证券、期货交易价格或者证券、期货交易量，并进行相关交易或者谋取相关利益的；

（二）通过对证券及其发行人、上市公司、期货交易标的公开作出评价、预测或者投资建议，误导投资者作出投资决策，影响证券、期货交易价格或者证券、期货交易

① 有学者认为，由于期货交易能进行"以小博大"和买空卖空，所以期货犯罪对市场的破坏无论在数量上还是在范围上均可能大于证券犯罪，主张用不同的标准处罚证券犯罪与期货犯罪，可备一说。参见刘宪权：《涉证券、期货犯罪研究》，上海人民出版社2021年版，第43-45页。——本书注

量，并进行与其评价、预测、投资建议方向相反的证券交易或者相关期货交易的；①

（三）通过策划、实施资产收购或者重组、投资新业务、股权转让、上市公司收购等虚假重大事项，误导投资者作出投资决策，影响证券交易价格或者证券交易量，并进行相关交易或者谋取相关利益的；

（四）通过控制发行人、上市公司信息的生成或者控制信息披露的内容、时点、节奏，误导投资者作出投资决策，影响证券交易价格或者证券交易量，并进行相关交易或者谋取相关利益的；

（五）不以成交为目的，频繁申报、撤单或者大额申报、撤单，误导投资者作出投资决策，影响证券、期货交易价格或者证券、期货交易量，并进行与申报相反的交易

---

① 对于"抢帽子"操纵的主体，《证券法》没有限制，《证券法》第五十五条明确规定"禁止任何人以下列手段操纵证券市场……"《刑法》在2020年《刑法修正案（十一）》出台前后，也均未从刑法条文字面上对"抢帽子"操纵犯罪的主体作出限制。2010年出台的《最高人民检察院、公安部关于公安机关管辖的刑事案件立案追诉标准的规定（二）》（公通字〔2010〕23号）（已失效，以下简称《立案追诉标准（二）》）第三十九条第七项为"抢帽子"操纵犯罪限定了主体范围，即只有证券公司、证券投资咨询机构、专业中介机构或者从业人员可以构成"抢帽子"操纵犯罪。例如，（1）北京首放投资顾问有限公司法定代表人汪某中操纵证券市场案（其先买入工商银行、中国联通等38只股票，后利用北京首放投资顾问有限公司名义通过新浪网、搜狐网、上海证券报、证券时报等媒介对外推荐其先期买入的股票，并在股票交易时抢先卖出相关股票，人为影响上述股票的交易价格，获取个人非法利益）。（2）国开证券营业部证券经纪人朱某明操纵证券市场案（先后多次在其担任特邀嘉宾的上海广播电视台第一财经频道《谈股论金》节目播出前，使用实际控制的三个证券账户买入多支股票，于当日或次日在《谈股论金》节目播出中，以特邀嘉宾身份对其先期买入的股票进行公开评价、预测及推介，并于节目首播后一至二个交易日内抛售相关股票，人为地影响前述股票的交易量和交易价格，获取利益）。

随着自媒体等现代通讯传播技术的快速发展，一些荐股"黑嘴"并不具有上述特定主体身份，但其行为恶性和危害后果则如出一辙。对于这些人，可以根据《证券法》认定其构成操纵证券市场违法行为，予以行政处罚，但是难以根据《刑法》认定其构成操纵证券、期货市场罪。例如，廖某强操纵证券市场案，廖某强于2012年2月至2016年4月在上海广播电视台第一财经频道《谈股论金》节目担任嘉宾主持人，并于2014年9月起担任第一财经频道周播节目《谈股论金之英强开讲》的嘉宾主持。其利用其知名证券节目主持人的影响力，在其微博、博客上公开评价、推荐股票，在推荐前使用其控制的账户组买入相关股票，并在荐股后的下午或次日集中卖出。中国证监会行政处罚决定书〔2018〕22号认定其构成操纵市场行为，给予行政处罚。但是因为《立案追诉标准（二）》对"抢帽子"操纵犯罪主体的限制，难以认定廖某强构成操纵证券、期货市场罪。

鉴于此，2019年出台的《最高人民法院、最高人民检察院关于办理操纵证券、期货市场刑事案件适用法律若干问题的解释》（以下简称《操纵市场司法解释》）第一条第二项明确取消了对"抢帽子"操纵的主体限定。据此，发生在2010年《立案追诉标准（二）》之后、2019年《操纵市场司法解释》之前的非特殊主体"抢帽子"操纵行为，根据"从旧兼从轻原则"，仍不能追究刑事责任；但是发生在2019年《操纵市场司法解释》之前的非特殊主体"抢帽子"操纵行为，则可以认定为操纵证券、期货市场罪。相应地，2022年修订《立案追诉标准（二）》，将原规定修改为"对证券、证券发行人公开作出评价、预测或者投资建议，同时进行反向证券交易，证券交易成交额在一千万元以上的"，也取消了主体方面的限定。自此，《证券法》《刑法》《立案追诉标准（二）》《操纵市场司法解释》在"抢帽子"操纵的主体方面的规定开始完全保持一致。——本书注

或者谋取相关利益的；

（六）通过囤积现货，影响特定期货品种市场行情，并进行相关期货交易的；

（七）以其他方法操纵证券、期货市场的。

第二条 操纵证券、期货市场，具有下列情形之一的，应当认定为刑法第一百八十二条第一款规定的“情节严重”：

（一）持有或者实际控制证券的流通股份数量达到该证券的实际流通股份总量百分之十以上，实施刑法第一百八十二条第一款第一项操纵证券市场行为，连续十个交易日的累计成交量达到同期该证券总成交量百分之二十以上的；

（二）实施刑法第一百八十二条第一款第二项、第三项操纵证券市场行为，连续十个交易日的累计成交量达到同期该证券总成交量百分之二十以上的；

（三）实施本解释第一条第一项至第四项操纵证券市场行为，证券交易成交额在一千万元以上的；

（四）实施刑法第一百八十二条第一款第一项及本解释第一条第六项操纵期货市场行为，实际控制的账户合并持仓连续十个交易日的最高值超过期货交易所限仓标准的二倍，累计成交量达到同期该期货合约总成交量百分之二十以上，且期货交易占用保证金数额在五百万元以上的；

（五）实施刑法第一百八十二条第一款第二项、第三项及本解释第一条第一项、第二项操纵期货市场行为，实际控制的账户连续十个交易日的累计成交量达到同期该期货合约总成交量百分之二十以上，且期货交易占用保证金数额在五百万元以上的；

（六）实施本解释第一条第五项操纵证券、期货市场行为，当日累计撤回申报量达到同期该证券、期货合约总申报量百分之五十以上，且证券撤回申报额在一千万元以上、撤回申报的期货合约占用保证金数额在五百万元以上的；

（七）实施操纵证券、期货市场行为，违法所得数额在一百万元以上的。①

---

① 关于该解释的理解与适用文章明确指出：“违法所得数额标准是‘情节严重’的认定标准，而不是操纵行为的认定标准，不能因为违法所得数额在 100 万元以上就认定为操纵行为。只有在认定操纵行为的基础上，因违法所得数额达到 100 万元以上的才能认定为‘情节严重’。违法所得数额标准是认定‘情节严重’的情形之一，与《解释》第二条第一至六项情形是并列关系，对于具有《刑法》第一百八十二条第一款规定的三种或者《解释》第一条规定的六种操纵证券、期货市场行为，只要符合《解释》第二条规定的七种情形之一的，就应当认定为‘情节严重’。例如，对于交易型操纵行为，在已查明行为人存在违规的控制多个账户隐蔽操作、联合操作、对倒、自买自卖等行为的情况下，虽然不符合《解释》第二条规定的第一项、第二项的比例标准，但违法所得数额在 100 万元以上的，即可认定为‘情节严重’。”参见姜永义、陈学勇、朱宏伟：《〈最高人民法院、最高人民检察院关于办理操纵证券、期货市场刑事案件适用法律若干问题的解释〉的理解与适用》，载《人民法院报》2020 年 3 月 12 日，第 5 版。对于行政机关认定构成操纵行为，且违法所得数额在 100 万元以上的，是否一律追究刑事责任，有待实践进一步探索。——本书注

第三条　操纵证券、期货市场，违法所得数额在五十万元以上，具有下列情形之一的，应当认定为刑法第一百八十二条第一款规定的"情节严重"：

（一）发行人、上市公司及其董事、监事、高级管理人员、控股股东或者实际控制人实施操纵证券、期货市场行为的；

（二）收购人、重大资产重组的交易对方及其董事、监事、高级管理人员、控股股东或者实际控制人实施操纵证券、期货市场行为的；

（三）行为人明知操纵证券、期货市场行为被有关部门调查，仍继续实施的；

（四）因操纵证券、期货市场行为受过刑事追究的；

（五）二年内因操纵证券、期货市场行为受过行政处罚的；

（六）在市场出现重大异常波动等特定时段操纵证券、期货市场的；

（七）造成恶劣社会影响或者其他严重后果的。

第四条　具有下列情形之一的，应当认定为刑法第一百八十二条第一款规定的"情节特别严重"：

（一）持有或者实际控制证券的流通股份数量达到该证券的实际流通股份总量百分之十以上，实施刑法第一百八十二条第一款第一项操纵证券市场行为，连续十个交易日的累计成交量达到同期该证券总成交量百分之五十以上的；

（二）实施刑法第一百八十二条第一款第二项、第三项操纵证券市场行为，连续十个交易日的累计成交量达到同期该证券总成交量百分之五十以上的；

（三）实施本解释第一条第一项至第四项操纵证券市场行为，证券交易成交额在五千万元以上的；

（四）实施刑法第一百八十二条第一款第一项及本解释第一条第六项操纵期货市场行为，实际控制的账户合并持仓连续十个交易日的最高值超过期货交易所限仓标准的五倍，累计成交量达到同期该期货合约总成交量百分之五十以上，且期货交易占用保证金数额在二千五百万元以上的；

（五）实施刑法第一百八十二条第一款第二项、第三项及本解释第一条第一项、第二项操纵期货市场行为，实际控制的账户连续十个交易日的累计成交量达到同期该期货合约总成交量百分之五十以上，且期货交易占用保证金数额在二千五百万元以上的；

（六）实施操纵证券、期货市场行为，违法所得数额在一千万元以上的。

实施操纵证券、期货市场行为，违法所得数额在五百万元以上，并具有本解释第三条规定的七种情形之一的，应当认定为"情节特别严重"。

第五条　下列账户应当认定为刑法第一百八十二条中规定的"自己实际控制的

账户”：

（一）行为人以自己名义开户并使用的实名账户；

（二）行为人向账户转入或者从账户转出资金，并承担实际损益的他人账户；

（三）行为人通过第一项、第二项以外的方式管理、支配或者使用的他人账户；

（四）行为人通过投资关系、协议等方式对账户内资产行使交易决策权的他人账户；

（五）其他有证据证明行为人具有交易决策权的账户。

有证据证明行为人对前款第一项至第三项账户内资产没有交易决策权的除外。

第六条 二次以上实施操纵证券、期货市场行为，依法应予行政处理或者刑事处理而未经处理的，相关交易数额或者违法所得数额累计计算。

第七条 符合本解释第二条、第三条规定的标准，行为人如实供述犯罪事实，认罪悔罪，并积极配合调查，退缴违法所得的，可以从轻处罚；其中犯罪情节轻微的，可以依法不起诉或者免予刑事处罚。

符合刑事诉讼法规定的认罪认罚从宽适用范围和条件的，依照刑事诉讼法的规定处理。

第八条 单位实施刑法第一百八十二条第一款行为的，依照本解释规定的定罪量刑标准，对其直接负责的主管人员和其他直接责任人员定罪处罚，并对单位判处罚金。

第九条 本解释所称“违法所得”，是指通过操纵证券、期货市场所获利益或者避免的损失。

本解释所称“连续十个交易日”，是指证券、期货市场开市交易的连续十个交易日，并非指行为人连续交易的十个交易日。

第十条 对于在全国中小企业股份转让系统中实施操纵证券市场行为，社会危害性大，严重破坏公平公正的市场秩序的，比照本解释的规定执行，但本解释第二条第一项、第二项和第四条第一项、第二项除外。

第十一条 本解释自2019年7月1日起施行。

2.《最高人民检察院、公安部关于公安机关管辖的刑事案件立案追诉标准的规定(二)》(公通字〔2022〕12号)

第三十四条 **〔操纵证券、期货市场案(刑法第一百八十二条)〕**操纵证券、期货市场，影响证券、期货交易价格或者证券、期货交易量，涉嫌下列情形之一的，应予立案追诉：

（一）持有或者实际控制证券的流通股份数量达到该证券的实际流通股份总量百分之十以上，实施刑法第一百八十二条第一款第一项操纵证券市场行为，连续十个交易日的累计成交量达到同期该证券总成交量百分之二十以上的；

（二）实施刑法第一百八十二条第一款第一项、第二项操纵证券市场行为，连续十个交易日的累计成交量达到同期该证券总成交量百分之二十以上的；

（三）利用虚假或者不确定的重大信息，诱导投资者进行证券交易，行为人进行相关证券交易的成交额在一千万元以上的；

（四）对证券、证券发行人公开作出评价、预测或者投资建议，同时进行反向证券交易，证券交易成交额在一千万元以上的；

（五）通过策划、实施资产收购或者重组、投资新业务、股权转让、上市公司收购等虚假重大事项，误导投资者作出投资决策，并进行相关交易或者谋取相关利益，证券交易成交额在一千万元以上的；

（六）通过控制发行人、上市公司信息的生成或者控制信息披露的内容、时点、节奏，误导投资者作出投资决策，并进行相关交易或者谋取相关利益，证券交易成交额在一千万元以上的；

（七）实施刑法第一百八十二条第一款第一项操纵期货市场行为，实际控制的账户合并持仓连续十个交易日的最高值超过期货交易所限仓标准的二倍，累计成交量达到同期该期货合约总成交量百分之二十以上，且期货交易占用保证金数额在五百万元以上的；

（八）通过囤积现货，影响特定期货品种市场行情，并进行相关期货交易，实际控制的账户合并持仓连续十个交易日的最高值超过期货交易所限仓标准的二倍，累计成交量达到同期该期货合约总成交量百分之二十以上，且期货交易占用保证金数额在五百万元以上的；

（九）实施刑法第一百八十二条第一款第二项、第三项操纵期货市场行为，实际控制的账户连续十个交易日的累计成交量达到同期该期货合约总成交量百分之二十以上，且期货交易占用保证金数额在五百万元以上的；

（十）利用虚假或者不确定的重大信息，诱导投资者进行期货交易，行为人进行相关期货交易，实际控制的账户连续十个交易日的累计成交量达到同期该期货合约总成交量百分之二十以上，且期货交易占用保证金数额在五百万元以上的；

（十一）对期货交易标的公开作出评价、预测或者投资建议，同时进行相关期货交易，实际控制的账户连续十个交易日的累计成交量达到同期该期货合约总成交量的百分之二十以上，且期货交易占用保证金数额在五百万元以上的；

（十二）不以成交为目的，频繁或者大量申报买入、卖出证券、期货合约并撤销申报，当日累计撤回申报量达到同期该证券、期货合约总申报量百分之五十以上，且证

券撤回申报额在一千万元以上、撤回申报的期货合约占用保证金数额在五百万元以上的;

(十三)实施操纵证券、期货市场行为,获利或者避免损失数额在一百万元以上的。

操纵证券、期货市场,影响证券、期货交易价格或者证券、期货交易量,获利或者避免损失数额在五十万元以上,同时涉嫌下列情形之一的,应予立案追诉:

(一)发行人、上市公司及其董事、监事、高级管理人员、控股股东或者实际控制人实施操纵证券、期货市场行为的;

(二)收购人、重大资产重组的交易对方及其董事、监事、高级管理人员、控股股东或者实际控制人实施操纵证券、期货市场行为的;

(三)行为人明知操纵证券、期货市场行为被有关部门调查,仍继续实施的;

(四)因操纵证券、期货市场行为受过刑事追究的;

(五)二年内因操纵证券、期货市场行为受过行政处罚的;

(六)在市场出现重大异常波动等特定时段操纵证券、期货市场的;

(七)造成其他严重后果的。

对于在全国中小企业股份转让系统中实施操纵证券市场行为,社会危害性大,严重破坏公平公正的市场秩序的,比照本条的规定执行,但本条第一款第一项和第二项除外。

其他相关规范

1.《证券法》

第五十五条 禁止任何人以下列手段操纵证券市场,影响或者意图影响证券交易价格或者证券交易量:①

(一)单独或者通过合谋,集中资金优势、持股优势或者利用信息优势联合或者连续买卖;

(二)与他人串通,以事先约定的时间、价格和方式相互进行证券交易;

(三)在自己实际控制的账户之间进行证券交易;

① 《证券法》第五十五条与《刑法》第一百八十二条操纵证券、期货市场罪的条文表述相比,后者要求具有"影响证券、期货交易价格或者证券、期货交易量"的后果,而前者要求"影响或者意图影响证券交易价格或者证券交易量",换言之,没有实际影响证券交易价量,但是在案证据足以证明行为人主观上确实具有影响证券交易价量的意图,客观上实施了操纵行为,达到一定操纵指标的,可以按照《证券法》第一百九十二条进行行政处罚,但是不宜认定构成犯罪。——本书注

（四）不以成交为目的，频繁或者大量申报并撤销申报；

（五）利用虚假或者不确定的重大信息，诱导投资者进行证券交易；

（六）对证券、发行人公开作出评价、预测或者投资建议，并进行反向证券交易；

（七）利用在其他相关市场的活动操纵证券市场；

（八）操纵证券市场的其他手段。

操纵证券市场行为给投资者造成损失的，应当依法承担赔偿责任。

2.《期货和衍生品法》

第十二条　任何单位和个人不得操纵期货市场或者衍生品市场。

禁止以下列手段操纵期货市场，影响或者意图影响期货交易价格或者期货交易量：

（一）单独或者合谋，集中资金优势、持仓优势或者利用信息优势联合或者连续买卖合约；

（二）与他人串通，以事先约定的时间、价格和方式相互进行期货交易；

（三）在自己实际控制的账户之间进行期货交易；

（四）利用虚假或者不确定的重大信息，诱导交易者进行期货交易；

（五）不以成交为目的，频繁或者大量申报并撤销申报；

（六）对相关期货交易或者合约标的物的交易作出公开评价、预测或者投资建议，并进行反向操作或者相关操作；

（七）为影响期货市场行情囤积现货；

（八）在交割月或者临近交割月，利用不正当手段规避持仓限额，形成持仓优势；

（九）利用在相关市场的活动操纵期货市场；

（十）操纵期货市场的其他手段。

重点案例要旨

1. 唐某博等操纵证券市场案[①]——最高人民法院2020年发布的人民法院依法惩处证券、期货犯罪典型案例；最高人民检察院、中国证监会2020年联合发布的证券违法犯罪典型案例

【要旨】（1）本案属于“恍骗交易操纵”（也称虚假申报操纵）的典型案例。“恍

① 参见最高人民法院发布7件人民法院依法惩处证券、期货犯罪典型案例，载中华人民共和国最高人民法院网，https://www.court.gov.cn，最后访问日期：2022年10月20日；最高检、证监会联合发布证券违法犯罪典型案例，载中华人民共和国最高人民检察院网，https://www.spp.gov.cn，最后访问日期：2022年10月20日。

骗交易操纵”是指不以成交为目的,频繁申报、撤单或者大额申报、撤单,误导投资者作出投资决策,影响证券交易价格或者证券交易量,并进行与申报相反的交易或者谋取相关利益的行为。《最高人民法院、最高人民检察关于办理操纵证券、期货市场刑事案件适用法律若干问题的解释》第一条明确了“恍骗交易操纵”属于“以其他方法操纵证券、期货市场”的情形,第二条至第四条明确了“情节严重”“情节特别严重”的认定标准。被告人唐某博、唐某子利用控制账户组,共同实施“恍骗交易操纵”,违法所得数额巨大,应当认定为“情节特别严重”。

(2)准确把握虚假申报操纵犯罪和正常报撤单的界限。虚假申报操纵是当前短线操纵的常见手段,操纵者不以成交为目的,频繁申报后撤单或者大额申报后撤单,误导其他投资者作出投资决策,影响证券交易价格或者证券交易量,并进行与申报相反的交易或者谋取相关利益。司法办案当中要准确区分虚假申报操纵行为和合法的报撤单交易行为,着重审查判断行为人的申报目的、是否进行与申报相反的交易或者谋取相关利益,并结合实际控制账户相关交易数据,细致分析行为人申报、撤单和反向申报行为之间的关联性、撤单所占比例、反向交易数量、获利情况等,综合判断行为性质。

(3)有针对性地提出量刑建议,不让贪利型犯罪获得经济上的利益。操纵证券市场的犯罪目的是获取非法利益。惩治操纵证券市场犯罪,要注意发挥各类刑罚方法的功能作用,检察机关在提出量刑建议时,要注重剥夺自由刑与财产处罚刑、追缴违法所得并用,不让犯罪者在经济上得到好处,增强刑事追究的惩罚力度和震慑效果。

2. 张家港保税区伊世顿国际贸易有限公司、金某献等操纵期货市场案[1]——最高人民法院 2020 年发布的人民法院依法惩处证券、期货犯罪典型案例;最高人民法院 2022 年发布的人民法院依法惩治金融犯罪典型案例

【要旨】本案是新型操纵期货市场的典型案例,法律、司法解释对本案中的操纵方法没有明确规定。本案中,被告单位张家港保税区伊世顿国际贸易有限公司(以下简称伊世顿公司)、被告人金某献等人违反有关规定,隐瞒实际控制伊世顿公司账户组、大量账户从事高频程序化交易等情况,规避中国金融期货交易所对风险控制的监管措施,将自行研发的报单交易系统非法接入中国金融期货交易所交易系统,

① 参见最高人民法院发布 7 件人民法院依法惩处证券、期货犯罪典型案例,载中华人民共和国最高人民法院网,https://www.court.gov.cn,最后访问日期:2022 年 10 月 20 日;人民法院依法惩治金融犯罪典型案例,载中华人民共和国最高人民法院网,https://www.court.gov.cn,最后访问日期:2022 年 10 月 20 日。

利用以逃避期货公司资金和持仓验证等非法手段获取的交易速度优势，大量操纵股指期货交易，影响期货交易价格或者期货交易量，其行为符合操纵期货市场罪的构成要件。伊世顿公司的操纵行为严重破坏了股指期货市场的公平交易秩序和原则，与刑法规定的连续交易、自买自卖等操纵行为的本质相同，可以认定为“以其他方法操纵证券、期货市场”的情形。本案的正确处理，既符合刑法规定，也符合宽严相济的刑事政策，实现了法律效果和社会效果的统一。

3. 远大石化有限公司、吴某东操纵期货市场案[①]——最高人民法院 2022 年发布的人民法院助力全国统一大市场建设典型案例；最高人民法院 2022 年发布的人民法院依法惩治金融犯罪典型案例

【要旨】本案系以囤积现货影响期货行情等手段实施操纵期货市场犯罪的典型案例。《刑法》第一百八十二条第一款规定了多种常见操纵证券、期货市场的方法，《最高人民法院、最高人民检察关于办理操纵证券、期货市场刑事案件适用法律若干问题的解释》第一条规定了“以其他方法操纵证券、期货市场”的七种方法，“跨期、现货市场操纵”是其中之一。本案被告单位通过直接采购、代采代持、售后回购等多种方式囤积现货，影响期货品种市场行情，就属于“跨期、现货市场操纵”的情形。同时被告单位利用实际控制的多个期货账户，集中资金优势连续交易期货合约，操纵期货合约价格，违法所得数亿元，应认定为“情节特别严重”。法院根据本案的犯罪事实、性质、情节和社会危害程度，依法对被告单位、被告人定罪处罚，于法有据。这个案件的正确处理对增强资本市场各类主体和投资者的法治意识、规范和保障资本市场秩序具有重要警示教育作用。各类资本市场主体和广大投资者要敬畏市场、敬畏法治，共同维护证券、期货市场管理秩序和广大投资者合法权益，促进国家资本市场健康稳定发展。

4. 朱某明操纵证券市场案[②]——最高人民检察院检例第 39 号

【要旨】证券公司、证券咨询机构、专业中介机构及其工作人员，违反规定买卖或者持有相关证券后，对该证券或者其发行人、上市公司作出公开评价、预测或者提出投资建议，通过期待的市场波动谋取利益的，构成“抢帽子”交易操纵行为。发布投资咨询意见的机构或者证券从业人员往往具有一定的社会知名度，他们借助影响力

① 参见人民法院助力全国统一大市场建设典型案例，载中华人民共和国最高人民法院网，https://www.court.gov.cn，最后访问日期：2022 年 10 月 20 日；人民法院依法惩治金融犯罪典型案例，载中华人民共和国最高人民法院网，https://www.court.gov.cn，最后访问日期：2022 年 10 月 20 日。

② 参见第十批指导性案例，载中华人民共和国最高人民检察院网，https://www.spp.gov.cn，最后访问日期：2022 年 10 月 20 日。

较大的传播平台发布诱导性信息,容易对普通投资者交易决策产生影响。这些机构或者从业人员在发布信息后,又利用证券价格波动实施与投资者反向交易的行为获利,破坏了证券市场管理秩序,违反了证券市场公开、公平、公正原则,具有较大的社会危害性,情节严重的,构成操纵证券市场罪。

证券犯罪具有专业性、隐蔽性、间接性等特征,检察机关办理该类案件时,应当根据证券犯罪案件特点,引导公安机关从证券交易记录、资金流向等问题切入,全面收集涉及犯罪的书证、电子数据、证人证言等证据,并结合案件特点开展证据审查。对书证,要重点审查涉及证券交易记录的凭据以及有关交易数量、交易额、成交价格、资金走向等证据。对电子数据,要重点审查收集程序是否合法,是否采取必要的保全措施,是否经过篡改,是否感染病毒等。对证人证言,要重点审查证人与犯罪嫌疑人的关系,证言能否与客观证据相印证等。

办案中,犯罪嫌疑人或被告人及其辩护人经常会提出涉案账户实际控制人及操作人非其本人的辩解。对此,检察机关可以从行为人资金往来记录,MAC 地址(硬件设备地址)、IP 地址与互联网访问轨迹的重合度与连贯性,身份关系和资金关系的紧密度,涉案股票买卖与公开荐股在时间及资金比例上的高度关联性,相关证人证言在细节上是否吻合等方面入手,构建严密证据体系,确定被告人与涉案账户的实际控制关系。

非法证券活动涉嫌犯罪的案件,往往是证券监管部门向公安机关移送的。审查案件过程中,人民检察院可以与证券监管部门加强联系和沟通。证券监管部门在行政执法和查办案件中收集的物证、书证、视听资料、电子数据等证据材料,在刑事诉讼中可以作为证据使用。检察机关通过办理证券犯罪案件,可以建议证券监管部门针对案件反映出的问题,加强资本市场监管和相关制度建设。

5. 鲜某背信损害上市公司利益、操纵证券市场案①——最高人民法院、最高人民检察院、公安部、中国证监会 2022 年联合发布的依法从严打击证券犯罪典型案例

(略,见“第一百六十九条之一【背信损害上市公司利益罪】”部分)

第一百八十三条 【职务侵占罪】【贪污罪】

第一百八十三条 保险公司的工作人员利用职务上的便利,故意编造未曾发生的保险事故进行虚假理赔,骗取保险金归自己所有的,依照本法第二百七十一条的

---

① 参见最高法、最高检、公安部、中国证监会联合发布依法从严打击证券犯罪典型案例,载中华人民共和国最高人民检察院网,https://www.spp.gov.cn,最后访问日期:2022 年 10 月 20 日。

规定定罪处罚。

国有保险公司工作人员和国有保险公司委派到非国有保险公司从事公务的人员有前款行为的，依照本法第三百八十二条、第三百八十三条的规定定罪处罚。

刑事司法解释和规范性文件

1.《最高人民法院关于审理贪污、职务侵占案件如何认定共同犯罪几个问题的解释》（法释〔2000〕15号）

为依法审理贪污或者职务侵占犯罪案件，现就这类案件如何认定共同犯罪问题解释如下：

第一条　行为人与国家工作人员勾结，利用国家工作人员的职务便利，共同侵吞、窃取、骗取或者以其他手段非法占有公共财物的，以贪污罪共犯论处。

第二条　行为人与公司、企业或者其他单位的人员勾结，利用公司、企业或者其他单位人员的职务便利，共同将该单位财物非法占为己有，数额较大的，以职务侵占罪共犯论处。

第三条　公司、企业或者其他单位中，不具有国家工作人员身份的人与国家工作人员勾结，分别利用各自的职务便利，共同将本单位财物非法占为己有的，按照主犯的犯罪性质定罪。

2.《最高人民法院关于在国有资本控股、参股的股份有限公司中从事管理工作的人员利用职务便利非法占有本公司财物如何定罪问题的批复》（法释〔2001〕17号）

重庆市高级人民法院：

你院渝高法明传〔2000〕38号《关于在股份有限公司中从事管理工作的人员侵占本公司财物如何定性的请示》收悉。经研究，答复如下：

在国有资本控股、参股的股份有限公司中从事管理工作的人员，除受国家机关、国有公司、企业、事业单位委派从事公务的以外，不属于国家工作人员。对其利用职务上的便利，将本单位财物非法占为己有，数额较大的，应当依照刑法第二百七十一条第一款的规定，以职务侵占罪定罪处罚。

3.《最高人民法院关于如何认定国有控股、参股股份有限公司中的国有公司、企业人员的解释》（法释〔2005〕10号）

为准确认定刑法分则第三章第三节中的国有公司、企业人员，现对国有控股、参股的股份有限公司中的国有公司、企业人员解释如下：

国有公司、企业委派到国有控股、参股公司从事公务的人员，以国有公司、企业人员论。

4.《最高人民法院、最高人民检察院关于办理贪污贿赂刑事案件适用法律若干问题的解释》(法释〔2016〕9号)

第一条 贪污或者受贿数额在三万元以上不满二十万元的，应当认定为刑法第三百八十三条第一款规定的“数额较大”，依法判处三年以下有期徒刑或者拘役，并处罚金。

贪污数额在一万元以上不满三万元，具有下列情形之一的，应当认定为刑法第三百八十三条第一款规定的“其他较重情节”，依法判处三年以下有期徒刑或者拘役，并处罚金：

(一)贪污救灾、抢险、防汛、优抚、扶贫、移民、救济、防疫、社会捐助等特定款物的；

(二)曾因贪污、受贿、挪用公款受过党纪、行政处分的；

(三)曾因故意犯罪受过刑事追究的；

(四)赃款赃物用于非法活动的；

(五)拒不交待赃款赃物去向或者拒不配合追缴工作，致使无法追缴的；

(六)造成恶劣影响或者其他严重后果的。

受贿数额在一万元以上不满三万元，具有前款第二项至第六项规定的情形之一，或者具有下列情形之一的，应当认定为刑法第三百八十三条第一款规定的“其他较重情节”，依法判处三年以下有期徒刑或者拘役，并处罚金：

(一)多次索贿的；

(二)为他人谋取不正当利益，致使公共财产、国家和人民利益遭受损失的；

(三)为他人谋取职务提拔、调整的。

第二条 贪污或者受贿数额在二十万元以上不满三百万元的，应当认定为刑法第三百八十三条第一款规定的“数额巨大”，依法判处三年以上十年以下有期徒刑，并处罚金或者没收财产。

贪污数额在十万元以上不满二十万元，具有本解释第一条第二款规定的情形之一的，应当认定为刑法第三百八十三条第一款规定的“其他严重情节”，依法判处三年以上十年以下有期徒刑，并处罚金或者没收财产。

受贿数额在十万元以上不满二十万元，具有本解释第一条第三款规定的情形之一的，应当认定为刑法第三百八十三条第一款规定的“其他严重情节”，依法判处三年以上十年以下有期徒刑，并处罚金或者没收财产。

第三条 贪污或者受贿数额在三百万元以上的，应当认定为刑法第三百八十三条第一款规定的"数额特别巨大"，依法判处十年以上有期徒刑、无期徒刑或者死刑，并处罚金或者没收财产。

贪污数额在一百五十万元以上不满三百万元，具有本解释第一条第二款规定的情形之一的，应当认定为刑法第三百八十三条第一款规定的"其他特别严重情节"，依法判处十年以上有期徒刑、无期徒刑或者死刑，并处罚金或者没收财产。

受贿数额在一百五十万元以上不满三百万元，具有本解释第一条第三款规定的情形之一的，应当认定为刑法第三百八十三条第一款规定的"其他特别严重情节"，依法判处十年以上有期徒刑、无期徒刑或者死刑，并处罚金或者没收财产。

第四条 贪污、受贿数额特别巨大，犯罪情节特别严重、社会影响特别恶劣、给国家和人民利益造成特别重大损失的，可以判处死刑。

符合前款规定的情形，但具有自首，立功，如实供述自己罪行、真诚悔罪、积极退赃，或者避免、减少损害结果的发生等情节，不是必须立即执行的，可以判处死刑缓期二年执行。

符合第一款规定情形的，根据犯罪情节等情况可以判处死刑缓期二年执行，同时裁判决定在其死刑缓期执行二年期满依法减为无期徒刑后，终身监禁，不得减刑、假释。

第五条 挪用公款归个人使用，进行非法活动，数额在三万元以上的，应当依照刑法第三百八十四条的规定以挪用公款罪追究刑事责任；数额在三百万元以上的，应当认定为刑法第三百八十四条第一款规定的"数额巨大"。具有下列情形之一的，应当认定为刑法第三百八十四条第一款规定的"情节严重"：

（一）挪用公款数额在一百万元以上的；

（二）挪用救灾、抢险、防汛、优抚、扶贫、移民、救济特定款物，数额在五十万元以上不满一百万元的；

（三）挪用公款不退还，数额在五十万元以上不满一百万元的；

（四）其他严重的情节。

第六条 挪用公款归个人使用，进行营利活动或者超过三个月未还，数额在五万元以上的，应当认定为刑法第三百八十四条第一款规定的"数额较大"；数额在五百万元以上的，应当认定为刑法第三百八十四条第一款规定的"数额巨大"。具有下列情形之一的，应当认定为刑法第三百八十四条第一款规定的"情节严重"：

（一）挪用公款数额在二百万元以上的；

（二）挪用救灾、抢险、防汛、优抚、扶贫、移民、救济特定款物，数额在一百万元以

上不满二百万元的;

(三)挪用公款不退还,数额在一百万元以上不满二百万元的;

(四)其他严重的情节。

第十一条 刑法第一百六十三条规定的非国家工作人员受贿罪、第二百七十一条规定的职务侵占罪中的"数额较大""数额巨大"的数额起点,按照本解释关于受贿罪、贪污罪相对应的数额标准规定的二倍、五倍执行。

刑法第二百七十二条规定的挪用资金罪中的"数额较大""数额巨大"以及"进行非法活动"情形的数额起点,按照本解释关于挪用公款罪"数额较大""情节严重"以及"进行非法活动"的数额标准规定的二倍执行。

刑法第一百六十四条第一款规定的对非国家工作人员行贿罪中的"数额较大""数额巨大"的数额起点,按照本解释第七条、第八条第一款关于行贿罪的数额标准规定的二倍执行。

第十二条 贿赂犯罪中的"财物",包括货币、物品和财产性利益。财产性利益包括可以折算为货币的物质利益如房屋装修、债务免除等,以及需要支付货币的其他利益如会员服务、旅游等。后者的犯罪数额,以实际支付或者应当支付的数额计算。

第十三条 具有下列情形之一的,应当认定为"为他人谋取利益",构成犯罪的,应当依照刑法关于受贿犯罪的规定定罪处罚:

(一)实际或者承诺为他人谋取利益的;

(二)明知他人有具体请托事项的;

(三)履职时未被请托,但事后基于该履职事由收受他人财物的。

国家工作人员索取、收受具有上下级关系的下属或者具有行政管理关系的被管理人员的财物价值三万元以上,可能影响职权行使的,视为承诺为他人谋取利益。

第十五条 对多次受贿未经处理的,累计计算受贿数额。

国家工作人员利用职务上的便利为请托人谋取利益前后多次收受请托人财物,受请托之前收受的财物数额在一万元以上的,应当一并计入受贿数额。

第十六条 国家工作人员出于贪污、受贿的故意,非法占有公共财物、收受他人财物之后,将赃款赃物用于单位公务支出或者社会捐赠的,不影响贪污罪、受贿罪的认定,但量刑时可以酌情考虑。

特定关系人索取、收受他人财物,国家工作人员知道后未退还或者上交的,应当认定国家工作人员具有受贿故意。

第十七条 国家工作人员利用职务上的便利,收受他人财物,为他人谋取利益,同时构成受贿罪和刑法分则第三章第三节、第九章规定的渎职犯罪的，除刑法另有规定外，以受贿罪和渎职犯罪数罪并罚。

第十八条　贪污贿赂犯罪分子违法所得的一切财物，应当依照刑法第六十四条的规定予以追缴或者责令退赔，对被害人的合法财产应当及时返还。对尚未追缴到案或者尚未足额退赔的违法所得，应当继续追缴或者责令退赔。

第十九条　对贪污罪、受贿罪判处三年以下有期徒刑或者拘役的，应当并处十万元以上五十万元以下的罚金；判处三年以上十年以下有期徒刑的，应当并处二十万元以上犯罪数额二倍以下的罚金或者没收财产；判处十年以上有期徒刑或者无期徒刑的，应当并处五十万元以上犯罪数额二倍以下的罚金或者没收财产。

对刑法规定并处罚金的其他贪污贿赂犯罪，应当在十万元以上犯罪数额二倍以下判处罚金。

第二十条　本解释自2016年4月18日起施行。最高人民法院、最高人民检察院此前发布的司法解释与本解释不一致的，以本解释为准。

5.《全国法院审理经济犯罪案件工作座谈会纪要》(法〔2003〕167号)

一、关于贪污贿赂犯罪和渎职犯罪的主体

……

(二)国家机关、国有公司、企业、事业单位委派到非国有公司、企业、事业单位、社会团体从事公务的人员的认定

所谓委派，即委任、派遣，其形式多种多样，如任命、指派、提名、批准等。不论被委派的人身份如何，只要是接受国家机关、国有公司、企业、事业单位委派，代表国家机关、国有公司、企业、事业单位在非国有公司、企业、事业单位、社会团体中从事组织、领导、监督、管理等工作，都可以认定为国家机关、国有公司、企业、事业单位委派到非国有公司、企业、事业单位、社会团体从事公务的人员。如国家机关、国有公司、企业、事业单位委派在国有控股或者参股的股份有限公司从事组织、领导、监督、管理等工作的人员，应当以国家工作人员论。国有公司、企业改制为股份有限公司后，原国有公司、企业的工作人员和股份有限公司新任命的人员中，除代表国有投资主体行使监督、管理职权的人外，不以国家工作人员论。

……

(四)关于"从事公务"的理解

从事公务，是指代表国家机关、国有公司、企业、事业单位、人民团体等履行组织、领导、监督、管理等职责。公务主要表现为与职权相联系的公共事务以及监督、管理国有财产的职务活动。如国家机关工作人员依法履行职责，国有公司的董事、

经理、监事、会计、出纳人员等管理、监督国有财产等活动，属于从事公务。那些不具备职权内容的劳务活动、技术服务工作，如售货员、售票员等所从事的工作，一般不认为是公务。

二、关于贪污罪

（一）贪污罪既遂与未遂的认定

贪污罪是一种以非法占有为目的的财产性职务犯罪，与盗窃、诈骗、抢夺等侵犯财产罪一样，应当以行为人是否实际控制财物作为区分贪污罪既遂与未遂的标准。对于行为人利用职务上的便利，实施了虚假平帐等贪污行为，但公共财物尚未实际转移，或者尚未被行为人控制就被查获的，应当认定为贪污未遂。行为人控制公共财物后，是否将财物据为已有，不影响贪污既遂的认定。

（二）“受委托管理、经营国有财产”的认定

刑法第三百八十二条第二款规定的“受委托管理、经营国有财产”，是指因承包、租赁、临时聘用等管理、经营国有财产。

（三）国家工作人员与非国家工作人员勾结共同非法占有单位财物行为的认定

对于国家工作人员与他人勾结，共同非法占有单位财物的行为，应当按照《最高人民法院关于审理贪污、职务侵占案件如何认定共同犯罪几个问题的解释》的规定定罪处罚。对于在公司、企业或者其他单位中，非国家工作人员与国家工作人员勾结，分别利用各自的职务便利，共同将本单位财物非法占有的，应当尽量区分主从犯，按照主犯的犯罪性质定罪。司法实践中，如果根据案件的实际情况。各共同犯罪人在共同犯罪中的地位、作用相当，难以区分主从犯的，可以贪污罪定罪处罚。

（四）共同贪污犯罪中“个人贪污数额”的认定

刑法第三百八十三条第一款规定的“个人贪污数额”，在共同贪污犯罪案件中应理解为个人所参与或者组织、指挥共同贪污的数额，不能只按个人实际分得的赃款数额来认定。对共同贪污犯罪中的从犯，应当按照其所参与的共同贪污的数额确定量刑幅度，并依照刑法第二十七条第二款的规定，从轻、减轻处罚或者免除处罚。

三、关于受贿罪

（一）关于“利用职务上的便利”的认定

刑法第三百八十五条第一款规定的“利用职务上的便利”，既包括利用本人职务上主管、负责、承办某项公共事务的职权，也包括利用职务上有隶属、制约关系的其他国家工作人员的职权。担任单位领导职务的国家工作人员通过不属自己主管的下级部门的国家工作人员的职务为他人谋取利益的，应当认定为“利用职务上的便利”为他人谋取利益。

（二）“为他人谋取利益”的认定

为他人谋取利益包括承诺、实施和实现三个阶段的行为。只要具有其中一个阶段的行为，如国家工作人员收受他人财物时，根据他人提出的具体请托事项，承诺为他人谋取利益的，就具备了为他人谋取利益的要件。明知他人有具体请托事项而收受其财物的，视为承诺为他人谋取利益。

（三）“利用职权或地位形成的便利条件”的认定

刑法第三百八十八条规定的“利用本人职权或者地位形成的便利条件”，是指行为人与被其利用的国家工作人员之间在职务上虽然没有隶属、制约关系，但是行为人利用了本人职权或者地位产生的影响和一定的工作联系，如单位内不同部门的国家工作人员之间、上下级单位没有职务上隶属、制约关系的国家工作人员之间、有工作联系的不同单位的国家工作人员之间等。

（四）离职国家工作人员收受财物行为的处理

参照《最高人民法院关于国家工作人员利用职务上的便利为他人谋取利益离退休后收受财物行为如何处理问题的批复》规定的精神，国家工作人员利用职务上的便利为请托人谋取利益，并与请托人事先约定，在其离职后收受请托人财物，构成犯罪的，以受贿罪定罪处罚。

（五）共同受贿犯罪的认定

根据刑法关于共同犯罪的规定，非国家工作人员与国家工作人员勾结，伙同受贿的，应当以受贿罪的共犯追究刑事责任。非国家工作人员是否构成受贿罪共犯，取决于双方有无共同受贿的故意和行为。国家工作人员的近亲属向国家工作人员代为转达请托事项，收受请托人财物并告知该国家工作人员，或者国家工作人员明知其近亲属收受了他人财物，仍按照近亲属的要求利用职权为他人谋取利益的，对该国家工作人员应认定为受贿罪，其近亲属以受贿罪共犯论处。近亲属以外的其他人与国家工作人员通谋，由国家工作人员利用职务上的便利为请托人谋取利益，收受请托人财物后双方共同占有的，构成受贿罪共犯。国家工作人员利用职务上的便利为他人谋取利益，并指定他人将财物送给其他人，构成犯罪的，应以受贿罪定罪处罚。

（六）以借款为名索取或者非法收受财物行为的认定

国家工作人员利用职务上的便利，以借为名向他人索取财物，或者非法收受财物为他人谋取利益的，应当认定为受贿。具体认定时，不能仅仅看是否有书面借款手续，应当根据以下因素综合判定：（1）有无正当、合理的借款事由；（2）款项的去向；（3）双方平时关系如何、有无经济往来；（4）出借方是否要求国家工作人员利用职务上的便利为其谋取利益;(5)借款后是否有归还的意思表示及行为;(6)是否有归还的能力;(7)未归还的原因;等等。

(七)涉及股票受贿案件的认定

在办理涉及股票的受贿案件时,应当注意:(1)国家工作人员利用职务上的便利,索取或非法收受股票,没有支付股本金,为他人谋取利益,构成受贿罪的,其受贿数额按照收受股票时的实际价格计算。(2)行为人支付股本金而购买较有可能升值的股票,由于不是无偿收受请托人财物,不以受贿罪论处。(3)股票已上市且已升值,行为人仅支付股本金,其"购买"股票时的实际价格与股本金的差价部分应认定为受贿。

四、关于挪用公款罪

(一)单位决定将公款给个人使用行为的认定

经单位领导集体研究决定将公款给个人使用,或者单位负责人为了单位的利益,决定将公款给个人使用的,不以挪用公款罪定罪处罚。上述行为致使单位遭受重大损失,构成其他犯罪的,依照刑法的有关规定对责任人员定罪处罚。

(二)挪用公款供其他单位使用行为的认定

根据全国人大常委会《关于〈中华人民共和国刑法〉第三百八十四条第一款的解释》的规定,"以个人名义将公款供其他单位使用的"、"个人决定以单位名义将公款供其他单位使用,谋取个人利益的",属于挪用公款"归个人使用"。在司法实践中,对于将公款供其他单位使用的,认定是否属于"以个人名义",不能只看形式,要从实质上把握。对于行为人逃避财务监管,或者与使用人约定以个人名义进行,或者借款、还款都以个人名义进行,将公款给其他单位使用的,应认定为"以个人名义"。"个人决定"既包括行为人在职权范围内决定,也包括超越职权范围决定。"谋取个人利益",既包括行为人与使用人事先约定谋取个人利益实际尚未获取的情况,也包括虽未事先约定但实际已获取了个人利益的情况。其中的"个人利益",既包括不正当利益,也包括正当利益;既包括财产性利益,也包括非财产性利益,但这种非财产性利益应当是具体的实际利益,如升学、就业等。

(三)国有单位领导向其主管的具有法人资格的下级单位借公款归个人使用的认定

国有单位领导利用职务上的便利指令具有法人资格的下级单位将公款供个人使用的,属于挪用公款行为,构成犯罪的,应以挪用公款罪定罪处罚。

(四)挪用有价证券、金融凭证用于质押行为性质的认定

挪用金融凭证、有价证券用于质押,使公款处于风险之中,与挪用公款为他人提

供担保没有实质的区别，符合刑法关于挪用公款罪规定的，以挪用公款罪定罪处罚，挪用公款数额以实际或者可能承担的风险数额认定。

（五）挪用公款归还个人欠款行为性质的认定

挪用公款归还个人欠款的，应当根据产生欠款的原因，分别认定属于挪用公款的何种情形。归还个人进行非法活动或者进行营利活动产生的欠款，应当认定为挪用公款进行非法活动或者进行营利活动。

（六）挪用公款用于注册公司、企业行为性质的认定

申报注册资本是为进行生产经营活动作准备，属于成立公司、企业进行营利活动的组成部分。因此，挪用公款归个人用于公司、企业注册资本验资证明的，应当认定为挪用公款进行营利活动。

（七）挪用公款后尚未投入实际使用的行为性质的认定

挪用公款后尚未投入实际使用的，只要同时具备“数额较大”和“超过三个月未还”的构成要件，应当认定为挪用公款罪，但可以酌情从轻处罚。

（八）挪用公款转化为贪污的认定

挪用公款罪与贪污罪的主要区别在于行为人主观上是否具有非法占有公款的目的。挪用公款是否转化为贪污，应当按照主客观相一致的原则，具体判断和认定行为人主观上是否具有非法占有公款的目的。在司法实践中，具有以下情形之一的，可以认定行为人具有非法占有公款的目的：

1. 根据《最高人民法院关于审理挪用公款案件具体应用法律若干问题的解释》第六条的规定，行为人“携带挪用的公款潜逃的”，对其携带挪用的公款部分，以贪污罪定罪处罚。

2. 行为人挪用公款后采取虚假发票平帐、销毁有关帐目等手段，使所挪用的公款已难以在单位财务帐目上反映出来，且没有归还行为的，应当以贪污罪定罪处罚。

3. 行为人截取单位收入不入帐，非法占有，使所占有的公款难以在单位财务帐目上反映出来，且没有归还行为的，应当以贪污罪定罪处罚。

4. 有证据证明行为人有能力归还所挪用的公款而拒不归还，并隐瞒挪用的公款去向的，应当以贪污罪定罪处罚。

……

6.《最高人民法院、最高人民检察院关于办理国家出资企业中职务犯罪案件具体应用法律若干问题的意见》(法发〔2010〕49 号)

六、关于国家出资企业中国家工作人员的认定

经国家机关、国有公司、企业、事业单位提名、推荐、任命、批准等,在国有控股、参股公司及其分支机构中从事公务的人员,应当认定为国家工作人员。具体的任命机构和程序,不影响国家工作人员的认定。

经国家出资企业中负有管理、监督国有资产职责的组织批准或者研究决定,代表其在国有控股、参股公司及其分支机构中从事组织、领导、监督、经营、管理工作的人员,应当认定为国家工作人员。

国家出资企业中的国家工作人员,在国家出资企业中持有个人股份或者同时接受非国有股东委托的,不影响其国家工作人员身份的认定。

七、关于国家出资企业的界定

本意见所称"国家出资企业",包括国家出资的国有独资公司、国有独资企业,以及国有资本控股公司、国有资本参股公司。

是否属于国家出资企业不清楚的,应遵循"谁投资、谁拥有产权"的原则进行界定。企业注册登记中的资金来源与实际出资不符的,应根据实际出资情况确定企业的性质。企业实际出资情况不清楚的,可以综合工商注册、分配形式、经营管理等因素确定企业的性质。

7.《最高人民检察院法律政策研究室关于国家机关、国有公司、企业委派到非国有公司、企业从事公务但尚未依照规定程序获取该单位职务的人员是否适用刑法第九十三条第二款问题的答复》(〔2004〕高检研发第 17 号)

重庆市人民检察院法律政策研究室:

你院《关于受委派的国家工作人员未按法定程序取得非国有公司职务是否适用刑法第九十三条第二款以国家工作人员论的请示》(渝检(研)〔2003〕6 号)收悉。经研究,答复如下:

对于国家机关、固有公司、企业委派到非国有公司、企业从事公务但尚未依照规定程序获取该单位职务的人员,涉嫌职务犯罪的,可以依照刑法第九十三条第二款关于"国家机关、国有公司、企业委派到非国有公司、企业、事业单位、社会团体从事公务的人员","以国家工作人员论"的规定追究刑事责任。

8.《最高人民检察院、公安部关于公安机关管辖的刑事案件立案追诉标准的规定(二)》(公通字〔2022〕12 号)

第七十六条 〔职务侵占案(刑法第二百七十一条第一款)〕公司、企业或者其

他单位的人员，利用职务上的便利，将本单位财物非法占为已有，数额在三万元以上的，应予立案追诉。[①]

其他相关规范

1.《保险法》

第一百一十六条　保险公司及其工作人员在保险业务活动中不得有下列行为：

……

（六）故意编造未曾发生的保险事故、虚构保险合同或者故意夸大已经发生的保险事故的损失程度进行虚假理赔，骗取保险金或者牟取其他不正当利益；

……

第一百七十九条　违反本法规定，构成犯罪的，依法追究刑事责任。

2.《中国银保监会办公厅关于预防银行业保险业从业人员金融违法犯罪的指导意见》（银保监办发〔2020〕18号）

二、预防重点领域金融违法犯罪

……

（十一）严防保险业务领域违法犯罪行为。保险机构要防堵承保、查勘理赔、单证印章管理等环节漏洞，重点预防故意虚构保险标的、编造未发生的保险事故、编造虚假事故原因、夸大损失程度、故意造成保险事故等骗取保险金的行为。加强对各级分支机构的管控，严禁从业人员违规销售非保险金融产品，防范违规销售行为向非法集资转化，预防销售假保单、非法销售非保险产品的诈骗行为。加强保险资金运用的穿透式管理，严防通过职务便利，利用股权、不动产、保险资产管理产品、信托计划、私募股权基金、银行存款质押等投资工具或者其他不正当关联交易手段，非法套取、侵占、挪用保险资金，严禁利用保险资金向股东或关联方输送利益。加强客户动态管理，加大客户回访频次，定期发送消费短信等提示。完善财务管理制度，防范资金体外循环。

---

① 2020年《刑法修正案（十一）》对职务侵占罪法定刑结构作出调整，特别是在该罪的追诉标准（数额较大的标准）作出调整后，该罪的数额巨大、数额特别巨大的标准也应当参照贪污罪作出相应的调整。——本书注

重点案例要旨

徐某某、朱某某等人职务侵占、侵犯公民个人信息案①——最高人民检察院2022年发布的检察机关依法办理民营企业职务侵占犯罪典型案例

【要旨】保险公司员工内外勾结形成黑色产业链，以"挂单"形式骗取公司钱款，构成职务侵占罪。对于多区域、多层级团伙犯罪案件，检察机关要综合运用立案监督、追捕追诉等方式，深挖彻查漏犯漏罪。对于在刑事案件中侵犯众多公民个人信息的违法行为人依法提起刑事附带民事公益诉讼。对于在办案中发现的社会治理问题，可以通过企业合规、检察建议、普法宣传等方式，有效推动行业治理，优化法治营商环境。

第一百八十四条 【非国家工作人员受贿罪】【受贿罪】

第一百八十四条 银行或者其他金融机构的工作人员在金融业务活动中索取他人财物或者非法收受他人财物，为他人谋取利益的，或者违反国家规定，收受各种名义的回扣、手续费，归个人所有的，依照本法第一百六十三条的规定定罪处罚。

国有金融机构工作人员和国有金融机构委派到非国有金融机构从事公务的人员有前款行为的，依照本法第三百八十五条、第三百八十六条的规定定罪处罚。

刑事司法解释和规范性文件

1.《最高人民法院关于如何认定国有控股、参股股份有限公司中的国有公司、企业人员的解释》(法释〔2005〕10号)(略，见"第一百八十三条【职务侵占罪】【贪污罪】"部分)

2.《最高人民法院、最高人民检察院关于办理贪污贿赂刑事案件适用法律若干问题的解释》(法释〔2016〕9号)(略，见"第一百八十三条【职务侵占罪】【贪污罪】"部分)

3.《最高人民法院、最高人民检察院关于办理商业贿赂刑事案件适用法律若干问题的意见》(法发〔2008〕33号)

为依法惩治商业贿赂犯罪，根据刑法有关规定，结合办案工作实际，现就办理商业贿赂刑事案件适用法律的若干问题，提出如下意见：

---

① 参见检察机关依法办理民营企业职务侵占犯罪典型案例情况通报，载中华人民共和国最高人民检察院网，https://www.spp.gov.cn，最后访问日期：2022年11月10日。

一、商业贿赂犯罪涉及刑法规定的以下八种罪名：(1)非国家工作人员受贿罪(刑法第一百六十三条)；(2)对非国家工作人员行贿罪(刑法第一百六十四条)；(3)受贿罪(刑法第三百八十五条)；(4)单位受贿罪(刑法第三百八十七条)；(5)行贿罪(刑法第三百八十九条)；(6)对单位行贿罪(刑法第三百九十一条)；(7)介绍贿赂罪(刑法第三百九十二条)；(8)单位行贿罪(刑法第三百九十三条)。

三、刑法第一百六十三条、第一百六十四条规定的"公司、企业或者其他单位的工作人员"，包括国有公司、企业以及其他国有单位中的非国家工作人员。

七、商业贿赂中的财物，既包括金钱和实物，也包括可以用金钱计算数额的财产性利益，如提供房屋装修、含有金额的会员卡、代币卡(券)、旅游费用等。具体数额以实际支付的资费为准。

八、收受银行卡的，不论受贿人是否实际取出或者消费，卡内的存款数额一般应全额认定为受贿数额。使用银行卡透支的，如果由给予银行卡的一方承担还款责任，透支数额也应当认定为受贿数额。

十、办理商业贿赂犯罪案件，要注意区分贿赂与馈赠的界限。主要应当结合以下因素全面分析、综合判断：(1)发生财物往来的背景，如双方是否存在亲友关系及历史上交往的情形和程度；(2)往来财物的价值；(3)财物往来的缘由、时机和方式，提供财物方对于接受方有无职务上的请托；(4)接受方是否利用职务上的便利为提供方谋取利益。

十一、非国家工作人员与国家工作人员通谋，共同收受他人财物，构成共同犯罪的，根据双方利用职务便利的具体情形分别定罪追究刑事责任：

(1)利用国家工作人员的职务便利为他人谋取利益的，以受贿罪追究刑事责任。

(2)利用非国家工作人员的职务便利为他人谋取利益的，以非国家工作人员受贿罪追究刑事责任。

(3)分别利用各自的职务便利为他人谋取利益的，按照主犯的犯罪性质追究刑事责任，不能分清主从犯的，可以受贿罪追究刑事责任。

4.《最高人民法院、最高人民检察院关于办理国家出资企业中职务犯罪案件具体应用法律若干问题的意见》(法发〔2010〕49号)(略，见"第一百八十三条【职务侵占罪】【贪污罪】"部分)

5.《全国法院审理经济犯罪案件工作座谈会纪要》(法〔2003〕167号)(略，见"第一百八十三条【职务侵占罪】【贪污罪】"部分)

6.《最高人民检察院法律政策研究室关于国家机关、国有公司、企业委派到非国有公司、企业从事公务但尚未依照规定程序获取该单位职务的人员是否适用刑法第

九十三条第二款问题的答复》(〔2004〕高检研发第17号)(略,见"第一百八十三条【职务侵占罪】【贪污罪】"部分)

7.《最高人民检察院、公安部关于公安机关管辖的刑事案件立案追诉标准的规定(二)》(公通字〔2022〕12号)

第十条 **〔非国家工作人员受贿案(刑法第一百六十三条)〕**公司、企业或者其他单位的工作人员利用职务上的便利,索取他人财物或者非法收受他人财物,为他人谋取利益,或者在经济往来中,利用职务上的便利,违反国家规定,收受各种名义的回扣、手续费,归个人所有,数额在三万元以上的,应予立案追诉。[①]

其他相关规范

1.《商业银行法》

第八十四条 商业银行工作人员利用职务上的便利,索取、收受贿赂或者违反国家规定收受各种名义的回扣、手续费,构成犯罪的,依法追究刑事责任;尚不构成犯罪的,应当给予纪律处分。

有前款行为,发放贷款或者提供担保造成损失的,应当承担全部或者部分赔偿责任。

2.《证券期货经营机构及其工作人员廉洁从业规定》(2022年修正)

第二条 本规定所称廉洁从业,是指证券期货经营机构及其工作人员在开展证券期货业务及相关活动中,严格遵守法律法规、中国证监会的规定和行业自律规则,遵守社会公德、商业道德、职业道德和行为规范,公平竞争,合规经营,忠实勤勉,诚实守信,不直接或者间接向他人输送不正当利益或者谋取不正当利益。

重点案例要旨

1.陈某某受贿案[②]——《刑事审判参考》第937号案例

【要旨】受计划经济体制的影响,我国的农村信用合作社经历了一段特殊的历史时期,历史债务包袱沉重,官办色彩比较浓厚。由于地方政府及相关主管部门对农

---

① 2020年《刑法修正案(十一)》对非国家工作人员受贿罪法定刑结构作出调整,特别是在该罪的追诉标准(数额较大的标准)作出调整后,该罪的数额巨大、数额特别巨大的标准也应当参照受贿罪作出相应的调整。——本书注

② 参见中华人民共和国最高人民法院刑事审判第一、二、三、四、五庭主办:《刑事审判参考》(总第95集),法律出版社2014年版,第113-118页。

村信用合作社负有一定的管理职责，对承担服务"三农"职能产生的亏损给予补贴和支持，人们习惯将其作为国家出资的银行看待。然而，根据公司法及相关法理精神，企业的性质应当根据公司章程、企业工商登记的情况进行认定，国家对企业的支持和扶持，不能改变企业的性质。从公司章程、企业工商登记的情况看，涉案阳东农村信用合作社联合社为集体企业，阳东农村信用合作社联合社为股东出资入股，并没有国有资产成分，是具有独立企业法人的地方性金融机构。

在认定国家工作人员身份时，不仅要审查"受委派"这一形式要件，还要审查行为人所从事的工作性质是否属于"从事公务"这一实质要件。

农村信用合作社联合社不是国家出资企业且其委派到下级单位的工作人员从事的管理工作不具有公务性质，应认定该工作人员不属于"以国家工作人员论"的范畴。

2. 章某某受贿案①——《刑事审判参考》第974号案例

【要旨】一般认为，在国家出资企业中，中层以上的管理人员可以被视为代表管理、监督国有资产职责的组织从事公务，中层以下的管理人员如果主要从事事务性、技术性、业务性等方面的工作，则一般不宜认定为从事公务。首先，章某某虽然是聘任制员工，但其担任新天地支行业务管理经理、支行行长助理均系由其上级党委——湖州分行党委研究决定，属于受国有参股企业中负有监督、管理国有资产职责的组织委派。其次，章某某系代表湖州分行党委从事公务。作为新天地支行业务管理经理和行长助理，其工作职责既包含作为一般管理人员所从事的事务性工作，也包含作为国家工作人员所从事的公务性工作。前者如对客户经理的日常管理，后者如对贷款的审查和监管、对贷款客户的评估和初审等。正是后者涉及对国有资产的监督和管理，也恰恰是章某某能够利用职权进行金钱交易之原因所在。因此，章某某属于受国有资产监督管理组织委托从事公务的工作人员，符合《最高人民法院、最高人民检察院关于办理国家出资企业中职务犯罪案件具体应用法律若干问题的意见》第六条第二款的规定，应当认定其为国家工作人员，依法追究受贿罪的刑事责任。

第一百八十五条　【挪用资金罪】【挪用公款罪】

第一百八十五条　商业银行、证券交易所、期货交易所、证券公司、期货经纪公

① 参见中华人民共和国最高人民法院刑事审判第一、二、三、四、五庭主办：《刑事审判参考》（总第97集），法律出版社2014年版，第110－116页。

司、保险公司或者其他金融机构的工作人员利用职务上的便利，挪用本单位或者客户资金的，依照本法第二百七十二条的规定定罪处罚。

国有商业银行、证券交易所、期货交易所、证券公司、期货经纪公司、保险公司或者其他国有金融机构的工作人员和国有商业银行、证券交易所、期货交易所、证券公司、期货经纪公司、保险公司或者其他国有金融机构委派到前款规定中的非国有机构从事公务的人员有前款行为的，依照本法第三百八十四条的规定定罪处罚。

立法解释

《全国人民代表大会常务委员会关于〈中华人民共和国刑法〉第三百八十四条第一款的解释》(2002 年 4 月 28 日第九届全国人民代表大会常务委员会第二十七次会议通过)

全国人民代表大会常务委员会讨论了刑法第三百八十四条第一款规定的国家工作人员利用职务上的便利，挪用公款“归个人使用”的含义问题，解释如下：

有下列情形之一的，属于挪用公款“归个人使用”：

(一)将公款供本人、亲友或者其他自然人使用的；

(二)以个人名义将公款供其他单位使用的；

(三)个人决定以单位名义将公款供其他单位使用，谋取个人利益的。

现予公告。

刑事司法解释和规范性文件

1.《最高人民法院关于审理挪用公款案件具体应用法律若干问题的解释》(法释〔1998〕9 号)

为依法惩处挪用公款犯罪，根据刑法的有关规定，现对办理挪用公款案件具体应用法律的若干问题解释如下：

第一条 刑法第三百八十四条规定的“挪用公款归个人使用”，包括挪用者本人使用或者给他人使用。

挪用公款给私有公司、私有企业使用的，属于挪用公款归个人使用。

第二条 对挪用公款罪，应区分三种不同情况予以认定：

挪用公款归个人使用，数额较大、超过三个月未还的，构成挪用公款罪。

(一)挪用正在生息或者需要支付利息的公款归个人使用，数额较大，超过三个月但在案发前全部归还本金的,可以从轻处罚或者免除处罚。给国家、集体造成的利息损失应予追缴。挪用公款数额巨大,超过三个月,案发前全部归还的,可以酌情从轻处罚。

(二)挪用公款数额较大,归个人进行营利活动的,构成挪用公款罪,不受挪用时间和是否归还的限制。在案发前部分或者全部归还本息的,可以从轻处罚;情节轻微的,可以免除处罚。

挪用公款存入银行、用于集资、购买股票、国债等,属于挪用公款进行营利活动。所获取的利息、收益等违法所得,应当追缴,但不计入挪用公款的数额。

(三)挪用公款归个人使用,进行赌博、走私等非法活动的,构成挪用公款罪,不受"数额较大"和挪用时间的限制。

挪用公款给他人使用,不知道使用人用公款进行营利活动或者用于非法活动,数额较大、超过三个月未还的,构成挪用公款罪;明知使用人用于营利活动或者非法活动的,应当认定为挪用人挪用公款进行营利活动或者非法活动。

第三条 挪用公款归个人使用,"数额较大、进行营利活动的",或者"数额较大、超过三个月未还的",以挪用公款一万元至三万元为"数额较大"的起点,以挪用公款十五万元至二十万元为"数额巨大"的起点。挪用公款"情节严重",是指挪用公款数额巨大,或者数额虽未达到巨大,但挪用公款手段恶劣;多次挪用公款;因挪用公款严重影响生产、经营,造成严重损失等情形。

"挪用公款归个人使用,进行非法活动的",以挪用公款五千元至一万元为追究刑事责任的数额起点。挪用公款五万元至十万元以上的,属于挪用公款归个人使用,进行非法活动"情节严重"的情形之一。挪用公款归个人使用,进行非法活动,情节严重的其他情形,按照本条第一款的规定执行。

各高级人民法院可以根据本地实际情况,按照本解释规定的数额幅度,确定本地区执行的具体数额标准,并报最高人民法院备案。

挪用救灾、抢险、防汛、优抚、扶贫、移民、救济款物归个人使用的数额标准,参照挪用公款归个人使用进行非法活动的数额标准。

第四条 多次挪用公款不还,挪用公款数额累计计算;多次挪用公款,并以后次挪用的公款归还前次挪用的公款,挪用公款数额以案发时未还的实际数额认定。

第五条 "挪用公款数额巨大不退还的",是指挪用公款数额巨大,因客观原因在一审宣判前不能退还的。

第六条 携带挪用的公款潜逃的,依照刑法第三百八十二条、第三百八十三条的规定定罪处罚。

第七条 因挪用公款索取、收受贿赂构成犯罪的，依照数罪并罚的规定处罚。

挪用公款进行非法活动构成其他犯罪的，依照数罪并罚的规定处罚。

第八条 挪用公款给他人使用，使用人与挪用人共谋，指使或者参与策划取得挪用款的，以挪用公款罪的共犯定罪处罚。

2.《最高人民法院关于对受委托管理、经营国有财产人员挪用国有资金行为如何定罪问题的批复》(法释〔2000〕5号)

江苏省高级人民法院：

你院苏高法〔1999〕94号《关于受委托管理、经营国有财产的人员能否作为挪用公款罪主体问题的请示》收悉。经研究，答复如下：

对于受国家机关、国有公司、企业、事业单位、人民团体委托，管理、经营国有财产的非国家工作人员，利用职务上的便利，挪用国有资金归个人使用构成犯罪的，应当依照刑法第二百七十二条第一款的规定定罪处罚。

3.《最高人民法院关于如何理解刑法第二百七十二条规定的“挪用本单位资金归个人使用或者借贷给他人”问题的批复》(法释〔2000〕22号)

新疆维吾尔自治区高级人民法院：

你院新高法〔1998〕193号《关于对刑法第二百七十二条“挪用本单位资金归个人使用或者借贷给他人”的规定应如何理解的请示》收悉。经研究，答复如下：

公司、企业或者其他单位的非国家工作人员，利用职务上的便利，挪用本单位资金归本人或者其他自然人使用，或者挪用人以个人名义将所挪用的资金借给其他自然人和单位，构成犯罪的，应当依照刑法第二百七十二条第一款的规定定罪处罚。

4.《最高人民检察院关于挪用失业保险基金和下岗职工基本生活保障资金的行为适用法律问题的批复》(高检发释字〔2003〕1号)

辽宁省人民检察院：

你院辽检发研字(2002)9号《关于挪用职工失业保险金和下岗职工生活保障金是否属于挪用特定款物的请示》收悉。经研究，批复如下：

挪用失业保险基金和下岗职工基本生活保障资金属于挪用救济款物。挪用失业保险基金和下岗职工基本生活保障资金，情节严重，致使国家和人民群众利益遭受重大损害的，对直接责任人员，应当依照刑法第二百七十三条的规定，以挪用特定款物罪追究刑事责任；国家工作人员利用职务上的便利，挪用失业保险基金和下岗职工基本生活保障资金归个人使用，构成犯罪的，应当依照刑法第三百八十四条的规定，以挪用公款罪追究刑事责任。

5.《最高人民法院、最高人民检察院关于办理贪污贿赂刑事案件适用法律若干问题的解释》(法释〔2016〕9号)(略,见“第一百八十三条【职务侵占罪】【贪污罪】”部分)

6.《全国法院审理经济犯罪案件工作座谈会纪要》(法发〔2003〕167号)(略,见“第一百八十三条【职务侵占罪】【贪污罪】”部分)

7.《最高人民法院、最高人民检察院关于办理国家出资企业中职务犯罪案件具体应用法律若干问题的意见》(法发〔2010〕49号)(略,见“第一百八十三条【职务侵占罪】【贪污罪】”部分)

8.《最高人民法院、最高人民检察院、公安部、司法部关于依法惩治妨害新型冠状病毒感染肺炎疫情防控违法犯罪的意见》(法发〔2020〕7号)

二、准确适用法律,依法严惩妨害疫情防控的各类违法犯罪

……

国家工作人员,受委托管理国有财产的人员,公司、企业或者其他单位的人员,利用职务便利,侵吞、截留或者以其他手段非法占有用于防控新型冠状病毒感染肺炎的款物,或者挪用上述款物归个人使用,符合刑法第三百八十二条、第三百八十三条、第二百七十一条、第三百八十四条、第二百七十二条规定的,以贪污罪、职务侵占罪、挪用公款罪、挪用资金罪定罪处罚。挪用用于防控新型冠状病毒感染肺炎的救灾、优抚、救济等款物,符合刑法第二百七十三条规定的,对直接责任人员,以挪用特定款物罪定罪处罚。

9.《最高人民法院研究室关于挪用退休职工社会养老金行为如何适用法律问题的复函》(法研〔2004〕102号)

公安部经济犯罪侦查局:

你局公经〔2004〕916号《关于挪用退休职工社会养老保险金是否属于挪用特定款物罪事》收悉。经研究,提供如下意见供参考:

退休职工养老保险金不属于我国刑法中的救灾、抢险、防汛、优抚、扶贫、移民、救济等特定款物的任何一种。因此,对于挪用退休职工养老保险金的行为,构成犯罪时,不能以挪用特定款物罪追究刑事责任,而应当按照行为人身份的不同,分别以挪用资金罪或者挪用公款罪追究刑事责任。

10.《最高人民检察院关于挪用尚未注册成立公司资金的行为适用法律问题的批复》(高检发研字〔2000〕19号)

江苏省人民检察院:

你院苏检发研字〔1999〕第8号《关于挪用尚未注册成立的公司资金能否构成挪

用资金罪的请示》收悉。经研究,批复如下:

筹建公司的工作人员在公司登记注册前,利用职务上的便利,挪用准备设立的公司在银行开设的临时账户上的资金,归个人使用或者借贷给他人,数额较大、超过三个月未还的,或者虽未超过三个月,但数额较大、进行营利活动的,或者进行非法活动的,应当根据刑法第二百七十二条的规定,追究刑事责任。

11.《最高人民检察院、公安部关于公安机关管辖的刑事案件立案追诉标准的规定(二)》(公通字〔2022〕12号)

第七十七条 〔挪用资金案(刑法第二百七十二条第一款)〕公司、企业或者其他单位的工作人员,利用职务上的便利,挪用本单位资金归个人使用或者借贷给他人,涉嫌下列情形之一的,应予立案追诉:

(一)挪用本单位资金数额在五万元以上,超过三个月未还的;

(二)挪用本单位资金数额在五万元以上,进行营利活动的;

(三)挪用本单位资金数额在三万元以上,进行非法活动的。

具有下列情形之一的,属于本条规定的"归个人使用":

(一)将本单位资金供本人、亲友或者其他自然人使用的;

(二)以个人名义将本单位资金供其他单位使用的;

(三)个人决定以单位名义将本单位资金供其他单位使用,谋取个人利益的。①

其他相关规范

1.《商业银行法》

第五十二条 商业银行的工作人员应当遵守法律、行政法规和其他各项业务管理的规定,不得有下列行为:

(一)利用职务上的便利,索取、收受贿赂或者违反国家规定收受各种名义的回扣、手续费;

(二)利用职务上的便利,贪污、挪用、侵占本行或者客户的资金;

(三)违反规定徇私向亲属、朋友发放贷款或者提供担保;

(四)在其他经济组织兼职;

(五)违反法律、行政法规和业务管理规定的其他行为。

---

① 2020年《刑法修正案(十一)》对挪用资金罪法定刑结构作出调整,特别是在该罪的追诉标准(数额较大的标准)作出调整后,该罪的数额巨大、数额特别巨大的标准也应当参照挪用公款罪作出相应的调整。——本书注

第八十五条　商业银行工作人员利用职务上的便利，贪污、挪用、侵占本行或者客户资金，构成犯罪的，依法追究刑事责任；尚不构成犯罪的，应当给予纪律处分。

2.《保险法》

第一百一十六条　保险公司及其工作人员在保险业务活动中不得有下列行为：

……

（七）挪用、截留、侵占保险费；

……

第一百七十九条　违反本法规定，构成犯罪的，依法追究刑事责任。

3.《证券法》

第一百三十一条　证券公司客户的交易结算资金应当存放在商业银行，以每个客户的名义单独立户管理。

证券公司不得将客户的交易结算资金和证券归入其自有财产。禁止任何单位或者个人以任何形式挪用客户的交易结算资金和证券。证券公司破产或者清算时，客户的交易结算资金和证券不属于其破产财产或者清算财产。非因客户本身的债务或者法律规定的其他情形，不得查封、冻结、扣划或者强制执行客户的交易结算资金和证券。

第一百五十条　在证券交易所或者国务院批准的其他全国性证券交易场所交易的证券，应当全部存管在证券登记结算机构。

证券登记结算机构不得挪用客户的证券。

第二百零八条　违反本法第一百三十一条的规定，将客户的资金和证券归入自有财产，或者挪用客户的资金和证券的，责令改正，给予警告，没收违法所得，并处以违法所得一倍以上十倍以下的罚款；没有违法所得或者违法所得不足一百万元的，处以一百万元以上一千万元以下的罚款；情节严重的，并处撤销相关业务许可或者责令关闭。对直接负责的主管人员和其他直接责任人员给予警告，并处以五十万元以上五百万元以下的罚款。

4.《期货和衍生品法》

第四十条　期货结算机构、结算参与人收取的保证金、权利金等，应当与其自有资金分开，按照国务院期货监督管理机构的规定，在期货保证金存管机构专户存放，分别管理，禁止违规挪用。

第七十八条　禁止期货经营机构从事下列损害交易者利益的行为：

……

（八）挪用交易者保证金；

……

第一百三十五条 期货经营机构违反本法第五十条交易者适当性管理规定，或者违反本法第六十六条规定从事经纪业务接受交易者全权委托，或者有第七十八条损害交易者利益行为的，责令改正，给予警告，没收违法所得，并处以违法所得一倍以上十倍以下的罚款；没有违法所得或者违法所得不足五十万元的，处以五十万元以上五百万元以下的罚款；情节严重的，吊销相关业务许可。对直接负责的主管人员和其他直接责任人员给予警告，并处以二十万元以上二百万元以下的罚款。

期货经营机构有本法第七十八条规定的行为，给交易者造成损失的，应当依法承担赔偿责任。

第一百三十七条 期货交易场所、期货结算机构违反本法第十七条、第四十条、第八十五条第二款规定的，责令改正，给予警告，没收违法所得，并处以违法所得一倍以上十倍以下的罚款；没有违法所得或者违法所得不足二十万元的，处以二十万元以上二百万元以下的罚款；情节严重的，责令停业整顿。对直接负责的主管人员和其他直接责任人员处以五万元以上五十万元以下的罚款。

第一百五十三条 违反本法规定，构成犯罪的，依法追究刑事责任。

5.《期货交易管理条例》(国务院令第676号)

第三十一条 期货交易所、期货公司、非期货公司结算会员应当按照国务院期货监督管理机构、财政部门的规定提取、管理和使用风险准备金，不得挪用。

第六十五条 期货交易所有下列行为之一的，责令改正，给予警告，没收违法所得，并处违法所得1倍以上5倍以下的罚款；没有违法所得或者违法所得不满10万元的，并处10万元以上50万元以下的罚款；情节严重的，责令停业整顿：

……

(四)违反规定收取保证金，或者挪用保证金的；

……

第六十七条 期货公司有下列欺诈客户行为之一的，责令改正，给予警告，没收违法所得，并处违法所得1倍以上5倍以下的罚款；没有违法所得或者违法所得不满10万元的，并处10万元以上50万元以下的罚款；情节严重的，责令停业整顿或者吊销期货业务许可证：

……

(七)挪用客户保证金的；

……

6.《国务院办公厅关于加强金融消费者权益保护工作的指导意见》(国办发〔2015〕81号)

三、规范金融机构行为

……

(三)保障金融消费者财产安全权。金融机构应当依法保障金融消费者在购买金融产品和接受金融服务过程中的财产安全。金融机构应当审慎经营,采取严格的内控措施和科学的技术监控手段,严格区分机构自身资产与客户资产,不得挪用、占用客户资金。

7.《期货公司保证金封闭管理办法》(证监会公告〔2022〕43号)

第二条　期货公司客户保证金(以下简称保证金)按照封闭运行原则,必须全额存入从事保证金存取业务的期货保证金存管银行(以下简称存管银行),与期货公司自有资金相互独立,分别管理。

严禁期货公司挪用保证金。

重点案例要旨

1. 陈某贪污、挪用公款案①——最高人民法院公报案例

【要旨】国有银行工作人员,利用职务便利挪用公款,携带公司银行账户凭证和全部炒股手续潜逃,将其中的公款置于自己控制之下,有能力归还而拒不归还,主观上具有非法占有的故意,其行为构成贪污罪。

2. 王某某职务侵占、挪用资金案②——最高人民检察院2022年发布的检察机关依法办理民营企业职务侵占犯罪典型案例

【要旨】该案系金融系统管理人员利用银行柜面业务系统(以下简称业务系统)漏洞侵占银行巨额资金的案件,检察机关厘清资金去向,结合套取资金数额、资金用途和偿还能力等客观行为,综合认定被告人具有非法占有目的,精准抗诉并成功改判。检察机关在夯实证据基础的同时注重为企业追赃挽损,结合案件特点和资金流向,联合公安机关、金融部门在第一时间找准追赃挽损的最佳路径,积极为企业挽回损失。积极延伸检察职能,主动参与社会综合治理,以案释法对金融领域从业人员进行警示教育,制发检察建议助推金融行业防范化解金融风险,有效堵塞金融系统漏洞。

---

① 参见《中华人民共和国最高人民法院公报》2004年第1期。

② 参见检察机关依法办理民营企业职务侵占犯罪典型案例情况通报,载中华人民共和国最高人民检察院网,https://www.spp.gov.cn,最后访问日期:2022年10月20日。

第一百八十五条之一 【背信运用受托财产罪】【违法运用资金罪】

第一百八十五条之一 商业银行、证券交易所、期货交易所、证券公司、期货经纪公司、保险公司或者其他金融机构，违背受托义务，擅自运用客户资金或者其他委托、信托的财产，情节严重的，对单位判处罚金，并对其直接负责的主管人员和其他直接责任人员，处三年以下有期徒刑或者拘役，并处三万元以上三十万元以下罚金；情节特别严重的，处三年以上十年以下有期徒刑，并处五万元以上五十万元以下罚金。

社会保障基金管理机构、住房公积金管理机构等公众资金管理机构，以及保险公司、保险资产管理公司、证券投资基金管理公司，违反国家规定运用资金的，对其直接负责的主管人员和其他直接责任人员，依照前款的规定处罚。

刑事司法解释和规范性文件

1.《最高人民法院关于准确理解和适用刑法中"国家规定"的有关问题的通知》(法发〔2011〕155号)

日前，国务院法制办就国务院办公厅文件的有关规定是否可以认定为刑法中的"国家规定"予以统一、规范。为切实做好相关刑事案件审判工作，准确把握刑法有关条文规定的"违反国家规定"的认定标准，依法惩治犯罪，统一法律适用，现就有关问题通知如下：

一、根据刑法第九十六条的规定，刑法中的"国家规定"是指，全国人民代表大会及其常务委员会制定的法律和决定，国务院制定的行政法规、规定的行政措施、发布的决定和命令。其中，"国务院规定的行政措施"应当由国务院决定，通常以行政法规或者国务院制发文件的形式加以规定。以国务院办公厅名义制发的文件，符合以下条件的，亦应视为刑法中的"国家规定"：(1)有明确的法律依据或者同相关行政法规不相抵触；(2)经国务院常务会议讨论通过或者经国务院批准；(3)在国务院公报上公开发布。

二、各级人民法院在刑事审判工作中，对有关案件所涉及的"违反国家规定"的认定，要依照相关法律、行政法规及司法解释的规定准确把握。对于规定不明确的，要按照本通知的要求审慎认定。对于违反地方性法规、部门规章的行为，不得认定为"违反国家规定"。对被告人的行为是否"违反国家规定"存在争议的，应当作为法律适用问题，逐级向最高人民法院请示。

2.《最高人民检察院、公安部关于公安机关管辖的刑事案件立案追诉标准的规定(二)》(公通字〔2022〕12号)

第三十五条　〔背信运用受托财产案(刑法第一百八十五条之一第一款)〕商业银行、证券交易所、期货交易所、证券公司、期货公司、保险公司或者其他金融机构，违背受托义务，擅自运用客户资金或者其他委托、信托的财产，涉嫌下列情形之一的，应予立案追诉：

(一)擅自运用客户资金或者其他委托、信托的财产数额在三十万元以上的；

(二)虽未达到上述数额标准，但多次擅自运用客户资金或者其他委托、信托的财产，或者擅自运用多个客户资金或者其他委托、信托的财产的；

(三)其他情节严重的情形。

第三十六条　〔违法运用资金案(刑法第一百八十五条之一第二款)〕社会保障基金管理机构、住房公积金管理机构等公众资金管理机构，以及保险公司、保险资产管理公司、证券投资基金管理公司，违反国家规定运用资金，涉嫌下列情形之一的，应予立案追诉：

(一)违反国家规定运用资金数额在三十万元以上的；

(二)虽未达到上述数额标准，但多次违反国家规定运用资金的；

(三)其他情节严重的情形。

其他相关规范

1.《保险法》

第一百零六条　保险公司的资金运用必须稳健，遵循安全性原则。

保险公司的资金运用限于下列形式：

(一)银行存款；

(二)买卖债券、股票、证券投资基金份额等有价证券；

(三)投资不动产；

(四)国务院规定的其他资金运用形式。

保险公司资金运用的具体管理办法，由国务院保险监督管理机构依照前两款的规定制定。

2.《证券法》

第五十七条　禁止证券公司及其从业人员从事下列损害客户利益的行为：

……

（三）未经客户的委托，擅自为客户买卖证券，或者假借客户的名义买卖证券；

……

违反前款规定给客户造成损失的，应当依法承担赔偿责任。

3.《期货和衍生品法》

第六十七条 期货经营机构从事资产管理业务，接受客户委托，运用客户资产进行投资的，应当公平对待所管理的不同客户资产，不得违背受托义务。

4.《证券投资基金法》

第二十条 公开募集基金的基金管理人及其董事、监事、高级管理人员和其他从业人员不得有下列行为：

（一）将其固有财产或者他人财产混同于基金财产从事证券投资；

（二）不公平地对待其管理的不同基金财产；

（三）利用基金财产或者职务之便为基金份额持有人以外的人牟取利益；

（四）向基金份额持有人违规承诺收益或者承担损失；

（五）侵占、挪用基金财产；

（六）泄露因职务便利获取的未公开信息、利用该信息从事或者明示、暗示他人从事相关的交易活动；

（七）玩忽职守，不按照规定履行职责；

（八）法律、行政法规和国务院证券监督管理机构规定禁止的其他行为。

第四十九条 基金份额持有人大会及其日常机构不得直接参与或者干涉基金的投资管理活动。

第五十九条 基金募集期间募集的资金应当存入专门账户，在基金募集行为结束前，任何人不得动用。

5.《证券公司监督管理条例》（国务院令第653号）

第四十五条 证券公司可以依照《证券法》和本条例的规定，从事接受客户的委托、使用客户资产进行投资的证券资产管理业务。投资所产生的收益由客户享有，损失由客户承担，证券公司可以按照约定收取管理费用。

第五十七条 证券公司从事证券经纪业务，其客户的交易结算资金应当存放在指定商业银行，以每个客户的名义单独立户管理。

指定商业银行应当与证券公司及其客户签订客户的交易结算资金存管合同，约定客户的交易结算资金存取、划转、查询等事项，并按照证券交易净额结算、货银对付的要求，为证券公司开立客户的交易结算资金汇总账户。

客户的交易结算资金的存取，应当通过指定商业银行办理。指定商业银行应当保证客户能够随时查询客户的交易结算资金的余额及变动情况。

指定商业银行的名单,由国务院证券监督管理机构会同国务院银行业监督管理机构确定并公告。

第五十九条 客户的交易结算资金、证券资产管理客户的委托资产属于客户,应当与证券公司、指定商业银行、资产托管机构的自有资产相互独立、分别管理。非因客户本身的债务或者法律规定的其他情形,任何单位或者个人不得对客户的交易结算资金、委托资产申请查封、冻结或者强制执行。

第六十条 除下列情形外,不得动用客户的交易结算资金或者委托资金:

(一)客户进行证券的申购、证券交易的结算或者客户提款;

(二)客户支付与证券交易有关的佣金、费用或者税款;

(三)法律规定的其他情形。

第六十一条 证券公司不得以证券经纪客户或者证券资产管理客户的资产向他人提供融资或者担保。任何单位或者个人不得强令、指使、协助、接受证券公司以其证券经纪客户或者证券资产管理客户的资产提供融资或者担保。

6.《全国社会保障基金条例》(国务院令第667号)

第五条 国务院财政部门、国务院社会保险行政部门负责拟订全国社会保障基金的管理运营办法,报国务院批准后施行。

全国社会保障基金理事会负责全国社会保障基金的管理运营。

第六条 全国社会保障基金理事会应当审慎、稳健管理运营全国社会保障基金,按照国务院批准的比例在境内外市场投资运营全国社会保障基金。

全国社会保障基金理事会投资运营全国社会保障基金,应当坚持安全性、收益性和长期性原则,在国务院批准的固定收益类、股票类和未上市股权类等资产种类及其比例幅度内合理配置资产。

第七条 全国社会保障基金理事会制定全国社会保障基金的资产配置计划、确定重大投资项目,应当进行风险评估,并集体讨论决定。

全国社会保障基金理事会应当制定风险管理和内部控制办法,在管理运营的各个环节对风险进行识别、衡量、评估、监测和应对,有效防范和控制风险。风险管理和内部控制办法应当报国务院财政部门、国务院社会保险行政部门备案。

全国社会保障基金理事会应当依法制定会计核算办法,并报国务院财政部门审核批准。

第九条 全国社会保障基金理事会可以将全国社会保障基金委托投资或者以国务院批准的其他方式投资。

第十二条 全国社会保障基金理事会应当制定投资管理人、托管人考评办法，根据考评办法对投资管理人投资、托管人保管全国社会保障基金的情况进行考评。考评结果作为是否继续聘任的依据。

第十三条 全国社会保障基金投资管理人履行下列职责：

（一）运用全国社会保障基金进行投资；

（二）按照规定提取全国社会保障基金投资管理风险准备金；

（三）向全国社会保障基金理事会报告投资情况；

（四）法律、行政法规和国务院有关部门规章规定的其他职责。

第十五条 全国社会保障基金财产应当独立于全国社会保障基金理事会、投资管理人、托管人的固有财产，独立于投资管理人投资和托管人保管的其他财产。

第十六条 全国社会保障基金投资管理人、托管人不得有下列行为：

（一）将全国社会保障基金财产混同于其他财产投资、保管；

（二）泄露因职务便利获取的全国社会保障基金未公开的信息，利用该信息从事或者明示、暗示他人从事相关交易活动；

（三）法律、行政法规和国务院有关部门规章禁止的其他行为。

第二十五条 全国社会保障基金境内投资管理人、托管人违反本条例第十六条、第十八条第二款规定的，由国务院证券监督管理机构、国务院银行业监督管理机构责令改正，没收违法所得，并处违法所得 1 倍以上 5 倍以下罚款；没有违法所得或者违法所得不足 100 万元的，并处 10 万元以上 100 万元以下罚款；对直接负责的主管人员和其他直接责任人员给予警告，暂停或者撤销有关从业资格，并处 3 万元以上 30 万元以下罚款；构成犯罪的，依法追究刑事责任。

第二十六条 全国社会保障基金理事会违反本条例规定的，由国务院财政部门、国务院社会保险行政部门责令改正；对直接负责的主管人员和其他直接责任人员依法给予处分；构成犯罪的，依法追究刑事责任。

第二十七条 国家工作人员在全国社会保障基金管理运营、监督工作中滥用职权、玩忽职守、徇私舞弊的，依法给予处分；构成犯罪的，依法追究刑事责任。

第二十八条 违反本条例规定，给全国社会保障基金造成损失的，依法承担赔偿责任。

7.《住房公积金管理条例》（国务院令第 710 号）

第一条 为了加强对住房公积金的管理，维护住房公积金所有者的合法权益，促进城镇住房建设，提高城镇居民的居住水平，制定本条例。

第二条 本条例适用于中华人民共和国境内住房公积金的缴存、提取、使用、管理和监督。

本条例所称住房公积金,是指国家机关、国有企业、城镇集体企业、外商投资企业、城镇私营企业及其他城镇企业、事业单位、民办非企业单位、社会团体(以下统称单位)及其在职职工缴存的长期住房储金。

第四条 住房公积金的管理实行住房公积金管理委员会决策、住房公积金管理中心运作、银行专户存储、财政监督的原则。

第五条 住房公积金应当用于职工购买、建造、翻建、大修自住住房,任何单位和个人不得挪作他用。

第八条 直辖市和省、自治区人民政府所在地的市以及其他设区的市(地、州、盟),应当设立住房公积金管理委员会,作为住房公积金管理的决策机构。住房公积金管理委员会的成员中,人民政府负责人和建设、财政、人民银行等有关部门负责人以及有关专家占1/3,工会代表和职工代表占1/3,单位代表占1/3。

住房公积金管理委员会主任应当由具有社会公信力的人士担任。

第九条 住房公积金管理委员会在住房公积金管理方面履行下列职责:

……

(四)审批住房公积金归集、使用计划;

……

(六)审批住房公积金归集、使用计划执行情况的报告。

第十一条 住房公积金管理中心履行下列职责:

(一)编制、执行住房公积金的归集、使用计划;

(二)负责记载职工住房公积金的缴存、提取、使用等情况;

……

(四)审批住房公积金的提取、使用;

(五)负责住房公积金的保值和归还;

……

第十二条 住房公积金管理委员会应当按照中国人民银行的有关规定,指定受委托办理住房公积金金融业务的商业银行(以下简称受委托银行);住房公积金管理中心应当委托受委托银行办理住房公积金贷款、结算等金融业务和住房公积金账户的设立、缴存、归还等手续。

住房公积金管理中心应当与受委托银行签订委托合同。

第三十九条 住房公积金管理委员会违反本条例规定审批住房公积金使用计划的,由国务院建设行政主管部门会同国务院财政部门或者由省、自治区人民政府建设行政主管部门会同同级财政部门，依据管理职权责令限期改正。

第四十条 住房公积金管理中心违反本条例规定，有下列行为之一的，由国务院建设行政主管部门或者省、自治区人民政府建设行政主管部门依据管理职权，责令限期改正；对负有责任的主管人员和其他直接责任人员，依法给予行政处分：

……

（二）未按照规定审批职工提取、使用住房公积金的；

……

（四）委托住房公积金管理委员会指定的银行以外的机构办理住房公积金金融业务的；

……

（七）未按照规定用住房公积金购买国债的。

第四十一条 违反本条例规定，挪用住房公积金的，由国务院建设行政主管部门或者省、自治区人民政府建设行政主管部门依据管理职权，追回挪用的住房公积金，没收违法所得；对挪用或者批准挪用住房公积金的人民政府负责人和政府有关部门负责人以及住房公积金管理中心负有责任的主管人员和其他直接责任人员，依照刑法关于挪用公款罪或者其他罪的规定，依法追究刑事责任；尚不够刑事处罚的，给予降级或者撤职的行政处分。

第四十四条 国家机关工作人员在住房公积金监督管理工作中滥用职权、玩忽职守、徇私舞弊，构成犯罪的，依法追究刑事责任；尚不构成犯罪的，依法给予行政处分。

8.《全国社会保障基金投资管理暂行办法》（财政部、劳动和社会保障部令第12号）

第二条 本办法所称全国社会保障基金（以下简称社保基金）是指全国社会保障基金理事会（以下简称理事会）负责管理的由国有股减持划入资金及股权资产、中央财政拨入资金、经国务院批准以其他方式筹集的资金及其投资收益形成的由中央政府集中的社会保障基金。

第三条 社保基金投资运作的基本原则是，在保证基金资产安全性、流动性的前提下，实现基金资产的增值。

第四条 社保基金资产是独立于理事会、社保基金投资管理人、社保基金托管人的资产。

第五条 财政部会同劳动和社会保障部拟订社保基金管理运作的有关政策，对社保基金的投资运作和托管情况进行监督。

中国证券监督管理委员会(以下简称中国证监会)和中国人民银行按照各自的职权对社保基金投资管理人和托管人的经营活动进行监督。

第六条 理事会负责管理社保基金,履行以下职责:

(一)制定社保基金的投资经营策略并组织实施。

(二)选择并委托社保基金投资管理人、托管人对社保基金资产进行投资运作和托管;对投资运作和托管情况进行检查。

(三)负责社保基金的财务管理与会计核算,编制定期财务会计报表,起草财务会计报告。

(四)定期向社会公布社保基金资产、收益、现金流量等财务状况。

第七条 理事会应严格执行本办法。对理事会的违法违规行为按照国家有关法律法规进行处罚。

第二十五条 社保基金投资的范围限于银行存款、买卖国债和其他具有良好流动性的金融工具,包括上市流通的证券投资基金、股票、信用等级在投资级以上的企业债、金融债等有价证券。

理事会直接运作的社保基金的投资范围限于银行存款、在一级市场购买国债,其他投资需委托社保基金投资管理人管理和运作并委托社保基金托管人托管。

第二十六条 社保基金投资管理人与社保基金托管人须在人事、财务和资产上相互独立,其高级管理人员不得在对方兼任任何职务。

第二十七条 理事会持有的国债在二级市场的交易,需委托符合本办法第九条规定的专业性投资管理机构办理。

第二十八条 划入社保基金的货币资产的投资,按成本计算,应符合下列规定:

(一)银行存款和国债投资的比例不得低于50%。其中,银行存款的比例不得低于10%。在一家银行的存款不得高于社保基金银行存款总额的50%。

(二)企业债、金融债投资的比例不得高于10%。

(三)证券投资基金、股票投资的比例不得高于40%。

第二十九条 单个投资管理人管理的社保基金资产投资于1家企业所发行的证券或单只证券投资基金,不得超过该企业所发行证券或该基金份额的5%;按成本计算,不得超过其管理的社保基金资产总值的10%。

投资管理人管理的社保基金资产投资于自己管理的基金须经理事会认可。

第三十条 委托单个社保基金投资管理人进行管理的资产,不得超过年度社保基金委托资产总值的20%。

第三十一条 社保基金建立的初始阶段,减持国有股所获资金以外的中央预算拨款仅限投资于银行存款和国债。条件成熟时由财政部会同劳动和社会保障部商理事会报国务院批准后,改按本办法第二十八条所规定比例进行投资。

第三十二条 划入社保基金的股权资产纳入社保基金统一核算,按照国家有关规定进行管理。股权资产变现后的投资比例按本办法第二十八条的规定执行。

第三十三条 根据金融市场的变化和社保基金投资运作的情况,财政部会同劳动和社会保障部商有关部门适时报请国务院对第二十八条所规定的社保基金投资比例进行调整。

第三十四条 经中国人民银行批准,理事会可按照有关规定,与商业银行办理协议存款。

9.《全国社会保障基金信托贷款投资管理暂行办法》(社保基金厅发〔2016〕97号)

第二条 本办法所称信托贷款项目投资,是指社保基金基于安全性、收益性、合规性的原则,按照监管部门批准的政策,通过信托公司向符合条件的借款人发放信托贷款的投资行为。

第三条 社保基金信托贷款投资应不断加强科学精细管理,努力防范投资风险,提高投资收益,注重公开性、透明性,兼顾经济社会效益,投资比例和单一项目投资规模应符合监管部门的政策规定。

第四条 全国社会保障基金理事会股权资产部(实业投资部)(以下简称股权部)是承担信托贷款项目投资工作的职能部门,根据社保基金资产配置的要求,负责拟定信托贷款项目投资计划,按照规范程序审定后组织实施。

第五条 社保基金信托贷款项目应具备以下条件:

(一)信托贷款投资要符合国家产业政策,主要用于国家重点支持的城乡基础设施建设、保障房建设以及国家鼓励发展的重点行业和领域;

(二)符合国家有关部门关于信托贷款的有关规定,已经按照相关法律法规完成审批或核准程序;

(三)由符合条件的银行对借款人还本付息提供连带责任担保;

(四)由符合条件的信托公司对项目进行受托管理。

第六条 社保基金信托贷款项目借款人应符合以下条件:

(一)原则上为资产规模较大、实力较强、发展前景较好的大中型企业;

(二)主体资格合法有效,具有符合法律规定的法人治理结构,内部管理规范;

(三)主体资产清晰,财务状况稳健,不存在重大债务纠纷;

(四)依法获得信托贷款项目的主体经营或建设资格;

（五）借款人合法合规经营，公司在近三年内未发生因违法违规行为而受到监管机构行政处罚的情形。

第七条　受托管理社保基金信托资产的信托公司应符合以下条件：

（一）实收资本不低于12亿元，上年末经审计的净资产不低于30亿元；

（二）具有比较完善的公司治理结构、良好的市场信誉和稳定的投资业绩，并具有良好的内部控制制度和风险管理能力；

（三）主要股东实力较强，资信状况良好；

（四）公司在近三年内未发生因违法违规行为而受到监管机构行政处罚的情形。

第八条　为社保基金信托贷款项目提供担保的银行应具备以下条件：

（一）实收资本不低于80亿元；

（二）资本充足率符合国家银行业监督管理部门的基本要求；

（三）近三年内未发生因违法违规行为而受到监管机构行政处罚的情形。

10.《全国社会保障基金境外投资管理暂行规定》（财金〔2006〕24号）

第二条　全国社保基金境外投资应遵循安全、稳健原则。

第四条　财政部会同劳动和社会保障部（以下简称劳动保障部）、国家外汇管理局（以下简称外汇局）制定全国社保基金境外投资管理运作的有关政策，对全国社保基金境外投资运作情况进行监督。

中国证券监督管理委员会（以下简称证监会）、中国银行业监督管理委员会（以下简称银监会）按照各自职能对全国社保基金境外投资相关事宜进行监督。

第十四条　全国社保基金投资境外的资金来源为以外汇形式上缴的境外国有股减持所得。全国社保基金境外投资的比例，按成本计算，不得超过全国社保基金总资产的20%。

第十五条　全国社保基金境外投资限于下列投资品种或者工具：

（一）银行存款；

（二）外国政府债券、国际金融组织债券、外国机构债券和外国公司债券；

（三）中国政府或者企业在境外发行的债券；

（四）银行票据、大额可转让存单等货币市场产品；

（五）股票；

（六）基金；

（七）掉期、远期等衍生金融工具；

（八）财政部会同劳动保障部批准的其他投资品种或工具。

第（一）项所称银行是指境外中资银行和国际公认评级机构最近3年对其长期

信用评级在 A 级或者相当于 A 级以上的外国银行。

第(二)项所称债券是指国际公认评级机构对其评级在 BBB 级或者相当于 BBB 级以上的债券。

第(四)项所称货币市场产品是指国际公认评级机构对其评级在 AAA 级或者相当于 AAA 级的货币市场产品。

第(五)项所称股票是指在境外证券交易所上市的股票。

第(六)项所称基金是指证券市场公开发行的基金,基金投资范围需符合本条关于其他投资品种或者工具的规定。

第(七)项所称掉期、远期等衍生金融工具是指金融市场上流通的衍生金融工具。全国社保基金投资衍生金融工具仅限于风险管理需要,严禁用于投机或放大交易。

第十六条 单个全国社保基金境外投资管理人管理的全国社保基金委托资产投资于一家机构发行的单只证券和基金不得超过该证券和基金份额的10%,按成本计算,不得超过其管理的全国社保基金境外委托资产总值的20%。

下列情形,不受前款规定比例的限制:

(一)社保基金会委托全国社保基金境外投资管理人以机构投资者身份参与境外上市配售以及定向配售的;

(二)社保基金会将其持有股票委托给全国社保基金境外投资管理人投资运作的。

第十七条 根据全国社保基金境外投资运作情况,财政部会同劳动保障部可对全国社保基金境外投资品种和比例进行调整。

第十八条 社保基金会应按照分散化原则委托全国社保基金境外投资管理人投资运作。

社保基金会委托单个全国社保基金境外投资管理人管理的资产,不得超过全国社保基金境外投资委托资产总值的50%。

第十九条 全国社保基金境外投资管理费和托管费应参照国际同类产品费用标准确定,并报告财政部和劳动保障部。

11.《中国保监会关于保险资金股票投资有关问题的通知》(2005 年 2 月 17 日)

一、保险公司应当根据产险、寿险资金的特性,制定股票投资策略方案,并向中国保监会提出股票投资业务申请。

三、保险机构投资者股票投资应当依据《保险资金运用风险控制指引(试行)》,立足于长期、稳健投资,建立切实可行的风险控制制度,实施股票投资全过程风险控制，覆盖每一个风险点。保险机构投资者应当使用风险控制技术方法和手段，控制股票投资风险。

十二、保险机构投资者应当加强法制教育和职业道德教育，守法守规，依规运作，依法接受监管。保险机构投资者依据《暂行办法》第二十五条的规定，不得将股票资产用于信用交易，不得用于向他人发放贷款或提供担保。如违反《暂行办法》、《托管指引》等法规的，中国保监会将按照《中华人民共和国保险法》第一百四十五条有关规定予以处罚。

12.《保险资金投资不动产暂行办法》（保监发〔2010〕80号）

第二条　保险资金投资的不动产，是指土地、建筑物及其它附着于土地上的定着物。

保险资金可以投资基础设施类不动产、非基础设施类不动产及不动产相关金融产品。

保险资金投资基础设施类不动产，遵照《保险资金间接投资基础设施项目试点管理办法》及有关规定。投资非基础设施类不动产及相关金融产品，遵照本办法。

第六条　保险公司、投资机构及专业机构从事保险资金投资不动产活动，应当遵守本办法规定，恪尽职守，勤勉尽责，履行诚实、信用、谨慎、守法的义务。

第十六条　保险公司投资不动产，不得有下列行为：

（一）提供无担保债权融资；

（二）以所投资的不动产提供抵押担保；

（三）投资开发或者销售商业住宅；

（四）直接从事房地产开发建设（包括一级土地开发）；

（五）投资设立房地产开发公司，或者投资未上市房地产企业股权（项目公司除外），或者以投资股票方式控股房地产企业。已投资设立或者已控股房地产企业的，应当限期撤销或者转让退出；

（六）运用借贷、发债、回购、拆借等方式筹措的资金投资不动产，中国保监会对发债另有规定的除外；

（七）违反本办法规定的投资比例；

（八）法律法规和中国保监会禁止的其他行为。

13.《保险资金投资债券暂行办法》（保监发〔2012〕58号，部分失效）

第二条　中国境内依法设立的保险集团（控股）公司和保险公司（以下统称保险公司）投资债券，符合中国保监会规定的专业投资管理机构受托保险资金投资债券，适用本办法。

本办法所称债券,是指依法在中国境内发行的人民币债券和外币债券,包括政府债券、准政府债券、企业(公司)债券及符合规定的其他债券。

第二十条 保险公司投资或者专业投资管理机构受托投资债券,应当综合运用外部信用评级与内部信用评级结果,不得投资内部信用评级低于公司确定的可投资信用级别的企业(公司)债券。

……

第二十二条 保险公司上季度末偿付能力充足率低于120%的,不得投资无担保非金融企业(公司)债券;已经持有上述债券的,不得继续增持并适时减持。上季度末偿付能力处于120%和150%之间的,应当及时调整投资策略,严格控制投资无担保非金融企业(公司)债券的品种和比例。

14.《保险资金运用管理办法》(保监会令〔2018〕1号)

第二条 在中国境内依法设立的保险集团(控股)公司、保险公司从事保险资金运用活动适用本办法规定。

第三条 本办法所称保险资金,是指保险集团(控股)公司、保险公司以本外币计价的资本金、公积金、未分配利润、各项准备金以及其他资金。

第四条 保险资金运用必须以服务保险业为主要目标,坚持稳健审慎和安全性原则,符合偿付能力监管要求,根据保险资金性质实行资产负债管理和全面风险管理,实现集约化、专业化、规范化和市场化。

保险资金运用应当坚持独立运作。保险集团(控股)公司、保险公司的股东不得违法违规干预保险资金运用工作。

第六条 保险资金运用限于下列形式:

(一)银行存款;

(二)买卖债券、股票、证券投资基金份额等有价证券;

(三)投资不动产;

(四)投资股权;

(五)国务院规定的其他资金运用形式。

保险资金从事境外投资的,应当符合中国保监会、中国人民银行和国家外汇管理局的相关规定。

第十八条 除中国保监会另有规定以外,保险集团(控股)公司、保险公司从事保险资金运用,不得有下列行为:

(一)存款于非银行金融机构;

(二)买入被交易所实行"特别处理""警示存在终止上市风险的特别处理"的

股票；

（三）投资不符合国家产业政策的企业股权和不动产；

（四）直接从事房地产开发建设；

（五）将保险资金运用形成的投资资产用于向他人提供担保或者发放贷款，个人保单质押贷款除外；

（六）中国保监会禁止的其他投资行为。

第二十一条 保险集团（控股）公司、保险公司应当按照“集中管理、统一配置、专业运作”的要求，实行保险资金的集约化、专业化管理。

保险资金应当由法人机构统一管理和运用，分支机构不得从事保险资金运用业务。

第五十二条 保险集团（控股）公司、保险公司应当加强同业拆借、债券回购和融资融券业务管理，严格控制融资规模和使用杠杆，禁止投机或者用短期拆借资金投资高风险和流动性差的资产。保险资金参与衍生产品交易，仅限于对冲风险，不得用于投机，具体办法由中国保监会制定。

第七十二条 保险集团（控股）公司、保险公司违反本办法规定运用保险资金的，由中国保监会依法予以罚款、限制业务范围、责令停止接受新业务或者吊销业务许可证等行政处罚，对相关责任人员依法予以警告、罚款、撤销任职资格、禁止进入保险业等行政处罚。

受到行政处罚的，保险集团（控股）公司、保险公司应当对相关责任人员进行内部责任追究。

15.《中国银保监会办公厅关于保险资金参与信用风险缓释工具和信用保护工具业务的通知》（银保监办发〔2019〕121 号）

二、保险资金参与信用风险缓释工具和信用保护工具业务仅限于对冲风险，保险集团（控股）公司、保险公司和保险资产管理公司（以下统称“保险机构”）不得作为信用风险承担方。

16.《中国银保监会办公厅关于保险资金投资集合资金信托有关事项的通知》（银保监办发〔2019〕144 号）

四、保险资金投资的集合资金信托，基础资产限于非标准化债权资产、非上市权益类资产以及银保监会认可的其他资产，投资方向应当符合国家宏观政策、产业政策和监管政策。保险资金不得投资基础资产属于国家及监管部门明令禁止的行业或产业的资金信托，融资主体须承诺资金不用于国家及监管部门明令禁止的行业或产业。

九、保险资金不得投资单一资金信托,不得投资结构化集合资金信托的劣后级受益权。

十、除信用等级为 AAA 级的集合资金信托外,保险集团(控股)公司或保险公司投资同一集合资金信托的投资金额,不得高于该产品实收信托规模的 50%,保险集团(控股)公司、保险公司及其关联方投资同一集合资金信托的投资金额,合计不得高于该产品实收信托规模的 80%。

十一、保险资金投资集合资金信托,不得发生涉及利益输送、利益转移等不当交易行为,不得通过关联交易或者其他方式侵害公司或者被保险人利益。涉及关联交易的,应当符合合规、诚信和公允的原则,不得偏离市场独立第三方的价格或者交易条件,应当建立健全内部审批机制和评估机制,并按照有关规定及时进行信息披露。

17.《保险资产管理产品管理暂行办法》(银保监会令 2020 年第 5 号)

第二条 在中华人民共和国境内设立的保险资产管理机构开展保险资管产品业务,适用本办法。法律、行政法规以及中国银行保险监督管理委员会(以下简称银保监会)另有规定的除外。

第四条 保险资管产品应当面向合格投资者通过非公开方式发行。

第七条 保险资产管理机构开展保险资管产品业务,应当加强投资者适当性管理,向投资者充分披露信息和揭示风险,不得承诺保本保收益。

投资者投资保险资管产品,应当根据自身能力审慎决策,独立承担投资风险。

第三十一条 ……

保险资管产品不得直接投资于商业银行信贷资产,依据金融管理部门颁布规则开展的资产证券化业务除外。

保险资管产品不得直接或者间接投资法律法规和国家政策禁止进行债权或者股权投资的行业和领域。

……

第三十五条 保险资产管理机构不得以受托管理的保险资管产品份额进行质押融资。保险集团(控股)公司、保险公司作为投资者,以其持有的保险资管产品份额进行质押融资的,应当在登记交易平台依法开展。

18.《中国银保监会关于保险资金财务性股权投资有关事项的通知》(银保监发〔2020〕54 号)

二、保险资金开展财务性股权投资,可在符合安全性、流动性和收益性条件下,综合考虑偿付能力、风险偏好、投资预算、资产负债等因素,依法依规自主选择投资企业的行业范围。

四、保险资金开展财务性股权投资，所投资的标的企业不得存在以下情形：

（一）不具有稳定现金流回报预期和确定的分红制度，或者不具有市场、技术、资源、竞争优势和资产增值价值；

（二）最近三年发生重大违约事件；

（三）面临或出现核心管理及业务人员大量流失、目标市场或者核心业务竞争力丧失等重大不利变化；

（四）控股股东或高级管理人员最近三年受到行政或监管机构重大处罚，或者被纳入失信被执行人名单；

（五）涉及巨额民事赔偿、重大法律纠纷，或者股权权属存在严重法律瑕疵或重大风险隐患，可能导致权属争议、权限落空或受损；

（六）与保险机构聘请的投资咨询、法律服务、财务审计和资产评估等专业服务机构存在关联关系；

（七）所属行业或领域不符合宏观政策导向及宏观政策调控方向，或者被列为产业政策禁止准入、限制投资类名单，或者对保险机构构成潜在声誉风险；

（八）高污染、高耗能、未达到国家节能和环保标准、产能过剩、技术附加值较低；

（九）直接从事房地产开发建设，包括开发或者销售商业住宅；

（十）银保监会规定的其他审慎性条件。

保险资金投资市场化、法治化债转股项目，可不受本条第（一）（二）项的限制。

19.《保险资金参与金融衍生产品交易办法》（银保监办发〔2020〕59号）

第二条 在中国境内依法设立的保险集团（控股）公司、保险公司、保险资产管理机构（以下统称保险机构）参与金融衍生产品交易，适用本办法。

第五条 保险资金参与衍生品交易，应当以对冲或规避风险为目的，不得用于投机目的……

第二十条 保险机构参与衍生品交易，同一资产组合持有的衍生品多头合约价值之和不得高于资产组合净值的100%，应当根据公司风险承受能力，确定衍生品及其资产组合的风险限额，按照一定的评估频率定期复查更新。

……

20.《保险资金参与国债期货交易规定》（银保监办发〔2020〕59号）

二、在中国境内依法设立的保险集团（控股）公司、保险公司、保险资产管理机构（以下统称保险机构）参与国债期货交易，应当根据衍生品办法的规定，做好制度、岗位、人员及信息系统安排，遵守管理规范，强化风险管理。

三、保险资金参与国债期货交易，不得用于投机目的，应当以对冲或规避风险为目的，包括：

（一）对冲或规避现有资产风险；

（二）对冲未来半年内拟买入资产风险，或锁定其未来交易价格；

（三）对冲或规避资产负债错配导致的利率风险。

……

七、保险资金参与国债期货交易，任一资产组合在任何交易日日终，所持有的卖出国债期货合约价值，不得超过其对冲标的债券、债券型基金及其他净值型固定收益类资产管理产品资产的账面价值，所持有的买入国债期货合约价值不得超过该资产组合净值的50%。其中，卖出国债期货合约价值与买入国债期货合约价值，不得合并轧差计算。

保险集团（控股）公司、保险公司在任何交易日日终，持有的合并轧差计算后的国债期货合约价值不得超过本公司上季末总资产的20%。

21.《保险资金参与股指期货交易规定》（银保监办发〔2020〕59号）

二、在中国境内依法设立的保险集团（控股）公司、保险公司、保险资产管理机构（以下统称保险机构）参与股指期货交易，应当根据衍生品办法的规定，做好制度、岗位、人员及信息系统安排，遵守管理规范，强化风险管理。

三、保险资金参与股指期货交易，不得用于投机目的，应当以对冲或规避风险为目的，包括：

（一）对冲或规避现有资产风险；

（二）对冲未来三个月内拟买入资产风险，或锁定其未来交易价格。

……

七、保险资金参与股指期货交易，任一资产组合在任何交易日日终，所持有的卖出股指期货合约价值，不得超过其对冲标的股票、股票型基金及其他净值型权益类资产管理产品资产账面价值的102%，所持有的买入股指期货合约价值与股票、股票型基金及其他净值型权益类资产管理产品市值之和，不得超过资产组合净值的100%。

保险机构在任何交易日日终，持有的买入股指期货合约价值与权益类资产的账面价值，合计不得超过规定的投资比例上限。

本条所指卖出股指期货合约价值与买入股指期货合约价值，不得合并轧差计算。

22.《中国银保监会办公厅关于保险资金投资公开募集基础设施证券投资基金有关事项的通知》（银保监办发〔2021〕120号）

二、保险集团（控股）公司、保险公司、保险资产管理公司（以下统称保险机构）

开展基础设施基金投资业务的，应当公司治理完善，市场信誉良好，具备健全有效的内部控制体系和投资管理制度，经营审慎稳健。

三、保险集团（控股）公司和保险公司自行投资基础设施基金的，应当具备不动产投资管理能力，最近一年资产负债管理能力评估结果不得低于80分，上季度末综合偿付能力充足率不得低于150%。

保险集团（控股）公司和保险公司委托保险资产管理公司及其他专业管理机构投资基础设施基金的，最近一年资产负债管理能力评估结果不得低于60分，上季度末综合偿付能力充足率不得低于120%。

四、保险资产管理公司受托管理保险资金或通过保险资产管理产品投资基础设施基金的，应当具备债权投资计划产品管理能力，且公司最近一年监管评级结果不得低于C类。

23.《中国银保监会办公厅关于保险资金参与证券出借业务有关事项的通知》（银保监办发〔2021〕121号）

一、保险资金参与证券出借业务是指保险集团（控股）公司、保险公司和保险资产管理公司（以下统称保险机构）将保险资金运用形成的证券以一定费率向证券借入人出借，借入人按期归还所借证券及相应权益补偿并支付借券费用的业务。证券出借业务包括境内转融通证券出借、境内债券出借、境外证券出借等监管认可的业务。

保险集团（控股）公司和保险公司可以直接参与证券出借业务，也可以委托保险资产管理公司参与证券出借业务。

八、保险集团（控股）公司和保险公司单只证券出借数量合计不得超过其持有该证券总量的50%。

组合类保险资产管理产品单只证券出借数量不得超过其持有该证券总量的50%，同时应当合理管控出借证券剩余期限。

24.《保险资产管理公司管理规定》（银保监会令2022年第2号）

第二条 保险资产管理公司是指经中国银行保险监督管理委员会（以下简称银保监会）批准，在中华人民共和国境内设立，通过接受保险集团（控股）公司和保险公司等合格投资者委托、发行保险资产管理产品等方式，以实现资产长期保值增值为目的，开展资产管理业务及国务院金融管理部门允许的其他业务的金融机构。

第三条 保险资产管理公司应当诚实守信、勤勉尽责，严格遵守投资者适当性管理要求，稳健审慎开展业务经营，维护投资者合法权益，不得损害国家利益和社会公共利益。

第四条 银保监会依法对保险资产管理公司及其业务活动实施监督管理。

第五十七条 保险资产管理公司不得有下列行为：

（一）提供担保；

（二）承诺受托管理资产或保险资产管理产品资产不受损失，或者保证最低收益；

（三）违规将受托管理的资产转委托；

（四）提供规避投资范围、杠杆约束等监管要求的通道服务；

（五）利用受托管理资产或保险资产管理产品资产等为他人牟取利益，或者为自己谋取合同约定报酬以外的其他利益；

（六）以获取非法利益或进行利益输送为目的，操纵自有财产、不同来源的受托管理资产、保险资产管理产品资产等互相交易或与股东进行资金运用交易；

（七）以资产管理费的名义或者其他方式与投资者合谋获取非法利益；

（八）国家有关法律法规及监管机构禁止的其他行为。

25.《中国银保监会关于保险资金投资有关金融产品的通知》（银保监规〔2022〕7号）

二、保险集团（控股）公司、保险公司和保险资产管理公司（以下统称保险机构）投资金融产品的，应当具备相应的投资管理能力；产品管理人应当公司治理完善，市场信誉良好，经营审慎稳健，具有良好的投资业绩和守法合规记录；产品投资方向应当符合国家宏观政策、产业政策和金融管理部门规定。

十四、保险机构投资金融产品，不得与当事人开展利益输送、利益转移等不当交易行为，不得通过关联交易或者其他方式侵害公司或者被保险人利益。

保险机构不得投资结构化金融产品的劣后级份额，以公司自身所持资产或资产收益权为基础资产的结构化金融产品除外。

26.《保险资金委托投资管理办法》（银保监规〔2022〕9号）

第二条 中国境内依法设立的保险集团（控股）公司和保险公司（以下统称保险公司）将保险资金委托给符合条件的保险资产管理机构，由保险资产管理机构作为受托人并以委托人的名义在境内开展主动投资管理业务，适用本办法。

第八条 保险资金委托投资资产限于银保监会规定的保险资金运用范围，直接股权投资、以物权和股权形式持有的投资性不动产除外。

第十四条 保险公司开展委托投资，不得有下列行为：

……

（五）利用受托人违规开展关联交易；

（六）国家有关法律法规和监管规定禁止的其他行为。

第十六条　受托人受托管理保险资金，不得有下列行为：

（一）违反委托投资管理协议或委托投资指引；

（二）承诺受托管理资产不受损失，或者保证最低收益；

（三）不公平对待不同资金，包括直接或间接在受托投资账户、保险资产管理产品账户、自有资金账户之间进行利益输送等；

（四）混合管理自有资金与受托资金；

（五）挪用受托资金；

（六）以保险资金及其投资形成的资产为他人提供担保；

（七）违规将受托管理的资产转委托；

（八）将受托资金投资于面向单一投资者发行的私募理财产品、证券期货经营机构发行的单一资产管理计划；

（九）为委托人提供规避投资范围、杠杆约束等监管要求的通道服务；

（十）利用受托资金为委托人以外的第三人谋取利益，或者为自己谋取合同约定报酬以外的其他利益；

（十一）以资产管理费的名义或者其他方式与委托人合谋获取非法利益；

（十二）国家有关法律法规和监管规定禁止的其他行为。

27.《期货公司监督管理办法》（证监会令第155号）

第四条　期货公司的股东、实际控制人和其他关联人不得滥用权利，不得占用期货公司资产或者挪用客户资产，不得侵害期货公司、客户的合法权益。

第七十九条　期货公司及其从业人员从事资产管理业务，不得有下列行为：

（一）以欺诈手段或者其他不当方式误导、诱导客户；

……

（六）以获取佣金或者其他利益为目的，使用客户资产进行不必要的交易；

……

（九）违反投资者适当性要求，通过拆分资产管理产品等方式，向风险承受能力低于产品风险等级的投资者销售资产管理产品；

（十）法律、行政法规以及中国证监会规定禁止的其他行为。

第八十一条　客户的保证金和委托资产属于客户资产，归客户所有。客户资产应当与期货公司的自有资产相互独立、分别管理。非因客户本身的债务或者法律、行政法规规定的其他情形，不得查封、冻结、扣划或者强制执行客户资产。期货公司破产或者清算时，客户资产不属于破产财产或者清算财产。

第八十三条　客户应当向期货公司登记以本人名义开立的用于存取期货保证

金的结算账户。

期货公司和客户应当通过备案的期货保证金账户和登记的期货结算账户转账存取保证金。

第八十四条 期货公司存管的客户保证金应当全额存放在期货保证金账户和期货交易所专用结算账户内，严禁在期货保证金账户和期货交易所专用结算账户之外存放。

第八十八条 除依据《期货交易管理条例》第二十八条划转外，任何单位或者个人不得以任何形式占用、挪用客户保证金。

……

第一百一十五条 期货公司及其分支机构有下列行为之一的，根据《期货交易管理条例》第六十六条处罚：

（一）未按规定实行投资者适当性管理制度，损害客户合法权益；

……

（四）占用客户保证金；

……

（六）违反期货保证金安全存管监控管理相关规定，损害客户合法权益；

……

（十六）违反规定委托或者接受其他机构委托从事中间介绍业务，损害客户合法权益；

……

28.《公开募集证券投资基金管理人监督管理办法》（证监会令第198号）

第一条 为规范公开募集证券投资基金（以下简称公募基金）管理业务，加强对公募基金管理人的监督管理，保护基金份额持有人及相关当事人合法权益，促进公募基金行业健康发展，根据《证券投资基金法》、《证券法》、《公司法》和其他有关法律、行政法规，制定本办法。

第二条 公募基金管理人由基金管理公司或者经中国证券监督管理委员会（以下简称中国证监会）核准取得公募基金管理业务资格的其他资产管理机构（以下简称其他公募基金管理人）担任。

本办法所称基金管理公司，是指经中国证监会批准，在中华人民共和国境内设立，从事公募基金管理业务和中国证监会批准或者认可的其他业务的营利法人。

本办法所称其他资产管理机构，包括在境内设立的从事资产管理业务的证券公司资产管理子公司、保险资产管理公司、商业银行理财子公司、在中国证券投资基金业协会(以下简称基金业协会)登记的专门从事非公开募集证券投资基金管理业务的机构以及中国证监会规定的其他机构。

未取得公募基金管理业务资格的机构,不得从事公募基金管理业务。

第三条　公募基金管理人应当遵守法律、行政法规、中国证监会的规定和自律规则,恪尽职守,履行诚实信用、谨慎勤勉的义务,为基金份额持有人的利益运用基金财产,保护基金份额持有人合法权益,不得损害国家利益、社会公共利益和他人合法权益。

第四条　中国证监会及其派出机构依据法律、行政法规和中国证监会的规定,根据审慎监管原则,对基金管理公司及其业务活动、其他公募基金管理人的公募基金管理业务活动实施监督管理,并对基金管理公司股权实施穿透式监管和分类监管。

第五条　基金业协会依据法律、行政法规、中国证监会的规定和自律规则,对基金管理公司及其业务活动、其他公募基金管理人的公募基金管理业务活动实施自律管理。

第十六条　公募基金管理人应当按照法律、行政法规和中国证监会的规定,建立组织机构健全、职责划分清晰、制衡监督有效、激励约束合理的治理结构,确保独立、规范运作。公募基金管理人应当坚持稳健经营理念,业务开展应当与自身的公司治理情况、人员储备、投研和客户服务能力、信息技术系统承受能力、风险管理和内部控制水平、业务保障能力等相匹配,切实保护基金份额持有人的长远利益。

公募基金管理人应当遵循基金份额持有人利益优先原则。公募基金管理人及其股东、员工的利益和基金份额持有人利益发生冲突时,应当优先保障基金份额持有人的利益。

公募基金管理人及其董事、监事、高级管理人员和其他从业人员应当坚持长期投资、理性投资、专业投资,廉洁从业、诚实守信,加强文化道德建设,履行社会责任,遵从社会公德,不得为本人或者他人牟取不正当利益。

第十七条　公募基金管理人应当按照中国证监会的规定,建立覆盖全面、科学合理、控制严密、运行高效的内部控制机制和风险管理制度,对公募基金管理等业务实行集中统一管理,建立人员、业务、场地等方面的防火墙机制,保持经营运作合法、合规,保持内部控制健全、有效。

第十九条　公募基金管理人应当建立健全由授权、研究、决策、执行、评估、考核、监察、惩戒等环节构成的投资管理制度和流程,以及重大关联交易管理等利益冲突防范机制,采取有效措施保证研究和投资决策的科学专业、独立客观,防止投资管理人员越权从事投资活动或者从事内幕交易、市场操纵等违法违规行为,确保公平对待公司管理的不同基金财产和客户资产,充分保障基金份额持有人利益。

公募基金管理人应当从代表和保护基金份额持有人利益角度出发，依法行使诉讼权利、参与上市公司治理和实施其他法律行为，并建立健全相关制度和流程。

公募基金管理人及其股东、实际控制人等关联方应当遵守法律、行政法规和中国证监会的相关规定，不得与基金财产进行不当关联交易，不得利用基金财产为自身或者他人牟取利益，损害基金份额持有人利益。

第二十一条 公募基金管理人应当按照中国证监会的规定加强基金销售管理，建立和完善投资者适当性管理制度，履行投资者适当性义务，保障销售资金安全，规范宣传推介活动，不得从事不正当销售或者不正当竞争行为。

第七十一条 公募基金管理人存在下列情形之一且逾期未改正，或者行为严重危及公募基金管理人的稳健运行、损害基金份额持有人合法权益的，依照《证券投资基金法》第二十四条采取措施；情节严重的，除法律、行政法规、中国证监会另有规定外，对公募基金管理人给予警告，并处十万元以下的罚款，涉及金融安全且有危害后果的，并处二十万元以下的罚款；对负有责任的高级管理人员、主管人员和直接责任人员，给予警告、证券市场禁入等措施，并处十万元以下的罚款，涉及金融安全且有危害后果的，并处二十万元以下的罚款：

……

（四）违规从事非公募基金管理业务，影响公募基金管理业务正常开展，或者导致基金份额持有人利益受损；

……

（六）其他违法违规行为。

第七十二条 公募基金管理人的股东、实际控制人存在下列情形之一的，依照《证券投资基金法》第二十三条采取措施，并依照《证券投资基金法》第一百二十四条进行行政处罚：

……

（三）要求公募基金管理人利用基金财产为自身或者他人牟取利益，损害基金份额持有人或者其他当事人的合法权益；占有或者转移公募基金管理人资产；违规要求公募基金管理人为其或者其关联方提供融资或者担保；

（四）中国证监会规定禁止的其他行为。

股东的实际控制人存在前款规定情形之一且情节严重的，除法律、行政法规、中国证监会另有规定外，给予警告，并处十万元以下的罚款，涉及金融安全且有危害后果的，并处二十万元以下的罚款；对直接负责的主管人员和其他直接责任人员，给予警告、证券市场禁入等措施，并处十万元以下的罚款，涉及金融安全且有危害后果的，并处二十万元以下的罚款。

第七十五条　公募基金管理人及其股东、股东的实际控制人、基金管理公司子公司、基金托管人、基金服务机构及负有责任的董事、监事、高级管理人员、主管人员和直接责任人员违反本办法和其他相关规定，依法应予行政处罚的，依照有关规定进行行政处罚；涉嫌犯罪的，依法移送司法机关，追究其刑事责任。

29.《证券投资基金参与股指期货交易指引》（证监会公告〔2022〕43号）

第一条　为规范证券投资基金（以下简称基金）参与股指期货交易的行为，防范交易风险，保护基金份额持有人的合法权益，根据《中华人民共和国证券投资基金法》《中华人民共和国期货和衍生品法》《公开募集证券投资基金运作管理办法》等法律法规，制定本指引。

第三条　基金参与股指期货交易，应当根据风险管理的原则，以套期保值为目的，并按照中国金融期货交易所套期保值管理的有关规定执行。保本基金及中国证监会批准的特殊基金品种除外。

第四条　股票型基金、混合型基金及保本基金可以按照本指引参与股指期货交易，债券型基金、货币市场基金不得参与股指期货交易。

第十二条　基金管理公司在参与股指期货交易的过程中，应当根据有关法律法规的要求，规范运作，不得从事内幕交易、操纵证券及期货价格、进行利益输送及其他不正当的交易活动。

30.《公开募集证券投资基金参与国债期货交易指引》（证监会公告〔2022〕43号）

第一条　为规范公开募集证券投资基金（以下简称基金）参与国债期货交易的行为，防范交易风险，保护基金份额持有人的合法权益，根据《中华人民共和国证券投资基金法》《中华人民共和国期货和衍生品法》《公开募集证券投资基金运作管理办法》等法律法规，制定本指引。

第三条　基金参与国债期货交易，应当根据风险管理的原则，以套期保值为目的，并按照中国金融期货交易所套期保值管理的有关规定执行。保本基金及中国证监会批准的特殊基金品种除外。

第四条　股票基金、混合基金、债券基金（短期理财债券基金除外），可以按照本指引参与国债期货交易，货币市场基金、短期理财债券基金不得参与国债期货交易。

第十二条　基金管理人在参与国债期货交易的过程中，应当根据有关法律法规的要求，规范运作，不得从事内幕交易、操纵证券及期货价格、进行利益输送及其他不正当的交易活动。

重点案例要旨

1. 兴证期货大连营业部背信运用受托财产案[①]——《刑事审判参考》第1388号案例

【要旨】背信运用受托财产罪与挪用资金罪、挪用公款罪有时容易产生混淆。实践中可以从以下方面进行区分：首先，主体不同，如果挪用客户资金的行为是有关人员按领导指令，以单位名义、为单位利益实施的，则应视情形以背信运用受托财产罪论处；反之，如果该行为是金融机构中有关工作人员个人的行为，则应视情形以挪用资金罪或者挪用公款罪论处。其次，挪用资金、公款等行为指向的资金为公司或国家所有，而背信运用受托财产行为指向的资金为客户所有。因此，以金融机构名义签订合同后，工作人员以单位名义背信运用受托财产，违法所得归单位所有的，金融机构亦应当承担相应的刑事责任。

被告人陈某作为兴证期货大连营业部的员工，为单位谋取不正当利益，在未告知高某也未征得高某同意的情形下，利用其掌握的交易密码自行操作高某的期货账户；被告人孟某某作为兴证期货大连营业部总经理，明知陈某私自操作高某账户，仍然向其提供交易建议并下达交易指令，具体指导陈某利用高某的账户资金进行期货买卖，属于擅自运用客户资金的行为；二被告人代表兴证期货大连营业部实施上述行为，收取的手续费亦归兴证期货大连营业部所有，故本案构成单位犯罪。被告单位兴证期货大连营业部违背受托义务，擅自运用客户资金，情节特别严重，其行为侵犯了国家的金融管理秩序和客户的合法权益，构成背信运用受托财产罪。被告单位及二被告人均应承担相应的刑事责任。

2. 陈某等人违法运用资金案[②]

【要旨】2006年《刑法修正案（六）》增设了违法运用资金罪，明确规定了与广大群众切身利益息息相关的社会保障基金、住房公积金等公众资金的投资、利用方式。违法运用资金罪是为惩罚相关机构违规使用公众资金、保障涉及公众利益的资金安全、规范国家金融保险秩序而设立的罪名。本案系违法运用资金罪适用的第一案，最大争议焦点就在于各被告人的行为属于情节轻微、情节严重还是情节特别严重。本案犯罪数额5.24亿元，远超追诉标准，一审法院认定本案系情节轻微；一审公诉

---

① 参见最高人民法院刑事审判第一、二、三、四、五庭编：《刑事审判参考》（总第125辑），人民法院出版社2020年版，第8－15页。

② 陈胜涛、王钰楠：《违法运用资金罪的情节认定——陈某等人违法运用资金案》，载《法律适用·司法案例》2020年第12期。

机关认为本案属情节严重；二审期间公诉机关则认为构成情节特别严重。同一事实，认定标准不同，导致对犯罪情节的判断截然不同，直接影响量刑幅度。本案中，A公司运用资金的性质属于关联企业之间的资金拆借行为，违反了国家规定，属于违法运用资金罪的追诉范围。陈某、王某均不具有法定从轻、减轻或免除处罚情节，不宜认定为情节轻微。从犯罪数额、资金风险防控、保险金融管理秩序等方面考量，陈某、王某行为应属情节严重。结合加重数额、加重结果等客观加重条件及犯罪目的、犯罪动机等主观加重因素，本案不能认定为情节特别严重。

第一百八十六条 【违法发放贷款罪】

第一百八十六条 银行或者其他金融机构的工作人员违反国家规定发放贷款，数额巨大或者造成重大损失的，处五年以下有期徒刑或者拘役，并处一万元以上十万元以下罚金；数额特别巨大或者造成特别重大损失的，处五年以上有期徒刑，并处二万元以上二十万元以下罚金。①

银行或者其他金融机构的工作人员违反国家规定，向关系人发放贷款的，依照前款的规定从重处罚。

单位犯前两款罪的，对单位判处罚金，并对其直接负责的主管人员和其他直接责任人员，依照前两款的规定处罚。

关系人的范围，依照《中华人民共和国商业银行法》和有关金融法规确定。

刑事司法解释和规范性文件

1.《全国法院审理金融犯罪案件工作座谈会纪要》（法〔2001〕8号）（略，见“第一百六十条【欺诈发行证券罪】”部分）

2.《最高人民法院刑事审判第二庭关于对银行工作人员违规票据贴现行为如何适用法律问题的函》（〔2006〕刑二函字第42号）

根据我国法律规定，票据贴现属于贷款的一种类型。违规票据贴现行为是否构

---

① 对于贷款申请人伙同银行或者其他金融机构的工作人员以欺骗的手段取得贷款，给银行或者其他金融机构造成损失的案件，是认定骗取贷款罪或者违法发放贷款罪一罪的共同犯罪，还是分别认定骗取贷款罪或者违法发放贷款罪，理论界和实务界存在争议，本书倾向于分别定罪的观点。对于商业银行、金融机构的股东、实际控制人指使金融机构工作人员向自己或指定的单位、个人发放贷款的，是认定骗取贷款罪、违法发放贷款罪还是挪用资金罪、职务侵占罪，存在争议，本书倾向于以违法发放贷款罪共犯认定。——本书注

成违法发放贷款罪，应当根据案件事实和刑法规定综合评判加以认定……

3.《最高人民检察院侦查监督厅关于对郭某某涉嫌违法发放贷款犯罪性质认定的回复意见》(〔2010〕高检侦监函 32 号)

银监会制定的《流动资金贷款管理暂行办法》和《个人贷款管理暂行办法》是对《中华人民共和国商业银行法》有关规定的细化，可以作为认定案件性质的依据。

4.《最高人民检察院、公安部关于公安机关管辖的刑事案件立案追诉标准的规定(二)》(公通字〔2022〕12 号)

第三十七条 〔违法发放贷款案(刑法第一百八十六条)〕银行或者其他金融机构及其工作人员违反国家规定发放贷款，涉嫌下列情形之一的，应予立案追诉：

(一)违法发放贷款，数额在二百万元以上的；

(二)违法发放贷款，造成直接经济损失数额在五十万元以上的。

5.《公安部经济犯罪侦查局关于以信用卡透支协议的形式进行借款可否视为贷款问题的批复》(公经〔2001〕1021 号)

山东省公安厅经侦总队：

你总队《关于在办理刘安才等人非法吸收公众存款、违法发放贷款案过程中遇到的几个问题的请示》(鲁公经〔2001〕301 号)收悉，根据中国人民银行条法司 1998 年 6 月 8 日就此类问题函复最高人民检察院刑事检察厅的意见，现答复如下：

根据中国人民银行《信用卡业务管理办法》的规定，信用卡只能在规定的限额内透支。信用卡超限额透支的金额，属于贷款性质。若该行为造成了重大损失，符合违法发放贷款罪的构成要件，则构成违法发放贷款罪。

6.《公安部经济犯罪侦查局关于对中国银行××支行行长潘×等人行为如何适用法律问题的通知》(公经〔2006〕1655 号)

依据中国人民银行颁布的《贷款通则》，票据贴现应属贷款种类之一。违反法律、法规规定，制作贴现凭证，办理贴现业务，致使所贴现的资金无法追回，造成重大损失的，涉嫌违法发放贷款罪。

7.《公安部经济犯罪侦查局关于对违法发放贷款案件中损失认定问题的批复》(公经〔2007〕1458 号)

福建省公安厅经侦总队：

你总队《关于违法发放贷款案件中损失认定问题的请示》(闽公经〔2007〕157 号)已收悉。经研究，现批复如下：

在案件侦办过程中，如有证据证明犯罪嫌疑人实施了违法、违规发放贷款的行为，只要发生贷款已无法收回的情况且达到追诉标准的，就应视为《刑法》第一百八十六条所规定的造成损失。案中提及的未到期贷款及其利息，如确定不能追回，应视为犯罪损失。①

8.《公安部经济犯罪侦查局关于对郭××涉嫌违法放贷犯罪性质认定请示的批复》（公经金融〔2011〕4号）

根据2004年7月16日银监会发布的《商业银行授信工作尽职指引》第十五条、第十六条、第二十七条、第二十八条、第二十九条、第五十一条的规定，我们认为，郭××作为原中国银行工作人员，在审查××化工有限公司贷款过程中，未按规定履行对该公司的贷款资料和担保单位的担保能力进行全面核实和实地审核的尽职调查义务即发放贷款，致使××化工有限公司利用虚假的贷款资料和伪造的担保合同取得贷款，并给银行造成巨额损失，其行为违反了国家有关规定涉嫌违法发放贷款犯罪。

其他相关规范

1.《银行业监督管理法》

第一条 为了加强对银行业的监督管理，规范监督管理行为，防范和化解银行业风险，保护存款人和其他客户的合法权益，促进银行业健康发展，制定本法。

第二条 国务院银行业监督管理机构负责对全国银行业金融机构及其业务活动监督管理的工作。

本法所称银行业金融机构，是指在中华人民共和国境内设立的商业银行、城市信用合作社、农村信用合作社等吸收公众存款的金融机构以及政策性银行。

对在中华人民共和国境内设立的金融资产管理公司、信托投资公司、财务公司、金融租赁公司以及经国务院银行业监督管理机构批准设立的其他金融机构的监督管理，适用本法对银行业金融机构监督管理的规定。

国务院银行业监督管理机构依照本法有关规定，对经其批准在境外设立的金融机构以及前二款金融机构在境外的业务活动实施监督管理。

第四十五条 银行业金融机构有下列情形之一，由国务院银行业监督管理机构责令改正，有违法所得的，没收违法所得，违法所得五十万元以上的，并处违法所得一倍以上五倍以下罚款；没有违法所得或者违法所得不足五十万元的，处五十万元以上二百万元以下罚款；情节特别严重或者逾期不改正的，可以责令停业整顿或者

① 对于未到期贷款及其利息能否认定为违法发放贷款罪的损失，应当与骗取贷款罪中损失认定的标准相一致。——本书注

吊销其经营许可证；构成犯罪的，依法追究刑事责任：

……

（四）违反规定提高或者降低存款利率、贷款利率的。

第四十六条 银行业金融机构有下列情形之一，由国务院银行业监督管理机构责令改正，并处二十万元以上五十万元以下罚款；情节特别严重或者逾期不改正的，可以责令停业整顿或者吊销其经营许可证；构成犯罪的，依法追究刑事责任：

……

（五）严重违反审慎经营规则的；

……

2.《商业银行法》

第二条 本法所称的商业银行是指依照本法和《中华人民共和国公司法》设立的吸收公众存款、发放贷款、办理结算等业务的企业法人。

第三条 商业银行可以经营下列部分或者全部业务：

……

（二）发放短期、中期和长期贷款；

……

第七条 商业银行开展信贷业务，应当严格审查借款人的资信，实行担保，保障按期收回贷款。

商业银行依法向借款人收回到期贷款的本金和利息，受法律保护。

第三十四条 商业银行根据国民经济和社会发展的需要，在国家产业政策指导下开展贷款业务。

第三十五条 商业银行贷款，应当对借款人的借款用途、偿还能力、还款方式等情况进行严格审查。

商业银行贷款，应当实行审贷分离、分级审批的制度。

第三十六条 商业银行贷款，借款人应当提供担保。商业银行应当对保证人的偿还能力，抵押物、质物的权属和价值以及实现抵押权、质权的可行性进行严格审查。

经商业银行审查、评估，确认借款人资信良好，确能偿还贷款的，可以不提供担保。

第四十条 商业银行不得向关系人发放信用贷款；向关系人发放担保贷款的条件不得优于其他借款人同类贷款的条件。

前款所称关系人是指：

（一）商业银行的董事、监事、管理人员、信贷业务人员及其近亲属；

（二）前项所列人员投资或者担任高级管理职务的公司、企业和其他经济组织。

第四十一条　任何单位和个人不得强令商业银行发放贷款或者提供担保。商业银行有权拒绝任何单位和个人强令要求其发放贷款或者提供担保。

第四十六条　同业拆借，应当遵守中国人民银行的规定。禁止利用拆入资金发放固定资产贷款或者用于投资。

拆出资金限于交足存款准备金、留足备付金和归还中国人民银行到期贷款之后的闲置资金。拆入资金用于弥补票据结算、联行汇差头寸的不足和解决临时性周转资金的需要。

第四十七条　商业银行不得违反规定提高或者降低利率以及采用其他不正当手段，吸收存款，发放贷款。

第五十二条　商业银行的工作人员应当遵守法律、行政法规和其他各项业务管理的规定，不得有下列行为：

……

（三）违反规定徇私向亲属、朋友发放贷款或者提供担保；

……

第七十四条　商业银行有下列情形之一，由国务院银行业监督管理机构责令改正，有违法所得的，没收违法所得，违法所得五十万元以上的，并处违法所得一倍以上五倍以下罚款；没有违法所得或者违法所得不足五十万元的，处五十万元以上二百万元以下罚款；情节特别严重或者逾期不改正的，可以责令停业整顿或者吊销其经营许可证；构成犯罪的，依法追究刑事责任：

……

（三）违反规定提高或者降低利率以及采用其他不正当手段，吸收存款，发放贷款的；

……

（八）向关系人发放信用贷款或者发放担保贷款的条件优于其他借款人同类贷款的条件的。

3.《贷款通则》（中国人民银行令 1996 年 2 号）（略，见“第一百七十五条之一【骗取贷款、票据承兑、金融票证罪】”部分）

4.《固定资产贷款管理暂行办法》（银监会令 2009 年第 2 号）

第一条　为规范银行业金融机构固定资产贷款业务经营行为，加强固定资产贷款审慎经营管理，促进固定资产贷款业务健康发展，依据《中华人民共和国银行业监督管理法》、《中华人民共和国商业银行法》等法律法规，制定本办法。

第二条 中华人民共和国境内经国务院银行业监督管理机构批准设立的银行业金融机构（以下简称贷款人），经营固定资产贷款业务应遵守本办法。

第三条 本办法所称固定资产贷款，是指贷款人向企（事）业法人或国家规定可以作为借款人的其他组织发放的，用于借款人固定资产投资的本外币贷款。

第四条 贷款人开展固定资产贷款业务应当遵循依法合规、审慎经营、平等自愿、公平诚信的原则。

第五条 贷款人应完善内部控制机制，实行贷款全流程管理，全面了解客户和项目信息，建立固定资产贷款风险管理制度和有效的岗位制衡机制，将贷款管理各环节的责任落实到具体部门和岗位，并建立各岗位的考核和问责机制。

第六条 贷款人应将固定资产贷款纳入对借款人及借款人所在集团客户的统一授信额度管理，并按区域、行业、贷款品种等维度建立固定资产贷款的风险限额管理制度。

第七条 贷款人应与借款人约定明确、合法的贷款用途，并按照约定检查、监督贷款的使用情况，防止贷款被挪用。

第八条 银行业监督管理机构依照本办法对贷款人固定资产贷款业务实施监督管理。

第三十九条 贷款人有下列情形之一的，银行业监督管理机构除按本办法第三十八条规定采取监管措施外，还可根据《中华人民共和国银行业监督管理法》第四十六条、第四十八条规定对其进行处罚：

（一）受理不符合条件的固定资产贷款申请并发放贷款的；

（二）与借款人串通，违法违规发放固定资产贷款的；

（三）超越、变相超越权限或不按规定流程审批贷款的；

（四）未按本办法规定签订贷款协议的；

（五）与贷款同比例的项目资本金到位前发放贷款的；

（六）未按本办法规定进行贷款资金支付管理与控制的；

（七）有其他严重违反本办法规定的行为的。

5.《流动资金贷款管理暂行办法》（银监会令 2010 年第 1 号）

第一条 为规范银行业金融机构流动资金贷款业务经营行为，加强流动资金贷款审慎经营管理，促进流动资金贷款业务健康发展，依据《中华人民共和国银行业监督管理法》、《中华人民共和国商业银行法》等有关法律法规，制定本办法。

第二条 中华人民共和国境内经中国银行业监督管理委员会批准设立的银行

业金融机构(以下简称贷款人)经营流动资金贷款业务,应遵守本办法。

第三条　本办法所称流动资金贷款,是指贷款人向企(事)业法人或国家规定可以作为借款人的其他组织发放的用于借款人日常生产经营周转的本外币贷款。

第四条　贷款人开展流动资金贷款业务,应当遵循依法合规、审慎经营、平等自愿、公平诚信的原则。

第五条　贷款人应完善内部控制机制,实行贷款全流程管理,全面了解客户信息,建立流动资金贷款风险管理制度和有效的岗位制衡机制,将贷款管理各环节的责任落实到具体部门和岗位,并建立各岗位的考核和问责机制。

第六条　贷款人应合理测算借款人营运资金需求,审慎确定借款人的流动资金授信总额及具体贷款的额度,不得超过借款人的实际需求发放流动资金贷款。

贷款人应根据借款人生产经营的规模和周期特点,合理设定流动资金贷款的业务品种和期限,以满足借款人生产经营的资金需求,实现对贷款资金回笼的有效控制。

第七条　贷款人应将流动资金贷款纳入对借款人及其所在集团客户的统一授信管理,并按区域、行业、贷款品种等维度建立风险限额管理制度。

第八条　贷款人应根据经济运行状况、行业发展规律和借款人的有效信贷需求等,合理确定内部绩效考核指标,不得制订不合理的贷款规模指标,不得恶性竞争和突击放贷。

第九条　贷款人应与借款人约定明确、合法的贷款用途。

流动资金贷款不得用于固定资产、股权等投资,不得用于国家禁止生产、经营的领域和用途。

流动资金贷款不得挪用,贷款人应按照合同约定检查、监督流动资金贷款的使用情况。

第十条　中国银行业监督管理委员会依照本办法对流动资金贷款业务实施监督管理。

6.《个人贷款管理暂行办法》(银监会令2010年第2号)

第二条　中华人民共和国境内经中国银行业监督管理委员会批准设立的银行业金融机构(以下简称贷款人)经营个人贷款业务,应遵守本办法。

第四条　个人贷款应当遵循依法合规、审慎经营、平等自愿、公平诚信的原则。

第五条　贷款人应建立有效的个人贷款全流程管理机制,制订贷款管理制度及每一贷款品种的操作规程,明确相应贷款对象和范围,实施差别风险管理,建立贷款各操作环节的考核和问责机制。

第四十二条 贷款人有下列情形之一的,中国银行业监督管理委员会除按本办法第四十一条采取监管措施外,还可根据《中华人民共和国银行业监督管理法》第四十六条、第四十八条规定对其进行处罚:

(一)发放不符合条件的个人贷款的;

(二)签订的借款合同不符合本办法规定的;

(三)违反本办法第七条规定的;

(四)将贷款调查的全部事项委托第三方完成的;

(五)超越或变相超越贷款权限审批贷款的;

(六)授意借款人虚构情节获得贷款的;

(七)对借款人违背借款合同约定的行为应发现而未发现,或虽发现但未采取有效措施的;

(八)严重违反本办法规定的审慎经营规则的其他情形的。

7.《商业银行委托贷款管理办法》(银监发〔2018〕2号)

第三条 本办法所称委托贷款,是指委托人提供资金,由商业银行(受托人)根据委托人确定的借款人、用途、金额、币种、期限、利率等代为发放、协助监督使用、协助收回的贷款,不包括现金管理项下委托贷款和住房公积金项下委托贷款。

……

第二十八条 商业银行违反本办法办理委托贷款业务的,由银监会或其派出机构责令限期改正。逾期未改正,或其行为严重危及商业银行稳健运行、损害客户合法权益的,银监会或其派出机构可根据《中华人民共和国银行业监督管理法》第三十七条的规定采取相应的监管措施;严重违反本办法的,可根据《中华人民共和国银行业监督管理法》第四十六条的规定实施行政处罚。

8.《商业银行互联网贷款管理暂行办法》(银保监会令2020年第9号,已被修改)

第三条 本办法所称互联网贷款,是指商业银行运用互联网和移动通信等信息通信技术,基于风险数据和风险模型进行交叉验证和风险管理,线上自动受理贷款申请及开展风险评估,并完成授信审批、合同签订、贷款支付、贷后管理等核心业务环节操作,为符合条件的借款人提供的用于消费、日常生产经营周转等的个人贷款和流动资金贷款。

第六十四条 商业银行违反本办法规定办理互联网贷款的,银行业监督管理机构可根据《中华人民共和国银行业监督管理法》责令其限期改正;逾期未改正,或其行为严重危及商业银行稳健运行、损害客户合法权益的,应采取相应的监管措施。严重违反本办法的,可根据《中华人民共和国银行业监督管理法》第四十五条、第四十六条、第四十七条、第四十八条规定实施行政处罚。

重点案例要旨

刘某某等违法发放贷款案[①]——《刑事审判参考》第825号案例

【要旨】如果行为人挪用的单位资金没有归自然人使用，或者行为人没有以个人名义将资金挪用给其他单位使用，就不构成挪用资金罪。本案无论被告人是以贷款形式还是以委托理财的形式将该信托资金发放给颜某实际控制的公司，都是以该信托的单位名义，并非以个人名义，被告人的行为不构成挪用资金罪。

客观上，马某作为金融机构的工作人员，在发放贷款的过程中存在向审查委员会隐瞒贷款用途及抵押物不足的情况、超越贷款审批权限等违反法律、行政法规的行为，且发放贷款数额特别巨大；颜某实施了以其实际控制的公司名义向该爱建信托申请贷款的行为；刘某、陈某实施了以该爱建证券名义为颜某出具虚假证明材料的行为，四被告的行为造成了财产的重大损失。四人的行为符合违法发放贷款罪的构成要件，应以违法发放贷款罪追究责任。

第一百八十七条　【吸收客户资金不入账罪】[②]

第一百八十七条　银行或者其他金融机构的工作人员吸收客户资金不入账，数

---

① 参见中华人民共和国最高人民法院刑事审判第一、二、三、四、五庭主办：《刑事审判参考》（总第90集），法律出版社2013年版，第7－10页。

② 在2006年《刑法修正案（六）》之前，本条第一款原规定为“银行或者其他金融机构的工作人员以牟利为目的，采取吸收客户资金不入账的方式，将资金用于非法拆借、发放贷款，造成重大损失的，处五年以下有期徒刑或者拘役，并处二万元以上二十万元以下罚金；造成特别重大损失的，处五年以上有期徒刑，并处五万元以上五十万元以下罚金。”2006年《刑法修正案（六）》第十四条将本条由原罪名“用帐外客户资金非法拆借、发放贷款罪”更改为“吸收客户资金不入账罪”，同时也对该罪的构成条件也进行了如下调整：一是主观要件的调整，取消了“以牟利为目”的主观目的构成条件，这就意味着个人或单位无论是否是以牟利为目的，都可以构成本罪；二是客观要件的调整，原规定既要求吸收客户资金不入账，又要求具有非法拆借或者发放贷款的行为，是一种双行为要件，而现规定则取消了非法拆借或者发放贷款这一行为要件，即只要行为人实施了吸收客户资金不入账的行为，无论是否实施非法拆借或者发放贷款抑或其他后续行为，就已经构成本罪的客观行为要件，至于后续又实施了其他违法犯罪行为的，应以手段行为与目的行为牵连的牵连犯论，从一重罪处断；三是将本罪由结果犯调整为情节犯（或结果犯），依据原规定，构成本罪必须造成重大损失，而现规定则调整为数额巨大或者造成重大损失，这意味着即使吸收客户资金不入账的行为没有造成重大损失，但只要其未入账的客户资金数额巨大或影响恶劣，同样可以构成本罪。2006年《刑法修正案（六）》对于“吸收客户资金不入账罪”的调整，明显降低了该罪的入罪门槛，扩大了对于吸收客户资金不入账行为的刑事打击范围，将刑事打击的核心更集中于吸收客户资金不入账这一行为本身，而不再纠缠于实施这一行为的主观目的、资金用途和损失结果。——本书注

额巨大或者造成重大损失的，处五年以下有期徒刑或者拘役，并处二万元以上二十万元以下罚金；数额特别巨大或者造成特别重大损失的，处五年以上有期徒刑，并处五万元以上五十万元以下罚金。

单位犯前款罪的，对单位判处罚金，并对其直接负责的主管人员和其他直接责任人员，依照前款的规定处罚。

刑事司法解释和规范性文件

1.《全国法院审理金融犯罪案件工作座谈会纪要》（法〔2001〕8号）（略，见“第一百六十条【欺诈发行证券罪】”部分）

2.《最高人民检察院、公安部关于公安机关管辖的刑事案件立案追诉标准的规定（二）》（公通字〔2022〕12号）

第三十八条　〔吸收客户资金不入账案（刑法第一百八十七条）〕银行或者其他金融机构及其工作人员吸收客户资金不入账，涉嫌下列情形之一的，应予立案追诉：

（一）吸收客户资金不入账，数额在二百万元以上的；

（二）吸收客户资金不入账，造成直接经济损失数额在五十万元以上的。

3.《最高人民检察院法律政策研究室关于吸收客户资金不入账犯罪法律适用问题的回复意见》（高检研函字〔2010〕74号）

公安部经济犯罪侦查局：

保险费属于刑法第一百八十七条规定的客户资金，保险公司及其工作人员收到保险费不入账，数额巨大或者造成重大损失的，应按吸收客户资金不入账罪追究刑事责任。

其他相关规范

1.《金融违法行为处罚办法》[①]（国务院令第260号）

第十一条　金融机构不得以下列方式从事账外经营行为：

（一）办理存款、贷款等业务不按照会计制度记账、登记，或者不在会计报表中反映；

① 《金融违法行为处罚办法》第十一条是金融机构及人员账外经营行为的禁止性规定，明确了对金融机构及相关人员从事账外经营行为的行政责任，与刑事责任一并形成立体追责态势。——本书注

（二）将存款与贷款等不同业务在同一账户内轧差处理；

（三）经营收入未列入会计账册；

（四）其他方式的账外经营行为。

金融机构违反前款规定的，给予警告，没收违法所得，并处违法所得1倍以上5倍以下的罚款，没有违法所得的，处10万元以上50万元以下的罚款；对该金融机构直接负责的高级管理人员、其他直接负责的主管人员和直接责任人员，给予开除的纪律处分；情节严重的，责令该金融机构停业整顿或者吊销经营金融业务许可证；构成用账外客户资金[①]非法拆借、发放贷款罪或者其他罪的，依法追究刑事责任。

2.《中国银监会移送涉嫌犯罪案件工作规定》（银监通〔2007〕27号）

第七条　银行业监督管理机构在依法履行监督管理职责的过程中，发现银行业金融机构及其工作人员、客户以及其他相关组织、个人有下列情形之一，涉嫌构成犯罪，依法应追究刑事责任的，应当依照本规定向公安机关、人民检察院移送：

（一）银行或者其他银行业金融机构的工作人员违反国家规定发放贷款，数额巨大或者造成重大损失的；

（二）银行或者其他银行业金融机构的工作人员违反国家规定，向关系人发放贷款的；

（三）银行或者其他银行业金融机构的工作人员吸收客户资金不入账，数额巨大或者造成重大损失的；

（四）以欺骗手段取得银行或者其他银行业金融机构贷款、票据承兑、信用证、保函等，给银行或者其他银行业金融机构造成重大损失或者有其他严重情节的；

（五）银行或者其他银行业金融机构的工作人员违反规定，为他人出具信用证或者其他保函、票据、存单、资信证明，情节严重的；

（六）以非法占有为目的，诈骗银行或者其他银行业金融机构的贷款，数额较大的；

（七）其他依照法律规定应当追究刑事责任的。

3.《客户交易结算资金管理办法》（证监会令第184号）

第三十六条　释义：

……

① 《客户交易结算资金管理办法》第三十六条第（二）项在证券交易领域对《刑法》第一百八十七条中使用的“客户资金”的概念作了明确。——本书注

（二）客户交易结算资金，包括客户为保证足额交收而存入的资金，出售有价证券所得到的所有款项（减去经纪佣金和其他正当费用），持有证券所获得的股息、现金股利、债券利息，上述资金获得的利息，以及证监会认定的其他资金。

……

重点案例要旨

1. 柳某勇贪污案①

【要旨】金融机构工作人员实施的职务侵占（贪污）、挪用资金（挪用公款）与吸收客户资金不入账罪之间是递进关系的法条竞合。吸收客户资金不入账罪与挪用公款罪的区分应当从犯罪完成时间、行为人与储户双方之间有无意思沟通、挪用行为是以单位名义还是以个人名义、是否牟取个人利益等三个方面进行。挪用公款行为人的主观目的发生变化，具有不再归还公款的占有故意的，则转化为贪污罪。

2. 郯城保险支公司吸收客户资金不入账案②

【要旨】保险公司将已收取的客户保费不计收入或少计收入，是为了逃避国家金融监管，才未计入金融机构的法定账目，该行为应以吸收客户资金不入账罪定罪处罚。

3. 张某合同诈骗、肖某吸收客户资金不入账案③

【要旨】肖某在销售理财转让产品过程中，明知客户资金是打入张某提供或者自己寻找的过渡账户，而并非打入张某所称的实际转让人账户，其在应当采取措施且有能力采取措施的情况下，却没有采取措施去避免或降低客户资金脱离银行有效监管的风险。肖某对客户资金的后续去向持放任态度，不仅严重影响了银行对该部分资金账目真实性的记载，最终也造成了客户资金的巨大损失，应当以吸收客户资金不入账罪追究肖某的刑事责任。

---

① 参见最高人民法院中国应用法学研究所编：《人民法院案例选》（总第 83 辑），人民法院出版社 2013 年版，案例精选部分。

② 参见《人民法院报》2010 年 7 月 29 日，第 6 版。

③ 参见（2020）京刑终 96 号刑事判决书，载中国裁判文书网，https://www.wenshu.court.gov.cn，最后访问日期：2022 年 10 月 10 日。

第一百八十八条　【违规出具金融票证罪】①

第一百八十八条　银行或者其他金融机构的工作人员违反规定，为他人出具②信用证或者其他保函、票据、存单、资信证明，情节严重的，处五年以下有期徒刑或者拘役；情节特别严重的，处五年以上有期徒刑。

单位犯前款罪的，对单位判处罚金，并对其直接负责的主管人员和其他直接责任人员，依照前款的规定处罚。

刑事司法解释和规范性文件

1.《全国法院审理金融犯罪案件工作座谈会纪要》（法〔2001〕8号）（略，见“第一百六十条【欺诈发行证券罪】”部分）

2.《最高人民法院刑事审判第一庭关于银行内部机构的工作人员以本部门与他人合办的公司为受益人开具信用证是否属于“为他人出具信用证”问题的复函》（2000年6月27日）

公安部经济犯罪侦查局：

你局公经〔2000〕481号《关于认定非法出具金融票证行为的函》收悉。经研究，答复如下：

刑法第188条非法出具金融票证罪规定的“为他人出具信用证”中的“他人”，是指银行或者其他金融机构以外的个人或者单位。银行内部机构的工作人员以本

---

① 在2006年《刑法修正案（六）》之前，本条第一款原规定为“银行或者其他金融机构的工作人员违反规定，为他人出具信用证或者其他保函、票据、存单、资信证明，造成较大损失的，处五年以下有期徒刑或者拘役；造成重大损失的，处五年以上有期徒刑。”2006年《刑法修正案（六）》第十五条将本罪罪名由“非法出具金融票证罪”变更为“违规出具金融票证罪”，并将定罪量刑的行为结果条件“造成较大损失的”“造成重大损失的”修改为“情节严重的”“情节特别严重的”，即由结果犯调整为情节犯（或结果犯），而不再将构罪标准仅限于造成损失这一种情形，扩大了对于违规出具金融票证罪行为的刑事打击范围。——本书注

② 关于本条“出具”的理解是否包括“付款、承兑、保证”的含义在认识上有分歧。有观点认为，这里的“出具”除“开具”的意思外，还包括对票据的“付款、承兑、保证”。通说认为，上述观点不可取，将“出具”扩大解释到“付款、承兑、保证”，多是为了规避较难满足的《刑法》第一百八十九条“对违法票据承兑、付款、保证罪”规定的“造成重大损失”的入罪条件，转向适用更容易入罪的《刑法》第一百八十八条“违规出具金融票证罪”，但这有违罪刑法定原则。因此，《刑法》第一百八十八条规定的“出具”应当理解为票据法上的“出票”行为，与背书、承兑、保证、付款等同属票据行为。对于非法承兑等其他票据行为，可以结合案件具体情况，分别适用《刑法》第一百七十五条“高利转贷罪”、第一百七十五条之一“骗取贷款、票据承兑、金融票证罪”、第一百八十九条“对违法票据承兑、付款、保证罪”等规定处罚。参见王爱立主编：《中华人民共和国刑法释义》，法律出版社2021年版，第383页。——本书注

部门与他人合办的公司为受益人，违反规定开具信用证，属于为他人非法出具信用证。

3.《最高人民检察院、公安部关于公安机关管辖的刑事案件立案追诉标准的规定(二)》(公通字〔2022〕12 号)

第三十九条 〔违规出具金融票证案(刑法第一百八十八条)〕银行或者其他金融机构及其工作人员违反规定，为他人出具信用证或者其他保函、票据、存单、资信证明，涉嫌下列情形之一的，应予立案追诉：

(一)违反规定为他人出具信用证或者其他保函、票据、存单、资信证明，数额在二百万元以上的；

(二)违反规定为他人出具信用证或者其他保函、票据、存单、资信证明，造成直接经济损失数额在五十万元以上的；

(三)多次违规出具信用证或者其他保函、票据、存单、资信证明的；

(四)接受贿赂违规出具信用证或者其他保函、票据、存单、资信证明的；

(五)其他情节严重的情形。

4.《最高人民检察院审查批捕厅对〈公安部经济犯罪侦查局关于对银行非法出具金融票证和造成损失征求意见的函〉的复函》(1999 年 10 月 10 日)

同意你局关于"承诺书"具有担保性质应视为"保函"的意见。根据《商业银行法》第三条第十项的规定①，工商银行可提供担保。《刑法》第一百八十八条规定的犯罪必须是银行工作人员违反"规定"的行为，因为乌某某的身份是工商银行分理处主任，其行为人违反了当地工商银行关于担保的哪些"规定"，贵局告当地公安机关就此问题向当地工商银行查证。

5.《公安部经济犯罪侦查局关于认定"5·15"案件性质的答复》(公经〔2000〕722 号)

……

《刑法》第 188 条非法出具金融票证罪规定的"为他人出具信用证"中的"他人"，是指银行或者其他金融机构以外的个人或者单位。银行内部机构的工作人员以本部门与他人合办的公司为受益人，违反规定开具信用证，属于为他人非法出具信用证。

① 本复函出具时《商业银行法》第三条的规定为："商业银行可以经营下列部分或者全部业务……(十)提供信用证服务及担保……"根据 2015 年修正后的《商业银行法》，商业银行可以经营的"提供信用证服务及担保"应为第三条第十一项。——本书注

6.《公安部经济犯罪侦查局关于单位定期存款开户证实书性质的批复》(公经〔2000〕1329号)

……

"单位定期存款开户证实书"是接受存款的金融机构向存款单位开具的人民币定期存款权利凭证,其性质上是一种金融凭证,它与存单同样起到存款证明作用,只是不能作为质押的权利凭证。

……

7.《公安部关于对涉嫌非法出具金融票证犯罪案件涉及的部分法律问题的批复》①(公经〔2003〕88号)

四川省公安厅:

你厅《关于"4.20"案等案件涉及的部分法律问题的请示》(公厅经发〔2002〕97号)收悉。现批复如下:

一、关于损失的认定问题

对于借款人有下列情形之一,其借款不能归还的,应认定为损失:

(一)法院宣布借款人破产,已清算完毕的;

(二)借款人被依法撤销、关闭、解散,并终止法人资格的;

(三)借款人虽未被依法终止法人资格,但生产经营活动已停止,借款人已名存实亡的;

(四)借款人的经营活动虽未停止,但公司、企业已亏损严重,资不抵债的;

(五)其他应认定为损失的情形。

关于损失的认定时间,应分为定罪损失和量刑损失两种情形来考虑:定罪损失是立案损失、成罪损失,应以公安机关立案时为标准;量刑损失是法院审理案件时的实际损失,以确定最终量刑幅度。

……

8.《公安部经济犯罪侦查局关于民间借贷合同加盖金融机构公章能否视为保函有关问题的批复》(公经金融〔2009〕295号)

……

银行保函是指银行应委托人的申请而向受益人开立的有担保性质的书面承诺文件,一旦委托人未按其与受益人签订的合同的约定偿还债务或履行约定义务时,

① 要注意结合2006年《刑法修正案(六)》第十五条本罪罪名变更为违规出具金融票证罪名来理解本批复。——本书注

由银行按照与委托人签订的《保函委托书》履行担保责任。而本案中,犯罪嫌疑人杨××违反规定,利用其担任中国建设银行郑州市××支行行长便利,私自在河南××纸业股份有限公司向辛××个人借款1360万元的民间借贷合同上加盖本行印章,由于单纯公章印章本身不具备保函的形式要件,不能视为保函。同时,对杨××的行为应按照主客观相统一的原则,查明其是否存在职务犯罪等情况。

9.《公安部经济犯罪侦查局关于"12·24"票据诈骗案件有关法律问题的批复》(公经金融〔2012〕182号)(略,见"第一百七十七条【伪造、变造金融票证罪】"部分)

其他相关规范

《金融违法行为处罚办法》(国务院令第260号)①

第十三条 金融机构不得出具与事实不符的信用证、保函、票据、存单、资信证明等金融票证。

金融机构弄虚作假,出具与事实不符的信用证、保函、票据、存单、资信证明等金融票证的,给予警告,没收违法所得,并处违法所得1倍以上5倍以下的罚款,没有违法所得的,处10万元以上50万元以下的罚款;对该金融机构直接负责的高级管理人员、其他直接负责的主管人员和直接责任人员,给予开除的纪律处分;构成非法出具金融票证罪或者其他罪的,依法追究刑事责任。

重点案例要旨

1.郭某违规出具金融票证案②

【要旨】(1)行为人身为银行工作人员违反规定,为他人出具虚假存单和资信证明,造成较大损失,构成违规出具信用证罪,由于本罪是在原判宣告以前发生并在宣告以后发现的,依法应当实行数罪并罚。

(2)司法实践中,认定本罪应注意:划清罪与非罪的界限。行为人违反规定,为他人出具信用证或者其他保函、票据、存单、资信证明的行为,如果情节不严重的,则属于一般违法行为,可由其所在金融机构依法予以行政处罚或者给予行政纪律处分。

---

① 《金融违法行为处罚办法》第十三条规定了金融机构及其工作人员违规出具金融票证的行政责任,与刑事责任一并形成立体追责态势;本条要注意结合2006年《刑法修正案(六)》第十五条本罪罪名变更为违规出具金融票证罪名来理解。——本书注

② 载法信网,https://www.faxin.cn,最后访问日期:2022年12月5日。

2. 孙某某等违规出具金融票证案①

【要旨】银行工作人员策划和实施违规出具金融票证，是违规出具金融票据罪的适格主体；非银行工作人员与银行工作人员事先通谋，为完成违规出具金融票证起积极帮助作用，属于共同犯罪中的帮助犯。二者共同成立违规出具金融票证罪的共同犯罪。

第一百八十九条 【对违法票据承兑、付款、保证罪】

第一百八十九条 银行或者其他金融机构的工作人员在票据业务中，对违反票据法规定的票据予以承兑、付款或者保证，造成重大损失的，处五年以下有期徒刑或者拘役；造成特别重大损失的，处五年以上有期徒刑。

单位犯前款罪的，对单位判处罚金，并对其直接负责的主管人员和其他直接责任人员，依照前款的规定处罚。

刑事司法解释和规范性文件

1.《全国法院审理金融犯罪案件工作座谈会纪要》(法〔2001〕8 号)（略，见“第一百六十条【欺诈发行证券罪】”部分）

2.《最高人民检察院、公安部关于公安机关管辖的刑事案件立案追诉标准的规定(二)》(公通字〔2022〕12 号)

第四十条 〔对违法票据承兑、付款、保证案(刑法第一百八十九条)〕银行或者其他金融机构及其工作人员在票据业务中，对违反票据法规定的票据予以承兑、付款或者保证，造成直接经济损失数额在五十万元以上的，应予立案追诉。

其他相关规范

1.《票据法》

第二条 在中华人民共和国境内的票据活动，适用本法。

本法所称票据，是指汇票、本票和支票。

第七条 票据上的签章，为签名、盖章或者签名加盖章。

法人和其他使用票据的单位在票据上的签章，为该法人或者该单位的盖章加其

① 参见广东省深圳市中级人民法院(2009)深中法刑二终字第 274 号刑事裁定书，载法信网，https://www.faxin.cn，最后访问日期：2022 年 12 月 5 日。

法定代表人或者其授权的代理人的签章。

在票据上的签名,应当为该当事人的本名。

第八条 票据金额以中文大写和数码同时记载,二者必须一致,二者不一致的,票据无效。

第九条 票据上的记载事项必须符合本法的规定。

票据金额、日期、收款人名称不得更改,更改的票据无效。

对票据上的其他记载事项,原记载人可以更改,更改时应当由原记载人签章证明。

第十五条 票据丧失,失票人可以及时通知票据的付款人挂失止付,但是,未记载付款人或者无法确定付款人及其代理付款人的票据除外。

收到挂失止付通知的付款人,应当暂停支付。

失票人应当在通知挂失止付后三日内,也可以在票据丧失后,依法向人民法院申请公示催告,或者向人民法院提起诉讼。

第十七条 票据权利在下列期限内不行使而消灭:

(一)持票人对票据的出票人和承兑人的权利,自票据到期日起二年。见票即付的汇票、本票,自出票日起二年;

(二)持票人对支票出票人的权利,自出票日起六个月;

(三)持票人对前手的追索权,自被拒绝承兑或者被拒绝付款之日起六个月;

(四)持票人对前手的再追索权,自清偿日或者被提起诉讼之日起三个月。

票据的出票日、到期日由票据当事人依法确定。

第二十二条 汇票必须记载下列事项:

(一)表明"汇票"的字样;

(二)无条件支付的委托;

(三)确定的金额;

(四)付款人名称;

(五)收款人名称;

(六)出票日期;

(七)出票人签章。

汇票上未记载前款规定事项之一的,汇票无效。

第三十三条 背书不得附有条件。背书时附有条件的,所附条件不具有汇票上的效力。

将汇票金额的一部分转让的背书或者将汇票金额分别转让给二人以上的背书无效。

第五十七条 付款人及其代理付款人付款时，应当审查汇票背书的连续，并审查提示付款人的合法身份证明或者有效证件。

付款人及其代理付款人以恶意或者有重大过失付款的，应当自行承担责任。

第五十八条 对定日付款、出票后定期付款或者见票后定期付款的汇票，付款人在到期日前付款的，由付款人自行承担所产生的责任。

第七十三条 本票是出票人签发的，承诺自己在见票时无条件支付确定的金额给收款人或者持票人的票据。

本法所称本票，是指银行本票。

第七十五条 本票必须记载下列事项：

（一）表明“本票”的字样；

（二）无条件支付的承诺；

（三）确定的金额；

（四）收款人名称；

（五）出票日期；

（六）出票人签章。

本票上未记载前款规定事项之一的，本票无效。

第七十六条 本票上记载付款地、出票地等事项的，应当清楚、明确。

本票上未记载付款地的，出票人的营业场所为付款地。

本票上未记载出票地的，出票人的营业场所为出票地。

第七十八条 本票自出票日起，付款期限最长不得超过二个月。

第八十一条 支票是出票人签发的，委托办理支票存款业务的银行或者其他金融机构在见票时无条件支付确定的金额给收款人或者持票人的票据。

第八十二条 开立支票存款账户，申请人必须使用其本名，并提交证明其身份的合法证件。

开立支票存款账户和领用支票，应当有可靠的资信，并存入一定的资金。

开立支票存款账户，申请人应当预留其本名的签名式样和印鉴。

第八十四条 支票必须记载下列事项：

（一）表明“支票”的字样；

（二）无条件支付的委托；

（三）确定的金额；

（四）付款人名称；

（五）出票日期；

（六）出票人签章。

支票上未记载前款规定事项之一的，支票无效。

第八十五条 支票上的金额可以由出票人授权补记，未补记前的支票，不得使用。

第九十一条 支票的持票人应当自出票日起十日内提示付款；异地使用的支票，其提示付款的期限由中国人民银行另行规定。

超过提示付款期限的，付款人可以不予付款；付款人不予付款的，出票人仍应当对持票人承担票据责任。

第九十二条 付款人依法支付支票金额的，对出票人不再承担受委托付款的责任，对持票人不再承担付款的责任。但是，付款人以恶意或者有重大过失付款的除外。

第一百零四条① 金融机构工作人员在票据业务中玩忽职守，对违反本法规定的票据予以承兑、付款或者保证的，给予处分；造成重大损失，构成犯罪的，依法追究刑事责任。

由于金融机构工作人员因前款行为给当事人造成损失的，由该金融机构和直接责任人员依法承担赔偿责任。

2.《最高人民法院关于审理票据纠纷案件若干问题的规定》（法释〔2020〕18号）

第六十八条② 付款人或者代理付款人未能识别出伪造、变造的票据或者身份证件而错误付款，属于票据法第五十七条规定的“重大过失”，给持票人造成损失的，应当依法承担民事责任。付款人或者代理付款人承担责任后有权向伪造者、变造者依法追偿。

持票人有过错的，也应当承担相应的民事责任。

第六十九条③ 付款人及其代理付款人有下列情形之一的，应当自行承担责任：

（一）未依照票据法第五十七条的规定对提示付款人的合法身份证明或者有效证件以及汇票背书的连续性履行审查义务而错误付款的；

（二）公示催告期间对公示催告的票据付款的；

（三）收到人民法院的止付通知后付款的；

（四）其他以恶意或者重大过失付款的。

---

① 《票据法》第一百零四条规定了对违规票据予以承兑、付款或者保证的行政责任和民事责任，与刑事责任一并形成立体追责态势。——本书注

② 《最高人民法院关于审理票据纠纷案件若干问题的规定》第六十八条在《票据法》的基础上规定了银行或其他金融机构作为付款人或者代理付款人“重大过失”付款的情形，对刑事追责具有参考意义。——本书注

③ 《最高人民法院关于审理票据纠纷案件若干问题的规定》第六十九条列举了四类对违反票据法规定的票据予以承兑、付款或者保证的情形，对刑事追责具有参考意义。——本书注

3.《金融违法行为处罚办法》(国务院令第260号)[①]

第十四条　金融机构对违反票据法规定的票据，不得承兑、贴现、付款或者保证。

金融机构对违反票据法规定的票据，予以承兑、贴现、付款或者保证的，给予警告，没收违法所得，并处违法所得1倍以上3倍以下的罚款，没有违法所得的，处5万元以上30万元以下的罚款；对该金融机构直接负责的高级管理人员、其他直接负责的主管人员和直接责任人员，给予记大过直至开除的纪律处分；造成资金损失的，对该金融机构直接负责的高级管理人员，给予撤职直至开除的纪律处分；构成对违法票据承兑、付款、保证罪或者其他罪的，依法追究刑事责任。

4.《支付结算办法》(银发〔1997〕393号)

第七十三条　商业汇票分为商业承兑汇票和银行承兑汇票。

商业承兑汇票由银行以外的付款人承兑。

银行承兑汇票由银行承兑。

商业汇票的付款人为承兑人。

重点案例要旨

高某某违法发放贷款，对违法票据承兑、付款、保证案[②]

【要旨】行为人对违反票据法规定的票据予以承兑、付款或者保证，造成重大损失的，依法应以对违法票据承兑、付款、保证罪论处。本案中，被告人高某某对不符合票据法规定的空白支票予以付款，导致其所在的金融机构遭受11,972,845元人民币的经济损失，依法应属对违法票据付款罪“造成特别重大损失”的情形。一审法院并没有因为有关解释尚未对本罪“特别重大损失”的数额标准作出明确规定而根据所谓的“有利于被告”原则对被告人高某某的行为认定为“重大损失”，而是根据其自由裁量权以及与其他金融机构工作人员渎职犯罪平衡，认定被告人高某某行为属对违法票据付款罪“造成特别重大损失”的情形，依法判处被告人高某某有期徒刑11年，正确履行了其审判职责。

---

① 《金融违法行为处罚办法》第十四条规定了金融机构及其工作人员对违法票据承兑、付款、保证的行政责任，与刑事责任一并形成立体追责态势。——本书注

② 载法信网，https://www.faxin.cn，最后访问日期：2022年11月2日。

第一百九十条 【逃汇罪】①

第一百九十条 公司、企业或者其他单位，违反国家规定，擅自将外汇存放境外，或者将境内的外汇非法转移到境外，数额较大的，对单位判处逃汇数额百分之五以上百分之三十以下罚金，并对其直接负责的主管人员和其他直接责任人员，处五年以下有期徒刑或者拘役；数额巨大或者有其他严重情节的，对单位判处逃汇数额百分之五以上百分之三十以下罚金，并对其直接负责的主管人员和其他直接责任人员，处五年以上有期徒刑。

单行刑法

《全国人民代表大会常务委员会关于惩治骗购外汇、逃汇和非法买卖外汇犯罪的决定》第一条② 有下列情形之一，骗购外汇，数额较大的，处五年以下有期徒刑或者拘役，并处骗购外汇数额百分之五以上百分之三十以下罚金；数额巨大或者有其他严重情节的，处五年以上十年以下有期徒刑，并处骗购外汇数额百分之五以上百分之三十以下罚金；数额特别巨大或者有其他特别严重情节的，处十年以上有期徒刑或者无期徒刑，并处骗购外汇数额百分之五以上百分之三十以下罚金或者没收财产：

（一）使用伪造、变造的海关签发的报关单、进口证明、外汇管理部门核准件等凭证和单据的；

（二）重复使用海关签发的报关单、进口证明、外汇管理部门核准件等凭证和单

① 1979年《刑法》没有规定逃汇犯罪，实践中按照投机倒把罪处理。《全国人民代表大会常务委员会关于惩治走私罪的补充规定》(1988年1月21日施行)第九条规定："全民所有制、集体所有制企业事业单位、机关、团体违反外汇管理法规，在境外取得的外汇，应该调回境内而不调回，或者不存入国家指定的银行，或者把境内的外汇非法转移到境外，或者把国家拨给的外汇非法出售牟利……情节严重的，除依照外汇管理法规强制收兑外汇、没收违法所得外，判处罚金，并对其直接负责的主管人员和其他直接责任人员，处5年以下有期徒刑或者拘役。企业事业单位、机关、团体或者个人非法倒买倒卖外汇牟利，情节严重的，按照投机倒把罪处罚。"1997年《刑法》对上述规定作了修改，形成逃汇罪的规定即"国有公司、企业或者其他国有单位，违反国家规定，擅自将外汇存放境外，或者将境内的外汇非法转移到境外，情节严重的，对单位判处罚金，并对其直接负责的主管人员和其他直接责任人员，处五年以下有期徒刑或者拘役。"《全国人民代表大会常务委员会关于惩治骗购外汇、逃汇和非法买卖外汇犯罪的决定》(1998年12月29日)第三条对《刑法》第一百九十条作了修改：一是扩大犯罪主体，删除了"国有"经济性质条件的限制；二是提高法定刑，增加了"数额巨大或者有其他严重情节的"加重处罚情形；三是对罚金数额作了明确规定，以逃汇数额为基础对单位处逃汇数额百分之五以上百分之三十以下罚金。——本书注

② 骗购外汇罪系《全国人民代表大会常务委员会关于惩治骗购外汇、逃汇和非法买卖外汇犯罪的决定》(1998年12月29日)第一条增设的规定。——本书注

据的;

(三)以其他方式骗购外汇的。

伪造、变造海关签发的报关单、进口证明、外汇管理部门核准件等凭证和单据,并用于骗购外汇的,依照前款的规定从重处罚。

明知用于骗购外汇而提供人民币资金的,以共犯论处。

单位犯前三款罪的,对单位依照第一款的规定判处罚金,并对其直接负责的主管人员和其他直接责任人员,处五年以下有期徒刑或者拘役;数额巨大或者有其他严重情节的,处五年以上十年以下有期徒刑;数额特别巨大或者有其他特别严重情节的,处十年以上有期徒刑或者无期徒刑。

刑事司法解释和规范性文件

1.《最高人民法院关于审理骗购外汇、非法买卖外汇刑事案件具体应用法律若干问题的解释》(法释〔1998〕20 号)

第一条 以进行走私、逃汇、洗钱、骗税等犯罪活动为目的,使用虚假、无效的凭证、商业单据或者采取其他手段向外汇指定银行骗购外汇的,应当分别按照刑法分则第三章第二节、第一百九十条、第一百九十一条和第二百零四条等规定定罪处罚。

非国有公司、企业或者其他单位,与国有公司、企业或者其他国有单位勾结逃汇的,以逃汇罪的共犯处罚。

第四条 公司、企业或者其他单位,违反有关外贸代理业务的规定,采用非法手段、或者明知是伪造、变造的凭证、商业单据,为他人向外汇指定银行骗购外汇,数额在五百万美元以上的或者违法所得五十万元人民币以上的,按照刑法第二百二十五条第(三)项的规定定罪处罚。

居间介绍骗购外汇一百万美元以上或者违法所得十万元人民币以上的,按照刑法第二百二十五条第(三)项的规定定罪处罚。

第五条 海关、银行、外汇管理机关工作人员与骗购外汇的行为人通谋,为其提供购买外汇的有关凭证,或者明知是伪造、变造的凭证和商业单据而出售外汇,构成犯罪的,按照刑法的有关规定从重处罚。

第六条 实施本解释规定的行为,同时触犯二个以上罪名的,择一重罪从重处罚。

第七条 根据刑法第六十四条规定,骗购外汇、非法买卖外汇的,其违法所得予以追缴,用于骗购外汇、非法买卖外汇的资金予以没收,上缴国库。

第八条 骗购、非法买卖不同币种的外汇的,以案发时国家外汇管理机关制定的统一折算率折合后依照本解释处罚。

2.《全国法院审理金融犯罪案件工作座谈会纪要》(法〔2001〕8号)(略,见“第一百六十条【欺诈发行证券罪】”部分)

3.《最高人民检察院、公安部关于公安机关管辖的刑事案件立案追诉标准的规定(二)》(公通字〔2022〕12号)

第四十一条 **〔逃汇案(刑法第一百九十条)〕**公司、企业或者其他单位,违反国家规定,擅自将外汇存放境外,或者将境内的外汇非法转移到境外,单笔在二百万美元以上或者累计数额在五百万美元以上的,应予立案追诉。

第四十二条 **〔骗购外汇案(《全国人民代表大会常务委员会关于惩治骗购外汇、逃汇和非法买卖外汇犯罪的决定》第一条)〕**骗购外汇,数额在五十万美元以上的,应予立案追诉。

4.《最高人民法院、最高人民检察院、公安部关于印发〈办理骗汇、逃汇犯罪案件联席会议纪要〉的通知》(公通字〔1999〕39号)

各省、自治区、直辖市高级人民法院,人民检察院,公安厅、局,解放军军事法院、军事检察院:

1999年3月16日,最高人民法院、最高人民检察院、公安部和中央政法委、军队、国务院有关部门在北京召开联席会议,研究解决当前打击骗汇犯罪斗争中的有关问题。现将会议形成的《办理骗汇、逃汇犯罪案件联席会议纪要》印发给你们,请遵照执行。

中央部署开展打击骗汇犯罪专项斗争以来,在国务院和中央政法委的统一领导和组织协调下,各级公安机关和人民检察院迅速行动起来,在全国范围内对骗汇犯罪开展了全面打击行动。1998年8月28日最高人民法院《关于审理骗购外汇、非法买卖外汇刑事案件具体应用法律若干问题的解释》发布,对司法机关运用法律武器准确、及时打击犯罪发挥了重要作用。但是,一些地方在办理此类案件过程中,在案件管辖、适用法律及政策把握等方面遇到一些问题,需要予以明确。为了进一步贯彻中央从重从快严厉打击骗汇犯罪的指示精神,准确适用法律,保障专项斗争深入开展,争取尽快起诉、宣判一批骗汇犯罪案件,打击和震慑骗汇犯罪活动,1999年3月16日,中央政法委、最高人民法院、最高人民检察院、公安部、中国人民银行、国家外汇管理局、解放军军事法院、军事检察院、总政保卫部等有关部门在北京昌平召开联席会议,共同研究解决打击骗汇犯罪斗争中出现的各种问题。会议纪要如下:

一、各级公安机关、人民检察院、人民法院和军队保卫、检、法部门在办理骗汇案件过程中，要从维护国家外汇管理秩序和国家经济安全的高度认识打击骗汇、逃汇犯罪专项斗争的重大意义，坚决贯彻党中央、国务院部署，积极参加专项斗争，各司其职，互相配合，加强协调，加快办案进度。

二、全国人大常委会《关于惩治骗购外汇、逃汇和非法买卖外汇犯罪的决定》（以下简称《决定》）公布施行后发生的犯罪行为，应当依照《决定》办理；对于《决定》公布施行前发生的公布后尚未处理或者正在处理的行为，依照修订后的刑法第十二条第一款规定的原则办理。

最高人民法院1998年8月28日发布的《关于审理骗购外汇、非法买卖外汇刑事案件具体应用法律若干问题的解释》（以下简称《解释》），是对具体应用修订后的刑法有关问题的司法解释，适用于依照修订后的刑法判处的案件。各执法部门对于《解释》应当准确理解，严格执行。

《解释》第四条规定："公司、企业或者其他单位，违反有关外贸代理业务的规定，采用非法手段、或者明知是伪造、变造的凭证、商业单据，为他人向外汇指定银行骗购外汇，数额在五百万美元以上或者违法所得五十万元人民币以上的，按照刑法第二百二十五条第（三）项的规定定罪处罚；居间介绍骗购外汇一百万美元以上或者违法所得十万元人民币以上的，按照刑法第二百二十五条第（三）项的规定定罪处罚。"上述所称"采用非法手段"，是指有国家批准的进出口经营权的外贸代理企业在经营代理进口业务时，不按国家经济主管部门有关规定履行职责，放任被代理方自带客户、自带货源、自带汇票、自行报关，在不见进口产品、不见供货货主、不见外商的情况下代理进口业务，或者采取法律、行政法规和部门规章禁止的其他手段代理进口业务。

认定《解释》第四条所称的"明知"，要结合案件的具体情节予以综合考虑，不能仅仅因为行为人不供述就不予认定。报关行为先于签订外贸代理协议的，或者委托方提供的购汇凭证明显与真实凭证、商业单据不符的，应当认定为明知。

《解释》第四条所称"居间介绍骗购外汇"，是指收取他人人民币、以虚假购汇凭证委托外贸公司、企业骗购外汇，获取非法收益的行为。

三、公安机关侦查骗汇、逃汇犯罪案件中涉及人民检察院管辖的贪污贿赂、渎职犯罪案件的，应当将贪污贿赂、渎职犯罪案件材料移送有管辖权的人民检察院审查。对管辖交叉的案件，可以分别立案，共同工作。如果涉嫌主罪属于公安机关管辖，由公安机关为主侦查，人民检察院予以配合；如果涉嫌主罪属于人民检察院管辖，由人民检察院为主侦查，公安机关予以配合。双方意见有较大分歧的，要协商解决，并及时向当地党委、政法委和上级主管机关请示。

四、公安机关侦查骗汇、逃汇犯罪案件，要及时全面收集和固定犯罪证据，抓紧缉捕犯罪分子。人民检察院和人民法院对正在办理的骗汇、逃汇犯罪案件，只要基本犯罪事实清楚，基本证据确实充分，应当及时依法起诉、审判。主犯在逃或者骗购外汇所需人民币资金的来源无法彻底查清，但证明在案的其他犯罪嫌疑人实施犯罪的基本证据确实充分的，为在法定时限内结案，可以对在案的其他犯罪嫌疑人先行处理。对于已收集到外汇指定银行汇出凭证和境外收汇银行收款凭证等证据，能够证明所骗购外汇确已汇至港澳台地区或国外的，应视为骗购外汇既遂。

五、坚持"惩办与宽大相结合"的政策。对骗购外汇共同犯罪的主犯，或者参与伪造、变造购汇凭证的骗汇人员，以及与骗购外汇的犯罪分子相勾结的国家工作人员，要从严惩处。对具有自首、立功或者其他法定从轻、减轻情节的，依法从轻、减轻处理。

六、各地在办理骗汇、逃汇犯罪案件中遇到的有关问题以及侦查、起诉、审判的信息要及时向各自上级主管机关报告。上级机关要加强对案件的督办、检查和指导协调工作。

其他相关规范

1.《外汇管理条例》(国务院令第 532 号)

第三条[①] 本条例所称外汇，是指下列以外币表示的可以用作国际清偿的支付手段和资产：

(一)外币现钞，包括纸币、铸币；

(二)外币支付凭证或者支付工具，包括票据、银行存款凭证、银行卡等；

(三)外币有价证券，包括债券、股票等；

(四)特别提款权；

(五)其他外汇资产。

第四十条 有违反规定以外汇收付应当以人民币收付的款项，或者以虚假、无效的交易单证等向经营结汇、售汇业务的金融机构骗购外汇等非法套汇行为的，由外汇管理机关责令对非法套汇资金予以回兑，处非法套汇金额 30% 以下的罚款；情节严重的，处非法套汇金额 30% 以上等值以下的罚款；构成犯罪的，依法追究刑事责任。

① 《外汇管理条例》第三条对《刑法》第一百九十条中使用的"外汇"的概念作了明确。——本书注

2.《关于骗购外汇、非法套汇、逃汇、非法买卖外汇等违反外汇管理规定行为的行政处分或者纪律处分暂行规定》①(国务院令第588号)

第三条　有本规定所列违反外汇管理规定的行为的，除依法给予行政处罚外，对有关责任人员依照本规定给予行政处分或者纪律处分；构成犯罪的，依法追究刑事责任。

第四条　经批准经营外汇业务的金融机构、国有外经贸企业的工作人员，有下列骗购外汇行为之一，数额不满10万美元的，给予留用察看处分；数额在10万美元以上的，给予开除处分。

(一)伪造、变造海关报关单、进口证明、外汇管理部门核准件等凭证和单据的；

(二)使用、买卖伪造、变造的海关报关单、进口证明、外汇管理部门核准件等凭证和单据的；

(三)重复使用海关报关单、进口证明、外汇管理部门核准件等凭证和单据的；

(四)明知用于骗购外汇而提供人民币资金或者其他服务的；

(五)以其他方式骗购外汇的。

单位有前款行为之一的，对负有直接责任的主管人员和其他直接责任人员，依照前款规定给予纪律处分。

第六条　经批准经营外汇业务的金融机构、国有外经贸企业的工作人员，有下列逃汇行为之一，数额不满10万美元的，给予撤职处分；数额在10万美元以上不满100万美元的，给予留用察看处分；数额在100万美元以上的，给予开除处分。

(一)违反国家规定，擅自将外汇存放在境外的；

(二)不按照国家规定将外汇卖给外汇指定银行的；

(三)违反国家规定将外汇汇出或者携带出境的；

(四)未经外汇管理部门批准，擅自将外币存款凭证、外币有价证券携带或者邮寄出境的；

(五)明知用于逃汇而提供人民币资金或者其他服务的；

(六)以其他方式逃汇的。

单位有前款行为之一的，对负有直接责任的主管人员和其他直接责任人员，依照前款规定给予纪律处分。

第八条　国有外经贸企业在代理进口业务中，因过失导致他人骗购外汇或者非

---

①　该暂行规定明确了对骗购外汇、逃汇或因过失导致他人骗购外汇、逃汇的行为予以行政追责，与刑事责任一并形成立体追责态势。——本书注

法套汇，对负有直接责任的主管人员和其他直接责任人员给予纪律处分，数额不满10万美元的，给予警告、记过或者记大过处分；数额在10万美元以上不满100万美元的，给予降级或者撤职处分；数额在100万美元以上的，给予留用察看或者开除处分。

第九条 经批准经营外汇业务的金融机构在办理结汇、售汇、付汇和开户业务中，因过失导致他人骗购外汇、非法套汇或者逃汇，对负有直接责任的主管人员和其他直接责任人员给予纪律处分，数额不满10万美元的，给予警告、记过或者记大过处分；数额在10万美元以上不满100万美元的，给予降级或者撤职处分；数额在100万美元以上的，给予留用察看或者开除处分。

第十条 国家公务员有本规定所列骗购外汇、非法套汇、逃汇或者非法买卖外汇等违反外汇管理规定行为之一的，给予降级、撤职或者开除处分。

第十一条 海关、外汇管理等部门的国家公务员与骗购外汇、非法套汇、逃汇或者非法买卖外汇的行为人通谋，为其提供便利，或者明知是伪造、变造的凭证和单据而为其提供服务，或者有其他滥用职权、徇私舞弊行为造成他人骗购外汇、非法套汇或者逃汇后果的，给予开除处分。

海关、外汇管理等部门的国家公务员，玩忽职守，造成他人骗购外汇、非法套汇或者逃汇的，给予降级或者撤职处分；情节严重的，给予开除处分。

3.《国务院关于进一步加强和改进外汇收支管理的通知》(国发〔2001〕10号)

一、进一步完善贸易外汇管理，防范和严厉打击逃骗汇行为

(一)依法保证企业的合理用汇需求，加大对违规企业的处罚力度。企业在对外贸易活动中的合理用汇应予保证，企业及外汇指定银行必须严格按照规定办理结汇、售汇和付汇，不得利用伪造、变造、假挂失和重复使用进出口单证等非法手段进行逃骗汇和骗退税。外贸公司从事代理进出口业务，要对委托方的资信作深入了解，不得放任委托方自带客户、自带货源、自带汇票、自行报关，在不见产品、不见货主、不见外商的情况下做代理进出口业务。坚决取缔无资金、无场地、无机构的“三无”企业的经营资格，外贸公司不得为“三无”企业办理代理进出口业务。对有违规行为的企业要加大监管和处罚力度，将违规企业列入不良记录企业名录，由外汇局逐笔审核其购付汇真实性；情节严重的要依照有关规定给予行政处罚，直至取消其进出口经营权；触犯刑律的要移交司法机关，依法追究刑事责任。

(二)充分利用电子技术手段，加强对进出口贸易结售付汇真实性审核。海关、税务、外汇、外经贸等部门及外汇指定银行要通力合作，加快电子联网，实现信息共享，交叉核对，联合执法，形成对进出口监管的整体合力及对各监管部门的交叉监

控。各有关方面要利用联网加强贸易真实性审核,严格把关,对手续不全的不得放行,在某一环节发现单证有问题要及时向其他环节通报。通过综合治理,严禁打击各种逃骗汇和骗退税行为。要坚持和完善出口收汇考核制度。建立信用证项下进口付汇核销考核制度,强化银行内部控制,切实防范信用证风险。

(三)加强进出口商品的价格监管。要按照《WTO估价协议》的有关规则,进一步完善海关估价体系。进出口企业要按规定如实向海关申报进出口货物的成交价格。对于通过低报或高报进出口商品价格进行逃骗汇和逃骗税的行为,要依照有关法律规定从严处罚。

(四)完善加工贸易外汇管理规定,按不同方式对进料加工和来料加工的外汇收支进行管理。对口进料加工的收付汇经外汇局核准可以抵扣,其他进料加工一律实行全收全支,不得将料款在境外进行抵扣。来料加工企业应及时足额收回加工费,如实申报加工费,不得通过低报加工费进行逃汇。对信誉好的来料加工企业,外汇局可在合同执行完毕后,按合同规定的加工费和海关验放的实际出口产品数量,一次性办理外汇核销手续。

(五)加强对保税区、出口加工区等特殊监管区的外汇管理。对保税区实行以"二线"(保税区与境内其他区域之间)管理为主的外汇管理政策。保税区企业之间、区内企业与境内其他区域企业之间原则上以外币计价结算。保税区内企业人民币注册资金、经海关等部门批准的出口加工产品内销及物流分拨企业内销所得人民币资金,经外汇局审核可以购汇,保税区内企业其他人民币资金不得购汇。

……

四、加强利用外资和境外投资外汇管理,规范直接投资外汇收支行为

……

(三)进一步规范将境内资产和权益划拨境外的行为,加强对境外发行股票所筹外汇资金的管理。未经批准,不得擅自向境外划拨资产和权益。要严格执行国务院批准发布的《关于〈中外合资经营企业合营各方出资的若干规定〉的补充规定》等有关规定。要规范划拨资产价值的评估,加强对境内资产和权益划拨境外工作的管理,切实保证划拨资产对价及时足额调回境内并结汇。国家计委和外经贸部要会同有关部门,对境内资产和权益划拨境外情况进行一次全面检查,进一步完善相关管理办法。境内机构在境外发行股票所筹外汇资金要在规定的时限内,将扣除上市相关费用后的全部外汇资金调回境内,并撤销境外账户。有关部门要加强监督和检查,对逾期不调回的按逃汇论处,情节严重的,按逃汇罪追究刑事责任。

……

六、完善外汇管理法规,加大外汇执法力度

……

(二)严格执法。各部门要各负其责,密切配合,充分利用口岸电子执法系统,重点打击利用伪造、变造、假挂失和重复使用进出口单证、利用价格瞒骗等手段进行逃骗汇和骗退税的行为。严禁打击外汇非法交易、地下钱庄和外汇体外循环等各种不法行为。对各类违反国家外汇管理法规的案件,要加大对有关负责人和直接责任人的处罚力度,触犯刑律的要移交司法机关,追究其刑事责任。

……

4.《违反出口收汇核销管理处罚规定》①(银发〔1993〕230号,已废止)

第四条 对下列违反出口收汇核销管理规定的逃汇行为,除依据《违反外汇管理处罚施行细则》第四条和第五条的有关规定处理外,由当地外汇管理分局通知人民银行计划资金部门,要求有关专业银行分行停止对逃汇者的人民币贷款并追回逃汇而占用的人民币贷款,情节严重的,依法追究其法律责任。

一、未经国家外汇管理局及其分、支局(以下简称外汇管理局)批准,将出口收入的外汇私自保存、使用或存放境外的;

二、将出口收入的外汇挪作他用或未经外汇管理局批准以收抵支的;

三、低于出口价格标准出口又不能提供商会确认其价格合理证明而截留外汇的;

四、假借对外支付佣金、退赔款等名义将外汇汇出境外私自存放或使用,或者未经外汇管理局批准对外支付高比例佣金等费用的;

五、假借援外项目物资、捐款、暂时出口、样品、广告品等名义报关而截留外汇的;

六、重复使用银行结汇水单、收帐通知书核销其贷款截留外汇的;

七、伪造、涂改核销单或其他单证以及利用虚报空白核销单丢失而仍使用该核销单报关出口截留外汇的;

八、以丢失核销单名义逃汇的,按其曾出口的最高金额处以罚款;

九、违反出口收汇管理规定的其他逃汇行为。

5.《对外贸易经济合作部对逃、套汇外经贸企业给予行政处罚的暂行规定》(〔1998〕外经贸计财发第713号)

第二条 本规定所指逃、套汇行为,系指《中华人民共和国外汇管理条例》中列

---

① 该文件虽已废止,但因第四条明确了部分“逃汇”的行为方式,本书仍予以摘录。——本书注

明的，经外汇管理机关认定的逃、套汇行为。

（一）逃汇行为指：违反国家规定，擅自将外汇存放在境外的；不按照国家规定将外汇卖给外汇指定银行的；违反国家规定将外汇汇出或者携带出境的；未经外汇管理机关批准，擅自将外币存款凭证、外币有价证券携带或者邮寄出境的；其他逃汇行为。

（二）套汇行为指：违反国家规定，以人民币支付或者以实物偿付应当以外汇支付的进口货款或者其他类似支出的；以人民币为他人支付在境内的费用，由对方付给外汇的；未经外汇管理机关批准，境外投资者以人民币或者境内所购物资在境内进行投资的；以虚假或者无效的凭证、合同、单据等向外汇指定银行骗购外汇的；非法套汇的其他行为。

第八条　对外贸易经济合作部或其授权的省级外经贸主管部门在外汇管理机关依法给予行政处罚的基础上，视情节轻重，对逃汇外经贸企业分别给予以下行政处罚：

（一）对逃汇在100万美元以下的企业，给予警告处罚并予以通报。

（二）对逃汇在100万美元以上（含100万美元）、300万美元以下的企业，给予暂停其3个月对外贸易出口经营许可或单项商品、单项业务的出口经营许可的处罚。其中，对外商投资企业，通知海关暂停办理其出口业务或单项商品、单项业务出口3个月。

（三）对逃汇在300万美元以上（含300万美元）、500万美元以下的企业，给予暂停其6个月对外贸易出口经营许可或单项商品、单项业务的对外贸易出口经营许可的处罚。其中，对外商投资企业，通知海关暂停办理其出口业务或单项商品、单项业务出口6个月。

（四）对逃汇超过500万美元（含500万美元）的企业，给予其撤消对外贸易出口经营许可的处罚。其中，对外商投资企业，通知海关停止办理其出口业务。在海关恢复对外商投资企业办理进出口业务之前，其产品外销仍需按其合同和章程所规定的比例履行义务，可通过外贸代理方式出口。

第十条　对参与上述逃、套汇行为的当事人和企业负责人，将由行政主管部门视其情节轻重予以记过直至撤职或开除公职的处分；构成犯罪的，移送司法机关依法追究刑事责任。

重点案例要旨

1. 某实业有限公司、某动力机械有限公司、王某逃汇案[①]——最高人民检察院2015年发布的检察机关依法查处金融犯罪典型案例

【要旨】此案是首例涉自贸试验区逃汇案件,系采用虚构贸易背景的方式实施犯罪。自贸区的金融改革使得跨境贸易更为便利,需高度关注和重点打击部分犯罪分子利用境内外经贸管理制度的差异,借助离岸公司、离岸账户虚构贸易背景实施逃汇、信用证诈骗、骗取出口退税等犯罪。

2. 李某铧、郑某、郑某明、李某、黄某平骗购外汇案[②]——上海首例骗购外汇案

【要旨】行为人通过虚构转口贸易的公司背景,使用伪造提单等材料向银行申购美元划转至境外再兑换成人民币,从中赚取汇率差价并非法牟利,构成骗购外汇罪。

第一百九十一条 【洗钱罪】[③]

第一百九十一条 为掩饰、隐瞒毒品犯罪、黑社会性质的组织犯罪、恐怖活动犯罪、走私犯罪、贪污贿赂犯罪、破坏金融管理秩序犯罪、金融诈骗犯罪的所得及其产生的收益的来源和性质,有下列行为之一的,没收实施以上犯罪的所得及其产生的收益,处五年以下有期徒刑或者拘役,并处或者单处罚金;情节严重的,处五年以上十年以下有期徒刑,并处罚金:

(一)提供资金帐户的;

(二)将财产转换为现金、金融票据、有价证券的;

(三)通过转帐或者其他支付结算方式转移资金的;

(四)跨境转移资产的;

(五)以其他方法掩饰、隐瞒犯罪所得及其收益的来源和性质的。

---

① 参见检察机关依法查处金融犯罪典型案例,载中华人民共和国最高人民检察院,https://www.spp.gov.cn,最后访问日期:2022年11月5日。

② 参见《人民法院报》2017年7月12日,第3版。

③ 1997年《刑法》规定了洗钱罪,并将毒品犯罪、黑社会性质的组织犯罪、走私犯罪规定为洗钱罪的上游犯罪,并增加了单位犯罪的规定。2001年《刑法修正案(三)》将恐怖活动犯罪增列为本罪的上游犯罪,提高了单位犯罪的法定刑。2006年《刑法修正案(六)》条将贪污贿赂犯罪、破坏金融管理秩序犯罪、金融诈骗犯罪增列为本罪的上游犯罪,并增加"协助将财产转换为有价证券"的洗钱手段。2020年《刑法修正案(十一)》新增了"自洗钱"入罪的规定,相应删去了洗钱手段中"协助"的表述,增加"支付"方式转移资金的洗钱手段,将"将资金汇往境外"修改为"跨境转移资产",删去了罚金刑比例规定,对单位犯罪直接负责的主管人员和其他直接责任人员增加规定了罚金刑。——本书注

单位犯前款罪的，对单位判处罚金，并对其直接负责的主管人员和其他直接责任人员，依照前款的规定处罚。

刑事司法解释和规范性文件

1.《最高人民法院关于审理洗钱等刑事案件具体应用法律若干问题的解释》（法释〔2009〕15 号）①

为依法惩治洗钱，掩饰、隐瞒犯罪所得、犯罪所得收益，资助恐怖活动等犯罪活动，根据刑法有关规定，现就审理此类刑事案件具体应用法律的若干问题解释如下：

第一条　刑法第一百九十一条、第三百一十二条规定的"明知"，应当结合被告人的认知能力，接触他人犯罪所得及其收益的情况，犯罪所得及其收益的种类、数额，犯罪所得及其收益的转换、转移方式以及被告人的供述等主、客观因素进行认定。

具有下列情形之一的，可以认定被告人明知系犯罪所得及其收益，但有证据证明确实不知道的除外：

（一）知道他人从事犯罪活动，协助转换或者转移财物的；

（二）没有正当理由，通过非法途径协助转换或者转移财物的；

（三）没有正当理由，以明显低于市场的价格收购财物的；

（四）没有正当理由，协助转换或者转移财物，收取明显高于市场的"手续费"的；

（五）没有正当理由，协助他人将巨额现金散存于多个银行账户或者在不同银行账户之间频繁划转的；

（六）协助近亲属或者其他关系密切的人转换或者转移与其职业或者财产状况明显不符的财物的；

（七）其他可以认定行为人明知的情形。

被告人将刑法第一百九十一条规定的某一上游犯罪的犯罪所得及其收益误认为刑法第一百九十一条规定的上游犯罪范围内的其他犯罪所得及其收益的，不影响刑法第一百九十一条规定的"明知"的认定。

第二条　具有下列情形之一的，可以认定为刑法第一百九十一条第一款第（五）项规定的"以其他方法掩饰、隐瞒犯罪所得及其收益的来源和性质"：

① 随着 2020 年《刑法修正案（十一）》对洗钱罪构成要件的修改，特别是自洗钱入罪后，本解释内容已不再适合洗钱刑事案件的办理，即将被新的司法解释取代。——本书注

（一）通过典当、租赁、买卖、投资等方式，协助转移、转换犯罪所得及其收益的；

（二）通过与商场、饭店、娱乐场所等现金密集型场所的经营收入相混合的方式，协助转移、转换犯罪所得及其收益的；

（三）通过虚构交易、虚设债权债务、虚假担保、虚报收入等方式，协助将犯罪所得及其收益转换为“合法”财物的；

（四）通过买卖彩票、奖券等方式，协助转换犯罪所得及其收益的；

（五）通过赌博方式，协助将犯罪所得及其收益转换为赌博收益的；

（六）协助将犯罪所得及其收益携带、运输或者邮寄出入境的；

（七）通过前述规定以外的方式协助转移、转换犯罪所得及其收益的。

第三条 明知是犯罪所得及其产生的收益而予以掩饰、隐瞒，构成刑法第三百一十二条规定的犯罪，同时又构成刑法第一百九十一条或者第三百四十九条规定的犯罪的，依照处罚较重的规定定罪处罚。

第四条 刑法第一百九十一条、第三百一十二条、第三百四十九条规定的犯罪，应当以上游犯罪事实成立为认定前提。上游犯罪尚未依法裁判，但查证属实的，不影响刑法第一百九十一条、第三百一十二条、第三百四十九条规定的犯罪的审判。

上游犯罪事实可以确认，因行为人死亡等原因依法不予追究刑事责任的，不影响刑法第一百九十一条、第三百一十二条、第三百四十九条规定的犯罪的认定。

上游犯罪事实可以确认，依法以其他罪名定罪处罚的，不影响刑法第一百九十一条、第三百一十二条、第三百四十九条规定的犯罪的认定。

本条所称“上游犯罪”，是指产生刑法第一百九十一条、第三百一十二条、第三百四十九条规定的犯罪所得及其收益的各种犯罪行为。

第五条 刑法第一百二十条之一规定的“资助”，是指为恐怖活动组织或者实施恐怖活动的个人筹集、提供经费、物资或者提供场所以及其他物质便利的行为。

刑法第一百二十条之一规定的“实施恐怖活动的个人”，包括预谋实施、准备实施和实际实施恐怖活动的个人。

2.《最高人民检察院、公安部关于公安机关管辖的刑事案件立案追诉标准的规定（二）》（公通字〔2022〕12号）

第四十三条 〔洗钱案（刑法第一百九十一条）〕为掩饰、隐瞒毒品犯罪、黑社会性质的组织犯罪、恐怖活动犯罪、走私犯罪、贪污贿赂犯罪、破坏金融管理秩序犯罪、金融诈骗犯罪的所得及其产生的收益的来源和性质，涉嫌下列情形之一的，应予立案追诉：

（一）提供资金帐户的；

（二）将财产转换为现金、金融票据、有价证券的；

（三）通过转帐或者其他支付结算方式转移资金的；

（四）跨境转移资产的；

（五）以其他方法掩饰、隐瞒犯罪所得及其收益的来源和性质的。

其他相关规范①

1.《联合国禁止非法贩运麻醉药品和精神药物公约》(《维也纳公约》)②

第三条　犯罪和制裁

1. 各缔约国应采取可能必要的措施将下列故意行为确定为其国内法中的刑事犯罪：

(a)(一)违反《1961 年公约》、经修正的《1961 年公约》或《1971 年公约》的各项规定，生产、制造、提炼、配制、提供、兜售、分销、出售、以任何条件交付、经纪、发送、过境发送、运输、进口或出口任何麻醉药品或精神药物；

（二）违反《1961 年公约》和经修正的《1961 年公约》的各项规定，为生产麻醉药品而种植罂粟、古柯或大麻植物；

（三）为了进行上述（一）目所列的任何活动，占有或购买任何麻醉药品或精神药物；

（四）明知其用途或目的是非法种植、生产或制造麻醉药品或精神药物而制造、运输或分销设备、材料或表一和表二所列物质；

（五）组织、管理或资助上述（一）、（二）、（三）或（四）目所列的任何犯罪；

(b)(一)明知财产得自按本款(a)项确定的任何犯罪或参与此种犯罪的行为，为了隐瞒或掩饰该财产的非法来源，或为了协助任何涉及此种犯罪的人逃避其行为的法律后果而转换或转让该财产；

（二）明知财产得自按本款(a)项确定的犯罪或参与此种犯罪的行为，隐瞒或掩饰该财产的真实性质、来源、所在地、处置、转移、相关的权利或所有权；

(c)在不违背其宪法原则及其法律制度基本概念的前提下，

---

① 与其他犯罪不同，洗钱罪与国际公约关系密切，故在这一部分增加了相关国际公约的规定。——本书注

② “该公约于 1988 年 10 月 20 日订于维也纳。中华人民共和国政府于 1988 年 12 月 20 日签署本公约，于 1989 年 12 月 25 日交存加入书，同时声明不受公约第三十二条第二和第三款的拘束。本公约于 1990 年 11 月 11 日对我生效。”载北大法宝网，https://www.pkulaw.com，最后访问日期：2022 年 10 月 20 日。——本书注

（一）在收取财产时明知财产得自按本款（a）项确定的犯罪或参与此种犯罪的行为而获取、占有或使用该财产；

（二）明知其被用于或将用于非法种植、生产或制造麻醉药品或精神药物而占有设备、材料或表一和表二所列物质；

（三）以任何手段公开鼓动或引诱他人去犯按照本条确定的任何罪行或非法使用麻醉药品或精神药物；

（四）参与进行，合伙或共谋进行，进行未遂，以及帮助、教唆、便利和参谋进行按本条确定的任何犯罪。

2.《联合国打击跨国有组织犯罪公约》（《巴勒莫公约》）①

第六条 洗钱行为的刑事定罪

一、各缔约国均应依照其本国法律基本原则采取必要的立法及其他措施，将下列故意行为规定为刑事犯罪：

（一）1. 明知财产为犯罪所得，为隐瞒或掩饰该财产的非法来源，或为协助任何参与实施上游犯罪者逃避其行为的法律后果而转换或转让财产；

2. 明知财产为犯罪所得而隐瞒或掩饰该财产的真实性质来源、所在地、处置、转移、所有权或有关的权利；

（二）在符合其本国法律制度基本概念的情况下：

1. 在得到财产时，明知其为犯罪所得而仍获取、占有或使用；

2. 参与、合伙或共谋实施，实施未遂，以及协助、教唆、促使和参谋实施本条所确立的任何犯罪。

二、为实施或适用本条第一款：

（一）各缔约国均应寻求将本条第一款适用于范围最为广泛的上游犯罪；

（二）各缔约国均应将本公约第二条所界定的所有严重犯罪和根据本公约第五

---

① “一、中华人民共和国对本公约第三十五条第二款予以保留，不受该款约束。二、根据《中华人民共和国香港特别行政区基本法》，并经征询香港特别行政区政府意见，本公约在香港特别行政区的适用须经香港特别行政区先行立法；在中华人民共和国政府另行通知前，本公约暂不适用于香港特别行政区。三、根据《中华人民共和国澳门特别行政区基本法》，并经征询澳门特别行政区政府意见，中华人民共和国政府决定本公约适用于澳门特别行政区。同时，中华人民共和国政府为澳门特别行政区作如下声明：1. 按照公约第 5 条第 1 款第一项第（一）目所确立的犯罪，根据澳门特别行政区法律须涉及有组织犯罪集团方可成立；2. 根据公约第 18 条第 13 款的规定，澳门特别行政区指定澳门特别行政区行政法务司司长为中心当局，负责在特区内接收司法协助请求，并将其转交特区的主管当局执行；3. 根据公约第 18 条第 14 款的规定，澳门特别行政区仅接受以中文或葡文提出的司法协助请求。”载北大法宝网，https://www.pkulaw.com，最后访问日期：2022 年 10 月 20 日。——本书注

条、第八条和第二十三条确立的犯罪列为上游犯罪。缔约国立法中如果明确列出上游犯罪清单，则至少应在这类清单中列出与有组织犯罪集团有关的范围广泛的各种犯罪；

（三）就（二）项而言，上游犯罪应包括在有关缔约国刑事管辖权范围之内和之外发生的犯罪。但是，如果犯罪发生在一缔约国刑事管辖权范围以外，则只有该行为根据其发生时所在国本国法律为刑事犯罪，而且若发生在实施或适用本条的缔约国时根据该国法律也构成刑事犯罪时才构成上游犯罪；

（四）各缔约国均应向联合国秘书长提供其实施本条的法律以及这类法律随后的任何修改的副本或说明；

（五）如果缔约国本国法律基本原则要求，则可以规定本条第一款所列犯罪不适用于实施上游犯罪的人；

（六）本条第一款所规定的作为犯罪要素的明知、故意或目的可根据客观实际情况推定。

3.《联合国反腐败公约》①

第十四条　预防洗钱的措施

一、各缔约国均应当：

（一）在其权限范围内，对银行和非银行金融机构，包括对办理资金或者价值转移正规或非正规业务的自然人或者法人，并在适当情况下对特别易于涉及洗钱的其他机构，建立全面的国内管理和监督制度，以便遏制并监测各种形式的洗钱，这种制度应当着重就验证客户身份和视情况验证实际受益人身份、保持记录和报告可疑交易作出规定；

---

① “1. 根据《中华人民共和国香港特别行政区基本法》第一百五十三条和《中华人民共和国澳门特别行政区基本法》第一百三十八条的规定，中华人民共和国决定，公约适用于中华人民共和国香港特别行政区和澳门特别行政区。2. 根据公约第六条第三款的规定，指定中华人民共和国监察部为协助其他缔约国制定和实施具体预防腐败措施的机关（国家预防腐败局设立后，我国于 2007 年 12 月照会联合国秘书长，中国指定“国家预防腐败局为协助其他缔约国制定和实施具体预防腐败措施的机关”）；就香港特别行政区而言，香港特别行政区廉政公署为协助其他缔约国制定和实施具体预防腐败措施的机关；就澳门特别行政区而言，澳门特别行政区廉政公署为协助其他缔约国制定和实施具体预防腐败措施的机关。3. 根据公约第四十六条第十三款的规定，指定中华人民共和国最高人民检察院为负责和接受司法协助请求等事宜的中央机关；就香港特别行政区而言，香港特别行政区律政司司长为负责和接受司法协助请求等事宜的中央机关；就澳门特别行政区而言，澳门特别行政区行政法务司为负责和接受司法协助请求等事宜的中央机关。4. 根据公约第四十六条第十四款的规定，中华人民共和国仅接受以中文提出的司法协助请求；就香港特别行政区而言，仅接受以英文或中文提出的司法协助请求；就澳门特别行政区而言，仅接受以中文或葡萄牙文提出的司法协助请求。”载北大法宝网，https://www. pkulaw. com，最后访问日期：2022 年 10 月 20 日。——本书注

（二）在不影响本公约第四十六条的情况下，确保行政、管理、执法和专门打击洗钱的其他机关（在本国法律许可时可以包括司法机关）能够根据本国法律规定的条件，在国家和国际一级开展合作和交换信息，并应当为此目的考虑建立金融情报机构，作为国家中心收集、分析和传递关于潜在洗钱活动的信息。

二、缔约国应当考虑实施可行的措施，监测和跟踪现金和有关流通票据跨境转移的情况，但必须有保障措施，以确保信息的正当使用而且不致以任何方式妨碍合法资本的移动。这类措施可以包括要求个人和企业报告大额现金和有关流通票据的跨境转移。

三、缔约国应当考虑实施适当而可行的措施，要求包括汇款业务机构在内的金融机构：

（一）在电子资金划拨单和相关电文中列入关于发端人的准确而有用的信息；

（二）在整个支付过程中保留这种信息；

（三）对发端人信息不完整的资金转移加强审查。

四、吁请缔约国在建立本条所规定的国内管理和监督制度时，在不影响本公约其他任何条款的情况下将区域、区域间和多边组织的有关反洗钱举措作为指南。

五、缔约国应当努力为打击洗钱而在司法机关、执法机关和金融监管机关之间开展和促进全球、区域、分区域及双边合作。

第二十三条 对犯罪所得的洗钱行为

一、各缔约国均应当根据本国法律的基本原则采取必要的立法和其他措施，将下列故意实施的行为规定为犯罪：

（一）1. 明知财产为犯罪所得，为隐瞒或者掩饰该财产的非法来源，或者为协助任何参与实施上游犯罪者逃避其行为的法律后果而转换或者转移该财产；

2. 明知财产为犯罪所得而隐瞒或者掩饰该财产的真实性质、来源、所在地、处分、转移、所有权或者有关的权利；

（二）在符合本国法律制度基本概念的情况下：

1. 在得到财产时，明知其为犯罪所得而仍获取、占有或者使用；

2. 对本条所确立的任何犯罪的参与、协同或者共谋实施、实施未遂以及协助、教唆、便利和参谋实施；

二、为实施或者适用本条第一款：

（一）各缔约国均应当寻求将本条第一款适用于范围最为广泛的上游犯罪；

（二）各缔约国均应当至少将其根据本公约确立的各类犯罪列为上游犯罪；

（三）就上文第（二）项而言，上游犯罪应当包括在有关缔约国管辖范围之内和之外实施的犯罪。但是,如果犯罪发生在一缔约国管辖权范围之外,则只有当该行为根据其发生地所在国法律为犯罪,而且根据实施或者适用本条的缔约国的法律该行为若发生在该国也为犯罪时,才构成上游犯罪;

(四)各缔约国均应当向联合国秘书长提供其实施本条的法律以及这类法律随后的任何修改的副本或说明;

(五)在缔约国本国法律基本原则要求的情况下,可以规定本条第一款所列犯罪不适用于实施上游犯罪的人。

第二十四条　窝赃

在不影响本公约第二十三条的规定的情况下,各缔约国均应当考虑采取必要的立法和其他措施,将下述故意实施的行为规定为犯罪:行为所涉及的人员虽未参与根据本公约确立的任何犯罪,但在这些犯罪实施后,明知财产是根据本公约确立的任何犯罪的结果而窝藏或者继续保留这种财产。

4. 打击洗钱、恐怖融资与扩散融资的国际标准:FATF 建议①

B. 洗钱与没收

……

3. 洗钱犯罪

各国应当以《维也纳公约》与《巴勒莫公约》为基础,将洗钱行为规定为犯罪。各国还应当将洗钱犯罪适用于所有严重犯罪,旨在涵盖最广泛的上游犯罪。

4. 没收与临时措施

各国应采取类似于《维也纳公约》、《巴勒莫公约》和《联合国制止向恐怖主义提供资助的国际公约》规定的措施(包括立法措施),使主管部门能够在不损害善意第三人合法权益的情况下,冻结、扣押或没收以下财产:(a)被清洗的财产;(b)洗钱或上游犯罪的收益,以及用于或企图用于洗钱或上游犯罪的工具;(c)作为恐怖融资、恐怖行为或恐怖组织收益的财产,以及被用于、被企图用于或被指定用于恐怖融资、恐怖行为或恐怖组织的财产;(d)同等价值的财产。

这些措施应该包括以下授权:(a)识别、追查和评估应予没收的财产;(b)采取冻结、扣押等临时措施,防止上述财产被出售、转移或处置;(c)采取措施避免制定有可能妨碍国家冻结、扣押或追缴应没收财产的规定,或取消现有此类规定;(d)使用

---

① 金融行动特别工作组(FATF)是独立的政府间组织,旨在制定和促进实施保护国际金融体系免受洗钱、恐怖融资风险和大规模杀伤性武器扩散融资危害的政策。FATF 的 40 项建议是国际公认的反洗钱(AML)与反恐怖融资(CFT)标准。

适当的调查手段。

在本国法律原则允许的范围内，各国应考虑采取措施允许不经刑事定罪即可没收此类收益或工具（不定罪没收），或者要求违法者就涉嫌没收的财产来源合法性进行举证。

……

建议3的释义（洗钱犯罪）

1. 各国应当以1988年《联合国禁止非法贩运麻醉药品和精神药物公约》（简称《维也纳公约》）、2000年《联合国打击跨国有组织犯罪公约》（简称《巴勒莫公约》）为基础，将洗钱行为规定为刑事犯罪。

2. 各国应当将洗钱罪适用于所有的严重犯罪，以涵盖最为广泛的上游犯罪。上游犯罪可以规定为所有犯罪；或规定为特定类型严重犯罪的组合；或规定为量刑在一定刑期以上的严重犯罪（量刑起点法）；或列出上游犯罪清单；或这些方法的组合。

3. 在各国采用量刑起点法的情形下，上游犯罪应至少包括本国法律规定的所有严重犯罪，或者应当包括最高可判处一年以上监禁的罪行；对于法律制度存在最低犯罪起点的国家，上游犯罪应当包括所有可至少判处六个月以上监禁的罪行。

4. 无论采用何种方法，各国上游犯罪至少应当包括每一种指定的犯罪类型。洗钱犯罪应当扩展到任何类型的财产，无论其价值大小以及是否直接或间接代表犯罪收益。在证明财产是犯罪收益时，当事人以上游犯罪被定罪不是必要条件。

5. 洗钱的上游犯罪应当扩展到在他国发生并在他国构成犯罪，若该行为发生在本国也同样构成上游犯罪的行为。各国可以规定，唯一的先决条件是若该行为发生在本国会构成上游犯罪。

6. 如本国的基本法律原则有要求，各国可以规定洗钱罪不适用于实施上游犯罪的人。

7. 各国应当确保：

（a）证明洗钱罪所要求的目的和认知要件可以通过客观实际情况推断。

（b）对判决为犯洗钱罪的自然人采取有效的、适当的和劝诫性的刑事处罚。

（c）法人应当承担刑事责任和处罚，在承担刑事责任不可行时（鉴于本国法律的基本原则），应当承担民事或行政责任和处罚。在允许适用多种责任的国家，不应排除对法人同时适用刑事、民事和行政程序。这些措施不应与自然人承担的刑事责任有所区别。所有的处罚应当有效、适当且具有劝诫性。

（d）除非本国法律的基本原则不允许，应当规定洗钱犯罪的附属性犯罪，包括参与，合伙或共谋实施，实施未遂，以及帮助、教唆、便利、参谋实施罪行。

5.《中国人民银行法》

第四条　中国人民银行履行下列职责：

（一）发布与履行其职责有关的命令和规章；

（二）依法制定和执行货币政策；

（三）发行人民币，管理人民币流通；

（四）监督管理银行间同业拆借市场和银行间债券市场；

（五）实施外汇管理，监督管理银行间外汇市场；

（六）监督管理黄金市场；

（七）持有、管理、经营国家外汇储备、黄金储备；

（八）经理国库；

（九）维护支付、清算系统的正常运行；

（十）指导、部署金融业反洗钱工作，负责反洗钱的资金监测；

（十一）负责金融业的统计、调查、分析和预测；

（十二）作为国家的中央银行，从事有关的国际金融活动；

（十三）国务院规定的其他职责。

中国人民银行为执行货币政策，可以依照本法第四章的有关规定从事金融业务活动。

第三十二条　中国人民银行有权对金融机构以及其他单位和个人的下列行为进行检查监督：

（一）执行有关存款准备金管理规定的行为；

（二）与中国人民银行特种贷款有关的行为；

（三）执行有关人民币管理规定的行为；

（四）执行有关银行间同业拆借市场、银行间债券市场管理规定的行为；

（五）执行有关外汇管理规定的行为；

（六）执行有关黄金管理规定的行为；

（七）代理中国人民银行经理国库的行为；

（八）执行有关清算管理规定的行为；

（九）执行有关反洗钱规定的行为。

前款所称中国人民银行特种贷款，是指国务院决定的由中国人民银行向金融机构发放的用于特定目的的贷款。

6.《反洗钱法》[①](略)

7.《反恐怖主义法》

第十四条 金融机构和特定非金融机构对国家反恐怖主义工作领导机构的办事机构公告的恐怖活动组织和人员的资金或者其他资产,应当立即予以冻结,并按照规定及时向国务院公安部门、国家安全部门和反洗钱行政主管部门报告。

第二十四条 国务院反洗钱行政主管部门、国务院有关部门、机构依法对金融机构和特定非金融机构履行反恐怖主义融资义务的情况进行监督管理。

国务院反洗钱行政主管部门发现涉嫌恐怖主义融资的,可以依法进行调查,采取临时冻结措施。

第二十六条 海关在对进出境人员携带现金和无记名有价证券实施监管的过程中,发现涉嫌恐怖主义融资的,应当立即通报国务院反洗钱行政主管部门和有管辖权的公安机关。

8.《反有组织犯罪法》

第十七条 国务院反洗钱行政主管部门、国务院其他有关部门、机构应当督促金融机构和特定非金融机构履行反洗钱义务。发现与有组织犯罪有关的可疑交易活动的,有关主管部门可以依法进行调查,经调查不能排除洗钱嫌疑的,应当及时向公安机关报案。

第四十二条 公安机关可以向反洗钱行政主管部门查询与有组织犯罪相关的信息数据,提请协查与有组织犯罪相关的可疑交易活动,反洗钱行政主管部门应当予以配合并及时回复。

第四十八条 监察机关、公安机关、人民检察院发现与有组织犯罪相关的洗钱以及掩饰、隐瞒犯罪所得、犯罪所得收益等犯罪的,应当依法查处。

9.《国务院办公厅关于完善反洗钱、反恐怖融资、反逃税监管体制机制的意见》(国办函〔2017〕84号)

反洗钱工作部际联席会议各成员单位:

反洗钱、反恐怖融资、反逃税(以下统称"三反")监管体制机制是建设中国特色

---

① 2007年1月1日起施行的《反洗钱法》已日益不适应国际和国内反洗钱形势,有必要进行全面修正。2021年6月1日,中国人民银行发布了《关于〈中华人民共和国反洗钱法(修订草案公开征求意见稿)〉公开征求意见的通知》,向全社会公开征求意见。草案稿强化"风险为本"的工作理念,扩张了反洗钱监测范围,完善了反洗钱义务主体及配合义务,完善了反洗钱调查制度,加大了反洗钱行政处罚力度等。鉴于《反洗钱法》面临全面修订,这里不再引用旧法的全文。需要说明的是,本部分其他法律、法规、部门规章及规范性文件引用《反洗钱法》的,在《反洗钱法》修订后均应对照修订的条文和精神进行理解。——本书注

社会主义法治体系和现代金融监管体系的重要内容，是推进国家治理体系和治理能力现代化、维护经济社会安全稳定的重要保障，是参与全球治理、扩大金融业双向开放的重要手段。反洗钱法公布实施以来，我国“三反”监管体制机制建设取得重大进展，工作成效明显，与国际通行标准基本保持一致。同时也要看到，相关领域仍然存在一些突出矛盾和问题，主要是监管制度尚不健全、协调合作机制仍不顺畅、跨部门数据信息共享程度不高、履行反洗钱义务的机构（以下简称反洗钱义务机构）履职能力不足、国际参与度和话语权与我国国际地位不相称等。为深入持久推进“三反”监管体制机制建设，完善“三反”监管措施，经国务院同意，现提出如下意见。

一、总体要求

（一）指导思想。

全面贯彻党的十八大和十八届三中、四中、五中、六中全会精神，以邓小平理论、“三个代表”重要思想、科学发展观为指导，深入贯彻习近平总书记系列重要讲话精神和治国理政新理念新思想新战略，认真落实党中央、国务院决策部署，坚持总体国家安全观，遵循推进国家治理体系和治理能力现代化的要求，完善“三反”监管体制机制。

（二）基本原则。

坚持问题导向，发挥工作合力。进一步解放思想，从基本国情和实际工作需要出发，深入研究、有效解决“三反”监管体制机制存在的问题。反洗钱行政主管部门、税务机关、公安机关要切实履职，国务院银行业、证券、保险监督管理机构及其他相关单位要发挥工作积极性，形成“三反”合力。探索建立以金融情报为纽带、以资金监测为手段、以数据信息共享为基础、符合国家治理需要的“三反”监管体制机制。

坚持防控为本，有效化解风险。开展全面科学的风险评估，根据风险水平和分布进一步优化监管资源配置，强化高风险领域监管。同时，不断优化风险评估机制和监测分析系统，健全风险预防体系，有效防控洗钱、恐怖融资和逃税风险。

坚持立足国情，为双向开放提供服务保障。根据国内洗钱、恐怖融资和逃税风险实际情况，逐步建立健全“三反”法律制度和监管规则。根据有关国际条约或者按照平等互利原则开展国际合作。忠实履行我国应当承担的国际义务，严格执行国际标准，加强跨境监管合作，切实维护我国金融机构合法权益，为金融业双向开放保驾护航。

坚持依法行政，充分发挥反洗钱义务机构主体作用。依法确定相关单位职责，确保各司其职，主动作为，严控风险。重视和发挥反洗钱义务机构在预防洗钱、恐怖融资和逃税方面的“第一道防线”作用。

（三）目标要求。

到2020年，初步形成适应社会主义市场经济要求、适合中国国情、符合国际标准的“三反”法律法规体系，建立职责清晰、权责对等、配合有力的“三反”监管协调合作机制，有效防控洗钱、恐怖融资和逃税风险。

二、健全工作机制

（四）加强统筹协调，完善组织机制。进一步完善反洗钱工作部际联席会议制度，统筹“三反”监管工作。以反洗钱工作部际联席会议为依托，强化部门间“三反”工作组织协调机制，制定整体战略、重要政策和措施，推动贯彻落实，指导“三反”领域国际合作，加强监管合作。

（五）研究设计洗钱和恐怖融资风险评估体系，建立反洗钱和反恐怖融资战略形成机制。积极发挥风险评估在发现问题、完善体制机制、配置资源方面的基础性作用，开展风险导向的反洗钱和反恐怖融资战略研究。建立国家层面的洗钱和恐怖融资风险评估指标体系和评估机制，成立由反洗钱行政主管部门、税务机关、公安机关、国家安全机关、司法机关以及国务院银行业、证券、保险监督管理机构和其他行政机关组成的洗钱和恐怖融资风险评估工作组，定期开展洗钱和恐怖融资风险评估工作。以风险评估发现的问题为导向，制定并定期更新反洗钱和反恐怖融资战略，确定反洗钱和反恐怖融资工作的阶段性目标、主要任务和重大举措，明确任务分工，加大高风险领域反洗钱监管力度。建立多层次评估结果运用机制，由相关单位和反洗钱义务机构根据评估结果有针对性地完善反洗钱和反恐怖融资工作，提升资源配置效率，提高风险防控有效性。

（六）强化线索移送和案件协查，优化打击犯罪合作机制。加强反洗钱行政主管部门、税务机关与监察机关、侦查机关、行政执法机关间的沟通协调，进一步完善可疑交易线索合作机制，加强情报会商和信息反馈机制，分析洗钱、恐怖融资和逃税的形势与趋势，不断优化反洗钱调查的策略、方法和技术。反洗钱行政主管部门要加强可疑交易线索移送和案件协查工作，相关单位要加强对线索使用查处情况的及时反馈，形成打击洗钱、恐怖融资和逃税的合力，维护金融秩序和社会稳定。

（七）加强监管协调，健全监管合作机制。在行业监管规则中嵌入反洗钱监管要求，构建涵盖事前、事中、事后的完整监管链条。充分发挥反洗钱工作部际联席会议作用，加强反洗钱行政主管部门和金融监管部门之间的协调，完善监管制度、政策和措施，开展联合监管行动，共享监管信息，协调跨境监管合作。

（八）依法使用政务数据，健全数据信息共享机制。以依法合规为前提、资源整合为目标，探索研究“三反”数据信息共享标准和统计指标体系，明确相关单位的数据提供责任和数据使用权限。稳步推进数据信息共享机制建设，既要严格依法行政，保护商业秘密和个人隐私，又要推进相关数据库建设，鼓励各方参与共享。建立相关单位间的电子化网络，为实现安全、高效的数据信息共享提供支撑。

（九）优化监管资源配置，研究完善监管资源保障机制。按照金融领域全覆盖、特定非金融行业高风险领域重点监管的目标，适时扩大反洗钱、反恐怖融资监管范围。优化监管资源配置与使用，统筹考虑“三反”监管资源保障问题，为“三反”监管提供充足人力物力。

三、完善法律制度

（十）推动研究完善相关刑事立法，修改惩治洗钱犯罪和恐怖融资犯罪相关规定。按照我国参加的国际公约和明确承诺执行的国际标准要求，研究扩大洗钱罪的上游犯罪范围，将上游犯罪本犯纳入洗钱罪的主体范围。对照国际公约要求，根据我国反恐实际需要，推动逐步完善有关恐怖融资犯罪的刑事立法，加强司法解释工作。研究建立相关司法工作激励机制，提升反洗钱工作追偿效果。

（十一）明确执行联合国安理会反恐怖融资相关决议的程序。建立定向金融制裁名单的认定发布制度，明确相关单位在名单提交、审议、发布、监督执行、除名等方面的职责分工。完善和细化各行政主管部门、金融监管部门和反洗钱义务机构执行联合国安理会反恐怖融资决议要求的程序规定和监管措施，进一步明确资产冻结时效、范围、程序、善意第三人保护及相关法律责任，保证联合国安理会相关决议执行时效。

（十二）加强特定非金融机构风险监测，探索建立特定非金融机构反洗钱和反恐怖融资监管制度。加强反洗钱行政主管部门、税务机关与特定非金融行业主管部门间的协调配合，密切关注非金融领域的洗钱、恐怖融资和逃税风险变化情况，对高风险行业开展风险评估，研究分析行业洗钱、恐怖融资和逃税风险分布及发展趋势，提出“三反”监管政策建议。对于反洗钱国际标准明确提出要求的房地产中介、贵金属和珠宝玉石销售、公司服务等行业及其他存在较高风险的特定非金融行业，逐步建立反洗钱和反恐怖融资监管制度。按照“一业一策”原则，由反洗钱行政主管部门会同特定非金融行业主管部门发布特定行业的反洗钱和反恐怖融资监管制度，根据行业监管现状、被监管机构经营特点等确定行业反洗钱和反恐怖融资监管模式。积极发挥行业协会和自律组织的作用，指导行业协会制定本行业反洗钱和反恐怖融资工作指引。

（十三）加强监管政策配套，健全风险防控制度。研究建立各监管部门对新成立反洗钱义务机构、非营利组织及其董事、监事和高级管理人员的反洗钱背景审查制度，严格审核发起人、股东、实际控制人、最终受益人和董事、监事、高级管理人员背景，审查资金来源和渠道，从源头上防止不法分子通过创设组织机构进行洗钱、恐怖融资和逃税活动。研究各类无记名可转让有价证券的洗钱风险以及需纳入监管的重点，研究无记名可转让有价证券价值甄别和真伪核验技术，明确反洗钱行政主管部门与海关监管分工，推动对跨境携带无记名可转让有价证券的监管及通报制度尽快出台。制定海关向反洗钱行政主管部门、公安机关、国家安全机关通报跨境携带现金信息的具体程序，完善跨境异常资金监测制度。

四、健全预防措施

（十四）建立健全防控风险为本的监管机制，引导反洗钱义务机构有效化解风险。以有效防控风险为目标，持续优化反洗钱监管政策框架，合理确定反洗钱监管风险容忍度，建立健全监管政策传导机制，督促、引导、激励反洗钱义务机构积极主动加强洗钱和恐怖融资风险管理，充分发挥其在预防洗钱、恐怖融资和逃税方面的"第一道防线"作用。综合运用反洗钱监管政策工具，推行分类监管，完善风险预警和应急处置机制，切实强化对高风险市场、高风险业务和高风险机构的反洗钱监管。

（十五）强化法人监管措施，提升监管工作效率。反洗钱行政主管部门和国务院银行业、证券、保险监督管理机构要加强反洗钱监管，以促进反洗钱义务机构自我管理、自主管理风险为目标，逐步建立健全法人监管框架。围绕法人机构和分支机构、集团公司和子公司在风险管理中的不同定位和功能，对反洗钱监管政策适度分层分类。加强反洗钱义务机构总部内控机制要求，强化董事、监事和高级管理人员责任，督促反洗钱义务机构提高履行反洗钱义务的执行力。探索建立与法人监管相适应的监管分工合作机制，搭建满足法人监管需要的技术平台，逐步实现反洗钱监管信息跨区域共享。在严格遵守保密规定的前提下，研究建立反洗钱义务机构之间的反洗钱工作信息交流平台和交流机制。

（十六）健全监测分析体系，提升监测分析水平。不断拓宽反洗钱监测分析数据信息来源，依法推动数据信息在相关单位间的双向流动和共享。强化反洗钱监测分析工作的组织协调，有针对性地做好对重点领域、重点地区、重点人群的监测分析工作。不断延伸反洗钱监管触角，将相关单位关于可疑交易报告信息使用情况的反馈信息和评价意见，作为反洗钱行政主管部门开展反洗钱义务机构可疑交易报告评价工作的重要依据。丰富非现场监管政策工具，弥补书面审查工作的不足。发挥会计师事务所、律师事务所等专业服务机构在反洗钱监测预警和依法处置中的积极作用，研究专业服务机构有关反洗钱的制度措施。

（十七）鼓励创新和坚守底线并重，妥善应对伴随新业务和新业态出现的风险。

建立健全反洗钱义务机构洗钱和恐怖融资风险自评估制度,对新产品、新业务、新技术、新渠道产生的洗钱和恐怖融资风险自主进行持续识别和评估,动态监测市场风险变化,完善有关反洗钱监管要求。强化反洗钱义务机构自主管理风险的责任,反洗钱义务机构推出新产品、新业务前,须开展洗钱和恐怖融资风险自评估,并按照风险评估结果采取有效的风险防控措施。鼓励反洗钱义务机构利用大数据、云计算等新技术提升反洗钱和反恐怖融资工作有效性。

(十八)完善跨境异常资金监控机制,预防打击跨境金融犯罪活动。以加强异常交易监测为切入点,综合运用外汇交易监测、跨境人民币交易监测和反洗钱资金交易监测等信息,及时发现跨境洗钱和恐怖融资风险。遵循反洗钱国际标准有关支付清算透明度的要求,指导金融机构加强风险管理,增强跨境人民币清算体系的"三反"监测预警功能,维护人民币支付清算体系的良好声誉,降低金融机构跨境业务风险。

(十九)建立健全培训教育机制,培养建设专业人才队伍。建立全面覆盖各类反洗钱义务机构的反洗钱培训教育机制,提升相关人员反洗钱工作水平。积极鼓励创新反洗钱培训教育形式,充分利用现代科技手段扩大受众范围,加大对基层人员的教育培训力度。

五、严惩违法犯罪活动

(二十)有效整合稽查资源,严厉打击涉税违法犯罪。建立健全随机抽查制度和案源管理制度,增强稽查质效。推行风险管理导向下的定向稽查模式,增强稽查的精准性和震慑力。防范和打击税基侵蚀及利润转移。在全国范围内开展跨部门、跨区域专项打击行动,联合查处一批骗取出口退税和虚开增值税专用发票重大案件,摧毁一批职业化犯罪团伙和网络,严惩一批违法犯罪企业和人员,挽回国家税款损失,有效遏制骗取出口退税和虚开增值税专用发票违法犯罪活动高发多发势头,维护国家税收秩序和税收安全。

(二十一)建立打击关税违法犯罪活动合作机制。加强反洗钱行政主管部门与海关缉私部门的协作配合,合力打击偷逃关税违法犯罪活动。反洗钱行政主管部门要与海关缉私部门联合开展有关偷逃关税非法资金流动特征模型的研究,提升对偷逃关税违法犯罪资金线索的监测分析能力,及时向海关缉私部门通报;会同国务院银行业监督管理机构积极协助海关缉私部门打击偷逃关税违法犯罪活动资金交易,扩大打击偷逃关税违法犯罪活动成果,形成打击合力。海关缉私部门要及时将工作中发现的洗钱活动线索通报反洗钱行政主管部门及相关有权机关,积极协助反洗钱行政主管部门及相关有权机关开展工作。

(二十二)加大反洗钱调查工作力度,建立健全洗钱类型分析工作机制。进一步规范反洗钱调查工作程序，完善反洗钱调查流程，优化调查手段，加强可疑交易线索分析研判，加强反洗钱调查和线索移送，积极配合有权机关的协查请求，不断增强反洗钱调查工作实效。加强洗钱类型分析和风险提示，指导反洗钱义务机构开展洗钱类型分析，及时向反洗钱义务机构发布洗钱风险提示，督促反洗钱义务机构加强风险预警。

六、深化国际合作

（二十三）做好反洗钱和反恐怖融资互评估，树立良好国际形象。切实履行成员义务，积极做好金融行动特别工作组（FATF）反洗钱和反恐怖融资互评估。将国际组织评估作为完善和改进反洗钱工作的重要契机，组织动员相关单位和反洗钱义务机构，严格对照反洗钱国际标准，结合我国实际情况，切实提高反洗钱工作合规性和有效性。

（二十四）深化反洗钱国际合作，促进我国总体战略部署顺利实施。进一步深入参与反洗钱国际标准研究、制定和监督执行，积极参与反洗钱国际（区域）组织内部治理改革和重大决策，提升我国在反洗钱国际（区域）组织中的话语权和影响力。继续加强反洗钱双边交流与合作，推进中美反洗钱和反恐怖融资监管合作。建立与部分重点国家（地区）的反洗钱监管合作机制，督促指导中资金融机构及其海外分支机构提升反洗钱工作意识和水平，维护其合法权益。配合“一带一路”倡议，做好与周边国家（地区）的反洗钱交流与合作。加强沟通协调，稳步推进加入埃格蒙特集团相关工作。利用国际金融情报交流平台，拓展反洗钱情报渠道。

（二十五）深化反逃税国际合作，维护我国税收权益。深度参与二十国集团税制改革成果转化，积极参与国际税收规则制定，积极发出中国声音，提出中国方案，贡献中国智慧，切实提升中国税务话语权。加强双多边税收合作，充分发挥国际税收信息交换的作用，提高税收透明度，严厉打击国际逃避税，充分发挥反逃避税对反洗钱的积极作用，同时运用好反洗钱机制，不断提高反逃避税的精准度。

七、创造良好社会氛围

（二十六）加强自律管理，充分发挥自律组织积极作用。各主管部门要指导相关行业协会积极参与“三反”工作，制定反洗钱自律规则和工作指引，加强自律管理，强化反洗钱义务机构守法、诚信、自律意识，推动反洗钱义务机构积极参与和配合“三反”工作，促进反洗钱义务机构之间交流信息和经验，营造积极健康的反洗钱合规环境。

（二十七）持续开展宣传教育，提升社会公众参与配合意识。建立常态化的“三反”宣传教育机制，向社会公众普及“三反”基本常识，提示风险，提高社会公众自我保护能力。采取灵活多样的形式开展宣传教育，提升社会公众“三反”意识，增强其主动配合“三反”工作的意愿，为开展“三反”工作营造良好氛围。

10.《金融机构反洗钱规定》(中国人民银行令〔2006〕第1号)

第一条 为了预防洗钱活动，规范反洗钱监督管理行为和金融机构的反洗钱工作，维护金融秩序，根据《中华人民共和国反洗钱法》、《中华人民共和国中国人民银行法》等有关法律、行政法规，制定本规定。

第二条 本规定适用于在中华人民共和国境内依法设立的下列金融机构：

(一)商业银行、城市信用合作社、农村信用合作社、邮政储汇机构、政策性银行；

(二)证券公司、期货经纪公司、基金管理公司；

(三)保险公司、保险资产管理公司；

(四)信托投资公司、金融资产管理公司、财务公司、金融租赁公司、汽车金融公司、货币经纪公司；

(五)中国人民银行确定并公布的其他金融机构。

从事汇兑业务、支付清算业务和基金销售业务的机构适用本规定对金融机构反洗钱监督管理的规定。

第三条 中国人民银行是国务院反洗钱行政主管部门，依法对金融机构的反洗钱工作进行监督管理。中国银行业监督管理委员会、中国证券监督管理委员会、中国保险监督管理委员会在各自的职责范围内履行反洗钱监督管理职责。

中国人民银行在履行反洗钱职责过程中，应当与国务院有关部门、机构和司法机关相互配合。

第四条 中国人民银行根据国务院授权代表中国政府开展反洗钱国际合作。中国人民银行可以和其他国家或者地区的反洗钱机构建立合作机制，实施跨境反洗钱监督管理。

第五条 中国人民银行依法履行下列反洗钱监督管理职责：

(一)制定或者会同中国银行业监督管理委员会、中国证券监督管理委员会和中国保险监督管理委员会制定金融机构反洗钱规章；

(二)负责人民币和外币反洗钱的资金监测；

(三)监督、检查金融机构履行反洗钱义务的情况；

(四)在职责范围内调查可疑交易活动；

(五)向侦查机关报告涉嫌洗钱犯罪的交易活动；

(六)按照有关法律、行政法规的规定，与境外反洗钱机构交换与反洗钱有关的信息和资料；

（七）国务院规定的其他有关职责。

第六条 中国人民银行设立中国反洗钱监测分析中心，依法履行下列职责：

（一）接收并分析人民币、外币大额交易和可疑交易报告；

（二）建立国家反洗钱数据库，妥善保存金融机构提交的大额交易和可疑交易报告信息；

（三）按照规定向中国人民银行报告分析结果；

（四）要求金融机构及时补正人民币、外币大额交易和可疑交易报告；

（五）经中国人民银行批准，与境外有关机构交换信息、资料；

（六）中国人民银行规定的其他职责。

第七条 中国人民银行及其工作人员应当对依法履行反洗钱职责获得的信息予以保密，不得违反规定对外提供。

中国反洗钱监测分析中心及其工作人员应当对依法履行反洗钱职责获得的客户身份资料、大额交易和可疑交易信息予以保密；非依法律规定，不得向任何单位和个人提供。

第八条 金融机构及其分支机构应当依法建立健全反洗钱内部控制制度，设立反洗钱专门机构或者指定内设机构负责反洗钱工作，制定反洗钱内部操作规程和控制措施，对工作人员进行反洗钱培训，增强反洗钱工作能力。

金融机构及其分支机构的负责人应当对反洗钱内部控制制度的有效实施负责。

第九条 金融机构应当按照规定建立和实施客户身份识别制度。

（一）对要求建立业务关系或者办理规定金额以上的一次性金融业务的客户身份进行识别，要求客户出示真实有效的身份证件或者其他身份证明文件，进行核对并登记，客户身份信息发生变化时，应当及时予以更新；

（二）按照规定了解客户的交易目的和交易性质，有效识别交易的受益人；

（三）在办理业务中发现异常迹象或者对先前获得的客户身份资料的真实性、有效性、完整性有疑问的，应当重新识别客户身份；

（四）保证与其有代理关系或者类似业务关系的境外金融机构进行有效的客户身份识别，并可从该境外金融机构获得所需的客户身份信息。

前款规定的具体实施办法由中国人民银行会同中国银行业监督管理委员会、中国证券监督管理委员会和中国保险监督管理委员会制定。

第十条 金融机构应当在规定的期限内，妥善保存客户身份资料和能够反映每笔交易的数据信息、业务凭证、账簿等相关资料。

前款规定的具体实施办法由中国人民银行会同中国银行业监督管理委员会、中国证券监督管理委员会、中国保险监督管理委员会制定。

第十一条　金融机构应当按照规定向中国反洗钱监测分析中心报告人民币、外币大额交易和可疑交易。

前款规定的具体实施办法由中国人民银行另行制定。

第十二条　中国人民银行会同中国银行业监督管理委员会、中国证券监督管理委员会、中国保险监督管理委员会指导金融行业自律组织制定本行业的反洗钱工作指引。

第十三条　金融机构在履行反洗钱义务过程中，发现涉嫌犯罪的，应当及时以书面形式向中国人民银行当地分支机构和当地公安机关报告。

第十四条　金融机构及其工作人员应当依法协助、配合司法机关和行政执法机关打击洗钱活动。

金融机构的境外分支机构应当遵循驻在国家或者地区反洗钱方面的法律规定，协助配合驻在国家或者地区反洗钱机构的工作。

第十五条　金融机构及其工作人员对依法履行反洗钱义务获得的客户身份资料和交易信息应当予以保密；非依法律规定，不得向任何单位和个人提供。

金融机构及其工作人员应当对报告可疑交易、配合中国人民银行调查可疑交易活动等有关反洗钱工作信息予以保密，不得违反规定向客户和其他人员提供。

第十六条　金融机构及其工作人员依法提交大额交易和可疑交易报告，受法律保护。

第十七条　金融机构应当按照中国人民银行的规定，报送反洗钱统计报表、信息资料以及稽核审计报告中与反洗钱工作有关的内容。

第十八条　中国人民银行及其分支机构根据履行反洗钱职责的需要，可以采取下列措施进行反洗钱现场检查：

（一）进入金融机构进行检查；

（二）询问金融机构的工作人员，要求其对有关检查事项作出说明；

（三）查阅、复制金融机构与检查事项有关的文件、资料，并对可能被转移、销毁、隐匿或者篡改的文件资料予以封存；

（四）检查金融机构运用电子计算机管理业务数据的系统。

中国人民银行或者其分支机构实施现场检查前，应填写现场检查立项审批表，列明检查对象、检查内容、时间安排等内容，经中国人民银行或者其分支机构负责人批准后实施。

现场检查时，检查人员不得少于2人，并应出示执法证和检查通知书；检查人员少于2人或者未出示执法证和检查通知书的,金融机构有权拒绝检查。

现场检查后,中国人民银行或者其分支机构应当制作现场检查意见书,加盖公章,送达被检查机构。现场检查意见书的内容包括检查情况、检查评价、改进意见与措施。

第十九条 中国人民银行及其分支机构根据履行反洗钱职责的需要,可以与金融机构董事、高级管理人员谈话,要求其就金融机构履行反洗钱义务的重大事项作出说明。

第二十条 中国人民银行对金融机构实施现场检查,必要时将检查情况通报中国银行业监督管理委员会、中国证券监督管理委员会或者中国保险监督管理委员会。

第二十一条 中国人民银行或者其省一级分支机构发现可疑交易活动需要调查核实的,可以向金融机构调查可疑交易活动涉及的客户账户信息、交易记录和其他有关资料,金融机构及其工作人员应当予以配合。

前款所称中国人民银行或者其省一级分支机构包括中国人民银行总行、上海总部、分行、营业管理部、省会(首府)城市中心支行、副省级城市中心支行。

第二十二条 中国人民银行或者其省一级分支机构调查可疑交易活动,可以询问金融机构的工作人员,要求其说明情况;查阅、复制被调查的金融机构客户的账户信息、交易记录和其他有关资料;对可能被转移、隐藏、篡改或者毁损的文件、资料,可以封存。

调查可疑交易活动时,调查人员不得少于2人,并出示执法证和中国人民银行或者其省一级分支机构出具的调查通知书。查阅、复制、封存被调查的金融机构客户的账户信息、交易记录和其他有关资料,应当经中国人民银行或者其省一级分支机构负责人批准。调查人员违反规定程序的,金融机构有权拒绝调查。

询问应当制作询问笔录。询问笔录应当交被询问人核对。记载有遗漏或者差错的,被询问人可以要求补充或者更正。被询问人确认笔录无误后,应当签名或者盖章;调查人员也应当在笔录上签名。

调查人员封存文件、资料,应当会同在场的金融机构工作人员查点清楚,当场开列清单一式二份,由调查人员和在场的金融机构工作人员签名或者盖章,一份交金融机构,一份附卷备查。

第二十三条 经调查仍不能排除洗钱嫌疑的,应当立即向有管辖权的侦查机关报案。对客户要求将调查所涉及的账户资金转往境外的,金融机构应当立即向中国人民银行当地分支机构报告。经中国人民银行负责人批准,中国人民银行可以采取临时冻结措施,并以书面形式通知金融机构,金融机构接到通知后应当立即予以执行。

侦查机关接到报案后,认为需要继续冻结的,金融机构在接到侦查机关继续冻结的通知后,应当予以配合。侦查机关认为不需要继续冻结的,中国人民银行在接到侦查机关不需要继续冻结的通知后,应当立即以书面形式通知金融机构解除临时冻结。

临时冻结不得超过48小时。金融机构在按照中国人民银行的要求采取临时冻结措施后48小时内,未接到侦查机关继续冻结通知的,应当立即解除临时冻结。

第二十四条 中国人民银行及其分支机构从事反洗钱工作的人员有下列行为之一的,依法给予行政处分:

(一)违反规定进行检查、调查或者采取临时冻结措施的;

(二)泄露因反洗钱知悉的国家秘密、商业秘密或者个人隐私的;

(三)违反规定对有关机构和人员实施行政处罚的;

(四)其他不依法履行职责的行为。

第二十五条 金融机构违反本规定的,由中国人民银行或者其地市中心支行以上分支机构按照《中华人民共和国反洗钱法》第三十一条、第三十二条的规定进行处罚;区别不同情形,建议中国银行业监督管理委员会、中国证券监督管理委员会或者中国保险监督管理委员会采取下列措施:

(一)责令金融机构停业整顿或者吊销其经营许可证;

(二)取消金融机构直接负责的董事、高级管理人员和其他直接责任人员的任职资格、禁止其从事有关金融行业工作;

(三)责令金融机构对直接负责的董事、高级管理人员和其他直接责任人员给予纪律处分。

中国人民银行县(市)支行发现金融机构违反本规定的,应报告其上一级分支机构,由该分支机构按照前款规定进行处罚或提出建议。

第二十六条 中国人民银行和其地市中心支行以上分支机构对金融机构违反本规定的行为给予行政处罚的,应当遵守《中国人民银行行政处罚程序规定》的有关规定。

第二十七条 本规定自2007年1月1日起施行。2003年1月3日中国人民银行发布的《金融机构反洗钱规定》同时废止。

11.《金融机构大额交易和可疑交易报告管理办法》(中国人民银行令〔2016〕第3号、〔2018〕第2号)[①]

第一章　总　　则

第一条　为了规范金融机构大额交易和可疑交易报告行为,根据《中华人民共和国反洗钱法》、《中华人民共和国中国人民银行法》、《中华人民共和国反恐怖主义法》等有关法律法规,制定本办法。

第二条　本办法适用于在中华人民共和国境内依法设立的下列金融机构:

(一)政策性银行、商业银行、农村合作银行、农村信用社、村镇银行。

(二)证券公司、期货公司、基金管理公司。

(三)保险公司、保险资产管理公司、保险专业代理公司、保险经纪公司。

(四)信托公司、金融资产管理公司、企业集团财务公司、金融租赁公司、汽车金融公司、消费金融公司、货币经纪公司、贷款公司。

(五)中国人民银行确定并公布的应当履行反洗钱义务的从事金融业务的其他机构。

第三条　金融机构应当履行大额交易和可疑交易报告义务,向中国反洗钱监测分析中心报送大额交易和可疑交易报告,接受中国人民银行及其分支机构的监督、检查。

第四条　金融机构应当通过其总部或者总部指定的一个机构,按本办法规定的路径和方式提交大额交易和可疑交易报告。

第二章　大额交易报告

第五条　金融机构应当报告下列大额交易:

(一)当日单笔或者累计交易人民币5万元以上(含5万元)、外币等值1万美元以上(含1万美元)的现金缴存、现金支取、现金结售汇、现钞兑换、现金汇款、现金票据解付及其他形式的现金收支。

(二)非自然人客户银行账户与其他的银行账户发生当日单笔或者累计交易人民币200万元以上(含200万元)、外币等值20万美元以上(含20万美元)的款项划转。

(三)自然人客户银行账户与其他的银行账户发生当日单笔或者累计交易人民币50万元以上(含50万元)、外币等值10万美元以上(含10万美元)的境内款项

---

① 金融机构大额交易和可疑交易报告制度是公安、司法机关在办案中发现洗钱犯罪线索的重要参考。——本书注。

划转。

（四）自然人客户银行账户与其他的银行账户发生当日单笔或者累计交易人民币20万元以上（含20万元）、外币等值1万美元以上（含1万美元）的跨境款项划转。

累计交易金额以客户为单位，按资金收入或者支出单边累计计算并报告。中国人民银行另有规定的除外。

中国人民银行根据需要可以调整本条第一款规定的大额交易报告标准。

第六条　对同时符合两项以上大额交易标准的交易，金融机构应当分别提交大额交易报告。

第七条　对符合下列条件之一的大额交易，如未发现交易或行为可疑的，金融机构可以不报告：

（一）定期存款到期后，不直接提取或者划转，而是本金或者本金加全部或者部分利息续存入在同一金融机构开立的同一户名下的另一账户。

活期存款的本金或者本金加全部或者部分利息转为在同一金融机构开立的同一户名下的另一账户内的定期存款。

定期存款的本金或者本金加全部或者部分利息转为在同一金融机构开立的同一户名下的另一账户内的活期存款。

（二）自然人实盘外汇买卖交易过程中不同外币币种间的转换。

（三）交易一方为各级党的机关、国家权力机关、行政机关、司法机关、军事机关、人民政协机关和人民解放军、武警部队，但不包含其下属的各类企事业单位。

（四）金融机构同业拆借、在银行间债券市场进行的债券交易。

（五）金融机构在黄金交易所进行的黄金交易。

（六）金融机构内部调拨资金。

（七）国际金融组织和外国政府贷款转贷业务项下的交易。

（八）国际金融组织和外国政府贷款项下的债务掉期交易。

（九）政策性银行、商业银行、农村合作银行、农村信用社、村镇银行办理的税收、错账冲正、利息支付。

（十）中国人民银行确定的其他情形。

第八条　金融机构应当在大额交易发生之日起5个工作日内以电子方式提交大额交易报告。

第九条　下列金融机构与客户进行金融交易并通过银行账户划转款项的，由银行机构按照本办法规定提交大额交易报告：

（一）证券公司、期货公司、基金管理公司。

（二）保险公司、保险资产管理公司、保险专业代理公司、保险经纪公司。

（三）信托公司、金融资产管理公司、企业集团财务公司、金融租赁公司、汽车金融公司、消费金融公司、货币经纪公司、贷款公司。

第十条 客户通过在境内金融机构开立的账户或者境内银行卡所发生的大额交易，由开立账户的金融机构或者发卡银行报告；客户通过境外银行卡所发生的大额交易，由收单机构报告；客户不通过账户或者银行卡发生的大额交易，由办理业务的金融机构报告。

第三章 可疑交易报告

第十一条 金融机构发现或者有合理理由怀疑客户、客户的资金或者其他资产、客户的交易或者试图进行的交易与洗钱、恐怖融资等犯罪活动相关的，不论所涉资金金额或者资产价值大小，应当提交可疑交易报告。

第十二条 金融机构应当制定本机构的交易监测标准，并对其有效性负责。交易监测标准包括并不限于客户的身份、行为，交易的资金来源、金额、频率、流向、性质等存在异常的情形，并应当参考以下因素：

（一）中国人民银行及其分支机构发布的反洗钱、反恐怖融资规定及指引、风险提示、洗钱类型分析报告和风险评估报告。

（二）公安机关、司法机关发布的犯罪形势分析、风险提示、犯罪类型报告和工作报告。

（三）本机构的资产规模、地域分布、业务特点、客户群体、交易特征，洗钱和恐怖融资风险评估结论。

（四）中国人民银行及其分支机构出具的反洗钱监管意见。

（五）中国人民银行要求关注的其他因素。

第十三条 金融机构应当定期对交易监测标准进行评估，并根据评估结果完善交易监测标准。如发生突发情况或者应当关注的情况的，金融机构应当及时评估和完善交易监测标准。

第十四条 金融机构应当对通过交易监测标准筛选出的交易进行人工分析、识别，并记录分析过程；不作为可疑交易报告的，应当记录分析排除的合理理由；确认为可疑交易的，应当在可疑交易报告理由中完整记录对客户身份特征、交易特征或行为特征的分析过程。

第十五条 金融机构应当在按本机构可疑交易报告内部操作规程确认为可疑交易后，及时以电子方式提交可疑交易报告。

第十六条 既属于大额交易又属于可疑交易的交易，金融机构应当分别提交大额交易报告和可疑交易报告。

第十七条 可疑交易符合下列情形之一的，金融机构应当在向中国反洗钱监测分析中心提交可疑交易报告的同时，以电子形式或书面形式向所在地中国人民银行或者其分支机构报告，并配合反洗钱调查：

（一）明显涉嫌洗钱、恐怖融资等犯罪活动的。

（二）严重危害国家安全或者影响社会稳定的。

（三）其他情节严重或者情况紧急的情形。

第十八条 金融机构应当对下列恐怖活动组织及恐怖活动人员名单开展实时监测，有合理理由怀疑客户或者其交易对手、资金或者其他资产与名单相关的，应当在立即向中国反洗钱监测分析中心提交可疑交易报告的同时，以电子形式或书面形式向所在地中国人民银行或者其分支机构报告，并按照相关主管部门的要求依法采取措施。

（一）中国政府发布的或者要求执行的恐怖活动组织及恐怖活动人员名单。

（二）联合国安理会决议中所列的恐怖活动组织及恐怖活动人员名单。

（三）中国人民银行要求关注的其他涉嫌恐怖活动的组织及人员名单。

恐怖活动组织及恐怖活动人员名单调整的，金融机构应当立即开展回溯性调查，并按前款规定提交可疑交易报告。

法律、行政法规、规章对上述名单的监控另有规定的，从其规定。

第四章 内部管理措施

第十九条 金融机构应当根据本办法制定大额交易和可疑交易报告内部管理制度和操作规程，对本机构的大额交易和可疑交易报告工作做出统一要求，并对分支机构、附属机构大额交易和可疑交易报告制度的执行情况进行监督管理。

金融机构应当将大额交易和可疑交易报告制度向中国人民银行或其总部所在地的中国人民银行分支机构报备。

第二十条 金融机构应当设立专职的反洗钱岗位，配备专职人员负责大额交易和可疑交易报告工作，并提供必要的资源保障和信息支持。

第二十一条 金融机构应当建立健全大额交易和可疑交易监测系统，以客户为基本单位开展资金交易的监测分析，全面、完整、准确地采集各业务系统的客户身份信息和交易信息，保障大额交易和可疑交易监测分析的数据需求。

第二十二条 金融机构应当按照完整准确、安全保密的原则，将大额交易和可疑交易报告、反映交易分析和内部处理情况的工作记录等资料自生成之日起至少保存5年。

保存的信息资料涉及正在被反洗钱调查的可疑交易活动，且反洗钱调查工作在前款规定的最低保存期届满时仍未结束的，金融机构应将其保存至反洗钱调查工作结束。

第二十三条 金融机构及其工作人员应当对依法履行大额交易和可疑交易报告义务获得的客户身份资料和交易信息，对依法监测、分析、报告可疑交易的有关情况予以保密，不得违反规定向任何单位和个人提供。

第五章 法律责任

第二十四条 金融机构违反本办法的，由中国人民银行或者其地市中心支行以上分支机构按照《中华人民共和国反洗钱法》第三十一条、第三十二条的规定予以处罚。

第六章 附则

第二十五条 非银行支付机构、从事汇兑业务和基金销售业务的机构报告大额交易和可疑交易适用本办法。银行卡清算机构、资金清算中心等从事清算业务的机构应当按照中国人民银行有关规定开展交易监测分析、报告工作。

本办法所称非银行支付机构，是指根据《非金融机构支付服务管理办法》（中国人民银行令〔2010〕第2号发布）规定取得《支付业务许可证》的支付机构。

本办法所称资金清算中心，包括城市商业银行资金清算中心、农信银资金清算中心有限责任公司及中国人民银行确定的其他资金清算中心。

第二十六条 本办法所称非自然人，包括法人、其他组织和个体工商户。

第二十七条 金融机构应当按照本办法所附的大额交易和可疑交易报告要素要求（要素内容见附件），制作大额交易报告和可疑交易报告的电子文件。具体的报告格式和填报要求由中国人民银行另行规定。

第二十八条 中国反洗钱监测分析中心发现金融机构报送的大额交易报告或者可疑交易报告内容要素不全或者存在错误的，可以向提交报告的金融机构发出补正通知，金融机构应当在接到补正通知之日起5个工作日内补正。

第二十九条 本办法由中国人民银行负责解释。

第三十条 本办法自2017年7月1日起施行。中国人民银行2006年11月14日发布的《金融机构大额交易和可疑交易报告管理办法》（中国人民银行令〔2006〕第2号）和2007年6月11日发布的《金融机构报告涉嫌恐怖融资的可疑交易管理办法》（中国人民银行令〔2007〕第1号）同时废止。中国人民银行此前发布的大额交易和可疑交易报告的其他规定，与本办法不一致的，以本办法为准。

12.《金融机构反洗钱和反恐怖融资监督管理办法》(中国人民银行令〔2021〕第3号)

第一章　总　　则

第一条　为了督促金融机构有效履行反洗钱和反恐怖融资义务,规范反洗钱和反恐怖融资监督管理行为,根据《中华人民共和国反洗钱法》、《中华人民共和国中国人民银行法》、《中华人民共和国反恐怖主义法》等法律法规,制定本办法。

第二条　本办法适用于在中华人民共和国境内依法设立的下列金融机构:

(一)开发性金融机构、政策性银行、商业银行、农村合作银行、农村信用合作社、村镇银行;

(二)证券公司、期货公司、证券投资基金管理公司;

(三)保险公司、保险资产管理公司;

(四)信托公司、金融资产管理公司、企业集团财务公司、金融租赁公司、汽车金融公司、消费金融公司、货币经纪公司、贷款公司、银行理财子公司;

(五)中国人民银行确定并公布应当履行反洗钱和反恐怖融资义务的其他金融机构。

非银行支付机构、银行卡清算机构、资金清算中心、网络小额贷款公司以及从事汇兑业务、基金销售业务、保险专业代理和保险经纪业务的机构,适用本办法关于金融机构的监督管理规定。

第三条　中国人民银行及其分支机构依法对金融机构反洗钱和反恐怖融资工作进行监督管理。

第四条　金融机构应当按照规定建立健全反洗钱和反恐怖融资内部控制制度,评估洗钱和恐怖融资风险,建立与风险状况和经营规模相适应的风险管理机制,搭建反洗钱信息系统,设立或者指定部门并配备相应人员,有效履行反洗钱和反恐怖融资义务。

第五条　对依法履行反洗钱和反恐怖融资职责或者义务获得的客户身份资料和交易信息,应当予以保密,非依法律规定不得对外提供。

第二章　金融机构反洗钱和反恐怖融资内部控制和风险管理

第六条　金融机构应当按照规定,结合本机构经营规模以及洗钱和恐怖融资风险状况,建立健全反洗钱和反恐怖融资内部控制制度。

第七条　金融机构应当在总部层面建立洗钱和恐怖融资风险自评估制度,定期或不定期评估洗钱和恐怖融资风险,经董事会或者高级管理层审定之日起10个工作日内,将自评估情况报送中国人民银行或者所在地中国人民银行分支机构。

金融机构洗钱和恐怖融资风险自评估应当与本机构经营规模和业务特征相适应，充分考虑客户、地域、业务、交易渠道等方面的风险要素类型及其变化情况，并吸收运用国家洗钱和恐怖融资风险评估报告、监管部门及自律组织的指引等。金融机构在采用新技术、开办新业务或者提供新产品、新服务前，或者其面临的洗钱或者恐怖融资风险发生显著变化时，应当进行洗钱和恐怖融资风险评估。

金融机构应当定期审查和不断优化洗钱和恐怖融资风险评估工作流程和指标体系。

第八条 金融机构应当根据本机构经营规模和已识别出的洗钱和恐怖融资风险状况，经董事会或者高级管理层批准，制定相应的风险管理政策，并根据风险状况变化和控制措施执行情况及时调整。

金融机构应当将洗钱和恐怖融资风险管理纳入本机构全面风险管理体系，覆盖各项业务活动和管理流程；针对识别的较高风险情形，应当采取强化措施，管理和降低风险；针对识别的较低风险情形，可以采取简化措施；超出金融机构风险控制能力的，不得与客户建立业务关系或者进行交易，已经建立业务关系的，应当中止交易并考虑提交可疑交易报告，必要时终止业务关系。

第九条 金融机构应当设立专门部门或者指定内设部门牵头开展反洗钱和反恐怖融资管理工作。

金融机构应当明确董事会、监事会、高级管理层和相关部门的反洗钱和反恐怖融资职责，建立相应的绩效考核和奖惩机制。

金融机构应当任命或者授权一名高级管理人员牵头负责反洗钱和反恐怖融资管理工作，并采取合理措施确保其独立开展工作以及充分获取履职所需权限和资源。

金融机构应当根据本机构经营规模、洗钱和恐怖融资风险状况和业务发展趋势配备充足的反洗钱岗位人员，采取适当措施确保反洗钱岗位人员的资质、经验、专业素质及职业道德符合要求，制定持续的反洗钱和反恐怖融资培训计划。

第十条 金融机构应当根据反洗钱和反恐怖融资工作需要，建立和完善相关信息系统，并根据风险状况、反洗钱和反恐怖融资工作需求变化及时优化升级。

第十一条 金融机构应当建立反洗钱和反恐怖融资审计机制，通过内部审计或者独立审计等方式，审查反洗钱和反恐怖融资内部控制制度制定和执行情况。审计应当遵循独立性原则，全面覆盖境内外分支机构、控股附属机构，审计的范围、方法和频率应当与本机构经营规模及洗钱和恐怖融资风险状况相适应，审计报告应当向董事会或者其授权的专门委员会提交。

第十二条　金融机构应当在总部层面制定统一的反洗钱和反恐怖融资机制安排，包括为开展客户尽职调查、洗钱和恐怖融资风险管理，共享反洗钱和反恐怖融资信息的制度和程序，并确保其所有分支机构和控股附属机构结合自身业务特点有效执行。

金融机构在共享和使用反洗钱和反恐怖融资信息方面应当依法提供信息并防止信息泄露。

第十三条　金融机构应当要求其境外分支机构和控股附属机构在驻在国家（地区）法律规定允许的范围内，执行本办法；驻在国家（地区）有更严格要求的，遵守其规定。

如果本办法的要求比驻在国家（地区）的相关规定更为严格，但驻在国家（地区）法律禁止或者限制境外分支机构和控股附属机构实施本办法的，金融机构应当采取适当的补充措施应对洗钱和恐怖融资风险，并向中国人民银行报告。

第十四条　金融机构应当按照规定，结合内部控制制度和风险管理机制的相关要求，履行客户尽职调查、客户身份资料和交易记录保存、大额交易和可疑交易报告等义务。

第十五条　金融机构应当按照中国人民银行的规定报送反洗钱和反恐怖融资工作信息。金融机构应当对相关信息的真实性、完整性、有效性负责。

第十六条　在境外设有分支机构或控股附属机构的，境内金融机构总部应当按年度向中国人民银行或者所在地中国人民银行分支机构报告境外分支机构或控股附属机构接受驻在国家（地区）反洗钱和反恐怖融资监管情况。

第十七条　发生下列情况的，金融机构应当按照规定及时向中国人民银行或者所在地中国人民银行分支机构报告：

（一）制定或者修订主要反洗钱和反恐怖融资内部控制制度的；

（二）牵头负责反洗钱和反恐怖融资工作的高级管理人员、牵头管理部门或者部门主要负责人调整的；

（三）发生涉及反洗钱和反恐怖融资工作的重大风险事项的；

（四）境外分支机构和控股附属机构受到当地监管当局或者司法部门开展的与反洗钱和反恐怖融资相关的执法检查、行政处罚、刑事调查或者发生其他重大风险事件的；

（五）中国人民银行要求报告的其他事项。

第三章　反洗钱和反恐怖融资监督管理

第十八条　中国人民银行及其分支机构应当遵循风险为本和法人监管原则，合理运用各类监管方法,实现对不同类型金融机构的有效监管。

中国人民银行及其分支机构可以向国务院金融监督管理机构或者其派出机构通报对金融机构反洗钱和反恐怖融资监管情况。

第十九条 根据履行反洗钱和反恐怖融资职责的需要,中国人民银行及其分支机构可以按照规定程序,对金融机构履行反洗钱和反恐怖融资义务的情况开展执法检查。

中国人民银行及其分支机构可以对其下级机构负责监督管理的金融机构进行反洗钱和反恐怖融资执法检查,可以授权下级机构检查由上级机构负责监督管理的金融机构。

第二十条 中国人民银行及其分支机构开展反洗钱和反恐怖融资执法检查,应当依据现行反洗钱和反恐怖融资规定,按照中国人民银行执法检查有关程序规定组织实施。

第二十一条 中国人民银行及其分支机构应当根据执法检查有关程序规定,规范有效地开展执法检查工作,重点加强对以下机构的监督管理:

(一)涉及洗钱和恐怖融资案件的机构;

(二)洗钱和恐怖融资风险较高的机构;

(三)通过日常监管、受理举报投诉等方式,发现存在重大违法违规线索的机构;

(四)其他应当重点监管的机构。

第二十二条 中国人民银行及其分支机构进入金融机构现场开展反洗钱和反恐怖融资检查的,按照规定可以询问金融机构工作人员,要求其对监管事项作出说明;查阅、复制文件、资料,对可能被转移、隐匿或者销毁的文件、资料予以封存;查验金融机构运用信息化、数字化管理业务数据和进行洗钱和恐怖融资风险管理的系统。

第二十三条 中国人民银行及其分支机构应当根据金融机构报送的反洗钱和反恐怖融资工作信息,结合日常监管中获得的其他信息,对金融机构反洗钱和反恐怖融资制度的建立健全情况和执行情况进行评价。

第二十四条 为了有效实施风险为本监管,中国人民银行及其分支机构应当结合国家、地区、行业的洗钱和恐怖融资风险评估情况,在采集金融机构反洗钱和反恐怖融资信息的基础上,对金融机构开展风险评估,及时、准确掌握金融机构洗钱和恐怖融资风险状况。

第二十五条 为了解金融机构洗钱和恐怖融资风险状况,中国人民银行及其分支机构可以对金融机构开展洗钱和恐怖融资风险现场评估。

中国人民银行及其分支机构开展现场风险评估应当填制《反洗钱监管审批表》（附1）及《反洗钱监管通知书》（附2），经本行（营业管理部）行长（主任）或者分管副行长（副主任）批准后，至少提前5个工作日将《反洗钱监管通知书》送达被评估的金融机构。

中国人民银行及其分支机构可以要求被评估的金融机构提供必要的资料数据，也可以现场采集评估需要的信息。

在开展现场风险评估时，中国人民银行及其分支机构的反洗钱工作人员不得少于2人，并出示合法证件。

现场风险评估结束后，中国人民银行及其分支机构应当制发《反洗钱监管意见书》（附3），将风险评估结论和发现的问题反馈被评估的金融机构。

第二十六条　根据金融机构合规情况和风险状况，中国人民银行及其分支机构可以采取监管提示、约见谈话、监管走访等措施。在监管过程中，发现金融机构存在较高洗钱和恐怖融资风险或者涉嫌违反反洗钱和反恐怖融资规定的，中国人民银行及其分支机构应当及时开展执法检查。

第二十七条　金融机构存在洗钱和恐怖融资风险隐患，或者反洗钱和反恐怖融资工作存在明显漏洞，需要提示金融机构关注的，经中国人民银行或其分支机构反洗钱部门负责人批准，可以向该金融机构发出《反洗钱监管提示函》（附4），要求其采取必要的管控措施，督促其整改。

金融机构应当自收到《反洗钱监管提示函》之日起20个工作日内，经本机构分管反洗钱和反恐怖融资工作负责人签批后作出书面答复；不能及时作出答复的，经中国人民银行或者其所在地中国人民银行分支机构同意后，在延长时限内作出答复。

第二十八条　根据履行反洗钱和反恐怖融资职责的需要，针对金融机构反洗钱和反恐怖融资义务履行不到位、突出风险事件等重要问题，中国人民银行及其分支机构可以约见金融机构董事、监事、高级管理人员或者部门负责人进行谈话。

第二十九条　中国人民银行及其分支机构进行约见谈话前，应当填制《反洗钱监管审批表》及《反洗钱监管通知书》。约见金融机构董事、监事、高级管理人员，应当经本行（营业管理部）行长（主任）或者分管副行长（副主任）批准；约见金融机构部门负责人的，应当经本行（营业管理部）反洗钱部门负责人批准。

《反洗钱监管通知书》应当至少提前2个工作日送达被谈话机构。情况特殊需要立即进行约见谈话的，应当在约见谈话现场送达《反洗钱监管通知书》。

约见谈话时，中国人民银行及其分支机构反洗钱工作人员不得少于2人。谈话结束后，应当填写《反洗钱约谈记录》（附5）并经被谈话人签字确认。

第三十条 为了解、核实金融机构反洗钱和反恐怖融资政策执行情况以及监管意见整改情况，中国人民银行及其分支机构可以对金融机构开展监管走访。

第三十一条 中国人民银行及其分支机构进行监管走访前，应当填制《反洗钱监管审批表》及《反洗钱监管通知书》，由本行（营业管理部）行长（主任）或者分管副行长（副主任）批准。

《反洗钱监管通知书》应当至少提前5个工作日送达金融机构。情况特殊需要立即实施监管走访的，应当在进入金融机构现场时送达《反洗钱监管通知书》。

监管走访时，中国人民银行及其分支机构反洗钱工作人员不得少于2人，并出示合法证件。

中国人民银行及其分支机构应当做好监管走访记录，必要时，可以制发《反洗钱监管意见书》。

第三十二条 中国人民银行及其分支机构应当持续跟踪金融机构对监管发现问题的整改情况，对于未合理制定整改计划或者未有效实施整改的，可以启动执法检查或者进一步采取其他监管措施。

第三十三条 中国人民银行分支机构对金融机构分支机构依法实施行政处罚，或者在监管过程中发现涉及金融机构总部的重大问题、系统性缺陷的，应当及时将处罚决定或者监管意见抄送中国人民银行或者金融机构总部所在地中国人民银行分支机构。

第三十四条 中国人民银行及其分支机构监管人员违反规定程序或者超越职权规定实施监管的，金融机构有权拒绝或者提出异议。金融机构对中国人民银行及其分支机构提出的违法违规问题有权提出申辩，有合理理由的，中国人民银行及其分支机构应当采纳。

第四章 法律责任

第三十五条 中国人民银行及其分支机构从事反洗钱工作的人员，违反本办法有关规定的，按照《中华人民共和国反洗钱法》第三十条的规定予以处分。

第三十六条 金融机构违反本办法有关规定的，由中国人民银行或者其地市中心支行以上分支机构按照《中华人民共和国反洗钱法》第三十一条、第三十二条的规定进行处理；区别不同情形，建议国务院金融监督管理机构依法予以处理。

中国人民银行县（市）支行发现金融机构违反本规定的，应报告其上一级分支机构，由该分支机构按照前款规定进行处理或提出建议。

第五章 附　则

第三十七条 金融集团适用本办法第九条第四款、第十一条至第十三条的规定。

第三十八条　本办法由中国人民银行负责解释。

第三十九条　本办法自2021年8月1日起施行。本办法施行前有关反洗钱和反恐怖融资规定与本办法不一致的，按照本办法执行。《金融机构反洗钱监督管理办法（试行）》（银发〔2014〕344号文印发）同时废止。

附：（略）

13.《中国人民银行、工业和信息化部、中国银行业监督管理委员会、中国证券监督管理委员会、中国保险监督管理委员会关于防范比特币风险的通知》（银发〔2013〕289号）

近期，一种通过特定计算机程序计算出来的所谓“比特币”（Bitcoin）在国际上引起了广泛关注，国内也有一些机构和个人借机炒作比特币及与比特币相关的产品。为保护社会公众的财产权益，保障人民币的法定货币地位，防范洗钱风险，维护金融稳定，依据《中华人民共和国中国人民银行法》、《中华人民共和国反洗钱法》、《中华人民共和国商业银行法》、《中华人民共和国电信条例》等有关法律法规，现将有关事项通知如下：

一、正确认识比特币的属性

比特币具有没有集中发行方、总量有限、使用不受地域限制和匿名性等四个主要特点。虽然比特币被称为“货币”，但由于其不是由货币当局发行，不具有法偿性与强制性等货币属性，并不是真正意义的货币。从性质上看，比特币应当是一种特定的虚拟商品，不具有与货币等同的法律地位，不能且不应作为货币在市场上流通使用。

二、各金融机构和支付机构不得开展与比特币相关的业务

现阶段，各金融机构和支付机构不得以比特币为产品或服务定价，不得买卖或作为中央对手买卖比特币，不得承保与比特币相关的保险业务或将比特币纳入保险责任范围，不得直接或间接为客户提供其他与比特币相关的服务，包括：为客户提供比特币登记、交易、清算、结算等服务；接受比特币或以比特币作为支付结算工具；开展比特币与人民币及外币的兑换服务；开展比特币的储存、托管、抵押等业务；发行与比特币相关的金融产品；将比特币作为信托、基金等投资的投资标的等。

三、加强对比特币互联网站的管理

依据《中华人民共和国电信条例》和《互联网信息服务管理办法》，提供比特币登记、交易等服务的互联网站应当在电信管理机构备案。

电信管理机构根据相关管理部门的认定和处罚意见，依法对违法比特币互联网

站予以关闭。

四、防范比特币可能产生的洗钱风险

中国人民银行各分支机构应当密切关注比特币及其他类似的具有匿名、跨境流通便利等特征的虚拟商品的动向及态势，认真研判洗钱风险，研究制定有针对性的防范措施。各分支机构应当将在辖区内依法设立并提供比特币登记、交易等服务的机构纳入反洗钱监管，督促其加强反洗钱监测。

提供比特币登记、交易等服务的互联网站应切实履行反洗钱义务，对用户身份进行识别，要求用户使用实名注册，登记姓名、身份证号码等信息。各金融机构、支付机构以及提供比特币登记、交易等服务的互联网站如发现与比特币及其他虚拟商品相关的可疑交易，应当立即向中国反洗钱监测分析中心报告，并配合中国人民银行的反洗钱调查活动；对于发现使用比特币进行诈骗、赌博、洗钱等犯罪活动线索的，应及时向公安机关报案。

五、加强对社会公众货币知识的教育及投资风险提示

各部门和金融机构、支付机构在日常工作中应当正确使用货币概念，注重加强对社会公众货币知识的教育，将正确认识货币、正确看待虚拟商品和虚拟货币、理性投资、合理控制投资风险、维护自身财产安全等观念纳入金融知识普及活动的内容，引导社会公众树立正确的货币观念和投资理念。

……

14.《中国人民银行、中央网信办、最高人民法院、最高人民检察院、工业和信息化部、公安部、市场监管总局、银保监会、证监会、外汇局关于进一步防范和处置虚拟货币交易炒作风险的通知》(银发〔2021〕237号)

各省、自治区、直辖市政府，新疆生产建设兵团：

近期，虚拟货币交易炒作活动抬头，扰乱经济金融秩序，滋生赌博、非法集资、诈骗、传销、洗钱等违法犯罪活动，严重危害人民群众财产安全。为进一步防范和处置虚拟货币交易炒作风险，切实维护国家安全和社会稳定，依据《中华人民共和国中国人民银行法》《中华人民共和国商业银行法》《中华人民共和国证券法》《中华人民共和国网络安全法》《中华人民共和国电信条例》《防范和处置非法集资条例》《期货交易管理条例》《国务院关于清理整顿各类地方交易场所切实防范金融风险的决定》《国务院办公厅关于清理整顿各类交易场所的实施意见》等规定，现就有关事项通知如下：

一、明确虚拟货币和相关业务活动本质属性

(一)虚拟货币不具有与法定货币等同的法律地位。比特币、以太币、泰达币等

虚拟货币具有非货币当局发行、使用加密技术及分布式账户或类似技术、以数字化形式存在等主要特点，不具有法偿性，不应且不能作为货币在市场上流通使用。

（二）虚拟货币相关业务活动属于非法金融活动。开展法定货币与虚拟货币兑换业务、虚拟货币之间的兑换业务、作为中央对手方买卖虚拟货币、为虚拟货币交易提供信息中介和定价服务、代币发行融资以及虚拟货币衍生品交易等虚拟货币相关业务活动涉嫌非法发售代币票券、擅自公开发行证券、非法经营期货业务、非法集资等非法金融活动，一律严格禁止，坚决依法取缔。对于开展相关非法金融活动构成犯罪的，依法追究刑事责任。

（三）境外虚拟货币交易所通过互联网向我国境内居民提供服务同样属于非法金融活动。对于相关境外虚拟货币交易所的境内工作人员，以及明知或应知其从事虚拟货币相关业务，仍为其提供营销宣传、支付结算、技术支持等服务的法人、非法人组织和自然人，依法追究有关责任。

（四）参与虚拟货币投资交易活动存在法律风险。任何法人、非法人组织和自然人投资虚拟货币及相关衍生品，违背公序良俗的，相关民事法律行为无效，由此引发的损失由其自行承担；涉嫌破坏金融秩序、危害金融安全的，由相关部门依法查处。

二、建立健全应对虚拟货币交易炒作风险的工作机制

（五）部门协同联动。人民银行会同中央网信办、最高人民法院、最高人民检察院、工业和信息化部、公安部、市场监管总局、银保监会、证监会、外汇局等部门建立工作协调机制，协同解决工作中的重大问题，督促指导各地区按统一部署开展工作。

（六）强化属地落实。各省级人民政府对本行政区域内防范和处置虚拟货币交易炒作相关风险负总责，由地方金融监管部门牵头，国务院金融管理部门分支机构以及网信、电信主管、公安、市场监管等部门参加，建立常态化工作机制，统筹调动资源，积极预防、妥善处理虚拟货币交易炒作有关问题，维护经济金融秩序和社会和谐稳定。

三、加强虚拟货币交易炒作风险监测预警

（七）全方位监测预警。各省级人民政府充分发挥地方监测预警机制作用，线上监测和线下排查相结合，提高识别发现虚拟货币交易炒作活动的精度和效率。人民银行、中央网信办等部门持续完善加密资产监测技术手段，实现虚拟货币“挖矿”、交易、兑换的全链条跟踪和全时信息备份。金融管理部门指导金融机构和非银行支付机构加强对涉虚拟货币交易资金的监测工作。

（八）建立信息共享和快速反应机制。在各省级人民政府领导下，地方金融监管部门会同国务院金融管理部门分支机构、网信部门、公安机关等加强线上监控、线下摸排、资金监测的有效衔接，建立虚拟货币交易炒作信息共享和交叉验证机制，以及

预警信息传递、核查、处置快速反应机制。

四、构建多维度、多层次的风险防范和处置体系

（九）金融机构和非银行支付机构不得为虚拟货币相关业务活动提供服务。金融机构和非银行支付机构不得为虚拟货币相关业务活动提供账户开立、资金划转和清算结算等服务，不得将虚拟货币纳入抵质押品范围，不得开展与虚拟货币相关的保险业务或将虚拟货币纳入保险责任范围，发现违法违规问题线索应及时向有关部门报告。

（十）加强对虚拟货币相关的互联网信息内容和接入管理。互联网企业不得为虚拟货币相关业务活动提供网络经营场所、商业展示、营销宣传、付费导流等服务，发现违法违规问题线索应及时向有关部门报告，并为相关调查、侦查工作提供技术支持和协助。网信和电信主管部门根据金融管理部门移送的问题线索及时依法关闭开展虚拟货币相关业务活动的网站、移动应用程序、小程序等互联网应用。

（十一）加强对虚拟货币相关的市场主体登记和广告管理。市场监管部门加强市场主体登记管理，企业、个体工商户注册名称和经营范围中不得含有“虚拟货币”“虚拟资产”“加密货币”“加密资产”等字样或内容。市场监管部门会同金融管理部门依法加强对涉虚拟货币相关广告的监管，及时查处相关违法广告。

（十二）严厉打击虚拟货币相关非法金融活动。发现虚拟货币相关非法金融活动问题线索后，地方金融监管部门会同国务院金融管理部门分支机构等相关部门依法及时调查认定、妥善处置，并严肃追究有关法人、非法人组织和自然人的法律责任，涉及犯罪的，移送司法机关依法查处。

（十三）严厉打击涉虚拟货币犯罪活动。公安部部署全国公安机关继续深入开展“打击洗钱犯罪专项行动”“打击跨境赌博专项行动”“断卡行动”，依法严厉打击虚拟货币相关业务活动中的非法经营、金融诈骗等犯罪活动，利用虚拟货币实施的洗钱、赌博等犯罪活动和以虚拟货币为噱头的非法集资、传销等犯罪活动。

（十四）加强行业自律管理。中国互联网金融协会、中国支付清算协会、中国银行业协会加强会员管理和政策宣传，倡导和督促会员单位抵制虚拟货币相关非法金融活动，对违反监管政策和行业自律规则的会员单位，依照有关自律管理规定予以惩戒。依托各类行业基础设施开展虚拟货币交易炒作风险监测，及时向有关部门移送问题线索。

五、强化组织实施

（十五）加强组织领导和统筹协调。各部门、各地区要高度重视应对虚拟货币交易炒作风险工作，加强组织领导，明确工作责任，形成中央统筹、属地实施、条块结

合、共同负责的长效工作机制，保持高压态势，动态监测风险，采取有力措施，防范化解风险，依法保护人民群众财产安全，全力维护经济金融秩序和社会稳定。

（十六）加强政策解读和宣传教育。各部门、各地区及行业协会要充分运用各类媒体等传播渠道，通过法律政策解读、典型案例剖析、投资风险教育等方式，向社会公众宣传虚拟货币炒作等相关业务活动的违法性、危害性及其表现形式等，增强社会公众风险防范意识。

重点案例要旨

1. 汪某洗钱案[①]——最高人民法院公报案例

【要旨】为获得不法利益，明知他人从事毒品犯罪活动，掌握的大量资金可能系毒品犯罪所得，仍积极协助他人以购买股份的形式投资企业经营，并掩饰、隐藏该项资金的性质及来源的，其行为构成洗钱罪。

2. 曾某洗钱案[②]——最高人民检察院、中国人民银行2021年发布的惩治洗钱犯罪典型案例

【要旨】（1）检察机关办理涉黑案件时，要对与黑社会性质组织及其违法犯罪活动有关的财产进行深入审查，深挖为黑社会性质组织转移、隐匿财产的洗钱犯罪线索，打财断血，摧毁其死灰复燃的经济基础。发现洗钱犯罪线索的，应当通知公安机关立案侦查；发现遗漏应当移送起诉的犯罪嫌疑人和犯罪事实的，应当要求公安机关补充移送起诉；犯罪事实清楚，证据确实、充分的，可以直接提起公诉。

（2）黑社会性质的组织犯罪所得及其产生的收益，包括在黑社会性质组织的形成、发展过程中，该组织及组织成员通过违法犯罪活动或其他不正当手段聚敛的全部财物、财产性权益及其孳息、收益。认定黑社会性质组织及其成员实施的各种犯罪所得及其产生的收益，可以从涉案财产是否为该组织及其成员通过违法犯罪行为获取、是否系利用黑社会性质组织影响力和控制力获取、是否用于黑社会性质组织的日常开支和发展壮大等方面综合判断。

（3）对上游犯罪所得及其产生的收益的认识，包括知道或者应当知道。检察机关办理涉黑洗钱案件，要注意审查洗钱犯罪嫌疑人与黑社会性质组织成员交往细节、密切程度、身份背景、从业经历等证据，补强其了解、知悉黑社会性质组织及具体

① 参见《最高人民法院公报》2004年第10期。

② 参见最高检央行联合发布惩治洗钱犯罪典型案例，载中华人民共和国最高人民检察院网，https://www.spp.gov.cn，最后访问日期：2022年11月16日。

犯罪行为的证据;对黑社会性质组织称霸一方实施违法犯罪的事实知情,辩称对相关行为的法律定性不知情的,不影响对主观故意的认定。

(4)发挥行政、司法职能作用,做好行刑衔接与配合。人民银行是反洗钱行政主管部门,要加强对大额交易和可疑交易信息的收集分析监测,发现重大嫌疑主动开展反洗钱调查,并向司法机关提供洗钱犯罪线索和侦查协助。人民检察院办案中发现洗钱犯罪线索,可以主动向人民银行调取所涉账户资金来源、去向的证据,对大额取现、频繁划转、使用关联人账户等异常资金流转情况可以联同公安机关、人民银行反洗钱部门等进行分析研判,及时固定洗钱犯罪主要证据。

3. 雷某、李某洗钱案①——最高人民检察院、中国人民银行2021年发布的惩治洗钱犯罪典型案例

【要旨】(1)在非法集资等犯罪持续期间帮助转移犯罪所得及收益的行为,可以构成洗钱罪。非法集资等犯罪存在较长期的持续状态,在犯罪持续期间帮助犯罪分子转移犯罪所得及收益,符合《刑法》第191条规定的,应当认定为洗钱罪。上游犯罪是否结束,不影响洗钱罪的构成,洗钱行为在上游犯罪实施终了前着手实施的,可以认定洗钱罪。

(2)洗钱犯罪手段多样,变化频繁,本质都是通过隐匿资金流转关系,掩饰、隐瞒犯罪所得及收益的来源和性质。本案被告人为隐匿资金真实去向,大额取现或者将大额赃款在多个账户间进行频繁划转;为避免直接转账留下痕迹,将转账拆分为先取现后存款,人为割裂交易链条,利用银行支付结算业务采取了多种手段实施洗钱犯罪。实践中除上述方式外,还有利用汇兑、托收承付、委托收款或者开立票据、信用证以及利用第三方支付、第四方支付等互联网支付业务实施的洗钱犯罪,资金转移方式更专业,洗钱手段更隐蔽。检察机关在办案中要透过资金往来表象,认识行为本质,准确识别各类洗钱手段。

(3)充分发挥金融机构、行政监管和刑事司法反洗钱工作合力,共同落实反洗钱义务和责任。金融机构应当建立并严格执行反洗钱内部控制制度,履行客户尽职调查义务、大额交易和可疑交易报告义务,充分发挥反洗钱"第一防线"的作用。人民银行要加强监管,对涉嫌洗钱的可疑交易活动进行反洗钱调查,对金融机构反洗钱履职不力的违法行为作出行政处罚,涉嫌犯罪的,应当及时移送公安机关立案侦查。人民检察院要充分发挥法律监督职能作用和刑事诉讼中指控证明犯罪的主导责任,

① 参见最高检央行联合发布惩治洗钱犯罪典型案例,载中华人民共和国最高人民检察院网,https://www.spp.gov.cn,最后访问日期:2022年11月16日。

准确追诉犯罪，发现金融机构涉嫌行政违法的，及时移送人民银行调查处理，促进行业治理。

4. 陈某枝洗钱案[①]——最高人民检察院、中国人民银行2021年发布的惩治洗钱犯罪典型案例

【要旨】(1)利用虚拟货币跨境兑换，将犯罪所得及收益转换成境外法定货币或者财产，是洗钱犯罪新手段，洗钱数额以兑换虚拟货币实际支付的资金数额计算。虽然我国监管机关明确禁止代币发行融资和兑换活动，但由于各个国家和地区对比特币等虚拟货币采取的监管政策存在差异，通过境外虚拟货币服务商、交易所，可实现虚拟货币与法定货币的自由兑换，虚拟货币被利用并成为跨境清洗资金的新手段。

(2)根据利用虚拟货币洗钱犯罪的交易特点收集运用证据，查清法定货币与虚拟货币的转换过程。要按照虚拟货币交易流程，收集行为人将赃款转换为虚拟货币、将虚拟货币兑换成法定货币或者使用虚拟货币的交易记录等证据，包括比特币地址、密钥，行为人与比特币持有者的联络信息和资金流向数据等。

(3)上游犯罪查证属实，尚未依法裁判，或者依法不追究刑事责任的，不影响洗钱罪的认定和起诉。在追诉犯罪过程中，可能存在上游犯罪与洗钱犯罪的侦查、起诉以及审判活动不同步的情形，或者因上游犯罪嫌疑人潜逃、死亡、未达到刑事责任年龄等出现暂时无法追究刑事责任或者依法不追究刑事责任等情形。洗钱罪虽是下游犯罪，但是仍然是独立的犯罪，从惩治犯罪的必要性和及时性考虑，存在上述情形时，可以将上游犯罪作为洗钱犯罪的案内事实进行审查，根据相关证据能够认定上游犯罪的，上游犯罪未经刑事判决确认不影响对洗钱罪的认定。

(4)人民检察院对办案当中发现的洗钱犯罪新手段新类型新情况，要及时向人民银行通报反馈，提示犯罪风险、提出意见建议，帮助丰富反洗钱监测模型、完善监管措施。人民银行要充分发挥反洗钱国际合作职能，向国际反洗钱组织主动提供成功案例，通报新型洗钱手段和应对措施，深度参与反洗钱国际治理，向世界展示中国作为负责任的大国在反洗钱工作方面的决心和力度。

5. 张某洗钱案[②]——最高人民检察院、中国人民银行2021年发布的惩治洗钱犯罪典型案例

【要旨】(1)检察机关对需要补充侦查的案件，可以退回公安机关补充侦查，也

---

① 参见最高检央行联合发布惩治洗钱犯罪典型案例，载中华人民共和国最高人民检察院网，https://www.spp.gov.cn，最后访问日期：2022年11月20日。

② 参见最高检央行联合发布惩治洗钱犯罪典型案例，载中华人民共和国最高人民检察院网，https://www.spp.gov.cn，最后访问日期：2022年11月20日。

可以自行侦查。特别是对经退回补充侦查,公安机关未按补充侦查要求补充收集证据,关键证据存在灭失风险,需要及时收集固定,侦查活动可能存在违法情形的,检察机关应当依法自行侦查,并将自行侦查的结果向公安机关通报,对侦查人员怠于侦查的情况提出纠正意见。

(2)检察机关对洗钱罪上游犯罪开展自行侦查的,应当同步审查是否涉嫌洗钱犯罪。在自行侦查、同步审查时,应当注意全面收集、审查上游犯罪所得及收益的去向相关证据,如资金转账、交易记录等。发现洗钱犯罪线索的,应当将犯罪线索和收集的证据及时移送公安机关立案侦查,并做好跟踪监督工作,依法惩治洗钱犯罪。

(3)有效运用自行侦查追缴违法所得,切实维护人民群众合法权益。非法集资案件中,犯罪分子往往通过各种违法手段转移非法集资款,集资参与人损失惨重。以追踪资金为导向,严惩转移非法集资款的洗钱犯罪,有利于及时查清资金去向,有效截断资金转移链条,提高追缴犯罪所得的效率效果。在依法查办陈某集资诈骗案过程中,检察机关主动作为,依法自行侦查、立案监督、追诉张某洗钱罪,会同公安机关及时查清、查封涉案资产,追缴犯罪所得,返还集资参与人,有力维护了人民群众合法权益。

6. 林某娜、林某吟等人洗钱案①——最高人民检察院、中国人民银行 2021 年发布的惩治洗钱犯罪典型案例

【要旨】(1)检察机关办理毒品案件时,应当深挖毒资毒赃,同步审查是否涉嫌洗钱犯罪。针对毒资毒赃清洗家族化、团伙化的特点,要重点审查家族成员、团伙成员之间资金来往情况,斩断毒品犯罪恶性循环的资金链条。对涉毒品洗钱犯罪提起公诉的,应当提出涉毒资产处理意见和财产刑量刑建议,并加强对适用财产刑的审判监督。

(2)广义的洗钱犯罪包括掩饰、隐瞒犯罪所得、犯罪所得收益罪,洗钱罪,窝藏、转移、隐瞒毒赃罪,应当准确区分适用。第一,洗钱犯罪是故意犯罪,三罪都要求对上游犯罪有认识、知悉。第二,掩饰、隐瞒犯罪所得、犯罪所得收益罪是一般规定,洗钱罪和窝藏、转移、隐瞒毒赃罪是特别规定,一般规定和特别规定的主要区别在于犯罪所得及其收益是否来自特定的上游犯罪,两个特别规定的主要区别在于是否改变资金、财物的性质。第三,适用具体罪名时要能够全面准确地概括评价洗钱行为,一个行为同时构成数罪的,依照处罚较重的规定定罪处罚;数个行为分别构成数罪的,

① 参见最高检央行联合发布惩治洗钱犯罪典型案例,载中华人民共和国最高人民检察院网,https://www.spp.gov.cn,最后访问日期:2022 年 11 月 20 日。

数罪并罚。

(3)穿透隐匿表象，准确识别利用现金和"投资"清洗毒品犯罪所得及收益的行为本质。毒品犯罪现金交易频繁，下游洗钱犯罪也大量使用现金，留痕少、隐匿性强。将毒品犯罪所得及收益用于公司注册、公司运营、投资房地产等使资金直接"合法化"，是上游毒品犯罪分子试图漂白资金的惯用手法。办案当中要通过审查与涉案现金持有、转移、使用过程相关的证据，查清毒资毒赃的来源和去向，同步惩治上下游犯罪。

7. 赵某洗钱案①——最高人民检察院、中国人民银行 2021 年发布的惩治洗钱犯罪典型案例

【要旨】(1)检察机关办理贪污贿赂犯罪案件，应当同步审查贪污贿赂款物的去向及转移过程，发现洗钱犯罪线索，及时移交公安机关立案侦查。贪污贿赂犯罪人员的近亲属、密切关系人等是洗钱犯罪的高发人群，虽然没有参与实施贪污贿赂犯罪，但是提供资金账户接收、转移犯罪所得，以投资、理财、购买贵重物品等方式掩饰、隐瞒赃款来源和性质，符合《刑法》第一百九十一条规定的，应当以洗钱罪追究刑事责任。

(2)重证据，不依赖口供。犯罪嫌疑人不供认犯罪的，可以通过审查犯罪嫌疑人对贪污贿赂犯罪分子的职业、合法收入了解情况，双方交往、共同工作、生活情况，双方资金、财产往来情况，接收资金、财产后转移、投资情况，以及接受、转移的资产与其职业、收入是否相符等情况，综合认定犯罪嫌疑人对上游犯罪的了解、知悉状态。

(3)检察机关审查洗钱犯罪案件，要对上游犯罪中相关的涉案财物全面审查，不能局限于移送的犯罪事实。发现遗漏犯罪事实、遗漏其他犯罪嫌疑人的，应当及时通知公安机关补充侦查或者补充移送起诉。要加强与监察机关、公安机关的沟通配合、工作引导，在严厉查办上游犯罪的同时，重视转移、掩饰、隐瞒犯罪所得及收益等洗钱犯罪的查办，并通过查办洗钱犯罪，追缴犯罪所得，有效遏制上游犯罪。

8. 黄某洗钱案②——最高人民检察院 2022 年发布的检察机关惩治洗钱犯罪典型案例

【要旨】(1)跨境洗钱犯罪不仅造成上游犯罪赃款追缴困难，而且严重危害国家金融安全，必须依法严惩。办案当中发现跨境洗钱线索的，要着力查清资金流向和

---

① 参见最高检央行联合发布惩治洗钱犯罪典型案例，载中华人民共和国最高人民检察院网，https://www.spp.gov.cn，最后访问日期：2022 年 11 月 16 日。

② 参见最高检发布检察机关惩治洗钱犯罪典型案例，载中华人民共和国最高人民检察院网，https://www.spp.gov.cn，最后访问日期：2022 年 11 月 20 日。

流转过程,加强对境内相关资金交易记录等证据的收集。要注重引导公安机关查明资金流出的起始账户、途经账户和跨境转移的具体方式,为认定洗钱犯罪和追赃挽损夯实证据基础。对于资金流转账户多、流转过程复杂的案件,要加强与人民银行反洗钱部门等专业机构的协作,提升侦查取证和审查质效。

(2)查清非法集资资金实际去向,既是追缴涉案资金,提升追赃挽损实际成效的重要措施,也是发现洗钱犯罪线索的有力抓手。在办理涉非法集资洗钱案件过程中,不仅要查清洗钱手段,还要尽可能查清洗钱后资金的实际去向,及时查封、扣押、冻结被转移、隐匿、转换的上游犯罪所得及其收益,依法追缴洗钱人员的违法所得,不让任何人从洗钱犯罪中得到经济利益。

9. 丁某环、朱某洗钱,鹿某掩饰、隐瞒犯罪所得收益案①——最高人民检察院2022年发布的检察机关惩治洗钱犯罪典型案例

【要旨】(1)对于资金交易复杂、电子数据海量的非法集资犯罪案件,检察机关同步审查洗钱线索时,要注意发挥检察技术辅助审查的作用。电子数据中含有大量与证明犯罪有关的信息,对于证明上游犯罪、发现下游犯罪具有重要价值。检察机关对电子数据需要作针对性挖掘梳理时,可以要求公安机关或者委托专门机构作专业技术分析,也可以应邀参与辅助审查。检察官要结合犯罪特征以及指控证明犯罪思路明确审查目的,提出审查的重点方向和具体要求,并与检察技术人员共同会商研判实现审查目的的技术路径及可行性。检察技术人员应根据审查目的运用专业方法对手机、电脑、电子设备存储电子数据等进行针对性审查,从已有电子数据中挖掘与上游犯罪及洗钱行为有关的数据信息。可以借鉴反洗钱大额交易监测、可疑交易分析等方法,对电子数据中有关大额资金流向及交易背景等,运用技术手段进行穿透式审查分析,并通过对电子数据与其他主客观证据的比对碰撞,发现及证明犯罪。

(2)股权交易是非法集资犯罪转移、隐匿犯罪所得及其收益的常见方法,频繁转让股权、虚假投资股权是洗钱的重要手段。检察机关在审查非法集资资金去向时发现股权转让、股权投资等情况,要跟进审查股权交易人员之间的关系、股权交易价格、股权交易后的实际控制人等相关证据,判断股权交易是否真实,发现洗钱犯罪线索,及时移送公安机关立案侦查。

(3)对于共同实施掩饰、隐瞒犯罪所得及其收益的人员,应当结合其接触上游犯

① 参见最高检发布检察机关惩治洗钱犯罪典型案例,载中华人民共和国最高人民检察院网,https://www.spp.gov.cn,最后访问日期:2022年11月20日。

罪的程度、身份背景、职业经历、交易方式等情况，分别判断其对上游犯罪的主观认识，并根据其认识内容准确定罪。知道或者应当知道犯罪所得及其收益是来自《刑法》第一百九十一条规定的七类上游犯罪的，应当认定为洗钱罪；知道或者应当知道犯罪所得及其收益是来自其他犯罪的，应当认定为掩饰、隐瞒犯罪所得、犯罪所得收益罪。

10. 李某华洗钱案①——最高人民检察院2022年发布的检察机关惩治洗钱犯罪典型案例

【要旨】(1)主观上认识到是黑社会性质组织犯罪所得及其产生的收益，是构成为他人的黑社会性质组织犯罪所得及其产生的收益洗钱的要件之一，认识内容是对黑社会性质组织犯罪事实的认识，而不是对法律性质的认识。对黑社会性质组织犯罪事实的认识，包括对上游犯罪人员从事的体现黑社会性质组织犯罪组织特征、经济特征、行为特征、危害性特征相关具体事实的认识。公安司法机关公开征集涉黑犯罪线索、发布涉黑犯罪公告、对相关黑社会性质组织成员采取强制措施后，仍帮助黑社会性质组织成员转移涉案资金的，可以认定其知道或者应当知道是黑社会性质组织犯罪所得及其产生的收益。

(2)为掩饰、隐瞒《刑法》第一百九十一条规定的七类上游犯罪所得及其产生的收益的来源和性质，将上游犯罪所得及其收益在不同账户中划转，或者转换为股票、金融票据，或者转移到境外的，即属刑法规定的洗钱犯罪，转移、转换的资金数额即洗钱犯罪数额。要注意区分洗钱行为与洗钱后使用犯罪所得及其收益行为的不同性质，犯罪所得及其收益经转移、转换后的资金使用行为不影响洗钱罪的成立，转移、转换后的资金用途不影响洗钱数额的认定。

11. 马某益受贿、洗钱案②——最高人民检察院2022年发布的检察机关惩治洗钱犯罪典型案例

【要旨】(1)根据事实、证据和刑法规定的犯罪构成，准确区分洗钱罪与上游犯罪的共犯。洗钱罪是在上游犯罪完成、取得或控制犯罪所得及其收益后实施的新的犯罪活动，与上游犯罪分别具有独立的构成。在上游犯罪实行过程中提供资金账户、协助转账汇款等帮助上游犯罪实现的行为，是上游犯罪的组成部分，应当认定为上游犯罪的共犯，不能认定洗钱罪。上游犯罪完成后掩饰、隐瞒犯罪所得及其收益

---

① 参见最高检发布检察机关惩治洗钱犯罪典型案例，载中华人民共和国最高人民检察院网，https://www.spp.gov.cn，最后访问日期：2022年11月16日。

② 参见最高检发布检察机关惩治洗钱犯罪典型案例，载中华人民共和国最高人民检察院网，https://www.spp.gov.cn，最后访问日期：2022年11月16日。

的来源和性质的行为，才成立洗钱罪。办案当中要根据行为人实施掩饰、隐瞒等行为所发生时间节点及其与上游犯罪关系，准确区分上游犯罪与洗钱罪，不能将为上游犯罪提供账户、转账等上游犯罪共犯行为以洗钱罪追诉。

（2）《刑法》第一百九十一条规定的洗钱罪与《刑法》第三百一十二条规定的掩饰、隐瞒犯罪所得、犯罪所得收益罪是刑法特别规定与一般规定的关系，掩饰、隐瞒犯罪所得及其产生的收益，构成《刑法》第一百九十一条规定的洗钱罪，同时又构成《刑法》第三百一十二条规定的掩饰、隐瞒犯罪所得、犯罪所得收益罪的，依照《刑法》第一百九十一条洗钱罪的规定追究刑事责任。

（3）审查贪污贿赂犯罪案件过程中发现涉嫌洗钱犯罪线索的，可以商监察机关后移送公安机关立案侦查；对于洗钱犯罪事实清楚，证据确实、充分的，可以商监察机关、公安机关后，直接以洗钱罪追加、补充起诉。移送起诉将洗钱罪不当认定为其他犯罪的，应当商监察机关、公安机关后，依法变更起诉罪名为洗钱罪。

12. 冯某才等人贩卖毒品、洗钱案①——最高人民检察院 2022 年发布的检察机关惩治洗钱犯罪典型案例

【要旨】（1）对上游犯罪人员的自洗钱行为以洗钱罪追究刑事责任，是《刑法修正案（十一）》根据反洗钱形势任务作出的重大调整，检察机关应当认真贯彻执行。办理《刑法》第一百九十一条规定的上游犯罪案件，要根据犯罪所得及其收益的去向，同步审查上游犯罪人员是否涉嫌洗钱犯罪。发现洗钱犯罪线索需要侦查进一步搜集证据的，应当及时移送公安机关立案侦查。公安机关移送起诉上游犯罪，检察机关审查认为洗钱罪（包括上游犯罪人员自洗钱和上游犯罪共犯以外的人员帮助洗钱）的事实清楚、证据确实、充分，符合起诉条件的，可以直接将洗钱罪与上游犯罪一并提起公诉，对上游犯罪共犯以外的人员帮助洗钱犯罪可以一并追诉。

（2）完整把握刑法规定的犯罪构成条件，准确认定洗钱罪。要坚持主观因素与

---

① 参见最高检发布检察机关惩治洗钱犯罪典型案例，载中华人民共和国最高人民检察院，https://www.spp.gov.cn，最后访问日期：2022 年 11 月 26 日。本案的要旨还应当结合以下内容进行理解：一是坚持主客观相统一原则，准确认定自洗钱犯罪，上游犯罪人员处置犯罪所得的行为并非都是自洗钱。《刑法》第一百九十一条规定的为掩饰、隐瞒上游犯罪所得及其产生的收益的来源和性质和“有下列行为之一”都是构成洗钱（包括自洗钱）犯罪的必要要件，缺一不可。上游犯罪行为人取得或控制犯罪所得后，再实施转账等处置犯罪所得及其收益的行为，并非都是洗钱，检察机关除了审查客观行为外，还要注意审查行为人主观上是否具有掩饰、隐瞒来源和性质的故意。二是全面贯彻证据裁判原则，准确审查判断行为人提出的不是洗钱、不具有洗钱故意的辩解。检察机关应当根据在案证据，结合经验常识等进行分析判断其辩解是否具有合理性。参见最高检第四检察厅负责人就发布检察机关惩治洗钱犯罪典型案例答记者问，载中华人民共和国最高人民检察院，https://www.spp.gov.cn，最后访问日期：2022 年 11 月 26 日。——本书注

客观因素相统一的刑事责任评价原则，“为掩饰、隐瞒上游犯罪所得及其产生的收益的来源和性质”和“有下列行为之一”都是构成洗钱罪的必要条件，主观上具有掩饰、隐瞒犯罪所得及其产生的收益来源和性质的故意，客观上实施了掩饰、隐瞒犯罪所得及其产生的收益的来源和性质的行为，同时符合主客观两方面条件的，应当承担刑事责任，并与上游犯罪数罪并罚。认定上游犯罪和自洗钱犯罪，都应当符合各自独立的犯罪构成，上游犯罪行为人完成上游犯罪并取得或控制犯罪所得后，进一步实施的掩饰、隐瞒犯罪所得及其产生的收益的来源和性质的行为，属于自洗钱行为。上游犯罪实施过程中的接收、接受资金行为，属于上游犯罪的完成行为，是上游犯罪既遂的必要条件，不宜重复认定为洗钱行为，帮助接收、接受犯罪所得的人员可以成立上游犯罪的共犯。对于连续、持续进行的上游犯罪和洗钱犯罪，应当逐一分别评价，准确认定。

13. 袁某志洗钱案①——最高人民法院 2022 年发布的人民法院依法惩治金融犯罪典型案例

【要旨】本案是地下钱庄实施洗钱犯罪的典型案件。近年来，随着国内外经济形势变化，恐怖主义犯罪国际化，走私犯罪和跨境毒品犯罪增加，以及我国加大对贪污贿赂犯罪的打击力度，涉地下钱庄刑事案件不断增多。地下钱庄已成为不法分子从事洗钱和转移资金的最主要通道，不但涉及经济金融领域的犯罪，还日益成为电信诈骗、网络赌博等犯罪活动转移赃款的渠道，成为贪污腐败分子和恐怖活动的“洗钱工具”和“帮凶”，不但严重破坏市场管理秩序，而且严重危害国家经济金融安全和社会稳定，必须依法严惩。本案依法以洗钱罪对地下钱庄经营者追究刑事责任，充分体现对涉地下钱庄洗钱犯罪的严厉打击，更好发挥“打财断血”的作用。

14. 周某成洗钱案②——最高人民法院 2022 年发布的人民法院依法惩治金融犯罪典型案例

【要旨】本案是通过地下钱庄跨境转移贪污的公款实施洗钱犯罪的典型案件。被告人周某成明知同案被告人倪某菊用于赌博的资金来自公款，为非法牟利，将自己在澳门赌场开设的账户提供给倪某菊用于赌博，再通过提供自己银行账户或者联系赌场、地下钱庄提供银行账户，帮助倪某菊接收倪某平侵吞后汇入境外的公款，并与赌场对账确认，完成公款的跨境转移。在办理洗钱罪的上游犯罪案件时，要以“追

① 参见人民法院依法惩治金融犯罪典型案例，载中华人民共和国最高人民法院网，https://www.court.gov.cn，最后访问日期：2022 年 11 月 22 日。

② 参见人民法院依法惩治金融犯罪典型案例，载中华人民共和国最高人民法院网，https://www.court.gov.cn，最后访问日期：2022 年 11 月 22 日。

踪资金”为重点，深挖洗钱犯罪线索，对洗钱犯罪同步跟进，落实“一案双查”的工作机制，依法惩治洗钱犯罪和上游犯罪。在本案办理过程中，发现大量赃款流向境外，遂坚持“一案双查”，深挖彻查职务犯罪背后的洗钱犯罪，并予以依法严惩，充分体现了从严打击洗钱犯罪的精神，不仅对维护良好的经济金融秩序起到积极作用，而且能够有效摧毁贪污贿赂犯罪等上游犯罪的利益链条，有效遏制上游犯罪的发生。

15. 万某能等贩卖毒品、洗钱案[①]——最高人民法院 2022 年发布的十大毒品（涉毒）犯罪典型案例

【要旨】向他人贩卖含有合成大麻素成分的电子烟油，其行为均已构成贩卖毒品罪。为掩饰、隐瞒毒品犯罪所得的来源和性质，采取收买他人微信账号收取毒资后转至自己账号的支付结算方式转移资金，其行为又构成洗钱罪。对行为人所犯数罪，应依法并罚。

① 参见最高人民法院发布 2022 年十大毒品（涉毒）犯罪典型案例，载中华人民共和国最高人民法院网，https://www.court.gov.cn，最后访问日期：2022 年 10 月 25 日。长期以来，自洗钱被认为是上游犯罪事后不可罚行为，在自洗钱入刑前就引起不少争论，这些观点在《刑法修正案（十一）》将自洗钱入罪后仍对是否数罪并罚的问题产生重要影响。如多数观点认为自洗钱与上游犯罪应当数罪并罚，也有少数观点认为应择一重罪处理。本书认为，从理论上讲，自洗钱行为侵犯了新的法益，不能被上游犯罪所评价，具备独立成罪的条件。从实务上讲，自洗钱入罪已经超出了单纯地打击和预防洗钱犯罪的范围，已经上升到应对国际反洗钱评估的国家战略需要的高度。从最高人民法院、最高人民检察院发布的典型案例看，最高人民法院、最高人民检察院均认可自洗钱与上游犯罪应当数罪并罚的观点，数罪并罚也是避免刑法修法沦为“象征性刑法”的最重要的措施。当然，不得不承认实务中对于自洗钱认定有扩大倾向，例如，仅注重洗钱的客观行为，不注重“掩饰、隐瞒”的主观故意；又如，将上游犯罪人员把犯罪所得用于日常消费、共犯成员之间直接分赃等行为作为自洗钱处理，模糊了自洗钱与上游犯罪的界限等。因此，严格审查自洗钱的定罪要件（特别是严格认定“掩饰、隐瞒”的故意，将不是自洗钱的排除出去），一旦认定自洗钱即与上游犯罪数罪并罚，是本书倡导的自洗钱案件的审查模式。——本书注

第三部分　金融诈骗罪

第一百九十二条　【集资诈骗罪】[1]

第一百九十二条　以非法占有为目的，使用诈骗方法非法集资，数额较大的，处三年以上七年以下有期徒刑，并处罚金；数额巨大或者有其他严重情节的，处七年以上有期徒刑或者无期徒刑，并处罚金或者没收财产。[2]

单位犯前款罪的，对单位判处罚金，并对其直接负责的主管人员和其他直接责任人员，依照前款的规定处罚。

刑事司法解释和规范性文件

1.《最高人民法院关于审理非法集资刑事案件具体应用法律若干问题的解释》（法释〔2022〕5号）（略，见“第一百七十六条【非法吸收公众存款罪】”部分）

2.《最高人民法院关于非法集资刑事案件性质认定问题的通知》（法〔2011〕262号）（略，见“第一百七十六条【非法吸收公众存款罪】”部分）

---

① 1997年《刑法》中，该罪名及适用的法定刑分别在第一百九十二条和第一百九十九条予以体现。《刑法修正案（九）》删去了《刑法》第一百九十九条的规定，废除了集资诈骗罪的死刑适用。《刑法修正案（十一）》中对于本罪的法定刑再次作出调整，删除了“数额特别巨大或者有其他特别严重情节”，同时取消了罚金刑的数额限制。关于集资诈骗罪与非法吸收公众存款罪的关系，本书倾向认为，集资诈骗罪的成立，应当以非法吸收公众存款罪成立为前提，可将集资诈骗罪作为非法吸收公众存款罪的“准结果加重犯”看待。——本书注

② 关于量刑问题，随着《刑法修正案（十一）》对非法吸收公众存款罪和集资诈骗罪刑档的调整，使非法吸收公众存款罪第二档刑期和集资诈骗罪的第一档刑期出现了不一致的情形，有可能造成非法吸收公众存款罪量刑高于集资诈骗罪的情况，特别是在同一个案件中既有集资诈骗罪又有非法吸收公众存款罪的情形下，应当特别注意量刑均衡问题，避免机械适用法律导致刑罚失衡。此外，《刑法修正案（十一）》对本罪法定刑档次由三档调整为两档，取消了之前“数额特别巨大或者有其他特别严重情节”的条件，在办理跨越《刑法修正案（十一）》生效时点的案件时，应注意遵守“从旧兼从轻”的刑法溯及力原则，准确选择适用新法条还是旧法条。当然，选择法条时，要整体选择适用，不能摘取新、旧法条中有利于被告人的条款合并适用。——本书注

3.《最高人民法院、最高人民检察院、公安部关于办理非法集资刑事案件适用法律若干问题的意见》(公通字〔2014〕16号)(略,见“第一百七十六条【非法吸收公众存款罪】”部分)

4.《最高人民检察院关于办理涉互联网金融犯罪案件有关问题座谈会纪要》(高检诉〔2017〕14号)(略,见“第一百七十六条【非法吸收公众存款罪】”部分)

5.《最高人民法院、最高人民检察院、公安部关于办理非法集资刑事案件若干问题的意见》(高检会〔2019〕2号)(略,见“第一百七十六条【非法吸收公众存款罪】”部分)

6.《最高人民检察院、公安部关于公安机关管辖的刑事案件立案追诉标准的规定(二)》(公通字〔2022〕12号)

第四十四条 〔集资诈骗案(刑法第一百九十二条)〕以非法占有为目的,使用诈骗方法非法集资,数额在十万元以上的,应予立案追诉。

其他相关规范

略,见“第一百七十六条【非法吸收公众存款罪】”部分。

重点案例要旨

1. 周某集资诈骗案①——最高人民检察院检例第40号

【要旨】网络借贷信息中介机构或其控制人,利用网络借贷平台发布虚假信息,非法建立资金池募集资金,所得资金大部分未用于生产经营活动,主要用于借新还旧和个人挥霍,无法归还所募资金数额巨大,应认定为具有非法占有目的,以集资诈骗罪追究刑事责任。

2. “e租宝”集资诈骗、非法吸收公众存款案②——最高人民法院2022年发布的人民法院依法惩治金融犯罪典型案例

【要旨】本案是利用互联网金融模式实施非法集资犯罪的典型案例。被告单位安徽钰诚控股集团、钰诚国际控股集团有限公司打着“金融创新”的旗号,依托互联网金融平台,以互联网金融创新、虚拟货币投资、网络借贷等为幌子,以高额利息为

---

① 参见最高人民检察院公布第十批指导性案例,载中华人民共和国最高人民检察院网,https://www.spp.gov.cn,最后访问日期:2022年10月26日。

② 参见人民法院依法惩治金融犯罪典型案例,载中华人民共和国最高人民法院网,https://www.court.gov.cn,最后访问日期:2022年10月26日。

诱饵，虚构融资租赁项目，持续采用借旧还新、自我担保等方式进行非法集资活动，是一个彻头彻尾的“庞氏骗局”。本案涉案数额特别巨大，涉及众多集资参与人，造成集资参与人巨额经济损失，严重损害投资者合法权益，严重危害国家金融安全，犯罪情节、后果特别严重，应依法严惩。

3. 上海“阜兴”集资诈骗案[①]——最高人民法院2022年发布的人民法院依法惩治金融犯罪典型案例

【要旨】本案是持牌私募机构以发行私募基金为名实施非法集资犯罪的典型案件。这些私募基金虽然名义上合规，但在“募、投、管、退”各环节实际上均不符合私募基金的管理规定和运行规律。例如，私募基金的销售过程实际上存在变相公开宣传、承诺固定收益、变相提供担保、向不合格投资者销售、未履行风险告知义务等情形；在投资和管理环节，实质上存在自融、“资金池”运作、挪用私募基金财产、未按约定用途投资、投资项目虚假、管理人未履行管理义务以及披露虚假信息等情形；在基金退出环节上，普遍存在“发新还旧”、刚性兑付现象，还本付息并非依靠投资收益。这类私募基金型非法集资犯罪，在行为的“非法性、公开性、利诱性、社会性”认定过程中，与普通非法集资犯罪的认定有所不同，需要司法机关认真研判、甄别。

4. 沈阳“老妈乐”集资诈骗案[②]——最高人民法院2022年发布的人民法院依法惩治金融犯罪典型案例

【要旨】本案系以“养老投资”为名实施养老诈骗犯罪的典型案例。近年来，随着老年人口数量不断增长，养老服务需求不断增加，一些不法分子以提供养老服务、投资养老项目、销售养老产品等名义，利用老年人网络知识不足、辨识能力不强等特点，采用投资理财高额回报手段设置陷阱、诱导投资，虚假宣传，实施养老诈骗犯罪，骗取老年人钱财。被告人金某福创建老妈乐公司，以会员投资返利为名，在全国20多个省市区设立1000多个门店，以欺诈方法针对老年人进行非法集资，集资参与人达170万余人，造成经济损失约20亿元，严重损害老年人合法权益，社会危害巨大。法院依法以集资诈骗罪分别对三名被告人判处十年以上有期徒刑、无期徒刑，充分表明了人民法院依法从严惩处养老诈骗犯罪、坚决维护老年人“养老钱”的鲜明态度和坚定决心。同时，提醒人民群众尤其是老年群体要谨慎投资，提高识骗防骗能力，避免陷入犯罪分子设置的圈套。

---

① 参见人民法院依法惩治金融犯罪典型案例，载中华人民共和国最高人民法院网，https://www.court.gov.cn，最后访问日期：2022年10月26日。

② 参见人民法院依法惩治金融犯罪典型案例，载中华人民共和国最高人民法院网，https://www.court.gov.cn，最后访问日期：2022年10月26日。

第一百九十三条 【贷款诈骗罪】[①]

第一百九十三条 有下列情形之一，以非法占有为目的，诈骗银行或者其他金融机构的贷款，数额较大的，处五年以下有期徒刑或者拘役，并处二万元以上二十万元以下罚金；数额巨大或者有其他严重情节的，处五年以上十年以下有期徒刑，并处五万元以上五十万元以下罚金；数额特别巨大或者有其他特别严重情节的，处十年以上有期徒刑或者无期徒刑，并处五万元以上五十万元以下罚金或者没收财产：

（一）编造引进资金、项目等虚假理由的；

（二）使用虚假的经济合同的；

（三）使用虚假的证明文件的；

（四）使用虚假的产权证明作担保或者超出抵押物价值重复担保的；

（五）以其他方法诈骗贷款的。

立法解释

《全国人民代表大会常务委员会关于〈中华人民共和国刑法〉第三十条的解释》[②]（2014 年 4 月 24 日第十二届全国人民代表大会常务委员会第八次会议通过）

全国人民代表大会常务委员会根据司法实践中遇到的情况，讨论了刑法第三十条的含义及公司、企业、事业单位、机关、团体等单位实施刑法规定的危害社会的行为，法律未规定追究单位的刑事责任的，如何适用刑法有关规定的问题，解释如下：

公司、企业、事业单位、机关、团体等单位实施刑法规定的危害社会的行为，刑法分则和其他法律未规定追究单位的刑事责任的，对组织、策划、实施该危害社会行为的人依法追究刑事责任。

---

① 本条罪名系 1997 年《刑法》吸收《全国人民代表大会常务委员会关于惩治破坏金融秩序犯罪的决定》（1995 年 6 月 30 日施行）第十条的立法精神，在打击损害银行等金融机构交易利益的并在第四项增加“或者超出抵押物价值重复担保”的规定，在第三档法定刑增加并处“五万元以上五十万元以下罚金”的规定。司法实践中，在不断强化对损害银行等金融机构利益行为的刑法规制同时，法益保护的核心也在由金融秩序向金融安全逐步演变。——本书注

② 该解释系针对刑法分则和其他法律未规定追究单位的刑事责任时如何适用刑法的立法解释，因此，贷款诈骗罪关于单位犯罪的法律适用应遵守该立法解释，即单位实施贷款诈骗犯罪的，可以构成贷款诈骗罪，但采取单罚制，仅对单位的实际控制人、法定代表人、董监高以及财务负责人等直接负责的主管人员和其他直接责任人员判处刑罚，不应以合同诈骗罪定罪处罚。——本书注

刑事司法解释和规范性文件

1.《全国法院审理金融犯罪案件工作座谈会纪要》(法〔2001〕8号)(略,见“第一百六十条【欺诈发行证券罪】”部分)

2.《最高人民检察院关于办理涉互联网金融犯罪案件有关问题座谈会纪要》(高检诉〔2017〕14号)(略,见“第一百七十六条【非法吸收公众存款罪】”部分)

3.《最高人民检察院关于充分发挥检察职能服务保障“六稳”“六保”的意见》(高检发〔2020〕10号)(略,见“第一百七十五条之一【骗取贷款、票据承兑、金融票证罪】”部分)

4.《最高人民检察院、公安部关于公安机关管辖的刑事案件立案追诉标准的规定(二)》(公通字〔2022〕12号)

第四十五条 〔贷款诈骗案(刑法第一百九十三条)〕以非法占有为目的,诈骗银行或者其他金融机构的贷款,数额在五万元以上的,应予立案追诉。

5.《公安部经济犯罪侦查局关于转发〈中国人民银行办公厅关于进出口押汇垫款认定事宜的复函〉的通知》(公经〔2002〕751号)

进、出口押汇属于贸易融资业务。进口押汇是银行根据客户要求在进口结算业务中给予客户资金融通的业务活动。出口押汇是银行凭出口商提供的出口单据向出口商融通资金的业务活动。押汇垫款是贸易项下融资的一种方式,其性质应属于贷款。

6.《公安部办公厅关于若干经济犯罪案件如何统计涉案总价值、挽回经济损失数额的批复》(公经〔2008〕214号)

二、贷款诈骗案按照诈骗的贷款数额统计涉案总价值。

五、挽回经济损失额按照实际追缴的赃款以及赃物折价统计。

其他相关规范

1.《最高人民法院关于进一步加强金融审判工作的若干意见》(法发〔2017〕22号)

10. 依法打击资金掮客和资金融通中的违法犯罪行为,有效规范金融秩序。对于民间借贷中涉及商业银行工作人员内外勾结进行高利转贷、利益输送,或者金融机构工作人员违法发放贷款,以及公司、企业在申请贷款过程中虚构事实、隐瞒真相骗取贷款、实施贷款诈骗构成犯罪的,依法追究刑事责任。

2.《中国银保监会办公厅关于预防银行业保险业从业人员金融违法犯罪的指导意见》(银保监办发〔2020〕18号)

二、预防重点领域金融违法犯罪

……

(五)严防信贷业务领域违法犯罪行为。银行业金融机构要强化信贷纪律约束,聚焦受理与调查、抵质押物评估与核保、风险评价与审批、合同签订与贷款发放、支付与贷后管理等各个环节,在科学制定和严格执行尽职免责制度基础上,建立健全贷款各操作环节的考核问责机制。防范高级管理人员强令、指使、暗示、授意下属越权、违规违章办理业务等行为。防范从业人员与外部人员共谋利用空壳主体和虚假资料等骗取银行贷款。

重点案例要旨

1. 钢浓公司、武某钢骗取贷款、诈骗案[①]——《刑事审判参考》第1208号案例

【要旨】区分骗取贷款罪和贷款诈骗罪,主要根据以下三方面情况来判断行为人的主观故意:

(1)贷款之前的经济状况。通常情况下,借款人贷款之前的经济状况并不能直接反映借款人是否存有非法占有目的。但其经济状况和借款缘由可以在一定程度上反映借款人的后期还款能力和借款用途的真实性。如果借款人有正常经营的业务,经济能力较强,虽然使用了虚假资料获取贷款,但借款用途真实,后因正常经营风险无力还款,认定借款人有非法占有目的要慎重;如果借款人并无真实经营业务,资不抵债甚至长期负债,可以推定其主观上可能具有非法占有之目的,同时结合其申请贷款时的具体行为和实际造成的后果进一步界定其主观故意。

(2)获取贷款后的款项用途。一般而言,非法占有具有很强的主观性,很难通过客观事实直接证明,但行为人获取贷款后的用款方式、有无擅自改变贷款用途的行为可以在一定程度上反映行为人的主观状态。对于严格遵照贷款协议约定的贷款用途,真实诚信地使用所借款项,确因正常经营风险无力偿还贷款的,即使在申请贷款时使用了虚假资料或有其他民事欺诈行为,亦应首先考虑为贷款纠纷,确实给银行等金融机构造成重大损失或者有其他严重情节的,可以结合案件事实以骗取贷款罪论处,不能简单采取客观归罪的方式直接以诈骗犯罪处理。对于擅自改变贷款用

① 参见中华人民共和国最高人民法院刑事审判第一、二、三、四、五庭主办:《刑事审判参考》(总第111集),法律出版社2018年版,第24-29页。

途,导致贷款资金脱离银行等金融机构所能预期的经营状况,后因正常经营风险无力偿还的,既要考虑实际用款项目的正常盈利可能,也要结合行为人贷款前的实际经济状况,申请贷款时有无欺诈行为等具体情节,结合证人证言、被告人供述等言词证据准确界定行为人是否具有非法占有之故意。对于获取贷款后,将资金用于偿还个人债务、赌博、挥霍,后又实际未能偿还贷款的,除有证据证明行为人确有可靠资金来源保证偿贷能力,后因不可抗力或者意外事件等难以预料的因素导致偿贷资金灭失的,一般可以推定其主观上具有非法占有目的。

(3)款项到期后的还款意愿和实际还款效果。按照主观见之于客观的原则,借款人在款项到期后的还款意愿和实际还款效果,一方面反映借款人的客观行为所造成的实际后果,另一方面也能直接反映行为人对所借款项是否具有非法占有的主观故意。在民商事法律关系中,按期还款是借款人应当履行的义务,逾期还款承担相应的违约责任。但违约责任的成立并不必然导致刑事责任的承担。一般而言,款项到期后,行为人虽一时不具备还款能力,但能够积极筹措资金,实际归还了全部或者大部分贷款的;或者虽无还款资金,但能够提供相应的无权属争议的担保物保证还款的,后又实际归还了全部或者大部分贷款的;或者有其他类似的积极还款行为以及保证还款措施的,均不宜认定行为人有非法占有的主观恶意。对于抽逃、转移资金,隐匿财产,或者隐匿、销毁账目,或者以假破产、假倒闭等方式逃避还贷的,以及获取贷款后逃跑的,实际造成数额较大的资金不能偿还的,可以认定行为人有非法占有的目的。

2. 张某顺贷款诈骗案①——《刑事审判参考》第306号案例

【要旨】判断行为人主观上具有非法占有目的,必须同时具备以下客观事实:(1)行为人是通过欺诈的手段来取得贷款的;(2)行为人到期没有归还贷款;(3)行为人贷款时即明知不具有归还能力或者贷款后实施了某种特定行为,如携款逃跑,肆意挥霍贷款,抽逃、转移资金,隐匿财产以逃避返还贷款等。只有在借款人同时具备上述三个条件时,才能认定借款人在主观上具有非法占有贷款的目的。若借款人所实施的行为欠缺上述条件之一的,一般不能认定其主观上具有非法占有目的。

---

① 参见中华人民共和国最高人民法院刑事审判第一庭、第二庭编:《刑事审判参考》(总第39集),法律出版社2005年版,第11－19页。

3. 潘某、王某职务侵占、虚报注册资本、贷款诈骗案①——《刑事审判参考》第192号案例

【要旨】以非法侵占物进行抵押贷款、逾期不还贷的行为如何定性？以非法侵占物进行抵押贷款，逾期不还贷的行为，不构成贷款诈骗罪。

4. 吴某丽贷款诈骗案②——《刑事审判参考》第95号案例

【要旨】是否具有非法占有目的是区分贷款诈骗与贷款欺诈的关键。“非法占有目的”属于行为人主观上的心理活动，往往通过其客观行为表现出来。从行为人具体实施的客观行为事实来判断，某些行为本身就足以证明行为人主观上具有非法占有的目的，例如，行为人使用虚假的产权证明作担保，从金融机构获取贷款后逃跑的，这一行为本身就直接表明行为人主观上具有非法占有的目的。但是某些行为如编造引进资金的虚假理由或者使用虚假证明文件取得贷款等，只能间接表明行为人主观上具有非法占有目的的可能性，即在某些情况下，并不能直接表明行为人主观上具有非法占有的目的，还必须借助于相关的客观事实来加以分析认定。

5. 郭某升被控贷款诈骗案③——《刑事审判参考》第88号案例

【要旨】贷款中使用欺诈手段的是否一律构成贷款诈骗罪？利用含有虚假项目的财务报表进行申请贷款，能否认定为“以其他方法诈骗贷款”而构成贷款诈骗罪，关键在于结合案件其他事实来证明行为人主观上是否具备非法占有贷款的目的。实践中，应正确区分贷款诈骗罪（刑事违法行为）与贷款诈欺（民事违法行为）在主观上的界限。

---

① 参见中华人民共和国最高人民法院刑事审判第一庭、第二庭编：《刑事审判参考》（总第27集），法律出版社2002年版，第34-41页。

② 参见中华人民共和国最高人民法院刑事审判第一庭、第二庭编：《刑事审判参考》（总第15集），法律出版社2001年版，第12-17页。

③ 参见中华人民共和国最高人民法院刑事审判第一庭、第二庭编：《刑事审判参考》（总第14集），法律出版社2001年版，第24-29页。

第一百九十四条　【票据诈骗罪】【金融凭证诈骗罪】[①]

第一百九十四条　有下列情形之一，进行金融票据诈骗活动，数额较大的，处五年以下有期徒刑或者拘役，并处二万元以上二十万元以下罚金；数额巨大或者有其他严重情节的，处五年以上十年以下有期徒刑，并处五万元以上五十万元以下罚金；数额特别巨大或者有其他特别严重情节的，处十年以上有期徒刑或者无期徒刑，并处五万元以上五十万元以下罚金或者没收财产：

（一）明知是伪造、变造的汇票、本票、支票而使用的[②]；

（二）明知是作废[③]的汇票、本票、支票而使用的；

（三）冒用他人的汇票、本票、支票的；

（四）签发[④]空头支票或者与其预留印鉴不符的支票，骗取财物的；

（五）汇票、本票的出票人签发无资金保证的汇票、本票或者在出票时作虚假记

---

① 本条系 1997 年《刑法》在吸收 1995 年《全国人民代表大会常务委员会关于惩治破坏金融秩序犯罪的决定》第十二条的基础上作出的修改。1995 年 6 月 30 日起施行的上述决定第十二条规定："有下列情形之一，进行金融票据诈骗活动，数额较大的，处五年以下有期徒刑或者拘役，并处二万元以上二十万元以下罚金；数额巨大或者有其他严重情节的，处五年以上十年以下有期徒刑，并处五万元以上五十万元以下罚金；数额特别巨大或者有其他特别严重情节的，处十年以上有期徒刑、无期徒刑或者死刑，并处没收财产：（一）明知是伪造、变造的汇票、本票、支票而使用的；（二）明知是作废的汇票、本票、支票而使用的；（三）冒用他人的汇票、本票、支票的；（四）签发空头支票或者与其预留印鉴不符的支票，骗取财物的；（五）汇票、本票的出票人签发无资金保证的汇票、本票或者在出票时作虚假记载，骗取财物的。使用伪造、变造的委托收款凭证、汇款凭证、银行存单等其他银行结算凭证的，依照前款的规定处罚。单位犯前两款罪的，对单位判处罚金，并对直接负责的主管人员和其他直接责任人员，依照第一款的规定处罚。"1997 年《刑法》删除了上述决定第十二条关于死刑的规定，调整到《刑法》第一百九十九条予以整合后统一规定，2011 年《刑法修正案（八）》取消了票据诈骗罪、金融凭证诈骗罪以及信用证诈骗罪的死刑规定。同时，将第三档财产刑由"并处没收财产"调整为"并处五万元以上五十万元以下罚金或者没收财产"，并删除了单位犯前两款罪的处罚规定，将本条关于单位犯罪的规定予以整合，统一规定在《刑法》第二百条，即单位犯本条两款规定之罪的，对单位判处罚金，并对其直接负责的主管人员和其他直接责任人员，处五年以下有期徒刑或者拘役，可以并处罚金；数额巨大或者有其他严重情节的，处五年以上十年以下有期徒刑，并处罚金；数额特别巨大或者有其他特别严重情节的，处十年以上有期徒刑或者无期徒刑，并处罚金。——本书注

② 对于行为人先伪造、变造汇票、本票、支票或者其他银行结算凭证，然后使用该伪造、变造的票证进行诈骗活动，属于牵连犯的情形，应当从一重罪，即按票据诈骗罪论罪处罚，而不实行数罪并罚。——本书注

③ "作废"应当作广义的理解，包括《票据法》第十七条规定的"过期"的票据，也包括不符合《票据法》规定的法定形式而绝对无效的票据，以及根据《票据法》第十五条规定被依法宣布作废的票据。——本书注

④ "签发"系由签、发两个动作组成，"签"指票据签发人加盖财务专用章、人名章或签名的行为，"发"指将上述票据交付持票人的行为，因此，仅有加盖财务专用章、人名章或签名的行为而未交付的，不构成本罪。——本书注

载,骗取财物的。

使用伪造、变造的委托收款凭证、汇款凭证、银行存单等其他银行结算凭证的,依照前款的规定处罚。

刑事司法解释和规范性文件

《最高人民检察院、公安部关于公安机关管辖的刑事案件立案追诉标准的规定(二)》(公通字〔2022〕12号)

第四十六条 〔票据诈骗案(刑法第一百九十四条第一款)〕进行金融票据诈骗活动,数额在五万元以上的,应予立案追诉。

第四十七条 〔金融凭证诈骗案(刑法第一百九十四条第二款)〕使用伪造、变造的委托收款凭证、汇款凭证、银行存单等其他银行结算凭证进行诈骗活动,数额在五万元以上的,应予立案追诉。

其他相关规范

1.《票据法》

第二条 在中华人民共和国境内的票据活动,适用本法。

本法所称票据,是指汇票、本票和支票。

第一百零二条 有下列票据欺诈行为之一的,依法追究刑事责任:

(一)伪造、变造票据的;

(二)故意使用伪造、变造的票据的;

(三)签发空头支票或者故意签发与其预留的本名签名式样或者印鉴不符的支票,骗取财物的;

(四)签发无可靠资金来源的汇票、本票,骗取资金的;

(五)汇票、本票的出票人在出票时作虚假记载,骗取财物的;

(六)冒用他人的票据,或者故意使用过期或者作废的票据,骗取财物的;

(七)付款人同出票人、持票人恶意串通,实施前六项所列行为之一的。

2.《全国法院民商事审判工作会议纪要》(法〔2019〕254号)

十二、关于民刑交叉案件的程序处理

会议认为,近年来,在民间借贷、P2P等融资活动中,与涉嫌诈骗、合同诈骗、票据诈骗、集资诈骗、非法吸收公众存款等犯罪有关的民商事案件的数量有所增加,出现了一些新情况和新问题。在审理案件时,应当依照《最高人民法院关于在审理经济纠纷案件中涉及经济犯罪嫌疑若干问题的规定》《最高人民法院关于审理非法集资刑事案件具体应用法律若干问题的解释》《最高人民法院、最高人民检察院、公安部关于办理非法集资刑事案件适用法律若干问题的意见》以及民间借贷司法解释等规定,处理好民刑交叉案件之间的程序关系。

128. 同一当事人因不同事实分别发生民商事纠纷和涉嫌刑事犯罪,民商事案件与刑事案件应当分别审理,主要有下列情形:

(1)主合同的债务人涉嫌刑事犯罪或者刑事裁判认定其构成犯罪,债权人请求担保人承担民事责任的;

(2)行为人以法人、非法人组织或者他人名义订立合同的行为涉嫌刑事犯罪或者刑事裁判认定其构成犯罪,合同相对人请求该法人、非法人组织或者他人承担民事责任的;

(3)法人或者非法人组织的法定代表人、负责人或者其他工作人员的职务行为涉嫌刑事犯罪或者刑事裁判认定其构成犯罪,受害人请求该法人或者非法人组织承担民事责任的;

(4)侵权行为人涉嫌刑事犯罪或者刑事裁判认定其构成犯罪,被保险人、受益人或者其他赔偿权利人请求保险人支付保险金的;

(5)受害人请求涉嫌刑事犯罪的行为人之外的其他主体承担民事责任的。

审判实践中出现的问题是,在上述情形下,有的人民法院仍然以民商事案件涉嫌刑事犯罪为由不予受理,已经受理的,裁定驳回起诉。对此,应予纠正。

130. 人民法院在审理民商事案件时,如果民商事案件必须以相关刑事案件的审理结果为依据,而刑事案件尚未审结的,应当根据《民事诉讼法》第 150 条第 5 项的规定裁定中止诉讼。待刑事案件审结后,再恢复民商事案件的审理。如果民商事案件不是必须以相关的刑事案件的审理结果为依据,则民商事案件应当继续审理。

3.《最高人民法院、国家发展和改革委员会关于为新时代加快完善社会主义市场经济体制提供司法服务和保障的意见》(法发〔2020〕25 号)

13. 促进金融和民间资本为实体经济服务。依法支持能够降低交易成本、实现普惠金融、合法合规的交易模式,为解决中小微企业融资难、融资贵问题提供司法保障。统筹兼顾利率市场化改革与维护正常金融秩序的关系,对于借贷合同中一方主张的利息、复利、罚息、违约金和其他费用总和超出司法保护上限的,不予支持。对于当事人以预扣利息、租金、保证金或加收中介费、服务费等方式变相提高实体经济融资成本、规避民间借贷利率司法保护上限的行为,按照实际形成的借款关系确定各方权利义务。规范、遏制国有企业贷款通道业务,引导其回归实体经济。抓紧修改完善关于审理民间借贷案件适用法律问题的司法解释,大幅度降低民间借贷利率的司法保护上限,坚决否定高利转贷行为、违法放贷行为的效力,维护金融市场秩序,服务实体经济发展。

4.《支付结算办法》(银发〔1997〕393号)

第九条 票据和结算凭证是办理支付结算的工具。单位、个人和银行办理支付结算,必须使用按中国人民银行统一规定印制的票据凭证和统一规定的结算凭证。

未使用按中国人民银行统一规定印制的票据,票据无效;未使用中国人民银行统一规定格式的结算凭证,银行不予受理。

第二十一条 本办法所称票据,是指银行汇票、商业汇票、银行本票和支票。

5.《中国银保监会办公厅关于预防银行业保险业从业人员金融违法犯罪的指导意见》(银保监办发〔2020〕18号)

二、预防重点领域金融违法犯罪

……

(六)严防同业业务领域违法犯罪行为。银行业金融机构要严格落实同业账户开户、资金划付、印章及凭证保管等关键环节风险管控,防范外部欺诈。严格遵守同业结算、票据、投融资、理财业务等管理规定,禁止出租、出借同业账户,加强同业专营业务的存续期管理,防范通过伪造合同、印章、产品等手段进行诈骗的违法犯罪行为。

重点案例要旨

1. 张某金融凭证诈骗案①——最高人民法院公报案例

【要旨】行为人使用伪造的银行信汇凭证,骗取储户存款,数额特别巨大,给国家利益造成特别重大损失,其行为构成金融凭证诈骗罪。

2. 曹某莎、刘某祥金融凭证诈骗案②——最高人民法院公报案例

【要旨】(1)以非法占有为目的,使用变造的银行存单诈骗资金,诈骗数额特别巨大,其行为构成金融凭证诈骗罪,而非票据诈骗罪。

(2)1995年6月30日全国人大常委会发布的《关于惩治破坏金融秩序犯罪的决定》公布实施以后、1997年《刑法》实施前,采用变造银行存单、伪造汇票中资金转让内容的手段诈骗存款单位钱款的行为,根据《刑法》第十二条的规定,应适用《关

① 参见《最高人民法院公报》2001年第1期(总第69期)。

② 参见《最高人民法院公报》1999年第3期(总第59期)。

于惩治破坏金融秩序犯罪的决定》，根据 1996 年 12 月 16 日《最高人民法院关于审理诈骗案件具体应用法律的若干问题的解释》第五条第四款的规定，以票据诈骗罪定罪处罚。1997 年修订的《刑法》实施后，《关于惩治破坏金融秩序犯罪的决定》虽原已有司法解释，但同样条文对罪名又有了新的司法解释，而原规定的罪名又明显不妥，对上述犯罪行为虽适用《关于惩治破坏金融秩序犯罪的决定》，但不再参照原司法解释的规定确定罪名，而按照新的司法解释的规定以金融凭证诈骗罪定性。行为人以高息存款为诱饵，首先骗取存款单位的银行汇票，再以变造的银行存单交给存款单位，并先支付利息，以取得存款单位的信任，使存款单位确信汇票已存入银行。随后，行为人利用银行工作人员的渎职，伪造资金转让关系，私刻他人名章，从银行将款转出，归个人使用。虽然也对银行采取了欺骗行为，但行为人诈骗的是存款单位的钱，不是诈骗金融机构的钱，但是对于金融凭证诈骗罪，法律并未对诈骗的对象作出特殊的限制，无论诈骗的是银行还是存款单位的钱，都构成金融凭证诈骗罪。

（3）行为人以非法占有为目的，采用变造银行票据的方法犯金融凭证诈骗罪，其行为均以个人名义实施，部分用以偿还单位对银行贷款的，属于个人使用，不构成单位犯罪。

3. 王某秀、孔某丽、王某富贪污、挪用公款、受贿、玩忽职守、票据诈骗案①——最高人民检察院公报案例

【要旨】行为人利用职务之便，骗取、侵吞挪用公款用于个人营利活动，伪造虚假事实，冒用他人空白转账支票骗取公款，数额特别巨大的，应以贪污罪、挪用公款罪和票据诈骗罪数罪并罚。

4. 颜某票据诈骗案②——《刑事审判参考》第 861 号案例

【要旨】城市信用社工作人员，采取欺骗手段取得客户印鉴后，以现金支票的形式将客户账户内的资金取出非法占有，数额较大的，应以票据诈骗罪追究其刑事责任。

5. 张某票据诈骗案③——《刑事审判参考》第 653 号案例

【要旨】盗窃银行承兑汇票并使用，骗取数额巨大财务的行为，构成票据诈骗罪。

---

① 参见《最高人民检察院公报》1998 年第 4 期。

② 参见中华人民共和国最高人民法院刑事审判第一、二、三、四、五庭主办：《刑事审判参考》（总第 92 集），法律出版社 2013 年版，第 31－38 页。

③ 参见中华人民共和国最高人民法院刑事审判第一、二、三、四、五庭主办：《刑事审判参考》（总第 77 集），法律出版社 2011 年版，第 1－9 页。

行为人盗窃银行承兑汇票时，并未实现对银行承兑汇票项下款项的控制，其获取巨额财产的关键手段是其盗窃后的骗取行为，因此不宜认定为盗窃罪。

6. 李某军金融凭证诈骗案[①]——《刑事审判参考》第425号案例

【要旨】行为人利用窃取的他人存款信息资料伪造银行存折的行为，构成伪造金融凭证罪，其后使用该伪造的存折到信用社取款的行为构成金融凭证诈骗罪。两行为之间具有手段与目的的牵连关系，成立牵连犯，应从一重处。

7. 张某海等人贷款诈骗、金融凭证诈骗案[②]——《刑事审判参考》第424号案例

【要旨】网上银行企业客户账户查询、转账授权书属于金融凭证，行为人伪造企业网上银行转账授权书骗取资金的行为，应构成金融凭证诈骗罪。

8. 王某清票据诈骗案[③]——《刑事审判参考》第387号案例

【要旨】以非法占有为目的，使用已经贴现的真实票据质押贷款的行为，属于《刑法》第一百九十四条第一款第（三）项规定的“冒用他人的汇票”进行诈骗活动，应当以票据诈骗罪定罪处罚。

9. 李某香票据诈骗案[④]——《刑事审判参考》第307号案例

【要旨】利用保管的公司相关证章擅自签发支票并加以使用，从而将该公司资金非法据为己有的行为，同时触犯了伪造金融票证罪和票据诈骗罪两个罪名，但因两者存在手段和目的之间的牵连关系，按照牵连犯的一般适用原则，应以票据诈骗罪一罪处理。

10. 周某伟票据诈骗（未遂）案[⑤]——《刑事审判参考》第277号案例

【要旨】盗取空白现金支票伪造后予以使用的，构成票据诈骗罪。[⑥]

---

① 参见中华人民共和国最高人民法院刑事审判第一、二、三、四、五庭主办：《刑事审判参考》（总第54集），法律出版社2007年版，第18－24页。

② 参见中华人民共和国最高人民法院刑事审判第一、二、三、四、五庭主办：《刑事审判参考》（总第54集），法律出版社2007年版，第10－17页。

③ 参见中华人民共和国最高人民法院刑事审判第一、二、三、四、五庭主办：《刑事审判参考》（总第49集），法律出版社2006年版，第8－16页。

④ 参见中华人民共和国最高人民法院刑事审判第一庭、第二庭编：《刑事审判参考》（总第39集），法律出版社2005年版，第20－26页。

⑤ 参见中华人民共和国最高人民法院刑事审判第一庭、第二庭编：《刑事审判参考》（总第36集），法律出版社2004年版，第11－16页。

⑥ 盗取空白现金支票伪造后予以使用的，同时构成伪造金融票证罪和票据诈骗罪，伪造行为与使用行为系手段与目的的牵连关系，成立牵连犯，应从一重处。——本书注

11. 季某票据诈骗、合同诈骗案①——《刑事审判参考》第96号案例

【要旨】诈骗罪与合同诈骗罪、票据诈骗罪系法条竞合关系，一般应择一重处。骗取货物与使用空头支票付款的先后不影响票据诈骗罪的成立。

第一百九十五条 【信用证诈骗罪】②

第一百九十五条 有下列情形之一，进行信用证诈骗活动的③，处五年以下有期徒刑或者拘役，并处二万元以上二十万元以下罚金；数额巨大或者有其他严重情节的，处五年以上十年以下有期徒刑，并处五万元以上五十万元以下罚金；数额特别巨大或者有其他特别严重情节的，处十年以上有期徒刑或者无期徒刑，并处五万元以上五十万元以下罚金或者没收财产：

（一）使用伪造、变造的信用证或者附随的单据、文件的；

（二）使用作废的信用证的；

（三）骗取信用证的；

---

① 参见中华人民共和国最高人民法院刑事审判第一庭、第二庭编：《刑事审判参考》（总第15辑），法律出版社2001年版，第18－24页。

② 1979年《刑法》中并没有信用证诈骗罪的规定，本罪是1997年《刑法》吸收了《全国人民代表大会常务委员会关于惩治破坏金融秩序犯罪的决定》第十三条而作出的规定。《全国人民代表大会常务委员会关于惩治破坏金融秩序犯罪的决定》第十三条规定："有下列情形之一，进行信用证诈骗活动的，处五年以下有期徒刑或者拘役，并处二万元以上二十万元以下罚金；数额巨大或者有其他严重情节的，处五年以上十年以下有期徒刑，并处五万元以上五十万元以下罚金；数额特别巨大或者有其他特别严重情节的，处十年以上有期徒刑、无期徒刑或者死刑，并处没收财产：（一）使用伪造、变造的信用证或者附随的单据、文件的；（二）使用作废的信用证的；（三）骗取信用证的；（四）以其他方法进行信用证诈骗活动的。单位犯前款罪的，对单位判处罚金，并对直接负责的主管人员和其他直接责任人员，依照前款的规定处罚。"1997年《刑法》在第三档增设并处的规定，并将死刑和单位犯罪的规定与其他金融诈骗犯罪的相关规定合并时，在"对直接负责的主管人员和其他直接责任人员"的表述中增加"其"。——本书注

③ 对实施下述四种行为的信用证诈骗罪是行为犯还是结果犯，理论界有不同的看法，最具代表性的有以下两种观点：一种观点认为，信用证诈骗罪是行为犯，理由是《刑法》第一百九十五条对信用证诈骗罪在罪状的表述上并未规定必须具备一定的情节或数额才构成犯罪，因此，行为人只要实施了信用证诈骗行为即构成犯罪，而不需要造成实际的危害结果。另一种观点认为，本罪不是行为犯，进行信用证诈骗应该是骗取数额较大的行为才能构成犯罪。虽然《刑法》第一百九十五条没有明确规定构成本罪必须具有"数额较大"这一要件，但规定了不同的量刑标准，如果本罪不以"数额较大"为成立要件，则《刑法》第一百九十五条规定的"数额巨大"和"数额特别巨大"就失去了参照标准而不合逻辑。如果以"数额较大"作为信用证诈骗罪与非罪的标准，必然导致司法实践中放纵一部分犯罪，以"数额较大"作为罪与非罪的标准，于法无据。因此，第一种观点是可取的，行为人只要实施了信用证诈骗罪的法定客观构成要件的行为之一，即构成信用证诈骗罪。如果行为人同时实施两种以上的行为也只构成一罪，不实行数罪并罚。——本书注

（四）以其他方法进行信用证诈骗活动的。①

第二百条

第二百条 单位犯本节第一百九十四条、第一百九十五条规定之罪的，对单位判处罚金，并对其直接负责的主管人员和其他直接责任人员，处五年以下有期徒刑或者拘役，可以并处罚金；数额巨大或者有其他严重情节的，处五年以上十年以下有期徒刑，并处罚金；数额特别巨大或者有其他特别严重情节的，处十年以上有期徒刑或者无期徒刑，并处罚金。

刑事司法解释和规范性文件

1.《全国法院审理金融犯罪案件工作座谈会纪要》（法〔2001〕8号）（略，见“第一百六十条【欺诈发行证券罪】”部分）

2.《最高人民检察院、公安部关于公安机关管辖的刑事案件立案追诉标准的规定（二）》（公通字〔2022〕12号）

第四十八条 〔信用证诈骗案（刑法第一百九十五条）〕进行信用证诈骗活动，涉嫌下列情形之一的，应予立案追诉：

（一）使用伪造、变造的信用证或者附随的单据、文件的；

（二）使用作废的信用证的；

（三）骗取信用证的；

（四）以其他方法进行信用证诈骗活动的。

其他相关规范

《最高人民法院关于审理信用证纠纷案件若干问题的规定》（法释〔2020〕18号）

第八条 凡有下列情形之一的，应当认定存在信用证欺诈：

---

① “以其他方法进行信用证诈骗活动”的手段很多，如利用“软条款”信用证进行诈骗活动。所谓“软条款”信用证，是指在开立信用证时，故意制造一些隐蔽性条款，这些条款实际上赋予开证人或开证行单方面的主动权，从而使信用证随时因开证行或开证申请人单方面的行为而解除，以达到骗取财物的目的。有些不法分子利用远期信用证诈骗。由于采用远期信用证支付时，进口商是先取货后付款，在信用证到期付款前存有一段时间，犯罪分子就利用这段时间，制造付款障碍，以达到骗取货物的目的。有的是取得货物后，将财产转移，宣布企业破产。有的则是与银行勾结，在信用证到期付款前，将银行资金转移，宣布银行破产。甚至有的国外小银行，其本身的资金就少于信用证所开出的金额，仍以开证行名义为进口商开具信用证，待进口商取得货物后，宣告资不抵债。——本书注

（一）受益人伪造单据或者提交记载内容虚假的单据；

（二）受益人恶意不交付货物或者交付的货物无价值；

（三）受益人和开证申请人或者其他第三方串通提交假单据，而没有真实的基础交易；

（四）其他进行信用证欺诈的情形。

第十条 人民法院认定存在信用证欺诈的，应当裁定中止支付或者判决终止支付信用证项下款项，但有下列情形之一的除外：

（一）开证行的指定人、授权人已按照开证行的指令善意地进行了付款；

（二）开证行或者其指定人、授权人已对信用证项下票据善意地作出了承兑；

（三）保兑行善意地履行了付款义务；

（四）议付行善意地进行了议付。

重点案例要旨

1. 天津南德经济集团牟某中、姚某、牟某臣、牟某波、夏某伟信用证诈骗案①——最高人民检察院公报案例

【要旨】单位无视国家金融管理制度的有关规定，在本单位有关会议上多次提出不进货的非法融资犯意，又与他人合谋，编造虚假进口合同以单位或个人的名义与有关部门签订协议，还指使他人具体经办。在明知无货进口的情况下，对所骗承兑的大宗美元亲自或授权他人签发划款指令，用于返还单位的债务和扩大业务，给国家造成了极大的经济损失，构成信用证诈骗罪。其他参与人若明知无货物进口，却在主犯的指使下参与信用证诈骗，严重破坏国家金融管理秩序，其他参与人行为也构成信用证诈骗罪。

2. 葛某坤等信用证诈骗案②

【要旨】（1）《刑法》第六十七条明确规定“犯罪以后自动投案，如实供述自己的罪行的，是自首”，单位自首只能通过自然人参与社会活动予以实现，单位构成自首后，其直接负责的主管人员、其他直接责任人员符合如实供述的要件，也构成自首。

（2）单位进行信用证诈骗数额在250万元人民币以上的，属于“数额特别巨大”，其溯及力适用“从旧兼从轻”原则。

（3）在审理单位犯罪案件时，对其直接负责的主管人员和其他直接责任人员，可

① 参见《最高人民检察院公报》2001年第1期。

② 载法信网，https://www.faxin.cn，最后访问日期：2022年11月26日。

不分主犯、从犯,按照其在单位犯罪所起的作用判处刑罚。当单位犯罪系个体决策,则另当别论,因为在决策方面,决策者是单一体,不存在其为他人的决策承受责任的问题,故其与其他直接责任人员的关系主要是决策者与执行者的关系,具有不同的地位和作用,有划分主、从犯的必要。

3. 莫某某等被控信用证诈骗宣告无罪案[①]

【要旨】认定行为人是否构成信用证诈骗罪,要看行为人是否具有客观行为,还要看行为人是否具有"以非法占有为目的"。认定"以非法占有为目的",既不能单凭被告人的供述,也不能凭损失结果客观归罪,而应当根据查明的案件事实合理推定行为人的心理状态。非法出具金融票证罪是违反规定,为他人出具信用证或者其他保函、票据、存单、资信证明,造成较大损失的行为。行为人作为受理开证的经办人,违反有关规定审批信用证,但这只是一个环节,最终审批权是银行,信用证也是由银行开出,且无法证实开证银行损失,行为人不构成非法出具金融票证罪。

第一百九十六条 【信用卡诈骗罪】[②]

第一百九十六条 有下列情形之一,进行信用卡诈骗活动,数额较大的,处五年以下有期徒刑或者拘役,并处二万元以上二十万元以下罚金;数额巨大或者有其他严重情节的,处五年以上十年以下有期徒刑,并处五万元以上五十万元以下罚金;数额特别巨大或者有其他特别严重情节的,处十年以上有期徒刑或者无期徒刑,并处五万元以上五十万元以下罚金或者没收财产:

(一)使用伪造的信用卡,或者使用以虚假的身份证明骗领的信用卡的;

(二)使用作废的信用卡的;

(三)冒用他人信用卡的;

(四)恶意透支的。

前款所称恶意透支,是指持卡人以非法占有为目的,超过规定限额或者规定期限透支,并且经发卡银行催收后仍不归还的行为。

盗窃信用卡并使用的,依照本法第二百六十四条的规定定罪处罚。

---

① 载法信网,https://www.faxin.cn,最后访问日期:2022 年 10 月 20 日。

② 2005 年《刑法修正案(五)》将"使用以虚假的身份证明骗领的信用卡"与"使用伪造的信用卡"并列,作为信用卡诈骗罪的行为类型之一。——本书注

立法解释

《全国人民代表大会常务委员会关于〈中华人民共和国刑法〉有关信用卡规定的解释》(2004年12月29日第十届全国人民代表大会常务委员会第十三次会议通过)

全国人民代表大会常务委员会根据司法实践中遇到的情况,讨论了刑法规定的“信用卡”的含义问题,解释如下:

刑法规定的“信用卡”,是指由商业银行或者其他金融机构发行的具有消费支付、信用贷款、转账结算、存取现金等全部功能或者部分功能的电子支付卡。

现予公告。

刑事司法解释和规范性文件

1.《最高人民法院、最高人民检察院关于办理妨害信用卡管理刑事案件具体应用法律若干问题的解释》(法释〔2018〕19号)

为依法惩治妨害信用卡管理犯罪活动,维护信用卡管理秩序和持卡人合法权益,根据《中华人民共和国刑法》规定,现就办理这类刑事案件具体应用法律的若干问题解释如下:

第一条 复制他人信用卡、将他人信用卡信息资料写入磁条介质、芯片或者以其他方法伪造信用卡一张以上的,应当认定为刑法第一百七十七条第一款第四项规定的“伪造信用卡”,以伪造金融票证罪定罪处罚。

伪造空白信用卡十张以上的,应当认定为刑法第一百七十七条第一款第四项规定的“伪造信用卡”,以伪造金融票证罪定罪处罚。

伪造信用卡,有下列情形之一的,应当认定为刑法第一百七十七条规定的“情节严重”:

(一)伪造信用卡五张以上不满二十五张的;

(二)伪造的信用卡内存款余额、透支额度单独或者合计数额在二十万元以上不满一百万元的;

(三)伪造空白信用卡五十张以上不满二百五十张的;

(四)其他情节严重的情形。

伪造信用卡,有下列情形之一的,应当认定为刑法第一百七十七条规定的“情节特别严重”:

(一)伪造信用卡二十五张以上的;

(二)伪造的信用卡内存款余额、透支额度单独或者合计数额在一百万元以上的;

（三）伪造空白信用卡二百五十张以上的；

（四）其他情节特别严重的情形。

本条所称“信用卡内存款余额、透支额度”，以信用卡被伪造后发卡行记录的最高存款余额、可透支额度计算。

第二条 明知是伪造的空白信用卡而持有、运输十张以上不满一百张的，应当认定为刑法第一百七十七条之一第一款第一项规定的“数量较大”；非法持有他人信用卡五张以上不满五十张的，应当认定为刑法第一百七十七条之一第一款第二项规定的“数量较大”。

有下列情形之一的，应当认定为刑法第一百七十七条之一第一款规定的“数量巨大”：

（一）明知是伪造的信用卡而持有、运输十张以上的；

（二）明知是伪造的空白信用卡而持有、运输一百张以上的；

（三）非法持有他人信用卡五十张以上的；

（四）使用虚假的身份证明骗领信用卡十张以上的；

（五）出售、购买、为他人提供伪造的信用卡或者以虚假的身份证明骗领的信用卡十张以上的。

违背他人意愿，使用其居民身份证、军官证、士兵证、港澳居民往来内地通行证、台湾居民来往大陆通行证、护照等身份证明申领信用卡的，或者使用伪造、变造的身份证明申领信用卡的，应当认定为刑法第一百七十七条之一第一款第三项规定的“使用虚假的身份证明骗领信用卡”。

第三条 窃取、收买、非法提供他人信用卡信息资料，足以伪造可进行交易的信用卡，或者足以使他人以信用卡持卡人名义进行交易，涉及信用卡一张以上不满五张的，依照刑法第一百七十七条之一第二款的规定，以窃取、收买、非法提供信用卡信息罪定罪处罚；涉及信用卡五张以上的，应当认定为刑法第一百七十七条之一第一款规定的“数量巨大”。

第四条 为信用卡申请人制作、提供虚假的财产状况、收入、职务等资信证明材料，涉及伪造、变造、买卖国家机关公文、证件、印章，或者涉及伪造公司、企业、事业单位、人民团体印章，应当追究刑事责任的，依照刑法第二百八十条的规定，分别以伪造、变造、买卖国家机关公文、证件、印章罪和伪造公司、企业、事业单位、人民团体印章罪定罪处罚。

承担资产评估、验资、验证、会计、审计、法律服务等职责的中介组织或其人员，为信用卡申请人提供虚假的财产状况、收入、职务等资信证明材料，应当追究刑事责任的,依照刑法第二百二十九条的规定,分别以提供虚假证明文件罪和出具证明文件重大失实罪定罪处罚。

第五条　使用伪造的信用卡、以虚假的身份证明骗领的信用卡、作废的信用卡或者冒用他人信用卡,进行信用卡诈骗活动,数额在五千元以上不满五万元的,应当认定为刑法第一百九十六条规定的"数额较大";数额在五万元以上不满五十万元的,应当认定为刑法第一百九十六条规定的"数额巨大";数额在五十万元以上的,应当认定为刑法第一百九十六条规定的"数额特别巨大"。

刑法第一百九十六条第一款第三项所称"冒用他人信用卡",包括以下情形:

(一)拾得他人信用卡并使用的;

(二)骗取他人信用卡并使用的;

(三)窃取、收买、骗取或者以其他非法方式获取他人信用卡信息资料,并通过互联网、通讯终端等使用的;

(四)其他冒用他人信用卡的情形。

第六条　持卡人以非法占有为目的,超过规定限额或者规定期限透支,经发卡银行两次有效催收后超过三个月仍不归还的,应当认定为刑法第一百九十六条规定的"恶意透支"。

对于是否以非法占有为目的,应当综合持卡人信用记录、还款能力和意愿、申领和透支信用卡的状况、透支资金的用途、透支后的表现、未按规定还款的原因等情节作出判断。不得单纯依据持卡人未按规定还款的事实认定非法占有目的。

具有以下情形之一的,应当认定为刑法第一百九十六条第二款规定的"以非法占有为目的",但有证据证明持卡人确实不具有非法占有目的的除外:

(一)明知没有还款能力而大量透支,无法归还的;

(二)使用虚假资信证明申领信用卡后透支,无法归还的;

(三)透支后通过逃匿、改变联系方式等手段,逃避银行催收的;

(四)抽逃、转移资金,隐匿财产,逃避还款的;

(五)使用透支的资金进行犯罪活动的;

(六)其他非法占有资金,拒不归还的情形。①

第七条　催收同时符合下列条件的,应当认定为本解释第六条规定的"有效催收":

---

① 该条规定意在强调和引导办案机关审慎认定恶意透支型信用卡诈骗犯罪。只有符合"以非法占有为目的"的恶意透支行为,才构成信用卡诈骗罪。持卡人透支后因生产经营突然陷入困境、突发重大疾病、事故或者因不可抗力、意外事件等原因造成逾期,经发卡银行催收后仍未能归还,仍属于民法上的违约行为,不属于信用卡诈骗犯罪。——本书注

(一)在透支超过规定限额或者规定期限后进行;

(二)催收应当采用能够确认持卡人收悉的方式,但持卡人故意逃避催收的除外;

(三)两次催收至少间隔三十日;

(四)符合催收的有关规定或者约定。

对于是否属于有效催收,应当根据发卡银行提供的电话录音、信息送达记录、信函送达回执、电子邮件送达记录、持卡人或者其家属签字以及其他催收原始证据材料作出判断。

发卡银行提供的相关证据材料,应当有银行工作人员签名和银行公章。

第八条 恶意透支,数额在五万元以上不满五十万元的,应当认定为刑法第一百九十六条规定的“数额较大”;数额在五十万元以上不满五百万元的,应当认定为刑法第一百九十六条规定的“数额巨大”;数额在五百万元以上的,应当认定为刑法第一百九十六条规定的“数额特别巨大”。

第九条 恶意透支的数额,是指公安机关刑事立案时尚未归还的实际透支的本金数额,不包括利息、复利、滞纳金、手续费等发卡银行收取的费用。归还或者支付的数额,应当认定为归还实际透支的本金。

检察机关在审查起诉、提起公诉时,应当根据发卡银行提供的交易明细、分类账单(透支账单、还款账单)等证据材料,结合犯罪嫌疑人、被告人及其辩护人所提辩解、辩护意见及相关证据材料,审查认定恶意透支的数额;恶意透支的数额难以确定的,应当依据司法会计、审计报告,结合其他证据材料审查认定。人民法院在审判过程中,应当在对上述证据材料查证属实的基础上,对恶意透支的数额作出认定。

发卡银行提供的相关证据材料,应当有银行工作人员签名和银行公章。

第十条 恶意透支数额较大,在提起公诉前全部归还或者具有其他情节轻微情形的,可以不起诉;在一审判决前全部归还或者具有其他情节轻微情形的,可以免予刑事处罚。但是,曾因信用卡诈骗受过两次以上处罚的除外。

第十一条 发卡银行违规以信用卡透支形式变相发放贷款,持卡人未按规定归还的,不适用刑法第一百九十六条“恶意透支”的规定。构成其他犯罪的,以其他犯罪论处。

第十二条 违反国家规定,使用销售点终端机具(POS 机)等方法,以虚构交易、虚开价格、现金退货等方式向信用卡持卡人直接支付现金,情节严重的,应当依据刑法第二百二十五条的规定,以非法经营罪定罪处罚。

实施前款行为,数额在一百万元以上的,或者造成金融机构资金二十万元以上逾期未还的,或者造成金融机构经济损失十万元以上的,应当认定为刑法第二百二十五条规定的“情节严重”;数额在五百万元以上的,或者造成金融机构资金一百万元以上逾期未还的，或者造成金融机构经济损失五十万元以上的，应当认定为刑法第二百二十五条规定的“情节特别严重”。

持卡人以非法占有为目的，采用上述方式恶意透支，应当追究刑事责任的，依照刑法第一百九十六条的规定，以信用卡诈骗罪定罪处罚。

第十三条 单位实施本解释规定的行为，适用本解释规定的相应自然人犯罪的定罪量刑标准。

2.《最高人民检察院关于拾得他人信用卡并在自动柜员机（ATM机）上使用的行为如何定性问题的批复》（高检发释字〔2008〕1号）

浙江省人民检察院：

你院《关于拾得他人信用卡并在ATM机上使用的行为应如何定性的请示》（浙检研〔2007〕227号）收悉。经研究，批复如下：

拾得他人信用卡并在自动柜员机（ATM机）上使用的行为，属于《刑法》第一百九十六条第一款第（三）项规定的“冒用他人信用卡”的情形，构成犯罪的，以信用卡诈骗罪追究刑事责任。

3.《最高人民法院、最高人民检察院、公安部关于信用卡诈骗犯罪管辖有关问题的通知》（公通字〔2011〕29号）

各省、自治区、直辖市高级人民法院，人民检察院，公安厅、局，新疆维吾尔自治区高级人民法院生产建设兵团分院、新疆生产建设兵团人民检察院、公安局：

近年来，信用卡诈骗流窜作案逐年增多，受害人在甲地申领的信用卡，被犯罪嫌疑人在乙地盗取了信用卡信息，并在丙地被提现或消费。犯罪嫌疑人企图通过空间的转换逃避刑事打击。为及时有效打击此类犯罪，现就有关案件管辖问题通知如下：

对以窃取、收买等手段非法获取他人信用卡信息资料后在异地使用的信用卡诈骗犯罪案件，持卡人信用卡申领地的公安机关、人民检察院、人民法院可以依法立案侦查、起诉、审判。

4.《最高人民法院关于被告人余××利用他人遗忘在ATM机内已输好密码的信用卡取款的行为如何定性请示一案的批复》（〔2017〕最高法刑他3371号）①

福建省高级人民法院：

你院《关于被告人余××利用他人遗忘在ATM机内已输好秘密的信用卡取款

① 参见喻海松编著：《实务刑法评注》，北京大学出版社2022年版，第797页。需要注意的是，本案关于认定系盗窃罪还是信用卡诈骗罪存在较大争议，从最高人民法院的观点看，对《刑法》第一百九十六条第三款“盗窃信用卡并使用的，依照本法第二百六十四条的规定定罪处罚”应当作限缩解释，即一般情况下审慎选择认定盗窃罪，鼓励适用“冒用他人信用卡的”条款认定信用卡诈骗罪。——本书注

的行为如何定性的请示报告》收悉。经研究,批复如下:

被告人余××利用他人遗忘在 ATM 机内已输好秘密的信用卡取款的行为倾向于认定为信用卡诈骗罪。

5.《最高人民检察院、公安部关于公安机关管辖的刑事案件立案追诉标准的规定(二)》(公通字〔2022〕12 号)

第四十九条 〔**信用卡诈骗案(刑法第一百九十六条)**〕进行信用卡诈骗活动,涉嫌下列情形之一的,应予立案追诉:

(一)使用伪造的信用卡、以虚假的身份证明骗领的信用卡、作废的信用卡或者冒用他人信用卡,进行诈骗活动,数额在五千元以上的;

(二)恶意透支,数额在五万元以上的。

本条规定的"恶意透支",是指持卡人以非法占有为目的,超过规定限额或者规定期限透支,经发卡银行两次有效催收后超过三个月仍不归还的。

恶意透支的数额,是指公安机关刑事立案时尚未归还的实际透支的本金数额,不包括利息、复利、滞纳金、手续费等发卡银行收取的费用。归还或者支付的数额,应当认定为归还实际透支的本金。

恶意透支,数额在五万元以上不满五十万元的,在提起公诉前全部归还或者具有其他情节轻微情形的,可以不起诉。但是,因信用卡诈骗受过二次以上处罚的除外。

其他相关规范

1.《银行卡业务管理办法》(银发〔1999〕17 号)

第二条 本办法所称银行卡,是指由商业银行(含邮政金融机构,下同)向社会发行的具有消费信用、转帐结算、存取现金等全部或部分功能的信用支付工具。

商业银行未经中国人民银行批准不得发行银行卡。

第五条 银行卡包括信用卡和借记卡。

银行卡按币种不同分为人民币卡、外币卡;按发行对象不同分为单位卡(商务卡)、个人卡;按信息载体不同分为磁条卡、芯片(IC)卡。

第六条 信用卡按是否向发卡银行交存备用金分为贷记卡、准贷记卡两类。

贷记卡是指发卡银行给予持卡人一定的信用额度,持卡人可在信用额度内先消费、后还款的信用卡。

准贷记卡是指持卡人须先按发卡银行要求交存一定金额的备用金,当备用金帐户余额不足支付时,可在发卡银行规定的信用额度内透支的信用卡。

第四十一条 发卡银行应当认真审查信用卡申请人的资信状况,根据申请人的资信状况确定有效担保及担保方式。

发卡银行应当对信用卡持卡人的资信状况进行定期复查,并应当根据资信状况的变化调整其信用额度。

第五十四条 持卡人的义务:

(一)申请人应当向发卡银行提供真实的申请资料并按照发卡银行规定向其提供符合条件的担保。

(二)持卡人应当遵守发卡银行的章程及《领用合约》的有关条款。

(三)持卡人或保证人通讯地址、职业等发生变化,应当及时书面通知发卡银行。

(四)持卡人不得以和商户发生纠纷为由拒绝支付所欠银行款项。

第六十一条 任何单位和个人有下列情形之一的,根据《中华人民共和国刑法》及相关法规进行处理:

(一)骗领、冒用信用卡的;

(二)伪造、变造银行卡的;

(三)恶意透支的;

(四)利用银行卡及其机具欺诈银行资金的。

2.《商业银行信用卡业务监督管理办法》(银监会令2011年第2号)

第九条 本办法所称发卡业务,是指发卡银行基于对客户的评估结果,与符合条件的客户签约发放信用卡并提供的相关银行服务。

发卡业务包括营销推广、审批授信、卡片制作发放、交易授权、交易处理、交易监测、资金结算、账务处理、争议处理、增值服务和欠款催收等业务环节。

第四十条 发卡银行应当建立健全信用卡申请人资信审核制度,明确管理架构和内部控制机制。

第四十一条 发卡银行应当对信用卡申请人开展资信调查,充分核实并完整记录申请人有效身份、财务状况、消费和信贷记录等信息,并确认申请人拥有固定工作、稳定的收入来源或可靠的还款保障。

第五十二条 发卡银行应当建立信用卡业务风险管理制度。发卡银行从公安机关、司法机关、持卡人本人、亲属、交易监测或其他渠道获悉持卡人出现身份证件被盗用、家庭财务状况恶化、还款能力下降、预留联系方式失效、资信状况恶化、有非正常用卡行为等风险信息时,应当立即停止上调额度、超授信额度用卡服务授权、分期业务授权等可能扩大信用风险的操作,并视情况采取提高交易监测力度、调减授信额度、止付、冻结或落实第二还款来源等风险管理措施。

第五十六条 发卡银行应当制定信用卡交易授权和风险监测管理制度，配备必要的设备、系统和人员，确保24小时交易授权和实时监控，对出现可疑交易的信用卡账户应当及时采取与持卡人联系确认、调整授信额度、锁定账户、紧急止付等风险管理措施。

发卡银行应当对可疑交易采取电话核实、联系收单银行、调单或实地走访等方式进行风险排查并及时处理，必要时应当及时向公安机关报案。

第五十七条 发卡银行应当在信用卡领用合同（协议）中明确规定以持卡人相关资产偿还信用卡贷款的具体操作流程，在未获得持卡人授权的情况下，不得以持卡人资产直接抵偿信用卡应收账款。国家法律法规另有规定的除外。

发卡银行收到持卡人还款时，按照以下顺序对其信用卡账户的各项欠款进行冲还：逾期1－90天（含）的，按照先应收利息或各项费用、后本金的顺序进行冲还；逾期91天以上的，按照先本金、后应收利息或各项费用的顺序进行冲还。

第六十八条 发卡银行应当对债务人本人及其担保人进行催收，不得对与债务无关的第三人进行催收，不得采用暴力、胁迫、恐吓或辱骂等不当催收行为。对催收过程应当进行录音，录音资料至少保存2年备查。

第六十九条 信用卡催收函件应当对持卡人充分披露以下基本信息：持卡人姓名和欠款余额，催收事由和相关法规，持卡人相关权利和义务，查询账户状态、还款、提出异议和提供相关证据的途径，发卡银行联系方式，相关业务公章，监管机构规定的其他内容。

发卡银行收到持卡人对信用卡催收提出的异议，应当及时对相关信用卡账户进行备注，并开展核实处理工作。

第七十条 在特殊情况下，确认信用卡欠款金额超出持卡人还款能力、且持卡人仍有还款意愿的，发卡银行可以与持卡人平等协商，达成个性化分期还款协议。个性化分期还款协议的最长期限不得超过5年。

个性化分期还款协议的内容应当至少包括：

（一）欠款余额、结构、币种；

（二）还款周期、方式、币种、日期和每期还款金额；

（三）还款期间是否计收年费、利息和其他费用；

（四）持卡人在个性化分期还款协议相关款项未全部结清前，不得向任何银行申领信用卡的承诺；

（五）双方的权利义务和违约责任；

（六）与还款有关的其他事项。

双方达成一致意见并签署分期还款协议的，发卡银行及其发卡业务服务机构应当停止对该持卡人的催收,持卡人不履行分期还款协议的情况除外。达成口头还款协议的,发卡银行必须留存录音资料。录音资料留存时间至少截至欠款结清日。

重点案例要旨

1. 林某某信用卡诈骗案①——最高人民检察院2020年发布的第二届民营经济法治建设峰会检察机关服务民营经济典型案例

【要旨】检察机关在办理信用卡诈骗案件时,要严格区分罪与非罪,切实保护民营企业主的合法人身财产权益。认定信用卡诈骗犯罪是否具有非法占有的目的,应当综合持卡人信用记录、还款能力和意愿、申领和透支信用卡的状况、透支资金的用途、透支后的表现、未按规定还款的原因等情节作出判断。

2. 陈某渝信用卡诈骗案②——《刑事审判参考》第841号案例

【要旨】在恶意透支型信用卡诈骗罪中,人民法院只应对犯罪所得即透支本金部分作出裁判,行为人犯罪所得指向的对象只是透支的本金,至于后来产生的各种费用并不是其犯罪时意图占有的部分。对于透支的本金产生的正常利息实际上也只是双方依据民事借款合同约定的利息,不能称为银行的直接损失。刑事审判只限于保护被害人的直接经济损失,对于间接经济损失,不能以追缴或者返还的方式在刑事裁判中判决。对于透支产生的复利、滞纳金等间接损失,不能通过附带民事诉讼解决。

3. 王某军等信用卡诈骗案③——《刑事审判参考》第874号案例

【要旨】秘密窃取他人信用卡,但该信用卡未激活,尚未具备信用卡具有的消费、提现等支付功能,实际上等同于作废、无效的卡片。行为人取得财物是通过激活信用卡并冒用的行为来实现,应当属于冒用他人信用卡行为,构成信用卡诈骗罪。

4. 房某信用卡诈骗案④——《刑事审判参考》第921号案例

【要旨】原则上银行应当证明其催收内容、持卡人本人已收悉银行催收信息,否则不能认定催收的效力。

---

① 参见第二届民营经济法治建设峰会检察机关服务民营经济典型案例,载中华人民共和国最高人民检察院,https://www.spp.gov.cn,最后访问日期:2022年11月16日。

② 参见中华人民共和国最高人民法院刑事审判第一、二、三、四、五庭主办:《刑事审判参考》(总第91集),法律出版社2014年版,第9-12页。

③ 参见中华人民共和国最高人民法院刑事审判第一、二、三、四、五庭主办:《刑事审判参考》(总第93集),法律出版社2014年版,第12-17页。

④ 参见中华人民共和国最高人民法院刑事审判第一、二、三、四、五庭主办:《刑事审判参考》(总第95集),法律出版社2014年版,第12-19页。

5. 梁某权、梁某艺信用卡诈骗案①——《刑事审判参考》第1120号案例

【要旨】透支信用卡用于合法经营活动，后因客观原因导致无法归还透支款，主观上没有非法占有目的，不属于恶意透支信用卡的行为，不构成信用卡诈骗罪。

第一百九十七条 【有价证券诈骗罪】②

第一百九十七条 使用伪造、变造的国库券或者国家发行的其他有价证券，进行诈骗活动，数额较大的，处五年以下有期徒刑或者拘役，并处二万元以上二十万元以下罚金；数额巨大或者有其他严重情节的，处五年以上十年以下有期徒刑，并处五万元以上五十万元以下罚金；数额特别巨大或者有其他特别严重情节的，处十年以上有期徒刑或者无期徒刑，并处五万元以上五十万元以下罚金或者没收财产。

刑事司法解释和规范性文件

《最高人民检察院、公安部关于公安机关管辖的刑事案件立案追诉标准的规定（二）》（公通字〔2022〕12号）

第五十条 〔有价证券诈骗案（刑法第一百九十七条）〕使用伪造、变造的国库券或者国家发行的其他有价证券进行诈骗活动，数额在五万元以上的，应予立案追诉。

其他相关规范

1.《证券法》

第二条 在中华人民共和国境内，股票、公司债券、存托凭证和国务院依法认定的其他证券的发行和交易，适用本法；本法未规定的，适用《中华人民共和国公司法》和其他法律、行政法规的规定。

政府债券、证券投资基金份额的上市交易，适用本法；其他法律、行政法规另有规定的，适用其规定。

资产支持证券、资产管理产品发行、交易的管理办法，由国务院依照本法的原则规定。

---

① 参见中华人民共和国最高人民法院刑事审判第一、二、三、四、五庭主办：《刑事审判参考》（总第105集），法律出版社2016年版，第32－37页。

② 本罪是1997年《刑法》所设罪名，1979年《刑法》和单行刑法《全国人民代表大会常务委员会关于惩治破坏金融秩序犯罪的决定》等均没有规定此罪名。——本书注

在中华人民共和国境外的证券发行和交易活动，扰乱中华人民共和国境内市场秩序，损害境内投资者合法权益的，依照本法有关规定处理并追究法律责任。

2.《国库券条例》（国务院令第588号）

第八条　国库券可以用于抵押，但是不得作为货币流通。

第九条　国库券可以转让，但是应当在国家批准的交易场所办理。

第十条　发行国库券筹集的资金，由国务院统一安排使用。

第十一条　对伪造国库券的，依法追究刑事责任。

重点案例要旨

1. 章某盗窃案[①]——《刑事审判参考》第45号案例

【要旨】盖有"付讫"章的国库券不再属于有价证券，将盗窃的盖有"付讫"章的国库券变造后再骗兑的行为，构成诈骗罪。

2. 杨某有价证券诈骗案[②]

【要旨】行为人明知是伪造的国库券而以此作为抵押向其他单位借款，因被害单位及时发现国库券是伪造的而未能骗取钱财，依法成立有价证券诈骗罪未遂。

第一百九十八条　【保险诈骗罪】[③]

第一百九十八条　有下列情形之一，进行保险诈骗活动，数额较大的，处五年以下有期徒刑或者拘役，并处一万元以上十万元以下罚金；数额巨大或者有其他严重

---

① 参见中华人民共和国最高人民法院刑事审判第一庭编：《刑事审判参考》（总第6辑），法律出版社2000年版，第30－34页。

② 载法信网，https://www.faxin.cn，最后访问日期：2022年10月20日。

③ 本罪是1997年《刑法》吸收了《全国人民代表大会常务委员会关于惩治破坏金融秩序犯罪的决定》第十六条而作出的规定。《全国人民代表大会常务委员会关于惩治破坏金融秩序犯罪的决定》第十六条规定："有下列情形之一，进行保险诈骗活动，数额较大的，处五年以下有期徒刑或者拘役，并处一万元以上十万元以下罚金；数额巨大或者有其他严重情节的，处五年以上十年以下有期徒刑，并处二万元以上二十万元以下罚金；数额特别巨大或者有其他特别严重情节的，处十年以上有期徒刑，并处没收财产：（一）投保人故意虚构保险标的，骗取保险金的；（二）投保人、被保险人或者受益人对发生的保险事故编造虚假的原因或者夸大损失的程度，骗取保险金的；（三）投保人、被保险人或者受益人编造未曾发生的保险事故，骗取保险金的；（四）投保人、被保险人故意造成财产损失的保险事故，骗取保险金的；（五）投保人、受益人故意造成被保险人死亡、伤残或者疾病，骗取保险金的。有前款第（四）项、第（五）项所列行为，同时构成其他犯罪的，依照刑法数罪并罚的规定处罚。保险事故的鉴定人、证明人、财产评估人故意提供虚假的证明文件，为他人诈骗提供条件的，以保险诈骗的共犯论处。单位犯第一款罪的，对单位判处罚金，并对直接负责的主管人员和其他直接责任人员，依照第一款的规定处罚。"1997年《刑法》对条款顺序作了调整，在第三档增加附加刑的规定，并对单位犯罪的直接责任人员规定独立的法定刑。——本书注

情节的,处五年以上十年以下有期徒刑,并处二万元以上二十万元以下罚金;数额特别巨大或者有其他特别严重情节的,处十年以上有期徒刑,并处二万元以上二十万元以下罚金或者没收财产:

(一)投保人故意虚构保险标的,骗取保险金的;

(二)投保人、被保险人或者受益人对发生的保险事故编造虚假的原因或者夸大损失的程度,骗取保险金的;

(三)投保人、被保险人或者受益人编造未曾发生的保险事故,骗取保险金的;

(四)投保人、被保险人故意造成财产损失的保险事故,骗取保险金的;

(五)投保人、受益人故意造成被保险人死亡、伤残或者疾病,骗取保险金的。①

有前款第四项、第五项所列行为,同时构成其他犯罪的,依照数罪并罚的规定处罚。

单位犯第一款罪的,对单位判处罚金,并对其直接负责的主管人员和其他直接责任人员,处五年以下有期徒刑或者拘役;数额巨大或者有其他严重情节的,处五年以上十年以下有期徒刑;数额特别巨大或者有其他特别严重情节的,处十年以上有期徒刑。

保险事故的鉴定人、证明人、财产评估人故意提供虚假的证明文件,为他人诈骗提供条件的,以保险诈骗的共犯论处。

刑事司法解释和规范性文件

1.《最高人民检察院、公安部关于公安机关管辖的刑事案件立案追诉标准的规定(二)》(公通字〔2022〕12 号)

第五十一条 〔保险诈骗案(刑法第一百九十八条)〕进行保险诈骗活动,数额在五万元以上的,应予立案追诉。

2.《最高人民法院、最高人民检察院、公安部关于依法办理"碰瓷"违法犯罪案件的指导意见》(公通字〔2020〕12 号)

各省、自治区、直辖市高级人民法院、人民检察院、公安厅(局),新疆维吾尔自治区高级人民法院生产建设兵团分院,新疆生产建设兵团人民检察院、公安局:

近年来,"碰瓷"现象时有发生。所谓"碰瓷",是指行为人通过故意制造或者编造其被害假象,采取诈骗、敲诈勒索等方式非法索取财物的行为。实践中,一些不法

① 实务中应特别关注保险诈骗罪的主体为特殊主体,相关人员范围应当以《保险法》规定为准,并非所有骗取保险金的行为均为保险诈骗罪。——本书注

分子有的通过“设局”制造或者捏造他人对其人身、财产造成损害来实施；有的通过自伤、造成同伙受伤或者利用自身原有损伤，诬告系被害人所致来实施；有的故意制造交通事故，利用被害人违反道路通行规定或者酒后驾驶、无证驾驶、机动车手续不全等违法违规行为，通过被害人害怕被查处的心理来实施；有的在“碰瓷”行为被识破后，直接对被害人实施抢劫、抢夺、故意伤害等违法犯罪活动等。此类违法犯罪行为性质恶劣，危害后果严重，败坏社会风气，且易滋生黑恶势力，人民群众反响强烈。为依法惩治“碰瓷”违法犯罪活动，保障人民群众合法权益，维护社会秩序，根据刑法、刑事诉讼法、治安管理处罚法等法律的规定，制定本意见。

一、实施“碰瓷”，虚构事实、隐瞒真相，骗取赔偿，符合刑法第二百六十六条规定的，以诈骗罪定罪处罚；骗取保险金，符合刑法第一百九十八条规定的，以保险诈骗罪定罪处罚。

……

九、共同故意实施“碰瓷”犯罪，起主要作用的，应当认定为主犯，对其参与或者组织、指挥的全部犯罪承担刑事责任；起次要或者辅助作用的，应当认定为从犯，依法予以从轻、减轻处罚或者免除处罚。

三人以上为共同故意实施“碰瓷”犯罪而组成的较为固定的犯罪组织，应当认定为犯罪集团。对首要分子应当按照集团所犯全部罪行处罚。

符合黑恶势力认定标准的，应当按照黑社会性质组织、恶势力或者恶势力犯罪集团侦查、起诉、审判。

十、对实施“碰瓷”，尚不构成犯罪，但构成违反治安管理行为的，依法给予治安管理处罚。

各级人民法院、人民检察院和公安机关要严格依法办案，加强协作配合，对“碰瓷”违法犯罪行为予以快速处理、准确定性、依法严惩。一要依法及时开展调查处置、批捕、起诉、审判工作。公安机关接到报案、控告、举报后应当立即赶到现场，及时制止违法犯罪，妥善保护案发现场，控制行为人。对于符合立案条件的及时开展立案侦查，全面收集证据，调取案发现场监控视频，收集在场证人证言，核查涉案人员、车辆信息等，并及时串并案进行侦查。人民检察院对于公安机关提请批准逮捕、移送审查起诉的“碰瓷”案件，符合逮捕、起诉条件的，应当依法尽快予以批捕、起诉。对于“碰瓷”案件，人民法院应当依法及时审判，构成犯罪的，严格依法追究犯罪分子刑事责任。二要加强协作配合。公安机关、人民检察院要加强沟通协调，解决案件定性、管辖、证据标准等问题，确保案件顺利办理。对于疑难复杂案件，公安机关可以听取人民检察院意见。对于确需补充侦查的，人民检察院要制作明确、详细的补充侦查提纲，公安机关应当及时补充证据。人民法院要加强审判力量，严格依法公正审判。三要严格贯彻宽严相济的刑事政策，落实认罪认罚从宽制度。要综合考虑主观恶性大小、行为的手段、方式、危害后果以及在案件中所起作用等因素，切实做到区别对待。对于“碰瓷”犯罪集团的首要分子、积极参加的犯罪分子以及屡教不改的犯罪分子，应当作为打击重点依法予以严惩。对犯罪性质和危害后果特别严重、社会影响特别恶劣的犯罪分子，虽具有酌定从宽情节但不足以从宽处罚的，依法不予从宽处罚。具有自首、立功、坦白、认罪认罚等情节的，依法从宽处理。同时，应当准确把握法律尺度，注意区分“碰瓷”违法犯罪同普通民事纠纷、行政违法的界限，既防止出现“降格处理”，也要防止打击面过大等问题。四要强化宣传教育。人民法院、人民检察院、公安机关在依法惩处此类犯罪的过程中，要加大法制宣传教育力度，在依法办案的同时，视情通过新闻媒体、微信公众号、微博等形式，向社会公众揭露“碰瓷”违法犯罪的手段和方式，引导人民群众加强自我保护意识，遇到此类情形，应当及时报警，依法维护自身合法权益。要适时公开曝光一批典型案例，通过对案件解读，有效震慑违法犯罪分子，在全社会营造良好法治环境。

各地各相关部门要认真贯彻执行。执行中遇有问题，请及时上报各自上级机关。

3.《最高人民检察院法律政策研究室关于保险诈骗未遂能否按犯罪处理问题的答复》（〔1998〕高检研发第20号）

河南省人民检察院：

你院《关于保险诈骗未遂能否按犯罪处理的请示》（豫检捕〔1998〕11号）收悉。经研究，并经高检院领导同意，答复如下：

行为人已经着手实施保险诈骗行为，但由于其意志以外的原因未能获得保险赔偿的，是诈骗未遂，情节严重的，应依法追究刑事责任。

4.《公安部经济犯罪侦查局关于对一起保险诈骗案件有关问题的批复》（公经金融〔2009〕248号）

河南省公安厅经侦总队：

你总队《关于保险诈骗（未遂）的“情节严重”标准如何认定问题的请示》（豫公经〔2009〕26号）收悉，经认真研究后，现批复如下：

1998年11月27日最高人民检察院《关于保险诈骗未遂能否按犯罪处理问题的答复》中指出：“行为人已经着手实施保险诈骗行为，但由于其意志以外的原因未能获得保险赔偿的，是诈骗未遂，情节严重的，应依法追究刑事责任。”但目前对“情节严重”尚无具体司法解释。本案中，张某隐瞒其妻子已患癌症的事实，向中国人寿保险开封分公司和中国太平人寿保险开封分公司共投保43万元，并在其妻死亡后申请理赔，其行为已涉嫌保险诈骗罪，根据最高人民检察院、公安部《关于经济犯罪案件追诉标准的规定》第48条规定①，应予追诉。

其他相关规范

《保险法》

第十条　保险合同是投保人与保险人约定保险权利义务关系的协议。

投保人是指与保险人订立保险合同，并按照合同约定负有支付保险费义务的人。

保险人是指与投保人订立保险合同，并按照合同约定承担赔偿或者给付保险金责任的保险公司。

第十二条　人身保险的投保人在保险合同订立时，对被保险人应当具有保险利益。

财产保险的被保险人在保险事故发生时，对保险标的应当具有保险利益。

人身保险是以人的寿命和身体为保险标的的保险。

财产保险是以财产及其有关利益为保险标的的保险。

被保险人是指其财产或者人身受保险合同保障，享有保险金请求权的人。投保人可以为被保险人。

保险利益是指投保人或者被保险人对保险标的具有的法律上承认的利益。

第十八条　保险合同应当包括下列事项：

（一）保险人的名称和住所；

（二）投保人、被保险人的姓名或者名称、住所，以及人身保险的受益人的姓名或者名称、住所；

（三）保险标的；

（四）保险责任和责任免除；

（五）保险期间和保险责任开始时间；

（六）保险金额；

---

① 《关于经济犯罪案件追诉标准的规定》已废止，该文件第四十八条规定为："进行保险诈骗活动，涉嫌下列情形之一的，应予追诉：1、个人进行保险诈骗，数额在一万元以上的；2、单位进行保险诈骗，数额在五万元以上的。"现对该追诉标准应结合《最高人民检察院、公安部关于公安机关管辖的刑事案件立案追诉标准的规定（二）》（公通字〔2022〕12号）第五十一条予以认定。——本书注

（七）保险费以及支付办法；

（八）保险金赔偿或者给付办法；

（九）违约责任和争议处理；

（十）订立合同的年、月、日。

投保人和保险人可以约定与保险有关的其他事项。

受益人是指人身保险合同中由被保险人或者投保人指定的享有保险金请求权的人。投保人、被保险人可以为受益人。

保险金额是指保险人承担赔偿或者给付保险金责任的最高限额。

第一百一十六条 保险公司及其工作人员在保险业务活动中不得有下列行为：

（一）欺骗投保人、被保险人或者受益人；

（二）对投保人隐瞒与保险合同有关的重要情况；

……

（六）故意编造未曾发生的保险事故、虚构保险合同或者故意夸大已经发生的保险事故的损失程度进行虚假理赔，骗取保险金或者牟取其他不正当利益；

（七）挪用、截留、侵占保险费；

（八）委托未取得合法资格的机构从事保险销售活动；

（九）利用开展保险业务为其他机构或者个人牟取不正当利益；

（十）利用保险代理人、保险经纪人或者保险评估机构，从事以虚构保险中介业务或者编造退保等方式套取费用等违法活动；

……

第一百三十一条 保险代理人、保险经纪人及其从业人员在办理保险业务活动中不得有下列行为：

（一）欺骗保险人、投保人、被保险人或者受益人；

（二）隐瞒与保险合同有关的重要情况；

……

（六）伪造、擅自变更保险合同，或者为保险合同当事人提供虚假证明材料；

（七）挪用、截留、侵占保险费或者保险金；

（八）利用业务便利为其他机构或者个人牟取不正当利益；

（九）串通投保人、被保险人或者受益人，骗取保险金；

……

第一百七十四条 投保人、被保险人或者受益人有下列行为之一，进行保险诈骗活动，尚不构成犯罪的，依法给予行政处罚：

(一)投保人故意虚构保险标的,骗取保险金的;

(二)编造未曾发生的保险事故,或者编造虚假的事故原因或者夸大损失程度,骗取保险金的;

(三)故意造成保险事故,骗取保险金的。

保险事故的鉴定人、评估人、证明人故意提供虚假的证明文件,为投保人、被保险人或者受益人进行保险诈骗提供条件的,依照前款规定给予处罚。

第一百七十九条 违反本法规定,构成犯罪的,依法追究刑事责任。

重点案例要旨

1. 王某峰、王某生故意杀人、保险诈骗案[①]——《刑事审判参考》第198号案例

【要旨】为获取实施保险诈骗所需费用而杀人取财的,属于抢劫罪与保险诈骗罪(预备)的想象竞合犯,应从一重处断,以抢劫罪论处。将他人杀死制造被保险人死亡假象以骗取保险金的,属于故意杀人罪与保险诈骗罪的想象竞合,应从一重处断,以故意杀人罪论处。制造已发生保险事故的假象,但尚未向保险公司申请赔付时案发的,属于保险诈骗罪的预备。

2. 曾某青、黄某新保险诈骗、故意伤害案[②]——《刑事审判参考》第296号案例

【要旨】保险诈骗罪的犯罪主体属特殊主体,非特殊主体可以成为共犯,保险诈骗罪是结果犯,对以骗取数额巨大的保险费为目的,虽一直因意外原因未得逞,也可以构成保险诈骗罪而予以定罪处罚。

3. 徐某雷保险诈骗案[③]——《刑事审判参考》第479号案例

【要旨】挂靠车辆的实际所有者作为实际投保人和被保险人,对于保险标的具有直接的保险利益关系,可以成为保险诈骗罪的主体。行为人利用挂靠单位从保险公司骗得盗窃险保险金的行为,属于隐名被保险人(实际投保人)利用显名被保险人(名义投保人)名义实施的保险诈骗行为,构成保险诈骗罪的间接正犯。

---

① 参见中华人民共和国最高人民法院刑事审判第一庭、第二庭编:《刑事审判参考》(总第28辑),法律出版社2003年版,第10-15页。

② 参见中华人民共和国最高人民法院刑事审判第一庭、第二庭编:《刑事审判参考》(总第38集),法律出版社2004年版,第88-100页。

③ 参见中华人民共和国最高人民法院刑事审判第一、二、三、四、五庭主办:《刑事审判参考》(总第61集),法律出版社2008年版,第1-7页。

4. 李某华等诈骗纠纷案①

【要旨】保险诈骗罪惩处的是利用商业保险合同诈骗保险金的犯罪行为。由于基本医疗保险是一种社会保险，不是商业保险，因此，基本医疗保险基金不能成为保险诈骗罪的对象。单位实施非单位犯罪的，并不禁止追究单位中自然人犯罪的刑事责任。单位中的组织者、指使者、直接实施者的行为符合犯罪构成要件的，应当承担相应的刑事责任。

5. 徐某某保险诈骗案②

【要旨】被保险车辆的实际所有人，虽以挂靠运输单位名义投保，但保险等相关费用均由其支付，是实际投保人、被保险人。实际投保人或实际被保险人利用挂靠单位的名义实施《刑法》第一百九十八条所规定的行为，作为间接正犯构成保险诈骗罪。

6. 马某某保险诈骗、购买伪造的增值税专用发票案③

【要旨】购买伪造的购车发票、行驶证、号牌等“合法手续”，套用在购买的来历不明而不能落户的“黑户车”上，向保险公司投保，后因非人为原因所造成的保险事故向保险公司索赔的行为，不构成保险诈骗罪。行为人如实供述自己的犯罪事实，属自首，应当从轻处罚。

① 参见《人民司法 · 案例》2014 年第 16 期。
② 参见《人民司法 · 案例》2008 年第 8 期。
③ 载法信网，https://www.faxin.cn，最后访问日期：2022 年 10 月 16 日。

第四部分　扰乱市场秩序罪

第二百二十五条　【非法经营罪】[①]

第二百二十五条　违反国家规定，有下列非法经营行为之一，扰乱市场秩序，情节严重的，处五年以下有期徒刑或者拘役，并处或者单处违法所得[②]一倍以上五倍以下罚金；情节特别严重的，处五年以上有期徒刑，并处违法所得一倍以上五倍以下罚金或者没收财产：

（一）未经许可经营法律、行政法规规定的专营、专卖物品或者其他限制买卖的物品的；

（二）买卖进出口许可证、进出口原产地证明以及其他法律、行政法规规定的经营许可证或者批准文件的；

（三）未经国家有关主管部门批准非法经营证券、期货、保险业务的，或者非法从事资金支付结算业务的；

（四）其他严重扰乱市场秩序的非法经营行为。

---

① 本条系 1997 年《刑法》增设的规定。1979 年《刑法》第一百一十七条规定："违反金融、外汇、金银、工商管理法规，投机倒把，情节严重的，处三年以下有期徒刑或者拘役，可以并处、单处罚金或者没收财产。"第一百一十八条规定："以走私、投机倒把为常业的，走私、投机倒把数额巨大的或者走私、投机倒把集团的首要分子，处三年以上十年以下有期徒刑，可以并处没收财产。"1997 年《刑法》取消投机倒把罪，并将原投机倒把罪所包括的犯罪行为作了具体分解规定，本条就是其中之一。1999 年《刑法修正案》第八条对本条作了第一次修改，增设第（三）项规定"未经国家有关主管部门批准，非法经营证券、期货或者保险业务的"。2009 年《刑法修正案（七）》第五条对本条作了第二次修改，将第（三）项规定调整为"未经国家有关主管部门批准非法经营证券、期货、保险业务的，或者非法从事资金支付结算业务的"，增加了"非法从事资金支付结算业务的"规定。——本书注

② 关于"违法所得"的数额计算方法，《最高人民法院研究室关于非法经营罪中"违法所得"认定问题的研究意见》认为，非法经营罪中的"违法所得"，是指获利数额，即以行为人违法生产、销售商品或者提供服务所获得的全部收入（即非法经营数额），扣除其直接用于经营活动的合理支出部分后剩余的数额。"非法经营数额"和"违法所得数额"是完全不同的两个概念，应明确区分适用，如将"违法所得数额"混同于"非法经者数额"，势必会引发认识混乱，并影响对相关案件的正确处理。参见江必新主编：《司法研究与指导》（总第 3 辑），人民法院出版社 2013 年版，第 155 页。——本书注

单行刑法

《全国人民代表大会常务委员会关于惩治骗购外汇、逃汇和非法买卖外汇犯罪的决定》

四、在国家规定的交易场所以外非法买卖外汇,扰乱市场秩序,情节严重的,依照刑法第二百二十五条的规定定罪处罚。

单位犯前款罪的,依照刑法第二百三十一条的规定处罚。

刑事司法解释和规范性文件

1.《最高人民法院关于审理骗购外汇、非法买卖外汇刑事案件具体应用法律若干问题的解释》①(法释〔1998〕20号)

第三条 在外汇指定银行和中国外汇交易中心及其分中心以外买卖外汇,扰乱金融市场秩序,具有下列情形之一的,按照刑法第二百二十五条第(三)项的规定定罪处罚:

(一)非法买卖外汇二十万美元以上的;

(二)违法所得五万元人民币以上的。

第四条 公司、企业或者其他单位,违反有关外贸代理业务的规定,采用非法手段、或者明知是伪造、变造的凭证、商业单据,为他人向外汇指定银行骗购外汇,数额在五百万美元以上或者违法所得五十万元人民币以上的,按照刑法第二百二十五条第(三)项②的规定定罪处罚。

居间介绍骗购外汇一百万美元以上或者违法所得十万元人民币以上的,按照刑法第二百二十五条第(三)项③的规定定罪处罚。

2.《最高人民法院、最高人民检察院关于办理妨害信用卡管理刑事案件具体应用法律若干问题的解释》(法释〔2018〕19号)

第十二条 违反国家规定,使用销售点终端机具(POS机)等方法,以虚构交易、虚开价格、现金退货等方式向信用卡持卡人直接支付现金,情节严重的,应当依据刑法第二百二十五条的规定,以非法经营罪定罪处罚。

---

① 本司法解释部分条文,特别是第三条,已为(法释〔2019〕1号)解释所修改。具体适用时,需要将两部司法解释结合考虑。——本书注

② 现为《刑法》第二百二十五条第(四)项。——本书注

③ 现为《刑法》第二百二十五条第(四)项。——本书注

实施前款行为，数额在一百万元以上的，或者造成金融机构资金二十万元以上逾期未还的，或者造成金融机构经济损失十万元以上的，应当认定为刑法第二百二十五条规定的“情节严重”；数额在五百万元以上的，或者造成金融机构资金一百万元以上逾期未还的，或者造成金融机构经济损失五十万元以上的，应当认定为刑法第二百二十五条规定的“情节特别严重”。

持卡人以非法占有为目的，采用上述方式恶意透支，应当追究刑事责任的，依照刑法第一百九十六条的规定，以信用卡诈骗罪定罪处罚。

3.《最高人民法院、最高人民检察院关于办理非法从事资金支付结算业务、非法买卖外汇刑事案件适用法律若干问题的解释》(法释〔2019〕1号)

第一条 违反国家规定，具有下列情形之一的，属于刑法第二百二十五条第三项规定的“非法从事资金支付结算业务”：

(一)使用受理终端或者网络支付接口等方法，以虚构交易、虚开价格、交易退款等非法方式向指定付款方支付货币资金的；[①]

(二)非法为他人提供单位银行结算账户套现或者单位银行结算账户转个人账户服务的；

(三)非法为他人提供支票套现服务的；

(四)其他非法从事资金支付结算业务的情形。

第二条 违反国家规定，实施倒买倒卖外汇或者变相买卖外汇等非法买卖外汇行为，扰乱金融市场秩序，情节严重的，依照刑法第二百二十五条第四项的规定，以非法经营罪定罪处罚。

第三条 非法从事资金支付结算业务或者非法买卖外汇，具有下列情形之一的，应当认定为非法经营行为“情节严重”：

(一)非法经营数额在五百万元以上的；

(二)违法所得数额在十万元以上的。

非法经营数额在二百五十万元以上，或者违法所得数额在五万元以上，且具有下列情形之一的，可以认定为非法经营行为“情节严重”：

(一)曾因非法从事资金支付结算业务或者非法买卖外汇犯罪行为受过刑事追

---

① 本解释对于使用受理终端或者网络支付接口等方法套现，与《最高人民法院、最高人民检察院关于办理妨害信用卡管理刑事案件具体应用法律若干问题的解释》对使用销售点终端机具(POS机)等方法套现规定了不同的定罪量刑标准，产生了适用哪一个司法解释的疑问。根据特别规定优于一般规定的原则，对使用销售点终端机具(POS机)套现的，应当适用《最高人民法院、最高人民检察院关于办理妨害信用卡管理刑事案件具体应用法律若干问题的解释》第十二条规定的标准。——本书注

究的；

（二）二年内因非法从事资金支付结算业务或者非法买卖外汇违法行为受过行政处罚的；

（三）拒不交代涉案资金去向或者拒不配合追缴工作，致使赃款无法追缴的；

（四）造成其他严重后果的。

第四条 非法从事资金支付结算业务或者非法买卖外汇，具有下列情形之一的，应当认定为非法经营行为"情节特别严重"：

（一）非法经营数额在二千五百万元以上的；

（二）违法所得数额在五十万元以上的。

非法经营数额在一千二百五十万元以上，或者违法所得数额在二十五万元以上，且具有本解释第三条第二款规定的四种情形之一的，可以认定为非法经营行为"情节特别严重"。

第五条 非法从事资金支付结算业务或者非法买卖外汇，构成非法经营罪，同时又构成刑法第一百二十条之一规定的帮助恐怖活动罪或者第一百九十一条规定的洗钱罪的，依照处罚较重的规定定罪处罚。

第六条 二次以上非法从事资金支付结算业务或者非法买卖外汇，依法应予行政处理或者刑事处理而未经处理的，非法经营数额或者违法所得数额累计计算。

同一案件中，非法经营数额、违法所得数额分别构成情节严重、情节特别严重的，按照处罚较重的数额定罪处罚。

第七条 非法从事资金支付结算业务或者非法买卖外汇违法所得数额难以确定的，按非法经营数额的千分之一认定违法所得数额，依法并处或者单处违法所得一倍以上五倍以下罚金。

第八条 符合本解释第三条规定的标准，行为人如实供述犯罪事实，认罪悔罪，并积极配合调查，退缴违法所得的，可以从轻处罚；其中犯罪情节轻微的，可以依法不起诉或者免予刑事处罚。

符合刑事诉讼法规定的认罪认罚从宽适用范围和条件的，依照刑事诉讼法的规定处理。

第九条 单位实施本解释第一条、第二条规定的非法从事资金支付结算业务、非法买卖外汇行为，依照本解释规定的定罪量刑标准，对单位判处罚金，并对其直接负责的主管人员和其他直接责任人员定罪处罚。

第十条 非法从事资金支付结算业务、非法买卖外汇刑事案件中的犯罪地，包括犯罪嫌疑人、被告人用于犯罪活动的账户开立地、资金接收地、资金过渡账户开立地、资金账户操作地,以及资金交易对手资金交付和汇出地等。

第十一条 涉及外汇的犯罪数额,按照案发当日中国外汇交易中心或者中国人民银行授权机构公布的人民币对该货币的中间价折合成人民币计算。中国外汇交易中心或者中国人民银行授权机构未公布汇率中间价的境外货币,按照案发当日境内银行人民币对该货币的中间价折算成人民币,或者该货币在境内银行、国际外汇市场对美元汇率,与人民币对美元汇率中间价进行套算。

第十二条[①] 本解释自2019年2月1日起施行。《最高人民法院关于审理骗购外汇、非法买卖外汇刑事案件具体应用法律若干问题的解释》(法释[1998]20号)与本解释不一致的,以本解释为准。

4.《最高人民法院关于审理非法集资刑事案件具体应用法律若干问题的解释》(法释〔2022〕5号)

第十一条 违反国家规定,未经依法核准擅自发行基金份额募集基金,情节严重的,依照刑法第二百二十五条的规定,以非法经营罪定罪处罚。

5.《最高人民法院关于准确理解和适用刑法中"国家规定"的有关问题的通知》(法发〔2011〕155号)

全国地方各级人民法院、各级军事法院、各铁路运输中级法院和基层法院,新疆生产建设兵团各级法院:

日前,国务院法制办就国务院办公厅文件的有关规定是否可以认定为刑法中的"国家规定"予以统一、规范。为切实做好相关刑事案件审判工作,准确把握刑法有关条文规定的"违反国家规定"的认定标准,依法惩治犯罪,统一法律适用,现就有关问题通知如下:

一、根据《刑法》第九十六的规定,刑法中的"国家规定"是指,全国人民代表大会及其常务委员会制定的法律和决定,国务院制定的行政法规、规定的行政措施、发布的决定和命令。其中,"国务院规定的行政措施"应当由国务院决定,通常以行政法规或者国务院制发文件的形式加以规定。以国务院办公厅名义制发的文件,符合以下条件的,亦应视为刑法中的"国家规定":(1)有明确的法律依据或者同相关行政法规不相抵触;(2)经国务院常务会议讨论通过或者经国务院批准;(3)在国务院公报上公开发布。

---

① 本司法解释第三条对非法买卖外汇的定罪标准作了新的规定,根据本条,《最高人民法院关于审理骗购外汇、非法买卖外汇刑事案件具体应用法律若干问题的解释》(法释〔1998〕20号)第三条规定的定罪处罚标准不再适用。——本书注

二、各级人民法院在刑事审判工作中,对有关案件所涉及的“违反国家规定”的认定,要依照相关法律、行政法规及司法解释的规定准确把握。对于规定不明确的,要按照本通知的要求审慎认定。对于违反地方性法规、部门规章的行为,不得认定为“违反国家规定”。对被告人的行为是否“违反国家规定”存在争议的,应当作为法律适用问题,逐级向最高人民法院请示。

三、各级人民法院审理非法经营犯罪案件,要依法严格把握刑法第二百二十五条第(四)的适用范围。对被告人的行为是否属于刑法第二百二十五条第(四)规定的“其它严重扰乱市场秩序的非法经营行为”,有关司法解释未作明确规定的,应当作为法律适用问题,逐级向最高人民法院请示。

6.《最高人民法院、最高人民检察院、公安部、司法部关于办理非法放贷刑事案件若干问题的意见》(法发〔2019〕24号)

为依法惩治非法放贷犯罪活动,切实维护国家金融市场秩序与社会和谐稳定,有效防范因非法放贷诱发涉黑涉恶以及其他违法犯罪活动,保护公民、法人和其他组织合法权益,根据刑法、刑事诉讼法及有关司法解释、规范性文件的规定,现对办理非法放贷刑事案件若干问题提出如下意见:

一、违反国家规定,未经监管部门批准,或者超越经营范围,以营利为目的,经常性地向社会不特定对象发放贷款,扰乱金融市场秩序,情节严重的,依照刑法第二百二十五条第(四)项的规定,以非法经营罪定罪处罚。

前款规定中的“经常性地向社会不特定对象发放贷款”,是指2年内向不特定多人(包括单位和个人)以借款或其他名义出借资金10次以上。

贷款到期后延长还款期限的,发放贷款次数按照1次计算。

二①、以超过36%的实际年利率实施符合本意见第一条规定的非法放贷行为,具有下列情形之一的,属于刑法第二百二十五条规定的“情节严重”,但单次非法放

① 关于本条第一款但书的规定需要重点把握。例如,行为人2年内共向不特定多人以借款名义出借资金10次,但其中只有9次实际年利率超过36%,还有1次未超过,则其行为不符合“以超过36%的实际年利率实施符合本意见第一条规定的非法放贷行为”的标准,不能以非法经营罪定罪处罚。又如,行为人(个人)2年内共向不定多人以借款名义出借货金15次,其中单次放贷行为实际年利率超过36%的有11次,非法放贷数额共计210万元;未超过36%的有4次,非法放贷数额共计900万元。按照本规范性文件的规定,只能根据其中11次高利放贷行为及其相应的非法放贷数额210万元定罪量刑,该行为人非法放贷构成非法经营罪,但属于“情节严重”,而非“情节特别严重”,应在五年以下有期徒刑或者拘役,并处或单处违法所得一倍以上五倍以下罚金的法定刑幅度内量刑。参见朱和庆、周川、李梦龙:《〈关于办理非法放贷刑事案件若干问题的意见〉的理解与适用》,载中华人民共和国最高人民法院刑事审判第一、二、三、四、五庭主办:《刑事审判参考》(总第123辑),法律出版社2020年版,第160-161页。——本书注

贷行为实际年利率未超过36%的，定罪量刑时不得计入：

（一）个人非法放贷数额累计在200万元以上的，单位非法放贷数额累计在1000万元以上的；

（二）个人违法所得数额累计在80万元以上的，单位违法所得数额累计在400万元以上的；

（三）个人非法放贷对象累计在50人以上的，单位非法放贷对象累计在150人以上的；

（四）造成借款人或者其近亲属自杀、死亡或者精神失常等严重后果的。

具有下列情形之一的，属于刑法第二百二十五条规定的“情节特别严重”：

（一）个人非法放贷数额累计在1000万元以上的，单位非法放贷数额累计在5000万元以上的；

（二）个人违法所得数额累计在400万元以上的，单位违法所得数额累计在2000万元以上的；

（三）个人非法放贷对象累计在250人以上的，单位非法放贷对象累计在750人以上的；

（四）造成多名借款人或者其近亲属自杀、死亡或者精神失常等特别严重后果的。

三、非法放贷数额、违法所得数额、非法放贷对象数量接近本意见第二条规定的“情节严重”“情节特别严重”的数额、数量起点标准，并具有下列情形之一的，可以分别认定为“情节严重”“情节特别严重”：

（一）2年内因实施非法放贷行为受过行政处罚2次以上的；

（二）以超过72%的实际年利率实施非法放贷行为10次以上的。

前款规定中的“接近”，一般应当掌握在相应数额、数量标准的80%以上。

四、仅向亲友、单位内部人员等特定对象出借资金，不得适用本意见第一条的规定定罪处罚。但具有下列情形之一的，定罪量刑时应当与向不特定对象非法放贷的行为一并处理：

（一）通过亲友、单位内部人员等特定对象向不特定对象发放贷款的；

（二）以发放贷款为目的，将社会人员吸收为单位内部人员，并向其发放贷款的；

（三）向社会公开宣传，同时向不特定多人和亲友、单位内部人员等特定对象发放贷款的。

五、非法放贷数额应当以实际出借给借款人的本金金额认定。非法放贷行为人以介绍费、咨询费、管理费、逾期利息、违约金等名义和以从本金中预先扣除等方式收取利息的，相关数额在计算实际年利率时均应计入。

非法放贷行为人实际收取的除本金之外的全部财物,均应计入违法所得。

非法放贷行为未经处理的,非法放贷次数和数额、违法所得数额、非法放贷对象数量等应当累计计算。

六、为从事非法放贷活动,实施擅自设立金融机构、套取金融机构资金高利转贷、骗取贷款、非法吸收公众存款等行为,构成犯罪的,应当择一重罪处罚。

为强行索要因非法放贷而产生的债务,实施故意杀人、故意伤害、非法拘禁、故意毁坏财物、寻衅滋事等行为,构成犯罪的,应当数罪并罚。

纠集、指使、雇佣他人采用滋扰、纠缠、哄闹、聚众造势等手段强行索要债务,尚不单独构成犯罪,但实施非法放贷行为已构成非法经营罪的,应当按照非法经营罪的规定酌情从重处罚。

以上规定的情形,刑法、司法解释另有规定的除外。①

七、有组织地非法放贷,同时又有其他违法犯罪活动,符合黑社会性质组织或者恶势力、恶势力犯罪集团认定标准的,应当分别按照黑社会性质组织或者恶势力、恶势力犯罪集团侦查、起诉、审判。

黑恶势力非法放贷的,据以认定"情节严重""情节特别严重"的非法放贷数额、违法所得数额、非法放贷对象数量起点标准,可以分别按照本意见第二条规定中相应数额、数量标准的50%确定;同时具有本意见第三条第一款规定情形的,可以分别按照相应数额、数量标准的40%确定。

八②、本意见自2019年10月21日起施行。对于本意见施行前发生的非法放贷行为,依照最高人民法院《关于准确理解和适用刑法中"国家规定"的有关问题的通知》(法发〔2011〕155号)的规定办理。

---

① 对于索要债务行为的定性,需要根据2020年《刑法修正案(十一)》增设的催收非法债务罪准确把握。——本书注

② 《最高人民法院关于被告人何伟光、张勇泉等非法经营案的批复》(〔2012〕刑他字第136号)虽然是最高人民法院对个案的批复,但是长期以来在司法实践中已然起到了重要的指导作用,为类似案件的处理提供了规范和指引。为此,本条明确,对于本规范性文件施行前发生的非法放贷行为,仍依照《最高人民法院关于准确理解和适用刑法中"国家规定"的有关问题的通知》的规定办理。在司法实践中需着重把握以下方面:(1)为贯彻罪刑法定原则,办案机关应当准确理解和把握时间效力问题,对于本规范性文件施行前发生的非法放贷行为,在实体处理上要注意与《最高人民法院关于被告人何伟光、张勇泉等非法经营案的批复》精神保持一致。(2)行为人非法发放贷款在本规范性文件施行前,收回本息在本规范性文件施行后的,应当认定为"本意见施行前发生的非法放贷行为"。(3)行为人在本规范性文件施行之前、之后均有非法放贷行为的,只能对施行后的行为适用本规范性文件相关规定定罪处罚。参见朱和庆、周川、李梦龙:《〈关于办理非法放贷刑事案件若干问题的意见〉的理解与适用》,载中华人民共和国最高人民法院刑事审判第一、二、三、四、五庭主办:《刑事审判参考》(总第123辑),法律出版社2020年版,第160-161页。——本书注

7.《最高人民法院关于被告人何伟光、张勇泉等非法经营案的批复》(〔2012〕刑他字第136号)

广东省高级人民法院:

你院(2011)粤高法刑二他字第16号《关于被告人何伟光、张勇泉等以发放高利贷为业的行为是否构成非法经营罪的请示》收悉。

我院经研究认为,被告人何伟光、张勇泉等人发放高利贷的行为具有一定的社会危害性,但此类行为是否属于刑法第二百二十五条规定的“其他严重扰乱市场秩序的非法经营行为”,相关立法解释和司法解释尚无明确规定,故对何伟光、张勇泉等人的行为不宜以非法经营罪定罪处罚。

8.《最高人民法院研究室关于对既涉嫌非法经营又涉嫌偷税的经济犯罪案件如何适用法律问题的意见函》(法研〔2001〕24号)

……

行为人在实施非法经营犯罪过程中,又涉嫌偷税构成犯罪的,应以处罚较重的犯罪依法追究刑事责任,不实行数罪。

9.《最高人民法院研究室关于非法经营罪中“违法所得”认定问题的研究意见》(2013年)

非法经营罪中的“违法所得”应是指获利数额,即以行为人违法生产、销售商品或者提供服务所获得的全部收入(即非法经营数额),扣除其直接用于经营活动的合理支出部分后剩余的数额。

10.《最高人民法院、最高人民检察院、公安部、中国证券监督管理委员会关于整治非法证券活动有关问题的通知》(证监发〔2008〕1号)

二、明确法律政策界限,依法打击非法证券活动

……

(三)关于非法经营证券业务的责任追究。任何单位和个人经营证券业务,必须经证监会批准。未经批准的,属于非法经营证券业务,应予以取缔;涉嫌犯罪的,依照《刑法》第二百二十五条之规定,以非法经营罪追究刑事责任。对于中介机构非法代理买卖非上市公司股票,涉嫌犯罪的,应当依照《刑法》第二百二十五条之规定,以非法经营罪追究刑事责任;所代理的非上市公司涉嫌擅自发行股票,构成犯罪的,应当依照《刑法》第一百七十九条之规定,以擅自发行股票罪追究刑事责任。非上市公司和中介机构共谋擅自发行股票,构成犯罪的,以擅自发行股票罪的共犯论处。未构成犯罪的,依照《证券法》和有关法律的规定给予行政处罚。

11.《最高人民检察院、公安部关于公安机关管辖的刑事案件立案追诉标准的规定(二)》(公通字〔2022〕12号)

第七十一条 〔非法经营案(刑法第二百二十五条)〕违反国家规定,进行非法经营活动,扰乱市场秩序,涉嫌下列情形之一的,应予立案追诉:

……

(二)未经国家有关主管部门批准,非法经营证券、期货、保险业务,或者非法从事资金支付结算业务,具有下列情形之一的:

1. 非法经营证券、期货、保险业务,数额在一百万元以上,或者违法所得数额在十万元以上的;

2. 非法从事资金支付结算业务,数额在五百万元以上,或者违法所得数额在十万元以上的;

3. 非法从事资金支付结算业务,数额在二百五十万元以上不满五百万元,或者违法所得数额在五万元以上不满十万元,且具有下列情形之一的:

(1)因非法从事资金支付结算业务犯罪行为受过刑事追究的;

(2)二年内因非法从事资金支付结算业务违法行为受过行政处罚的;

(3)拒不交代涉案资金去向或者拒不配合追缴工作,致使赃款无法追缴的;

(4)造成其他严重后果的。

4. 使用销售点终端机具(POS机)等方法,以虚构交易、虚开价格、现金退货等方式向信用卡持卡人直接支付现金,数额在一百万元以上的,或者造成金融机构资金二十万元以上逾期未还的,或者造成金融机构经济损失十万元以上的。

(三)实施倒买倒卖外汇或者变相买卖外汇等非法买卖外汇行为,扰乱金融市场秩序,具有下列情形之一的:

1. 非法经营数额在五百万元以上的,或者违法所得数额在十万元以上的;

2. 非法经营数额在二百五十万元以上,或者违法所得数额在五万元以上,且具有下列情形之一的:

(1)因非法买卖外汇犯罪行为受过刑事追究的;

(2)二年内因非法买卖外汇违法行为受过行政处罚的;

(3)拒不交代涉案资金去向或者拒不配合追缴工作,致使赃款无法追缴的;

(4)造成其他严重后果的。

3. 公司、企业或者其他单位违反有关外贸代理业务的规定,采用非法手段,或者明知是伪造、变造的凭证、商业单据,为他人向外汇指定银行骗购外汇,数额在五百万美元以上或者违法所得数额在五十万元以上的;

4. 居间介绍骗购外汇，数额在一百万美元以上或者违法所得数额在十万元以上的。

……

（十一）未经监管部门批准，或者超越经营范围，以营利为目的，以超过百分之三十六的实际年利率经常性地向社会不特定对象发放贷款，具有下列情形之一的：

1. 个人非法放贷数额累计在二百万元以上的，单位非法放贷数额累计在一千万元以上的；

2. 个人违法所得数额累计在八十万元以上的，单位违法所得数额累计在四百万元以上的；

3. 个人非法放贷对象累计在五十人以上的，单位非法放贷对象累计在一百五十人以上的；

4. 造成借款人或者其近亲属自杀、死亡或者精神失常等严重后果的；

5. 虽未达到上述数额标准，但具有下列情形之一的：

（1）二年内因实施非法放贷行为受过二次以上行政处罚的；

（2）以超过百分之七十二的实际年利率实施非法放贷行为十次以上的。

黑恶势力非法放贷的，按照第 1、2、3 项规定的相应数额、数量标准的百分之五十确定。同时具有第 5 项规定情形的，按照相应数额、数量标准的百分之四十确定。

（十二）从事其他非法经营活动，具有下列情形之一的：

1. 个人非法经营数额在五万元以上，或者违法所得数额在一万元以上的；

2. 单位非法经营数额在五十万元以上，或者违法所得数额在十万元以上的；

3. 虽未达到上述数额标准，但二年内因非法经营行为受过二次以上行政处罚，又从事同种非法经营行为的；

4. 其他情节严重的情形。

法律、司法解释对非法经营罪的立案追诉标准另有规定的，依照其规定。

12.《最高人民检察院法律政策研究室关于对居间贩卖假金融票证行为如何认定问题的意见》（高检研发〔2002〕号）

对居间贩卖假金融票证的行为，首先应当考虑该行为是否构成伪造、变造金融票证或者金融诈骗犯罪的共犯；如果不能认定共同犯罪，也不构成其他犯罪，而只能以非法经营罪追究刑事责任的，应当依照《最高人民检察院、公安部关于经济犯罪案件追诉标准的规定》有关非法经营罪的规定办理，而不宜对此再掌握不同的追诉标准。

13.《最高人民检察院法律政策研究室关于1998年4月18日以前的传销或者变相传销行为如何处理的答复》(〔2003〕高检研发第7号)

湖南省人民检察院研究室：

你院《关于1998年4月18日以前情节严重或特别严重的非法传销行为是否以非法经营罪定罪处罚问题的请示》(湘检发公请字〔2002〕02号)收悉。经研究,答复如下:

对1998年4月18日国务院发布《关于禁止传销经营活动的通知》以前的传销或者变相传销行为,不宜以非法经营罪追究刑事责任。行为人在传销或者变相传销活动中实施销售假冒伪劣产品、诈骗、非法集资、虚报注册资本、偷税等行为,构成犯罪的,应当依照刑法的相关规定追究刑事责任。

14.《最高人民检察院法律政策研究室关于买卖银行承兑汇票行为如何适用法律问题的答复意见》(高检研函字〔2013〕58号)

福建省人民检察院法律政策研究室：

你院《关于买卖银行承兑汇票行为如何适用法律问题的请示》(闽检〔2013〕25号)收悉。经研究认为,根据票据行为的无因性以及票据法关于汇票可背书转让的规定,汇票买卖行为不同于支付结算行为,将二者等同可能会造成司法实践的混乱。实践中,买卖银行承兑汇票的情况比较复杂,对于单纯买卖银行承兑汇票的行为不宜以非法经营罪追究刑事责任。

请示所涉及的案件,建议根据案件的具体情况依法处理。

15.《最高人民检察院关于办理涉互联网金融犯罪案件有关问题座谈会纪要》(高检诉〔2017〕14号)(略,见"第一百七十六条【非法吸收公众存款罪】"部分)

16.《公安部经济犯罪侦查局关于对既涉嫌非法经营又涉嫌偷税的经济犯罪案件如何适用法律的请示的批复》(公经〔2001〕253号)

……

行为人在实施非法经营犯罪过程中,又涉嫌偷税构成犯罪的,应以处罚较重的犯罪依法追究刑事责任,不实行数罪。

17.《公安部关于涂××等人从事非法金融业务行为性质认定问题的批复》(公经〔2003〕385号)

……

涂××等人或假借中国农业银行武汉市××支行及未经批准成立的武汉市××区工商联互助基金会之名,或用武汉市××贸易有限责任公司或个人的名义,以武汉市××贸易有限责任公司或个人资金,向他人非法发放高息贷款的行为,属于从事非法金融业务活动。1998年7月国务院发布施行的《非法金融机构和非法金融业务活动取缔办法》①第二十二条规定:"设立非法金融机构或者从事非法金融业务活动,构成犯罪的,依法追究刑事责任。"涂××等人从事非法金融业务活动,数额巨大,其行为属于《刑法》第二百二十五条第(四)项所规定的"其他严重扰乱市场秩序的非法经营行为",应以涉嫌非法经营罪立案侦查。

18.《公安部经济犯罪侦查局关于对新疆××公司使用配额许可证行为性质的批复》(公经〔2006〕2115号)

……

2004年4月26日,新疆××国际经贸股份有限公司(以下简称新疆××公司)与山西省大同市××煤焦化有限公司签订了出口10,000吨焦炭的供货协议,之后新疆××公司又与××国际贸易股份有限公司签订了合作出口协议书及此后为履行上述两协议而进行的有关商品交易行为和通关、外汇收汇核销等手续,符合国家有关法律法规的规定,也是我国对外贸易企业从事出口经营的惯常做法,即不构成倒卖或变相倒卖出口配额许可证的行为。

19.《公安部经济犯罪侦查局关于刘××等人利用银行账户为他人转移资金行为定性问题的批复》(公经〔2008〕164号)

……

根据国务院1998年7月13日发布实施的《非法金融机构和非法金融业务活动取缔办法》②第四条规定,刘××等犯罪嫌疑人未经国务院银行业监督管理机构及其派出机构批准,以营利为目的,大量使用虚假身份或冒用他人身份,注册成立无经营地址、无从业人员、无经营活动的"三无公司",在银行开立单位基本账户并开通网上银行业务,在没有真实交易的情况下接受性质不明的巨额资金,获取大量非法利益,该行为属于非法办理结算业务。刘××等犯罪嫌疑人的行为应认定为从事非法金融活动,并依法追究刑事责任。

20.《公安部经济犯罪侦查局关于对艾××等人有关行为定性问题的批复》(公经反洗钱〔2008〕585号)

……

根据《外汇管理条例》(国务院第532号令)第四十五条规定,艾××等人将委托人的外汇资金假借外商投资的名义汇入境内,骗取银行结汇后,按照委托人要求

---

① 该办法已被《防范和处置非法集资条例》废止。——本书注

② 该办法已被《防范和处置非法集资条例》废止。——本书注

支付给指定的境内收款人，并依据汇入外汇资金数额向委托人收取报酬的行为，属于非法买卖外汇违法犯罪行为，应依法追究刑事责任。

21.《公安部经济犯罪侦查局关于顾××等人有关行为性质认定意见的批复》（公经反洗钱〔2009〕188号）

……

犯罪嫌疑人顾××等人为获取非法利益，注册成立空壳公司并在银行开立基本账户，在无任何实际贸易背景的情况下，专门从事为他人提供支票套现服务并收取手续费，非法获利数额巨大，其行为严重扰乱正常的金融管理秩序，根据《非法金融机构和非法金融业务活动取缔办法》①（国务院令第247号）第四条第四项的规定，顾××等犯罪嫌疑人的行为可以认定为其他非法金融业务活动。

22.《公安部经济犯罪侦查局关于南京××公司从事非法票据贴现业务认定意见的批复》（公经金融〔2009〕315号）

……

犯罪嫌疑人王×等人注册成立多家空壳公司，并雇人寻找需要贴现票据的企业，通过伪造购销合同和增值税发票等，以上述空壳公司的名义通过银行为企业进行票据贴现，收取手续费的行为，数额巨大，严重扰乱正常的票据管理秩序，可以认定为刑法修正案（七）第五条规定的"非法从事资金支付结算业务"的活动。

23.《公安部经济犯罪侦查局关于对闻××等人有关行为定性问题的批复》（公经反洗钱〔2010〕84号）

……

犯罪嫌疑人闻××等人按照新加坡"××快递汇款公司"（以下简称××公司）授意，在境内私设××公司办事处，由××公司在新加坡收取客户新加坡元，后指示闻××等人按照约定汇率在境内将相应人民币汇入指定的账户（或现金交易）。根据《中华人民共和国外汇管理条例》（国务院第532号令）第四十五条规定及相关证据，闻××等人的行为属于非法买卖外汇行为。

24.《公安部经济犯罪侦查局关于利用转账支票为他人套现行为性质认定的批复》（公经〔2014〕172号）

……

行为人在无真实贸易背景的情况下，为牟取不法利益，利用空壳公司账户等手段协助他人套取巨额现金的行为，违反了《人民币银行结算账户管理办法》（中国人

① 该办法已被《防范和处置非法集资条例》废止。——本书注

民银行令〔2013〕第5号)第三十九条的规定,属于《中华人民共和国现金管理暂行条例》第二十一条第五项和第八项规定的“用转账凭证套换现金”“利用账户替其他单位和个人套取现金”的违规情形,扰乱了市场秩序,具有明显的社会危害性,其行为构成非法从事资金支付结算业务。

其他相关规范

1.《金融违法行为处罚办法》(国务院令第260号)

第九条 金融机构不得超出中国人民银行批准的业务范围从事金融业务活动。

金融机构超出中国人民银行批准的业务范围从事金融业务活动的,给予警告,没收违法所得,并处违法所得1倍以上5倍以下的罚款,没有违法所得的,处10万元以上50万元以下的罚款;对该金融机构直接负责的高级管理人员给予撤职直至开除的纪律处分,对其他直接负责的主管人员和直接责任人员给予记过直至开除的纪律处分;情节严重的,责令该金融机构停业整顿或者吊销经营金融业务许可证;构成非法经营罪或者其他罪的,依法追究刑事责任。

第十八条 金融机构不得违反国家规定从事证券、期货或者其他衍生金融工具交易,不得为证券、期货或者其他衍生金融工具交易提供信贷资金或者担保,不得违反国家规定从事非自用不动产、股权、实业等投资活动。

金融机构违反前款规定的,给予警告,没收违法所得,并处违法所得1倍以上5倍以下的罚款,没有违法所得的,处10万元以上50万元以下的罚款;对该金融机构直接负责的高级管理人员给予开除的纪律处分,对其他直接负责的主管人员和直接责任人员给予撤职直至开除的纪律处分;情节严重的,责令该金融机构停业整顿或者吊销经营金融业务许可证;构成非法经营罪、违法发放贷款罪或者其他罪的,依法追究刑事责任。

2.《货物进出口管理条例》(国务院令第332号)

第六十五条 擅自超出批准、许可的范围进口或者出口属于限制进出口的货物的,依照刑法关于走私罪或者非法经营罪的规定,依法追究刑事责任;尚不够刑事处罚的,依照海关法的有关规定处罚;国务院外经贸主管部门并可以暂停直至撤销其对外贸易经营许可。

第六十六条 伪造、变造或者买卖货物进出口配额证明、批准文件、许可证或者自动进口许可证明的,依照刑法关于非法经营罪或者伪造、变造、买卖国家机关公文、证件、印章罪的规定,依法追究刑事责任;尚不够刑事处罚的,依照海关法的有关规定处罚;国务院外经贸主管部门并可以撤销其对外贸易经营许可。

第六十八条 违反本条例第五十一条规定,擅自从事实行国营贸易管理或者指定经营管理的货物进出口贸易,扰乱市场秩序,情节严重的,依照刑法关于非法经营罪的规定,依法追究刑事责任;尚不够刑事处罚的,由工商行政管理机关依法给予行政处罚;国务院外经贸主管部门并可以暂停直至撤销其对外贸易经营许可。

3.《外资保险公司管理条例》(国务院令第720号)

第三十一条 违反本条例规定,擅自设立外资保险公司或者非法从事保险业务活动的,由国务院保险监督管理机构予以取缔;依照刑法关于擅自设立金融机构罪、非法经营罪或者其他罪的规定,依法追究刑事责任;尚不够刑事处罚的,由国务院保险监督管理机构没收违法所得,并处违法所得1倍以上5倍以下的罚款,没有违法所得或者违法所得不足20万元的,处20万元以上100万元以下的罚款。

第三十二条 外资保险公司违反本条例规定,超出核定的业务范围、业务地域范围或者服务对象范围从事保险业务活动的,依照刑法关于非法经营罪或者其他罪的规定,依法追究刑事责任;尚不够刑事处罚的,由国务院保险监督管理机构责令改正,责令退还收取的保险费,没收违法所得,并处违法所得1倍以上5倍以下的罚款,没有违法所得或者违法所得不足10万元的,处10万元以上50万元以下的罚款;逾期不改正或者造成严重后果的,责令限期停业或者吊销经营保险业务许可证。

4.《国务院办公厅关于严厉打击以证券期货投资为名进行违法犯罪活动的通知》(国办发〔2001〕64号)

三、正确适用法律,把握政策界限

(一)对超出核准的经营范围,非法从事或变相非法从事证券期货交易活动,非法经营境外期货、外汇期货业务的,以涉嫌非法经营罪立案查处。

5.《公安部关于印发〈打击治理电信网络新型违法犯罪专项行动工作方案〉的通知》(公刑〔2015〕3410号)

三、工作措施

……

(五)强化打击处理。高法院、高检院、公安部要指导各地用足用好法律法规,对同类案件的同一行为统一认定,确保打击质量和效果。高法院、高检院、公安部、工业和信息化部、人民银行、银监会等部门,要根据各自职责,抓紧研究解决新型违法犯罪及非法产业链的定性、管辖、定罪标准,银行、电信企业等在电信诈骗过程中有无过错、责任,以及冻结的电信诈骗赃款不能及时返还受害人等问题。对向诈骗团伙提供银行卡、电话线路落地、服务器、交易软件、手机恶意程序、公民个人信息、“伪基站”的，要按照共同犯罪论处；对不具备经营资质从事生产经营，情节严重、构成犯罪的，要按非法经营罪论处；对情节恶劣但尚不构成违法犯罪的，由工业和信息化部、人民银行、工商总局、银监会等行业主管部门予以行政处罚、并列入黑名单，经处罚教育仍不悔改的，终身禁入该经营行业。

6.《国家外汇管理局、公安部关于严厉打击非法买卖外汇违法犯罪活动的通知》(汇发〔2001〕155号)

五、各地在打击非法买卖外汇违法犯罪活动工作中，要依法管理、依法查处，严格法规政策的适用范围。凡是在外汇指定银行和中国外汇交易中心及其分中心以外买卖外汇，数额在二十万美元以上的，或者违法所得数额在五万元人民币以上的，公安机关要依照《刑法》第225条以涉嫌非法经营罪立案侦查，追究刑事责任；对进行非法买卖外汇未达到上述追诉标准的，由外汇管理部门依照《外汇管理条例》第45条进行行政处罚；对拒绝、阻碍国家工作人员执行查处非法买卖外汇活动公务的，由公安机关视情依法处理。

7.《农村合作银行管理暂行规定》(银监发〔2003〕10号)

第六十一条 农村合作银行超出中国银行业监督管理委员会批准的业务范围开展业务活动的，给予警告，没收违法所得，并处违法所得1倍以上5倍以下的罚款，没有违法所得的，处10万元以上50万元以下的罚款；对直接负责的高级管理人员给予撤职直至开除的纪律处分，对其他直接负责的主管人员和直接责任人员给予记过直至开除的纪律处分；情节严重的，责令停业整顿或者吊销金融许可证；构成非法经营罪或者其他罪的，依法追究刑事责任。

8.《中国证券业协会关于防范非法证券活动的风险提示公告》①(2006年9月14日公布)

三、投资者买卖证券应委托经中国证监会批准的具有证券经纪业务资格的证券公司进行。根据《证券法》第一百二十二条规定，“未经国务院证券监督管理机构批准，任何单位和个人不得经营证券业务”。违反规定的，属于《证券法》第一百九十七条规定的非法经营证券业务，如情节严重，构成《刑法》第二百二十五条规定的非法经营罪。目前，非法中介机构主要有三类：一是以“证券投资咨询公司”、“产权经纪公司”等为名，未经批准非法买卖、代理买卖未上市公司证券；二是所谓外国资本公司或集团公司驻中国办事处，以给境内企业提供境外上市服务为名，未经批准从事

① 该文件为行业规范，但因对未经国务院证券监督管理机构批准而经营证券业务的非法中介机构作出了界定，对非法经营证券业务的犯罪主体的认定具有参考意义，本书予以摘录。——本书注

未上市公司证券买卖;三是一些地方的"产权交易所"、"产权托管中心"违规从事证券业务。投资者不要通过此类中介机构买卖证券。

9. 中国支付清算协会印发《关于个别商业企业违法违规经营多用途预付卡业务的风险提示》[①](2020 年 8 月 20 日)

三、商业企业违法违规经营多用途预付卡业务存在的风险

个别商业企业违规经营多用途预付卡业务的行为,违反了人民银行关于多用途预付卡业务持证经营的要求,也给商户和消费者的资金安全和客户合法权益保护带来风险隐患。

(一)违反了国家法律法规

根据《关于规范商业预付卡管理的意见》(国办发〔2011〕25 号)第一条,未经人民银行批准,任何非金融机构不得发行多用途预付卡,一经发现,按非法从事支付结算业务予以查处。《非金融机构支付服务管理办法》(中国人民银行令〔2010〕第 2 号)第三条规定,非金融机构提供支付服务,应当依据本办法规定取得《支付业务许可证》,成为支付机构。根据上述规定,未取得《支付业务许可证》的商业企业发行能够跨法人使用的预付卡,属于非法从事支付结算业务;情节严重的,适用《刑法》第二百二十五条第(三)款,以非法经营罪追究刑事责任。

重点案例要旨

1. 王某军非法经营再审改判无罪案[②]——最高人民法院指导案例第 97 号

【要旨】(1)对于《刑法》第二百二十五条第四项规定的"其他严重扰乱市场秩序的非法经营行为"的适用,应当根据相关行为是否具有与《刑法》第二百二十五条前三项规定的非法经营行为相当的社会危害性、刑事违法性和刑事处罚必要性进行判断。

(2)判断违反行政管理有关规定的经营行为是否构成非法经营罪,应当考虑该经营行为是否属于严重扰乱市场秩序。对于虽然违反行政管理有关规定,但尚未严重扰乱市场秩序的经营行为,不应当认定为非法经营罪。

---

① 该文件为行业规范,但因对非法经营罪的第(三)款非法从事支付结算业务行为的情形予以列举,对定罪量刑具有参考意义,本书予以摘录。——本书注

② 本案入选"2017 年推动法治进程十大案件"。

2. 林某甲等 8 人非法经营案[①]——最高人民检察院 2021 年发布的充分发挥检察职能推进网络空间治理典型案例

【要旨】(1)非法第四方支付平台日益成为网络犯罪资金流转通道,危害经济金融安全。非法第四方支付平台为获取非法利益,在未取得国家支付结算许可的情况下,违反国家金融管理制度,以正常商业交易为掩护,依托正规第三方支付平台,利用收集的大量支付账户,短时间内快速流转资金,导致支付结算活动体外循环。这些非法第四方支付平台的存在,不仅极大地便利了赌博、电信网络诈骗等犯罪资金流转,成为网络犯罪产业链上的重要一环,还严重破坏金融管理秩序,威胁金融安全,必须依法严厉打击。

(2)坚持全链条打击,斩断非法支付结算通道。犯罪分子搭建非法第四方支付平台时,为规避国家监管,往往会大量收购银行卡、收款二维码、对公账户等形成资金池,伪造正常商业交易层层转账,以掩盖犯罪事实。尤其是对公账户可信度高、交易额度大,更为犯罪分子所青睐。非法第四方支付平台的存在,催生了工商资料、对公账户、非银行支付账户买卖的黑灰产业链。对此,要坚持源头管控、综合治理。既要严厉打击非法支付结算的行为,又要深挖线索,一体化打击买卖工商资料、对公账户、非银行支付账户的关联违法犯罪。对于不构成犯罪但违反行政法规的,及时移送行政机关加大行政处罚力度,摧毁整个违法犯罪链条。

(3)依法开立、使用支付账户,自觉防范抵制洗钱风险。社会公众要提高法治意识、风险意识,不能为了经济利益而注册空壳公司、出售工商资料、对公账户等,否则就要承担相应法律责任。银行和非银行支付机构在账户开立过程中,应严格遵守国家关于客户身份识别、风险防控和反洗钱的各项要求,加强对公账户内大额资金流转的监管,有效防范违法犯罪的风险。

3. 郭某元、肖某梅非法经营案[②]——《刑事审判参考》第 378 号案例

【要旨】对于行政机关未超越职权范围予以行政处罚的非法经营数额,不得累计计算犯罪数额。对于行政机关超越职权"以罚代刑"处置的非法经营数额,应当作为未经处理的犯罪金额重新计算。

---

① 参见充分发挥检察职能推进网络空间治理典型案例,载中华人民共和国最高人民检察院,https://www.spp.gov.cn,最后访问日期:2022 年 11 月 16 日。

② 参见中华人民共和国最高人民法院刑事审判第一、二、三、四、五庭主办:《刑事审判参考》(总第 48 集),法律出版社 2006 年版,第 1 - 10 页。

第二百二十九条 【提供虚假证明文件罪】【出具证明文件重大失实罪】①

第二百二十九条 承担资产评估、验资、验证、会计、审计、法律服务、保荐、安全评价、环境影响评价、环境监测等职责的中介组织的人员故意提供虚假证明文件，情节严重的，处五年以下有期徒刑或者拘役，并处罚金；有下列情形之一的，处五年以上十年以下有期徒刑，并处罚金：

（一）提供与证券发行相关的虚假的资产评估、会计、审计、法律服务、保荐等证明文件，情节特别严重的；②

（二）提供与重大资产交易相关的虚假的资产评估、会计、审计等证明文件，情节特别严重的；

（三）在涉及公共安全的重大工程、项目中提供虚假的安全评价、环境影响评价等证明文件，致使公共财产、国家和人民利益遭受特别重大损失的。

有前款行为，同时索取他人财物或者非法收受他人财物构成犯罪的，依照处罚较重的规定定罪处罚。

第一款规定的人员，严重不负责任，出具的证明文件有重大失实，造成严重后果的，处三年以下有期徒刑或者拘役，并处或者单处罚金。③

刑事司法解释和规范性文件

《最高人民检察院、公安部关于公安机关管辖的刑事案件立案追诉标准的规定（二）》（公通字〔2022〕12号）

第七十三条 〔提供虚假证明文件案（刑法第二百二十九条第一款）〕承担资产评估、验资、验证、会计、审计、法律服务、保荐、安全评价、环境影响评价、环境监测等职责的中介组织的人员故意提供虚假证明文件，涉嫌下列情形之一的，应予立案

---

① 2020年《刑法修正案（十一）》第二十五条对本条相关内容作出修改。——本书注

② 一般认为，中介组织人员为欺诈发行、虚假陈述提供虚假证明文件的，因为《刑法》已经单独设定罪名，因此不再认定为欺诈发行罪或者违规披露、不披露重要信息罪的共犯。也有观点认为，确实构成共同犯罪的，应当在提供虚假证明文件罪和欺诈发行罪或者违规披露、不披露重要信息罪之间择一重处。——本书注

③ 提供虚假证明文件罪和出具证明文件重大失实罪的主体是特殊主体，仅限于承担资产评估、验资、验证、会计、审计、法律服务、保荐、安全评价、环境影响评价、环境监测等职责的中介组织的人员。事实上，因为《刑法》第二百二十九条采取“多项列举＋等字兜底”的表述方式，此二罪的主体已经相当宽泛，基本可以涵盖在市场经济中承担中介职能的各种组织的人员。同时，按照《刑法》第二百三十一条的规定，单位也可以构成本罪。——本书注

追诉：

（一）给国家、公众或者其他投资者造成直接经济损失数额在五十万元以上的；

（二）违法所得数额在十万元以上的；

（三）虚假证明文件虚构数额在一百万元以上且占实际数额百分之三十以上的；

（四）虽未达到上述数额标准，但二年内因提供虚假证明文件受过二次以上行政处罚，又提供虚假证明文件的；

（五）其他情节严重的情形。

第七十四条　〔出具证明文件重大失实案（刑法第二百二十九条第三款）〕承担资产评估、验资、验证、会计、审计、法律服务、保荐、安全评价、环境影响评价、环境监测等职责的中介组织的人员严重不负责任，出具的证明文件有重大失实，涉嫌下列情形之一的，应予立案追诉：

（一）给国家、公众或者其他投资者造成直接经济损失数额在一百万元以上的；

（二）其他造成严重后果的情形。

其他相关规范

《证券法》

第一百六十条　会计师事务所、律师事务所以及从事证券投资咨询、资产评估、资信评级、财务顾问、信息技术系统服务的证券服务机构，应当勤勉尽责、恪尽职守，按照相关业务规则为证券的交易及相关活动提供服务。

从事证券投资咨询服务业务，应当经国务院证券监督管理机构核准；未经核准，不得为证券的交易及相关活动提供服务。从事其他证券服务业务，应当报国务院证券监督管理机构和国务院有关主管部门备案。

第一百六十三条　证券服务机构为证券的发行、上市、交易等证券业务活动制作、出具审计报告及其他鉴证报告、资产评估报告、财务顾问报告、资信评级报告或者法律意见书等文件，应当勤勉尽责，对所依据的文件资料内容的真实性、准确性、完整性进行核查和验证。其制作、出具的文件有虚假记载、误导性陈述或者重大遗漏，给他人造成损失的，应当与委托人承担连带赔偿责任，但是能够证明自己没有过错的除外。

第二百一十三条第三款　证券服务机构违反本法第一百六十三条的规定，未勤勉尽责，所制作、出具的文件有虚假记载、误导性陈述或者重大遗漏的，责令改正，没收业务收入，并处以业务收入一倍以上十倍以下的罚款，没有业务收入或者业务收入不足五十万元的，处以五十万元以上五百万元以下的罚款；情节严重的，并处暂停或者禁止从事证券服务业务。对直接负责的主管人员和其他直接责任人员给予警告，并处以二十万元以上二百万元以下的罚款。[①]

重点案例要旨

中某通机械制造有限公司、卢某旺等人欺诈发行债券、出具证明文件重大失实、非国家工作人员受贿案[②]——最高人民检察院、中国证监会2020年联合发布的证券违法犯罪典型案例（略，见“第一百六十条【欺诈发行证券罪】”部分）

---

① 《证券法》第二百一十三条第三款与《刑法》第二百二十九条对同类行为的处罚主体略有差异。根据前者规定，未勤勉尽责，所制作、出具的文件有虚假记载、误导性陈述或者重大遗漏的，受罚的主体是证券服务机构，即单位；自然人只会作为单位的直接负责的主管人员和其他直接责任人员而受罚。而根据后者规定，单位、自然人均可成为犯罪主体。——本书注

② 参见最高检、证监会联合发布证券违法犯罪典型案例，载中华人民共和国最高人民检察院，https://www.spp.gov.cn，最后访问日期：2022年10月20日。